138
La.15.

CHUTE DE L'EMPIRE

HISTOIRE

DES DEUX RESTAURATIONS

IMPRIMERIE D'E. PROUX ET C°, RUE NEUVE-DES-BONS-ENFANS, 3.

1814—CENT-JOURS—1815

CHUTE DE L'EMPIRE

HISTOIRE

DES

DEUX RESTAURATIONS

JUSQU'A LA CHUTE DE CHARLES X, EN 1830,

PAR

ACHILLE DE VAULABELLE

TOME SECOND

PARIS
PERROTIN, ÉDITEUR-LIBRAIRE
RUE FONTAINE-MOLIÈRE, 41.

1845
1844

RÉVOLUTION FRANÇAISE

1814 — CENT-JOURS — 1815

HISTOIRE

DES

DEUX RESTAURATIONS

JUSQU'A LA CHUTE DE CHARLES X

CHAPITRE PREMIER.

1er avril 1814; le Sénat; composition et réunion de la commission de constitution; délibération des 3, 4 et 5 avril; adoption de la constitution dite *sénatoriale*; son article 2. — Le Sénat et l'opinion; dépêches de l'abbé de Montesquiou à Louis XVIII. — Alexandre, son influence. — Organisation et personnel du gouvernement provisoire. — Adhésions des généraux et des corps constitués. — Actes du gouvernement provisoire. — Arrêté du 9 avril; enlèvement du trésor particulier de Napoléon, à Orléans; affaire Maubreuil; projet d'assassinat contre l'empereur; arrestation de la princesse Catherine de Wurtemberg à Fossard; vol de ses diamans; Maubreuil est arrêté. — Lettre de M. de Talleyrand au comte d'Artois; séjour de ce prince à Nancy; son arrivée aux portes de Paris; négociations avec le gouvernement provisoire et le Sénat; entrée du prince le 12 avril; discours; défilé; nouvelles négociations. — Intervention d'Alexandre; acceptation de la lieutenance générale et de la constitution du 6 avril, par le comte d'Artois; il prend le gouvernement. — Substitution de la cocarde blanche à la cocarde tricolore; envois de commissaires extraordinaires dans les départemens; lois financières. — Convention d'armistice du 23 avril; la France réduite à ses frontières de 1792; ses pertes; rôle de M. de Talleyrand. — Louis XVIII quitte Hartwell; sa réponse au prince régent; il débarque à Calais.

Le Sénat, dans sa séance du 1er avril, n'avait pas seulement sanctionné les choix de M. de Talleyrand pour la composition du gouvernement provisoire et proclamé les bases de la constitution « que devait *se donner* la nation française (1); » cette assemblée, par un amendement spécial, avait, en outre, chargé les membres du nouveau gouvernement de préparer l'acte constitutionnel dont elle venait de poser les principes. M. de Talleyrand et ses collègues devaient officiellement leur position au Sénat; la complicité de ce corps faisait toute leur force : ils s'adjoignirent une commission de cinq sénateurs. Le Sénat, de son côté, en créant un gouvernement nouveau, avait anéanti les lois constitutives de son existence légale; c'était sur une convocation de l'empereur de Russie que sa réunion avait eu lieu, et comme son pouvoir usurpé reposait uniquement sur l'appui prêté par ce souverain à ses décisions et à ses actes, il exigea, pour garantie nouvelle de sa sécurité, la présence et le concours du principal ministre d'Alexandre aux délibérations de la commission de constitution. Cette commission se trouva dès lors composée du prince de Bénévent, du duc de Dalberg, du général Beurnonville, du comte de Jaucourt, de l'abbé de Montesquiou, membres du gouvernement provisoire, de MM. Barbé-Marbois, Destutt de Tracy, Eymery, Lambrecht, Lebrun, duc de Plaisance, sénateurs, et du secrétaire d'État russe, comte de Nesselrode.

Cet étrange comité ne put se réunir le lendemain, 2. La déclaration de déchéance, précipitée par la démarche ardente de l'avocat Bellart, suffit à l'œuvre du sénat dans cette journée. Le 3, enfin, le comité s'assembla. Les sénateurs-commissaires arrivèrent avec un projet tout préparé. Ce projet, développement des principes proclamés le 1ᵉʳ avril,

---

(1) Expressions de la déclaration du 31 mars.

réglémentait les conditions et les formes du gouvernement, et, faisant une part exorbitante à la position politique et aux intérêts privés des membres actuels du Sénat, il passait sous silence le nom du souverain. L'abbé de Montesquiou qui représentait dans le nouveau pouvoir l'élément royaliste pur, s'étonna de cette lacune. La déclaration par laquelle la France se replaçait sous le sceptre des Bourbons devait, disait-il, précéder, dominer tout le travail du comité. Les sénateurs se montrèrent hésitans. Le prince de Bénévent parut approuver l'abbé. M. Lambrecht rédigea immédiatement un article où il était dit « que le peuple français *appelait librement* au trône Louis-Stanislas-Xavier, *frère du dernier roi.* » M. de Montesquiou, à la lecture de cette formule, s'indigna. « Comment! s'écria-t-il, le peuple
» appelle Louis XVIII au trône! mais c'est un mensonge,
» ce serait une monstruosité! Jamais le roi n'a perdu ses
» droits, il n'a jamais cessé de régner. Ce n'est pas comme
» frère de Louis XVI, d'ailleurs, que lui appartient la cou-
» ronne, mais en qualité d'oncle de Louis XVII, comme
» successeur immédiat de ce jeune prince à qui son long
» martyre n'a pu enlever le titre de roi de France. Con-
» testeriez-vous, par hasard, à Sa Majesté le nom de
» Louis XVIII? — Vous ne tenez donc aucun compte, ré-
» pondit M. de Tracy, des faits intermédiaires? Est-ce qu'il
» ne s'est rien passé depuis 1789? — Les faits ne peuvent
» rien contre le droit, » répliqua l'abbé.

L'inflexible logique de M. de Montesquiou embarrassait ses adversaires. Le Sénat, en rappelant les Bourbons, ne pouvait invoquer en faveur des membres actuels de cette famille ni ces qualités éminentes, ni ces grands services rendus qui commandent l'admiration ou la reconnaissance des nations. Le droit d'hérédité monarchique se trouvait le seul titre de ces princes. La déclaration de ce droit était donc inséparable de leur rappel au trône. M. de Talleyrand vint au secours des sénateurs. Il dit que tout ce débat, simple affaire de rédaction, serait facile à vider lorsque le comité se serait mis d'accord sur les articles organiques. On passa immédiatement aux dispositions relatives à la composition et aux droits du Sénat, point capital du projet pour les sénateurs commissaires.

Leur projet fixait à cent le nombre des titulaires. Les membres actuels composaient *exclusivement* cette assemblée; ils étaient héréditaires; et le roi, en cas d'extinction, ne pouvait nommer à la place vacante que sur une liste de trois candidats élus par les colléges électoraux et présentés par le Sénat lui-même. M. de Montesquiou accepta l'hérédité sénatoriale, cette disposition entrait dans le principe monarchique; mais il repoussa toutes les autres dispositions avec la plus rude énergie. « La nomination des
» membres de la Chambre haute doit appartenir exclusive-
» ment au roi, dit-il. — S'il en était ainsi, répliqua immé-
» diatement un des commissaires du Sénat, la position des
» sénateurs actuels ne serait plus garantie. — Je parle prin-
» cipes, dit l'abbé, et ne me préoccupe point des personnes.
» — Les personnes sont pourtant bien quelque chose, ajou-
» ta le sénateur; vous ne voulez sans doute pas qu'on puisse
» nous chasser comme des *manans*? — Je ne veux chasser
» personne; je veux, au contraire, qu'on vous comble! ré-
» pondit M. de Montesquiou, mais par des arrangemens
» particuliers qui ne compromettent pas les principes es-
» sentiels de la puissance royale. Ce n'est point tout, d'ail-
» leurs. Vous n'admettez que cent sénateurs: pourquoi
» *cent?* La pairie anglaise compte plus de trois cent cin-
» quante membres! Le nombre des membres du Sénat doit

» être illimité. — Mais le roi sera maître de la constitution,
» s'il peut indéfiniment augmenter le nombre des sénateurs,
» dit aussitôt M. Lambrecht. — Ne faut-il pas qu'il puisse
» récompenser tous les grands services? répliqua l'abbé.
» Comptez-vous donc pour rien, d'ailleurs, le Corps Législatif à qui l'élection garantit une complète indépendance?
» — Eh bien! on vous en donnera cent cinquante, dit un
» des sénateurs. — Cent cinquante mille, s'il convient au
» roi! s'écria M. de Montesquiou (1). »

Cette discussion, où la vérité et le bon sens, au point de vue monarchique, se trouvaient du côté de l'abbé de Montesquiou, devenait irritante. Un déchirement fatal aux intérêts encore mal assurés de l'ancienne famille royale pouvait en sortir. M. de Talleyrand prévint le danger en renvoyant la réunion au lendemain. Le 4, au soir, la commission s'assembla de nouveau. Les sénateurs se montrèrent aussi tenaces ; le royalisme de M. de Montesquiou se maintint aussi intraitable. « Qui êtes-vous, qui » sommes-nous? s'écriait l'abbé avec véhémence. Qui vous » a donné le droit de faire une constitution? Qui me donne » le droit de parler au nom du roi? Où sont vos pouvoirs? » Où sont les miens? Une constitution sans le roi et sans la » nation, voilà, je crois, la chose la plus étrange qui se soit » jamais faite. » Le débat s'animait de nouveau, quand M. de Nesselrode, qui s'était fait attendre, parut et annonça la prochaine arrivée des plénipotentiaires chargés de traiter au nom de la régence. Cette nouvelle jeta l'épouvante au sein du comité et coupa court à tout travail ; ses membres se

---

(1) Rapport adressé par M. de Montesquiou à Louis XVIII, et trouvé dans le cabinet de ce prince après sa fuite au 20 mars 1815.

rendirent en toute hâte à l'hôtel St-Florentin. Nous avons raconté, dans le précédent volume, les événemens qui remplirent la nuit. Le lendemain, lorsque la défection du 6e corps eut détruit les dernières chances de la cause impériale, le comité de constitution se réunit une troisième fois. M. de Talleyrand sut mettre à profit les terreurs du matin et de la veille : il fit comprendre à M. de Montesquiou la nécessité de tout sacrifier au rappel officiel des Bourbons. Dans la position des choses, disait-il, ce point était le seul essentiel; toutes les autres questions devenaient secondaires. Or, le Sénat, il ne fallait pas l'oublier, avait seul déclaré la vacance du trône, lui seul pouvait y pourvoir, puisque c'était uniquement à ses actes qu'adhéraient les généraux et les autorités civiles.

M. de Montesquiou se rendit. Les sénateurs, de leur côté, s'ils ne cédèrent rien au fond sur leurs intérêts de position et de fortune, firent quelques concessions de forme. On transigea. M. de Montesquiou consentit à ce que le *peuple français* appelât *librement* au trône le frère de Louis XVI ; il permit aux titulaires actuels de s'imposer comme membres du Sénat futur; et les sénateurs, laissant, sous le bénéfice de cette réserve, leur nomination au roi, fixèrent leur nombre, en *maximum*, à deux cents membres. Les autres articles du projet furent à peine discutés. Une fois convenu entre le comité des dix, ce projet fut remis, le soir même du 5 avril, par M. de Talleyrand au Sénat qui nomma immédiatement une commission de sept membres pour l'examiner. Cette commission, composée de MM. Abrial, Cornet, Fabre (de l'Aude), Garat, Grégoire, Lanjuinais et Vimar, fit son rapport le lendemain soir et conclut à l'adoption. On ne discuta pas. A la vérité, aucune opposition ne pouvait se produire : non seulement la position officielle de chaque sénateur s'y trouvait garantie, tous conservaient *héréditairement* leur dignité, leurs titres et leurs traitemens ; mais les cupidités particulières les plus exigentes avaient été immédiatement satisfaites, et M. de Montesquiou, parlant au nom du roi dont on le savait l'agent confidentiel, avait comblé les moins avides des plus magnifiques promesses. Le projet, adopté à l'unanimité, fut transformé en décret, le soir même du 6, et publié dès le lendemain, 7, dans tout Paris. Il ne parut que le 8 dans le *Moniteur* et le 9 dans les autres journaux.

Production mort-née, que le peuple français devait accepter et qu'il n'accepta pas, car elle ne fut jamais soumise à sa sanction ; que Louis XVIII devait jurer et qu'il ne jura pas, car il refusa de la reconnaître, cette constitution ne fut, en réalité, que le contrat resté inexécuté d'un marché passé entre une assemblée corrompue, avilie, et quelques intrigans de haut rang, à qui l'étranger, vainqueur, avait laissé prendre la direction politique de la capitale française. L'histoire pourrait même se dispenser de la mentionner, si l'article 2 de ce document n'avait pas rendu le trône de France à la maison de Bourbon. Cet article fait toute l'importance de l'œuvre du 6 avril ; en voici les termes :

« Art. 2. — Le peuple français appelle librement au trône de France *Louis Stanislas-Xavier* DE FRANCE, frère du dernier roi, et, après lui, les autres membres de la maison de Bourbon, dans l'ordre ancien. »

Voilà le titre qui remit le sceptre aux mains de la maison de Bourbon en 1814 ; il fut délivré à cette famille, AU NOM DU PEUPLE FRANÇAIS, par *soixante-six* sénateurs qui stipulèrent en ces termes le prix de cet audacieux mensonge :

« Art. 6.—Il y a cent cinquante Sénateurs au moins, et deux cents au plus. Leur dignité est inamovible et héréditaire de mâle en mâle par primogéniture. Ils sont nommés par le roi.

» Les Sénateurs actuels, à l'exception de ceux qui renonceraient à la qualité de citoyens français, sont maintenus et font partie de ce nombre. La dotation actuelle du Sénat et des sénatoreries leur appartient; les revenus en sont partagés entr'eux et passent à leurs successeurs. Le cas échéant de la mort d'un sénateur sans postérité masculine directe, sa portion retourne au Trésor public. Les Sénateurs qui seront nommés à l'avenir ne peuvent avoir part à cette dotation. »

Ces stipulations sordides dans un acte où l'on disposait du premier trône du monde et qui devait, dans la pensée de ses auteurs, décider de l'avenir de la France, soulevèrent le dégoût et l'indignation publiques. Attaquée dans une foule de brochures où l'on contestait au Sénat son existence légale, où on lui refusait le droit de disposer du trône, de parler au nom de la France, la constitution sénatoriale sifflée, conspuée par tous les partis, reçut le nom de *constitution de rentes*. Les sénateurs restèrent impassibles. « Comblez un homme de bienfaits, a dit Montesquieu, la première idée que vous lui inspirerez, c'est de chercher les moyens de les conserver, ce sont de nouveaux intérêts que vous lui donnez à garantir. » Là est le mot de la plupart des défections du mois d'avril 1814. Napoléon avait gorgé les sénateurs d'honneurs, de dignités, de dotations. Dès que sa puissance fut sur son déclin, aussitôt qu'ils purent craindre de n'avoir plus rien à recevoir de lui, les sénateurs précipitèrent sa chute et se donnèrent un nouveau maître, en imposant à ce dernier la condition de rendre *héréditaires* leurs dignités et leurs traitemens auparavant viagers, de convertir en *propriétés* inaliénables pour toute leur descendance mâle, les dotations dont ils n'avaient d'abord que l'usufruit. Ainsi pourvus et garantis, que leur importaient les critiques des gens sérieux comme les brocards de la foule? Opposant aux traits lancés contre eux la double cuirasse de leur avidité et de leur égoïsme, les sénateurs, non seulement ne sentaient rien, mais poussaient l'impudence jusqu'à tirer vanité de leur œuvre, jusqu'à se poser en patriotes, en martyrs qui ne craignaient pas de jouer leur fortune et leur existence pour sauver les conquêtes morales et matérielles de la révolution.

Tandis que le Sénat se décernait ces couronnes et croyait sérieusement à l'éternité de ses sénatoreries et de ses dotations, M. de Montesquiou, annonçant au chef de la maison de Bourbon son rappel au trône et les conditions mises à son retour par les sénateurs, disait à ce prince :

« La constitution ne saurait devenir un embarras pour S. M. Elle peut dire au Sénat : Vous prétendez me donner des lois au nom de la nation ; qui vous a fait connaître ses intentions? où sont vos mandats? Quels sont vos titres? Vous n'avez que ceux qui vous furent concédés par Napoléon ; j'ai au contraire ceux de mes pères ; j'ai toute notre histoire remplie de leurs bienfaits ; j'ai encore l'histoire de tous vos malheurs : comment l'une ou l'autre vous aurait-elle conféré des droits à faire oublier les miens? cette même Constitution, loin de les méconnaître, les consacre : ne dit-elle pas que la loi ne peut être faite qu'avec moi? (1) »

Le lendemain, dans une autre dépêche, M. de Montesquiou ajoutait :

« M. de Talleyrand me disait hier que S. M., en entrant en France, devait publier un *Édit* où elle déclarerait à la fois ses intentions, et son entrée dans l'exercice de la souveraineté ; cette manière de

---

(1) Art. 5 de la constitution sénatoriale. Cet article exigeait pour la confection des lois, le concours du roi, du Sénat et de la Chambre des députés.

procéder, indépendamment de toute constitution, a l'avantage d'éconduire celle du Sénat, de l'éconduire lui-même et de laisser au roi tout l'honneur des *priviléges* qu'il accorderait à la nation. Le Sénat, pourtant, ne se prépare pas à l'obéissance; il se prépare à *manger* son président, parce que M. Barthelemy n'est point un homme de parti, et il veut mettre à sa place le grand républicain Lambrecht. Le Sénat n'a aucune force, on le méprise; mais tous les mécontens sont prêts à se mettre à sa suite. Il est donc sage de traiter avec certains membres; ces négociations particulières seraient d'un merveilleux effet.

» Une déclaration faite en entrant dans le royaume, pleine de bonté et de *générosité*, est donc ce qu'il y a de mieux; point de doute qu'il ne faille mettre *Roi de France et de Navarre*; je crois même qu'elle doit être intitulée *Édit du Roi*; la *nation* désire de l'ANCIEN; tout ce qui l'en rapproche lui sied comme à la royauté même (1) ».

Ce qui contribuait surtout à donner au Sénat une confiance et une sécurité assez fortes pour braver les attaques de ses adversaires de tous les partis, c'était la protection, disons mieux, la complicité politique d'Alexandre. Non seulement la nomination du gouvernement provisoire et la déchéance de Napoléon, premiers actes du Sénat, avaient été prescrits ou autorisés par l'empereur de Russie, non seulement la constitution du 6 avril était encore le résultat d'un ordre de ce souverain, mais lui-même avait participé, dans la personne de son premier ministre Nesselrode, à la rédaction de chacun des articles de l'élucubration sénatoriale. Chaque jour, d'ailleurs, les sénateurs recherchaient et saisissaient l'occasion de resserrer les liens qui pouvaient enchaîner Alexandre à leurs intérêts de position ou de vanité. Ils interrogeaient sa pensée sur toutes les questions de politique

---

(1) Notes et dépêches de l'abbé de Montesquiou à Louis XVIII, trouvées aux Tuileries après le 20 mars 1815.

ou de gouvernement qui venaient à se produire. Ils applaudissaient à toutes ses paroles comme à des éclairs de génie ; ils le plaçaient dans leurs brochures et dans leurs discours, au dessus de Trajan et des Antonins ; et quand ils daignaient descendre des hauteurs de l'antiquité pour entrer dans les faits de notre époque, ils lui décernaient les titres de *fondateur de la liberté française* et de *héros citoyen*. Ce grossier encens enivrait Alexandre ; sa prépondérance, au reste, était réelle ; durant quelques semaines il fut le véritable souverain de Paris. Bon nombre d'ambitieux et d'intrigans, prenant ce rôle au sérieux, sollicitèrent directement de lui des faveurs et des places. Les pétitions se produisirent en quantité si considérable, les demandeurs se montrèrent si exigens et si incommodes, que le tzar se vit obligé de faire insérer dans le *Moniteur* du 7 avril une note, dans laquelle il disait « que, s'étant imposé la loi de n'exercer aucune influence sur tout ce qui tenait à *l'exécution des lois* et des *règles de l'administration publique*, il invitait les solliciteurs à s'adresser au gouvernement provisoire. »

La bassesse et l'avidité, comme on le voit, existaient ailleurs que dans le Sénat. Les bureaux du gouvernement provisoire ne désemplissaient pas de gens qui venaient offrir leurs services. Deux secrétaires étaient uniquement occupés à les écouter et à les éconduire ; deux autres avaient pour mission spéciale de recevoir les demandes de ceux que leur éloignement empêchait de se présenter en personne ; de les jeter, sans les lire, dans d'immenses cartons que jamais aucune main ne devait fouiller, et d'envoyer au *Moniteur* les adhésions des généraux, des corps militaires et des autorités constituées. Ces employés composaient en quelque sorte tout le personnel administratif du singulier gouvernement installé à l'entresol de l'hôtel Saint-Florentin, au dessous de la chambre à coucher et du salon d'Alexandre. Les *adhésions* dont nous venons de parler, véritables pétitions pour la plupart, remplissent toutes les colonnes du *Moniteur* de cette époque; nous en citerons deux. L'adhésion de M. de Ségur, colonel du 3ᵉ régiment de gardes d'honneur, est ainsi conçue :

« J'*offre* aujourd'hui *mes* seize cents gardes et moi, au successeur, au descendant des rois de mes pères.
» Je lui jure fidélité au nom de *mes* officiers, de tous *mes* gardes, et en mon nom qui répond de mes sermens. »

Puis, on lit dans une lettre adressée au prince de Bénévent par le général Moreau, celui-là même qui, en rendant au général Wittzingerode la place forte de Soissons, sans tirer un seul coup de fusil, avait sauvé l'armée de Blücher d'une destruction totale et fait avorter une des plus belles et des plus décisives combinaisons de Napoléon :

« J'ai l'honneur de prier votre Altesse Sérénissime de vouloir bien présenter au gouvernement *l'offre* de mes services pour la cause de S. M. Louis-Stanislas-Xavier, et me *classer* dans le *travail des officiers-généraux* qui lui sont les plus dévoués. »

Toutes les autres adhésions sont dans le même esprit et dans le même style. Le dévoûment déborde à chaque ligne. Il ne fallut donc pas de grands efforts d'habileté à M. de Talleyrand et à ses collègues pour donner aux Bourbons la foule des fonctionnaires et des hommes titrés; il leur suffisait de laisser faire la fortune. Le gouvernement en leurs mains, était, du reste, purement nominal. Dépourvus de moyens directs d'action au delà de Paris et de la banlieue, ils n'administraient ni ne gouvernaient. Surpris par les événemens, ils vivaient au jour le jour, évitant les partis violens, ménageant tout à la fois le présent et l'avenir. Leurs rares décisions enregistrées au *Moniteur* sous le titre d'ACTES DU GOUVERNEMENT PROVISOIRE, témoignent suffisamment que M. de Talleyrand et ses collègues, gouvernans de hasard, devaient leur position à un enchaînement de circonstances qu'ils n'avaient ni préparées ni prévues. Trois des premières mesures prises par eux peuvent caractériser leur administration.

Le nouveau gouvernement avait surtout intérêt à rallier à lui l'armée; le 4 avril il remit le portefeuille de la guerre au général Dupont, dont le nom pour les troupes était un nom déshonoré. En second lieu, l'ordre de la Légion-d'Honneur, à cette époque, était, pour ainsi dire, tout militaire; ce ne fut ni un maréchal, ni une haute notabilité politique que M. de Talleyrand nomma grand-chancelier et grand-trésorier de cet ordre, mais un prêtre que dominait une passion désordonnée pour la politique et pour l'intrigue, l'abbé de Pradt, archevêque de Malines. Enfin, la constitution sénatoriale, publiée le 8 avril, garantissait la complète liberté de la presse, et un des motifs du décret de déchéance était basé sur les atteintes portées par l'empereur à cette liberté; le lendemain 9, M. de Talleyrand et ses collègues rétablissaient la censure et la centralisaient, pour tous les journaux autres que le *Moniteur*, dans les mains de M. Michaud, membre de l'Institut.

Le 10, le gouvernement provisoire publia un arrêté qui nécessite quelques explications.

Le baron Louis, en prenant la direction du Trésor n'avait trouvé que des caisses vides. Le numéraire existant à la trésorerie le 29 mars avait été transporté à Blois. Ce n'étaient pas les recettes faites à Paris dans ces premiers jours de confusion et d'inquiétude générales qui pouvaient remplir les coffres du nouveau gouvernement. D'un autre côté, non seulement il y avait interruption momentanée de communications avec les départemens placés au delà d'un certain rayon, mais les désordres inséparables de la lutte, et du passage ou de l'occupation des troupes françaises ou alliées, paralysaient les ressources qu'auraient pu fournir à la trésorerie les perceptions ou les recettes des localités les plus proches. Des fonds pourtant étaient indispensables au Gouvernement provisoire ; il devait fournir aux dépenses personnelles des Souverains, de leurs généraux, et solder le prix de quelques défections devenues fort impatientes ; il lui fallait *vivre* enfin. Les dix millions en or laissés par l'Impératrice dans les caves des Tuileries avaient à peine suffi aux besoins de la première semaine. D'autres millions, nous l'avons dit, provenant de la même source, avaient été emportés à Blois ; M. de Talleyrand et ses collègues avisèrent aux moyens de s'en emparer.

La petite cour réunie à Blois autour de l'Impératrice-Régente avait successivement appris la déclaration de déchéance, la première abdication de l'Empereur et la défection du corps d'armée de Marmont. Ce fut le 7 au matin que la nouvelle du rappel des Bourbons lui arriva : les grands dignitaires, les ministres, les généraux, les hauts fonctionnaires qui la composaient et qui s'étaient enfuis de Paris les 29 et 30 mars, quittèrent immédiatement l'impératrice déchue et s'empressèrent d'accourir près du gouvernement provisoire et des souverains alliés, espérant ressaisir leurs traitemens et leurs positions. Le soir, la solitude, autour de Marie-Louise et du roi de Rome, était complète. Le 8, les deux rois Joseph et Jérôme, après s'être fait payer par le Trésor impérial tout ce qui pouvait leur être dû sur leurs traitemens ou leurs dotations, quittèrent leur belle-sœur, et celle-ci reçut le général Schouwaloff, chargé par les souverains de la conduire ainsi que son fils, à Orléans puis à Rambouillet. La nouvelle de cette dispersion arriva au gouvernement provisoire le 9 au matin; et, le 10, on lut dans *le Moniteur*:

« Le gouvernement provisoire, informé que, d'après les ordres du souverain dont la déchéance a été solennellement prononcée le 3 avril, des *fonds considérables* ont été *enlevés de Paris* dans les jours qui ont précédé l'occupation de cette ville par les troupes alliées.... arrête....., etc. »

Viennent ensuite les ordres les plus impératifs à tous les fonctionnaires d'arrêter le transport des fonds provenant de ces *enlèvemens*, de les saisir et d'en opérer immédiatement le dépôt dans la caisse publique la plus voisine.

En ne spécifiant pas l'origine et la nature des fonds sur lesquels ils voulaient mettre la main, en se servant de l'expression générale, élastique, de *fonds enlevés de Paris*, M. de Talleyrand et ses collègues donnaient à leurs agens les moyens de saisir tout le numéraire emporté à Blois, qu'il fût ou non la propriété privée de l'empereur ou de sa famille; et ce fut sans doute pour atteindre encore plus sûrement leur but que l'opération fut confiée par eux à un homme qu'ils venaient de tirer du donjon de Vincennes et que le ressentiment de sa détention devait garantir de toute hésitation, de toute faiblesse, à M. Dudon(1). Cet agent se rendit directement à Orléans où il arriva quand l'impératrice elle-même y entrait, venant de Blois. Les troupes qui accompagnaient cette princesse, escortaient en même temps les diamans de la couronne, propriété de l'État, le trésor particu-

---

(1) « M. Dudon avait été enfermé à Vincennes pour avoir déserté son poste, abandonné l'armée d'Espagne et répandu la terreur dont il était saisi sur toute la route qu'il avait parcourue. » (*Mémoires* du duc de Rovigo, t. VII.)

lier de l'Empereur, propriété personnelle de ce souverain, et plusieurs caisses remplies d'objets précieux dépendant de la garde-robe ou servant à l'usage particulier de l'impératrice et de son époux. M. Dudon, son arrêté à la main, ne se borna pas à réclamer les diamans qui lui furent immédiatement livrés, il fit main-basse, au nom du gouvernement, sur toutes les autres valeurs. Rien n'échappa. Le mandataire de MM. de Talleyrand, de Dalberg, de Jaucourt, de Montesquiou et Beurnonville, put leur envoyer jusqu'à l'argenterie et la vaisselle de Marie-Louise, jusqu'au linge et aux habits de Napoléon. Fille d'empereur, femme d'empereur, mère d'un enfant-roi; souveraine, il y avait à peine quelques heures, de cinquante millions de sujets; saluée par de nombreuses salves d'artillerie, et par le son de toutes les cloches à son entrée dans Orléans où elle venait d'arriver encore entourée de toutes les richesses, de tout le luxe de la cour la plus splendide de l'Europe, Marie-Louise d'Autriche, assure-t-on, en fut réduite, lorsque M. Dudon eut passé, à emprunter pour le service de sa table quelques couverts et un peu de faïence à l'évêque son hôte (1). On évalue à douze ou quinze millions les sommes contenues dans les caisses du trésor particulier. La valeur des autres objets n'a pas été indiquée. Cette ressource, produit d'un véritable vol, devait

---

(1) *Mémoires* du duc de Rovigo, t. VII. Savary ajoute : « On eut recours à un officier de gendarmerie d'élite, M. Janin, de Chambéry, aujourd'hui officier-général, qui était commis à l'escorte de cet argent. Ce jeune homme, voyant un moyen de faire sa fortune, se donna à M. Dudon. Il rassembla son détachement, fit enlever d'autorité les caissons qui contenaient encore le trésor de l'empereur Napoléon, car on ne l'avait pas encore déchargé, et se mit en route pour Paris, où il arriva sans coup férir.... C'est ainsi que le trésor fut enlevé. »

pourvoir, durant une ou deux semaines aux nécessités occultes de l'étrange gouvernement installé à l'entresol de l'hôtel Saint-Florentin.

C'est à cet arrêté du 9 avril et à ses dispositions spoliatrices que se rattache un épisode qui a fait trop grand bruit pour ne pas mériter quelques détails.

On a vu dans le précédent volume que durant les quatre premiers jours qui suivirent l'entrée des alliés dans Paris, Napoléon, campé à Fontainebleau à la tête de son armée, pouvait d'un moment à l'autre fondre sur la capitale et changer la face des événemens ; nous avons raconté, à cette occasion, que M. de Talleyrand, pour conjurer le péril, avait essayé de recourir au meurtre et à la défection. On sait comment la défection fut accomplie. Quant au meurtre l'exécution en fut confiée à un homme que ses passions fougueuses, ses affaires embarrassées portaient à oser beaucoup, à Marie-Armand de Guerry, comte de Maubreuil, marquis d'Orvault, celui-là même que l'on avait vu, au milieu des démonstrations royalistes du 31 mars, attacher sa croix de la Légion-d'Honneur à la queue de son cheval. Le père de Maubreuil, marié en secondes noces à une sœur de MM. de La Rochejacquelein, était mort dans les guerres de la Vendée avec quinze ou vingt membres de sa famille.

Maubreuil était depuis long-temps en rapport intime avec M. Roux-Laborie, avocat, nommé le soir, du 31 mars, l'un des deux secrétaires du gouvernement provisoire. Ils se voyaient presque chaque jour dans l'intérêt de nous ne savons quelles spéculations de bourse ou de commerce. Le soir du 1er avril, Maubreuil en rentrant chez lui trouva plusieurs billets de Roux-Laborie, ainsi conçus : *Pourquoi n'êtes-vous pas venu ? Je vous ai attendu toute la journée ! Vous me désespérez !* Le lendemain 2 avril, de bonne heure, Maubreuil était à l'hôtel St-Florentin. Roux-Laborie le fit entrer dans le cabinet même de M. de Talleyrand, le fit asseoir dans le fauteuil du prince et lui dit: « Vous êtes impatient de retrouver votre position, de refaire votre fortune perdue. Il dépend de vous d'obtenir encore au delà de ce que vous pouvez désirer. — Que me faut-il faire? — Vous avez du courage, de la résolution, débarrassez-nous de l'empereur. Lui mort, la France, l'armée tout est à nous, et l'on vous donne 200,000 livres de rente, on vous fait duc, lieutenant-général et gouverneur d'une province. — Je ne vois pas trop comment je pourrais réussir. — Il est impossible que, d'ici à deux jours, il n'y ait pas une grande bataille. Prenez cent hommes déterminés à qui vous ferez donner des uniformes de la garde. Mêlez-vous avec eux aux troupes de Fontainebleau, et il vous sera facile soit avant, soit pendant ou après la bataille, de nous rendre le service que je suis chargé de vous demander. — Cent hommes! ce sera difficile à réunir. Il n'en faut pas tant, d'ailleurs, une douzaine suffiraient. Je les trouverais peut-être dans l'armée; mais il me faudrait alors la faculté de les avancer de deux ou trois grades et de leur accorder des récompenses pécuniaires proportionnées. — Vous aurez tout ce que vous voudrez. Que nous importent dix ou douze colonels de plus ou de moins? » Maubreuil fit encore quelques objections, ajouta qu'il avait besoin de réfléchir et quitta Roux-Laborie en prenant l'engagement de lui donner une réponse positive le lendemain.

Le 3 avril, Maubreuil revint à l'hôtel Talleyrand. « J'accepte, dit-il à Roux-Laborie; mais je dois ajouter que je ne me regarde pas comme suffisamment autorisé par votre parole; j'ai besoin que les promesses que vous me faites soient plus solidement garanties. Je veux voir M. de Talleyrand et recevoir directement de lui ma mission. — On dirait que vous avez peur, répliqua Roux-Laborie en frappant sur la poitrine de Maubreuil; reprenez votre courage, et s'il vous faut absolument la garantie du prince, vous allez être satisfait. » Il ajouta que si Maubreuil consentait à attendre quelques instans dans le salon où ils se trouvaient, M. de Talleyrand traverserait la pièce, lui ferait un salut de la main et lui adresserait un sourire qui l'assurerait de leur parfaite intelligence.

M. de Talleyrand, chez lequel passa Roux-Laborie, parut effectivement quelques instans après; il traversa le salon et salua Maubreuil en lui adressant le geste et le sourire attendus. Maubreuil sortit pour faire ses préparatifs.

Voilà ce que Maubreuil a raconté (1). Si la molle et insouciante nature de M. de Talleyrand semble repousser une pareille négociation, les théories de ce personnage, en matière de gouvernement, donnent pourtant au récit de Maubreuil une grande apparence de vérité. Dépourvu de principes, indifférent à toute morale, M. de Talleyrand était singulièrement facile à tous les expédiens commandés par l'intérêt ou par la nécessité politiques. Les gouvernemens, selon lui, pouvaient commettre des *fautes*, jamais des *crimes*. Il avait mis cette doctrine au service de Napoléon, premier consul et empereur; il dut la tourner contre ce prince après la prise de Paris. La mort de Napoléon, à ce moment, *simplifiait* trop favorablement *la situation* pour que les avantages de cet événement ne se soient pas présentés à son es-

---

(1) Nous avons emprunté ces détails à un rapport fait à l'une des chambres du tribunal de première instance de la Seine, au mois de juin 1815, par MM. Thouret et Brière de Valigny, substituts du procureur impérial. M. Brière de Valigny est aujourd'hui conseiller à la cour de Cassation.

prit, pour qu'il ne l'ait pas désiré, et pour supposer qu'il ait pu hésiter un seul instant à encourager, au moins par signes, l'homme qui se chargeait de rendre ce service à la cause des Bourbons et des souverains étrangers.

Quoi qu'il en soit, Maubreuil s'occupa de recruter des complices. Mais le lendemain et les jours suivans, soit que l'abdication de l'empereur et la défection du 6e corps eussent en partie rempli les vues de M. de Talleyrand, soit qu'il fût absorbé dans d'autres soins, son secrétaire cessa de presser Maubreuil avec la même vivacité. De son côté, ce dernier, hésitant sans doute devant les dangers de l'entreprise, ne montrait nulle impatience d'en finir. On arriva ainsi au 12 avril. La publication de l'arrêté du 9, la mission donnée à M. Dudon et le succès qui l'avait couronnée, le bruit alors répandu dans plusieurs salons royalistes que les fourgons enlevés à Orléans contenaient seulement une partie des millions partagés entre les membres de la famille impériale, exaltèrent de nouveau les passions cupides de Maubreuil. Ancien écuyer du roi de Westphalie, il venait précisément d'apprendre, par une personne qu'il avait connue à cette cour, que Catherine de Wurtemberg, épouse de Jérôme, demeurée à Paris, rue du Mont-Blanc, dans l'hôtel du cardinal Fesch, allait partir pour l'Allemagne. Cette princesse, dans la pensée de Maubreuil, devait nécessairement emporter sa part des millions que l'empereur, disait-on calomnieusement, avait distribués à tous les siens. Il vit là une occasion de fortune bien moins périlleuse et bien plus sûre qu'une attaque à force ouverte contre Napoléon, et, reprenant ses entrevues avec Roux-Laborie, il affecta plus vivement que jamais de vouloir réaliser le projet proposé. Roux-Laborie lui dit qu'il était toujours maître de l'exécuter, ajoutant que lorsqu'il serait prêt on lui remettrait tous les ordres nécessaires. Cependant Maubreuil se tenait au courant de tout ce qui se passait à l'hôtel du cardinal Fesch. Il apprit que le départ de l'ex-reine était fixé au 18; le 16, il réclama les ordres promis; le lendemain 17, on les lui donna. Ces ordres, au nombre de *cinq*, étaient signés par M. Anglès, faisant les fonctions de ministre de la police : par le général Dupont, tenant le portefeuille de la guerre; par M. de Bourrienne, directeur provisoire des postes ; par le général Sacken, gouverneur de Paris, et le général prussien Brokenhausen ; ils mettaient à la disposition de Maubreuil la police et les postes de France, ainsi que toutes les troupes nationales et alliées (1). Mais au lieu de se diriger, dans la nuit du 17, sur la route de Fontainebleau, Maubreuil alla se poster rue du Mont-Blanc ; puis lorsque le 18, à trois heures du matin, l'ex-reine quitta l'hôtel Fesch, Maubreuil, accompagné d'un nommé Dasies qu'il affubla du titre de *commissaire royal*, la suivit en voiture de poste, ne la quittant pas de vue, changeant de chevaux en même temps qu'elle et s'arrêtant où elle s'arrêtait. La belle-sœur de Napoléon avait d'abord pris la route d'Orléans. A Pithiviers, elle changea de direction. Instruit

---

(1) Ces ordres, tous très laconiques, étaient à peu près conçus dans les mêmes termes; nous ne citerons que celui donné par M. Anglès; en voici la teneur :

« *Ministère de la police.* — Il est ordonné à toutes les autorités chargées de la police générale de France, aux préfets, commissaires généraux, spéciaux et autres, *d'obéir aux ordres* que M. de Maubreuil leur donnera; de faire et *d'exécuter à l'instant tout ce qu'il prescrira*, M. de Maubreuil étant chargé d'une mission *secrète de la plus haute importance.*

» ANGLÈS. »

Cet ordre et celui du général Dupont sont du 16 avril; les trois autres portent la date du 17.

par le maître de poste de cette dernière ville que la princesse devait continuer son chemin par la Bourgogne, Maubreuil prit aussitôt les devans et alla l'attendre à Fossard, maison de poste distante de Montereau d'une demi-lieue et où vinrent le joindre quelques pelotons de cavalerie française, entre autres deux détachemens de Mamlouks et de chasseurs à cheval de la garde impériale, que le commandant militaire de Montereau, sur la présentation des ordres délivrés par le général Dupont et par les généraux alliés, s'était empressé de mettre à sa disposition. La princesse voyageait à très petites journées. Le détour qu'elle venait de faire lui avait causé une nouvelle perte de temps. Ce fut seulement le 21, vers sept heures du matin, que ses équipages parurent sur la route. Maubreuil, à la tête de ses cavaliers, arrêta la voiture de l'ex-reine, contraignit celle-ci de descendre et la fit entrer dans une espèce d'écurie, où tous les coffres chargés sur ses voitures furent successivement transportés : ils étaient au nombre de onze. Un d'eux contenait 84,000 fr. en or, destinés aux frais de voyage ; un second renfermait les joyaux de la princesse et ceux de son mari. Maubreuil demanda les clés ; Catherine les refusa. Le représentant du gouvernement provisoire menaça de tout faire briser ; la princesse tint ferme ; on se mit en devoir de forcer les serrures ; les clés furent données. Lorsque chaque coffre eut été ouvert et visité, Maubreuil déclara qu'il les saisissait au nom du gouvernement et leur fit prendre la route de Paris escortés par quelques chasseurs à cheval de la garde. Neuf caisses furent remises le lendemain à un M. de Vanteaux, ayant depuis quelques jours le titre d'inspecteur du mobilier de la couronne. Les deux autres, emportées par Maubreuil dans la chambre la plus retirée d'un obscur hôtel garni de Versailles, ne furent rendues qu'à trois jours de là, mais à peu près vides. Les sacs contenant les 84,000 fr. ne renfermaient plus que des rouleaux de pièces de 1 fr., de 50 et de 10 centimes. Les diamans avaient complètement disparu (1).

La princesse Catherine était cousine germaine de l'em-

---

(1) « Maubreuil mit les clés dans la poche droite de son pantalon... En attendant le second détachement de troupes qu'il avait demandé à Montereau, il se mit à déjeûner avec Dasies dans une chambre de l'auberge au rez-de-chaussée. La princesse refuse d'y entrer ; elle reste dans la cour, où une femme lui apporte une chaise pour s'asseoir. Entre neuf et dix heures, pendant le déjeûner, un lieutenant arrive de Montereau avec douze hommes, mameloucks et chasseurs. On dit à ces militaires que la princesse venait d'être arrêtée, parce qu'elle emportait les diamans de la couronne. On place quatre factionnaires pour empêcher les voyageurs d'approcher de l'auberge ; cependant des marchands, venant de Sens, y pénétrèrent avec une patache ou voiture d'osier, couverte en toile et conduite par deux chevaux. Maubreuil mit le tout en réquisition, et, se rendant avec Dasies dans l'écurie, ordonna de charger toutes les caisses sur la patache. La princesse dit alors à Maubreuil, qu'elle reconnut pour un de ses anciens écuyers : « Quand on a mangé le » pain des gens, on ne se charge pas d'une pareille mission ; ce » que vous faites est abominable. — Je ne suis que le commandant » de la force armée, répondit Maubreuil ; parlez au *commissaire*, » je ferai tout ce qu'il ordonnera. »

» Elle s'adressa à Dasies : « Vous me dépouillez de tout ce qui » m'appartient, lui dit-elle ; le roi n'a jamais donné de pareils or- » dres ; je vous jure, sur mon honneur et foi de reine, que je n'ai » rien à la couronne de France. — Nous prenez-vous pour des vo- » leurs ? répond Dasies ; je vais vous montrer que nous avons des » ordres ; toutes ces caisses vont partir. » En ce moment il aperçoit, sur la chaise de la princesse, un sac renfermant une petite caisse carrée extrêmement lourde et entourée de rubans de fil. La princesse déclare que cette caisse renferme son or. Maubreuil et Dasies se retirent comme pour délibérer. Ils se rapprochent et ordonnent au commandant des mameloucks d'emporter cette caisse avec les au-

pereur de Russie et voyageait sous la protection d'un passeport signé par ce monarque et par l'empereur d'Autriche. Le premier usage qu'elle fit de sa liberté fut d'écrire à son parent et de lui dénoncer en termes indignés l'outrage et le vol qu'elle venait de subir. Alexandre, violemment irrité,

---

tres. « Est-il possible, s'écrie la princesse, que vous preniez ainsi
» mes bijoux et mon argent, et que vous m'exposiez à rester au
» milieu du chemin avec toute ma suite. » Des larmes lui vinrent
aux yeux. Elle demanda à parler à Maubreuil, et le supplia de lui
rendre son or, s'il la privait de ses bijoux. « Madame, lui répondit
» ce dernier, je ne suis que l'exécuteur des ordres du gouverne-
» ment; je dois rendre vos caisses intactes à Paris; tout ce que je
» puis faire pour vous, c'est de vous donner ma ceinture, elle con-
» tient cent napoléons d'or de vingt francs. » D'après le conseil du
comte de Fursteinstein, qui l'accompagnait, la princesse accepta.
A la poste suivante, lorsque le comte vérifia le nombre de pièces,
il n'en trouva que quarante-quatre, qui furent déposées, avec la
ceinture, entre les mains du juge de paix du canton de Pont-sur-
Yonne.

» Toutes les caisses ayant été chargées sur la patache, Maubreuil
et Dasies donnèrent l'ordre de la faire partir par la route de Fontainebleau, sous l'escorte de quelques chasseurs. En même temps
ils commandent des chevaux pour la princesse, et ordonnent de la
conduire à Villeneuve-la-Guyare. Elle se récrie : elle veut accompagner jusqu'à Paris son or et ses bijoux; Maubreuil et Dasies disent qu'ils ne peuvent pas le lui permettre. Elle demande de pouvoir au moins faire escorter ses caisses par une personne de confiance; on le lui refuse. La patache s'éloigne avec rapidité.

» A midi, on fait remonter la princesse en voiture, et on la force
de partir pour Villeneuve-la-Guyare, sous l'escorte de deux chasseurs. Après son départ, Maubreuil prescrivit au maître de poste de
Fossard de ne donner de chevaux à personne dans les trois heures
qui suivraient son départ; et Dasies et lui, sortant du village dans
leur calèche, rejoignirent la patache sur la route..... »

(Extrait des *conclusions* lues devant la Cour royale de
Douai, par l'avocat-général *Maurice*, dans l'affaire
Maubreuil, les 19 et 20 décembre 1817.)

exigea la plus éclatante réparation. M. de Talleyrand et les autres signataires des ordres n'étaient pas gens à s'immoler pour leur mandataire. Maubreuil, d'ailleurs, s'était montré agent infidèle : il devait délivrer les alliés et les Bourbons de la personne de Napoléon; au lieu de rendre ce service, il vole sur le grand chemin une parente d'Alexandre; il expose M. de Talleyrand et le gouvernement nouveau à toute la colère du chef de la coalition, du souverain armé dont les troupes occupaient alors Paris et la majeure partie de nos provinces. Maubreuil fut impitoyablement sacrifié. On se saisit de lui, on le fouilla, puis M. Anglès le fit jeter dans un cachot. Après trois mises en liberté et trois nouvelles arrestations comme prévenu, d'abord de *n'avoir pas fidèlement exécuté les ordres d'autorités militaires supérieures*, puis comme accusé de *vol à main armée sur une grande route*, Maubreuil comparut enfin devant la chambre de police correctionnelle de la Cour royale de Douai, le 18 décembre 1817; à quelques jours de là il parvint à s'évader. Le 6 mai 1818, un arrêt le condamna par contumace à cinq ans de prison et à 500 fr. d'amende comme *dépositaire infidèle* Maubreuil s'était réfugié en Angleterre.

Dans ses différentes comparutions devant les tribunaux, Maubreuil avait constamment repoussé l'accusation de vol ; il soutenait que les ordres dont il était chargé avaient pour but l'assassinat de Napoléon et de son fils. Mais décidé à ne pas remplir cette mission, il ne l'avait acceptée, disait-il, que pour empêcher qu'elle ne tombât en des mains capables d'exécuter le crime ; et que s'il avait arrêté les fourgons de la princesse Catherine, c'était uniquement pour mettre son apparent insuccès sur le compte d'une méprise. Enfin, il ajoutait que si les 84,000 fr. en or et les joyaux avaient disparu, il fallait en demander compte à MM. de Sémallé,

Roux-Laborie, de Vanteaux et à leurs amis du gouvernement provisoire, qui se les étaient probablement partagés.

M. de Talleyrand, de son côté, s'est défendu d'avoir jamais autorisé le meurtre de l'empereur ; les ordres donnés à Maubreuil, ont dit ses amis, n'avaient pour objet que de compléter l'exécution de l'arrêté du 9 avril, en faisant rentrer au garde-meuble les diamans de la couronne disparus. Cette explication n'est pas acceptable. Les ordres délivrés à Maubreuil portent la date du 16 et du 17 avril ; or, dès le 11, tous les diamans de la couronne avaient été remis par M. de Labouillerie ét par l'impératrice à M. Dudon, sans exception et sur inventaire. S'il ne s'était agi, d'ailleurs, que de récupérer des valeurs publiques, acte parfaitement légal, parfaitement loyal, M. Anglès n'aurait pas qualifié la mission de Maubreuil de *mission secrète* de la plus *haute importance*. Cette affaire couvre de trop de honte les différens individus qui y ont trempé pour que tous ne se soient pas efforcé d'égarer l'opinion ; elle se résume, quoi qu'on ait pu dire, en un vol de grande route enté sur une positive mission d'assassinat.

Le provisoire administratif de M. de Talleyrand et de ses collègues était une véritable immobilité. Cette situation ne pouvait se prolonger sans péril. Dans les premiers jours, tant qu'il s'était seulement agi de grouper tous les intérêts, toutes les ambitions autour du trône vide sur lequel l'irruption de l'Europe en armes, la dispersion des partis, la lassitude et l'épuisement de la France avaient permis au Sénat d'inscrire le nom oublié du frère de Louis XVI ; aussi longtemps que ses efforts avaient dû se borner à donner à tous des espérances, parlant royauté et Bourbons avec les royalistes, monarchie pondérée et institutions avec les constitutionnels, conservation de grades et d'honneurs avec les généraux, maintien de places et de traitemens avec les fonctionnaires de tous les ordres et de tous les rangs, M. de Talleyrand avait suffi à sa tâche. Mais l'instant de gouverner arrivait. Sept ou huit cent mille étrangers couvraient les deux tiers du territoire; leur présence désorganisait partout l'action publique; leurs exigences et leurs besoins paralysaient toutes les ressources. Où devaient s'arrêter, d'ailleurs, les limites de la France? Quels ordres envoyer aux autorités des départemens devenus français depuis 1792; aux garnisons de l'autre côté du Rhin et des Alpes; aux corps de troupes encore debout au centre et aux extrémités de l'Empire? Administration, armée, finances, traités avec l'Europe victorieuse, tout était donc à réorganiser ou à faire. Ce fardeau était bien lourd pour les forces de M. de Talleyrand. En outre, la responsabilité de quelques mesures et de certaines transactions politiques déjà arrêtées dans son esprit, l'effrayait. Les Bourbons devaient recueillir les bénéfices de la situation; il résolut de leur en laisser toutes les charges. Les royalistes, d'ailleurs, impatiens, depuis la déclaration de déchéance, d'entrer à leur tour en possession de l'influence politique et des places, appelaient de toutes leurs forces la présence du comte d'Artois, celui des membres de la famille de Bourbon qui se trouvait le plus rapproché de Paris, et que sa qualité de frère du roi faisait le représentant naturel de la royauté; discours, adresses, articles de journaux, cris dans les lieux publics, ils employaient tous les moyens pour forcer le gouvernement provisoire à hâter la venue de ce prince. Une première fois, M. de Talleyrand, cédant aux instantes obsessions du baron de Vitrolles, avait préparé une lettre que ce dernier devait porter au comte d'Artois, alors à Nancy; il la tendait pour la remettre à M. de Vitrolles, quand on annonça la venue des plénipo-

tentiaires chargés de traiter pour la régence. « Ceci change
» complètement les choses, » dit le prince de Bénévent en
retirant la main et en mettant la lettre de côté. Ce fut seulement après le rejet absolu de cette combinaison, lorsque
le rappel des Bourbons fut positivement décidé, que le président du gouvernement provisoire consentit enfin à faire
transmettre au frère de Louis XVIII la lettre écrite le 4, et
dans laquelle était la phrase suivante : « Jusqu'à présent,
» nous avons eu la gloire; venez nous apporter l'honneur. »
Cette dépêche trouva le prince à Nancy.

Le comte d'Artois, dès le lendemain, se mit en route,
accompagné de M. de Vitrolles et des quelques émigrés qui
l'avaient suivi depuis la frontière de Suisse. Il marchait à petites journées, distribuant sur son passage des cocardes
blanches et des rubans blancs, et jetant invariablement ces
mots aux autorités et aux rares députations qui se présentaient pour saluer sa venue : *La paix! plus de conscription!
plus de droits réunis!* Il venait d'arriver à Vitry-le-Français
quand un courrier du gouvernement provisoire remit à
M. de Vitrolles une copie de la constitution sénatoriale. La
lecture de cet acte jeta M. de Vitrolles dans le plus grand
embarras. Parti de Paris le 5 avril au soir, après la première
déclaration du Sénat en faveur de Louis XVIII, il avait annoncé au comte que son arrivée était impatiemment attendue; qu'il serait reçu par toutes les autorités, par tous les
pouvoirs comme le représentant naturel, légal de l'ancienne monarchie. Au lieu de cela, à la place d'autorités
soumises, de pouvoirs respectueux, le prince allait trouver une assemblée qui, ne tenant aucun compte de sa personne ni de ses droits, et, usurpant la prérogative souveraine,
se posait en puissance rivale, et déclarait que le chef de sa
famille ne prendrait possession du trône qu'après avoir ac-

cepté les conditions mises à son avènement. M. de Vitrolles répondit à cette communication, en protestant de toutes ses forces contre les prétentions du Sénat, et le prince continua son chemin.

La difficulté n'était que retardée; il fallait entrer dans Paris. Les compagnons de route du comte espéraient que son approche, aidée par les dépêches, puis par les démarches de M. de Vitrolles qui avait pris les devans, rendrait les sénateurs plus faciles à la soumission; il n'en était rien : appuyé sur sa constitution, seul titre légal des Bourbons au trône, le Sénat ne se bornait pas à refuser au comte d'Artois la qualification surannée de *Monsieur*; il ne voulait pas davantage reconnaître le titre de *lieutenant-général du royaume* que prenait le prince depuis son entrée sur le territoire. Louis XVIII, aux yeux du Sénat, n'était pas encore roi, puisqu'il n'avait pas accepté l'acte constitutionnel; ce prince était donc sans pouvoir et sans droits pour créer un lieutenant-général. Cette nomination, si elle était nécessaire, ne pouvait émaner que des sénateurs. Jusque là le comte d'Artois, pour eux, n'était que le frère de Louis-Stanislas-Xavier, et rien de plus.

Le comte arriva le 11 aux portes de Paris, sans avoir décidé s'il se résignerait à subir les exigences du Sénat, ou bien si, une fois entré dans la capitale du royaume, comme simple voyageur, il essaierait de s'emparer du gouvernement, à l'aide des seuls partisans de sa famille.

M. de Talleyrand essaya de s'entremettre. Le 11, au soir, le prince reçut au château de Livry, propriété de madame Charles de Damas, la visite de M. de Choiseul-Gouffier, que le gouvernement provisoire avait chargé d'une note ainsi conçue :

« Le gouvernement provisoire reconnaît qu'il est nécessaire que

S. A. R. *Monsieur* soit, dès son arrivée à Paris, le chef du gouvernement.

» On ne peut pas admettre que S. A. R. partage le gouvernement avec la commission nommée par le Sénat, ou que S. A. R. gouverne concurremment avec elle. Chacun de ces deux partis, outre qu'il blesse la dignité de *Monsieur*, pourrait être une source de divisions dans un moment où il s'agit de tout réunir.

» L'exercice pur et simple de l'autorité de lieutenant-général a paru dangereux.

» Il faut que *Monsieur* exerce l'autorité provisoire, mais qu'elle lui soit transmise dans des formes douces et conciliatrices qui n'effarouchent point les esprits, qui les rallient au contraire à sa personne. Tout deviendra facile sur cette voie.

» Et, pour cela, le gouvernement provisoire propose que S. A. R. *Monsieur* soit nommé, par un acte du Sénat, chef du gouvernement provisoire ; avec cette qualité fort simple, on est d'accord avec ce qui a été fait jusqu'alors. *Monsieur* reçoit l'autorité sans difficulté, et S. A. R. l'exerce dans sa sagesse et avec une facilité que peut-être elle ne trouverait pas si elle s'appuyait sur un autre titre.

» Le gouvernement provisoire ose espérer que S. A. R. trouvera le parti qu'on lui soumet d'autant moins susceptible de difficultés, que les principes de la constitution (du 6) sont conformes à ceux que S. A. R. annonce comme admis par son auguste frère. »

Il était difficile de s'exprimer avec plus de mesure, de concilier mieux les prétentions du comte d'Artois, les exigences du Sénat et les nécessités de la situation. Le prince, retranché dans les droits qu'il prétendait tenir de la vieille loi monarchique, ne voulut entendre à aucune composition. Cependant les momens pressaient : l'entrée du comte avait été officiellement annoncée pour le 12 avril ; elle était attendue ; tous les préparatifs de réception étaient faits, tous les corps constitués se trouvaient convoqués. Dans l'impossibilité où ils étaient de différer la cérémonie, M. de Talleyrand et ses collègues prirent le parti d'accueillir le comte d'Artois, non comme chef du gouvernement, mais comme

Bourbon; de lui faire en cette qualité seule la réception la plus brillante, et de dissimuler, sous les marques de respect et d'honneur qui lui seraient prodiguées, le silence gardé sur sa position politique. Voici les termes de la vague allocution, qu'adressa effectivement M. de Talleyrand au frère de Louis XVIII, lorsque le 12 avril au matin, ayant à côté ou derrière lui ses collègues, tous les ministres et les principales autorités parisiennes, il le reçut à la barrière de Bondy :

« Monseigneur, le bonheur que nous éprouvons en ce
» jour de régénération est au dessus de toute expression,
» si *Monsieur* reçoit avec la bonté céleste qui caractérise
» son auguste maison, l'hommage de notre religieux atten-
» drissement et de notre dévoûment respectueux. »

Le comte, déconcerté par le laconisme et par l'obscurité de cette phrase, répondit quelques mots sans suite et entra dans Paris.

Il était arrivé à la barrière, précédé et suivi par plusieurs détachemens d'une garde nationale à cheval improvisée, commandée par M. Charles de Damas, et entouré par un nombreux état-major militaire où figuraient, à côté du duc de Mortemart, du duc de Luxembourg, de MM. de Crillon, de Chabot, de Labourdonnaie, revêtus pour la plupart de leurs uniformes de l'armée impériale, les maréchaux Kellermann, Marmont, Moncey, Oudinot, Ney, Serrurier et le général Nansouty. M. de Talleyrand, dans les quelques paroles prononcées par lui, avait donné au comte d'Artois la qualification de *Monsieur* ; le gouvernement provisoire avait fait à ce prince une autre concession. Le comte, depuis sa venue en France, portait la cocarde blanche ; il l'avait distribuée sur tous les lieux de son passage. Le 10, deux jours avant son entrée, le *Moniteur* annonça que la garde nationale prendrait cette cocarde. Cet ordre spécial n'obligeait pas l'armée. Tous les maréchaux, lorsqu'ils se présentèrent devant le comte, en avant de la Villette, avaient donc la cocarde tricolore au chapeau. L'accueil du prince fut courtois ; mais la malencontreuse cocarde ayant attiré ses regards, il ne put s'empêcher d'ajouter à la suite de quelques mots gracieux sur la gloire de l'armée et les exploits de ses chefs : « Depuis Vesoul jusqu'ici, j'ai passé au milieu d'une » haie de cocardes blanches. » L'insinuation ne fut pas entendue ; les maréchaux gardèrent leur cocarde.

Le cortége franchit la barrière à une heure et demie. Il ne tarda pas à quitter la rue du Faubourg-Saint-Martin pour entrer dans le faubourg Saint-Denis et descendre la rue de ce nom qui devait le conduire à l'église Notre-Dame. Voici l'ordre du défilé : un corps de musique jouant l'air de *vive Henri IV* ; un assez fort détachement de gardes nationaux à cheval, parmi lesquels on remarquait M. de Châteaubriand, ayant tous le chapeau orné d'une cocarde blanche et surmonté d'un long plumet blanc ; plusieurs bataillons de garde nationale infanterie, avec la cocarde blanche ; le comte d'Artois, monté sur un beau cheval blanc richement caparaçonné, et portant, sur l'uniforme de la garde nationale, la plaque et le cordon bleu de l'ordre du Saint-Esprit, la croix de Saint-Louis et l'ordre de la Toison-d'Or en sautoir ; l'état-major militaire dont nous avons parlé ; un fort détachement de gardes nationaux à cheval ; puis, en dernier, une nombreuse troupe de cavaliers cosaques formant la véritable escorte militaire du prince et dont la présence caractérisait, avec le mélange des deux cocardes, l'événement ainsi que la situation.

La foule, partout où passait le cortége, était nombreuse ; elle se montrait curieuse, étonnée, plutôt qu'enthousiaste ; la plupart des spectateurs avaient surtout été entraînés par le désir de voir un Bourbon, princes inconnus pour tous ceux qui n'avaient pas dépassé quarante-cinq ans. Aussi l'aspect du défilé eût-il été froid, sans les gardes nationaux à cheval qui, agitant leurs sabres au dessus de leurs têtes et poussant de toutes leurs forces les cris de *vive le roi ! vivent les Bourbons !* donnaient l'impulsion à cette partie moutonnière ou impressionnable du public que l'on voit toujours se mêler au bruit qu'elle entend et répéter machinalement les cris qui dominent autour d'elle. Le prince saluait avec grâce et dignité ; cavalier accompli, de tournure élégante et noble, sa vue avait seule le privilége de soulever de passagères émotions. Quelques gens âgés, en l'apercevant, se montraient attendris, et plusieurs qui ne l'avaient pas vu depuis vingt-cinq ans, s'attristaient, dans leur étonnement naïf, de ce qu'il avait *un peu vieilli.* Cette sympathie d'une partie de la foule s'effaçait dès que le comte était passé, elle faisait place chez le plus grand nombre à un sentiment pénible : les Cosaques du cortége rappelaient trop haut et trop vite la présence et les désastres de l'invasion. La censure, pour atténuer les effets de cette impression fâcheuse, osa faire imprimer dans tous les journaux du lendemain qu'aucun corps de troupes étrangères n'avait fait partie du cortége.

Arrivé à trois heures aux portes de Notre-Dame, où le clergé le reçut sous un dais, le comte d'Artois entendit un *Te Deum* que termina le *Salvum fac regem*, et se dirigea par le Pont-Neuf et les quais, vers les Tuileries, où il entra enfin à six heures. Un immense drapeau blanc fut immédiatement arboré sur le pavillon de l'Horloge. Le soir, plusieurs maisons furent illuminées. Cette journée transportait politiquement la puissance aux Tuileries et à leurs nouveaux hôtes. L'empereur de Russie, qui avait habité jusqu'alors l'hôtel Saint-Florentin, siége réel du gouvernement, le quitta ce jour-là même et revint demeurer au palais de l'Élysée-Bourbon.

Rien, pourtant, n'était encore changé ; M. de Talleyrand et ses collègues restaient le gouvernement officiel, mais ne prenaient aucune mesure ; le comte d'Artois, installé au rez-de-chaussée des Tuileries, dans les anciens appartemens de l'impératrice, se bornait à recevoir les félicitations de sa petite cour et à écouter, sans vouloir les accueillir, les propositions de transaction du gouvernement provisoire. Enfin le Sénat, qui avait refusé d'aller au devant du prince et d'assister à la cérémonie de Notre-Dame, enveloppé dans sa constitution, fièrement appuyé sur les souverains, se tenait à l'écart et attendait. A toutes les questions qui leur étaient adressées, ses membres se contentaient de répéter avec la plus confiante satisfaction un mot prêté par MM. de Talleyrand et Beugnot au comte d'Artois, mot devenu fameux, et sur lequel la Restauration, durant d'assez longs mois, a politiquement vécu. En voici l'histoire : Le *Moniteur* du 13 devait publier le récit officiel de l'entrée du prince et donner le texte des différens discours prononcés à cette occasion. Ce travail rentrait dans les attributions de M. Beugnot, ministre intérimaire de l'intérieur et, comme tel, chargé de la direction et de la police de la presse. M. de Talleyrand lui avait remis la copie de sa phrase ; le comte d'Artois n'ayant prononcé que quelques mots sans suite, il était impossible d'avoir retenu sa réponse. Il en fallait une cependant pour les journaux et pour le public. *Inventez !* dit le prince de Bénévent au ministre. Ce dernier se mit à l'œuvre et rédigea une espèce de discours que terminait une pensée assez heureuse. M. de Talleyrand prit le discours, en biffa la plus grande partie, ne laissant que la fin. Le lendemain 13, on lisait dans le *Moniteur* :

« Voici, à peu près, ce qu'on a retenu de la réponse de *Monsieur* au discours du prince de Bénévent :

« Messieurs les membres du gouvernement provisoire, *je vous
» remercie de tout ce que vous avez fait pour notre patrie.* J'éprouve
» une émotion qui m'empêche d'exprimer tout ce que je ressens.
» Plus de divisions : la paix et la France ; je la revois, et *rien n'y
» est changé*, si ce n'est qu'il s'y trouve *un Français de plus.* »

Ces derniers mots eurent un immense succès dans le monde officiel : tous y voyaient le maintien de leurs titres et de leurs honneurs, de leurs places et de leurs traitemens. Le Sénat, surtout, les acceptait comme le gage de la conservation de ses dignités et de ses dotations ; de là l'insistance de ses membres à répéter partout et à tous : *rien n'est changé ! il n'y a qu'un Français de plus !*

Le comte d'Artois ne l'entendait pas ainsi. Non seulement il avait la conscience de n'avoir pris aucun engagement, mais il lui fallut, aussitôt l'apparition du *Moniteur*, subir les plaintes et les reproches respectueux de tout son entourage. Comment ! *Rien n'était changé !* La clameur, aux Tuileries, était grande. Cette irritation maintenait le prince dans sa résolution de ne rien céder au Sénat. La plus grande partie de la journée du 13 s'écoula en pourparlers inutiles. Il fallait cependant prendre un parti. Le pouvoir ne pouvait rester ainsi suspendu entre deux influences opposées. Ce fut l'empereur de Russie qui, cette fois encore, se chargea de décider la question.

Le 14 avril on lut dans le principal organe du parti royaliste (*Journal des Débats*), sous la date du 13 :

« L'empereur de Russie s'est rendu aujourd'hui (13) au palais des Tuileries, seul et comme un simple particulier. S. M. I. est restée trois quarts d'heure à *conférer* avec le prince dans la plus grande intimité. Lorsque S. M. s'est retirée, S. A. R. voulait l'accompagner jusqu'à sa voiture; mais le monarque a constamment refusé cet hommage. Monsieur insistant toujours, l'empereur lui a dit en lui serrant la main de la manière la plus affectueuse : « Non, vous » n'irez pas plus loin. — Sire, a répondu Monsieur, mon premier » devoir est l'*obéissance*. » S. M. a été reconduite à sa voiture par M. le comte François d'Escars. »

Le soir même du 14, le Sénat était reçu aux Tuileries, et le comte d'Artois, acceptant de cette assemblée le titre de *lieutenant-général du royaume*, promettait aux sénateurs, au nom du roi son frère, l'acceptation de la constitution du 6, et les remerciait de tout ce qu'ils avaient fait pour sa famille.

Ce revirement soudain était le résultat de la visite d'Alexandre. Le tzar avait nettement abordé la question. La chute de Napoléon et le retour des Bourbons, avait-il dit, étaient exclusivement l'œuvre du Sénat; c'était aux actes émanés de lui et à la constitution publiée par ses membres que l'armée et tous les corps constitués avaient adhéré. S. A. R. était libre sans doute de ne sanctionner aucun des faits antérieurs à sa venue; mais, mandataire du roi son frère, peut-être devait-elle sacrifier ses opinions personnelles aux intérêts qu'elle représentait. Les circonstances, d'ailleurs, ne permettaient pas de faire aux questions de principes une part exclusive. Non seulement Napoléon était encore à Fontainebleau entouré de soldats prêts à rentrer en lutte au moindre signe de sa main, mais des lettres arrivées la veille et le matin annonçaient que plusieurs garnisons, celles de Lille, de Metz, de Thionville, entre autres, étaient en pleine révolte. Les habitans des campagnes, en Bourgogne, en Lorraine et en Champagne, embusqués par bandes dans les bois, continuaient à faire aux alliés une guerre meurtrière. Enfin, on n'avait encore aucune nouvelle des deux corps d'armée aux ordres des maréchaux Soult et Suchet, et l'on ignorait quand et comment ils se prononceraient. Les alliés, ajoutait Alexandre, étaient assez forts assurément pour triompher de toutes ces difficultés : toutefois il croyait devoir rappeler à S. A. R. que, promoteurs de toutes les mesures prises par le gouvernement provisoire et par le Sénat, les souverains avaient solennellement promis de *reconnaître* et de *garantir* la Constitution qu'ils avaient appelé les Français à se donner ; « et cette parole, dit le tzar en terminant et en appuyant sur ces derniers mots, mes alliés et moi nous sommes *décidés à la tenir*. »

L'argument était sans réplique : le comte d'Artois se voyait obligé de retourner à Nancy ou à Londres, ou de se soumettre. Le lendemain, 14, nous l'avons dit, il recevait le Sénat aux Tuileries, acceptait de cette assemblée le titre de *lieutenant-général du royaume*, et répondait en ces termes à la lecture du décret qui lui conférait cette dignité :

« Messieurs, j'ai pris connaissance de l'acte constitutionnel qui
» rappelle au trône de France le roi mon auguste frère. Je n'ai
» point reçu de lui le pouvoir d'accepter la constitution ; mais je
» connais ses sentimens et ses principes, et je ne crains pas d'être
» désavoué en assurant en son nom qu'il en admettra les bases.
» Le roi, en déclarant qu'il maintiendrait la forme actuelle du
» gouvernement, a donc reconnu que la monarchie devait être
» pondérée par un gouvernement représentatif, divisé en deux
» chambres, qui sont le Sénat et la Chambre des Députés des dé-
» partemens; que l'impôt sera librement garanti par les représen-
» tans de la nation; la liberté publique et individuelle assurée ; la
» liberté de la presse respectée, sauf les restrictions nécessaires
» à l'ordre et à la tranquillité publique; la liberté des cultes garan-
» tie ; que les propriétés seront inviolables et sacrées ; les minis-
» tres responsables, et pouvant être accusés et poursuivis par les
» représentans de la nation ; que les juges seront inamovibles ; le
» pouvoir judiciaire indépendant, nul ne pouvant être distrait de
» ses juges naturels; que la dette publique sera garantie ; les pen-

» sions, grades, honneurs militaires seront conservés, ainsi que
» l'ancienne et la nouvelle noblesse; la Légion-d'Honneur mainte-
» nue, le roi en déterminera la décoration; que tout Français sera
» admissible aux emplois civils et militaires; qu'aucun individu ne
» pourra être inquiété pour ses opinions et ses votes, et que la
» vente des biens nationaux sera irrévocable. Voilà, ce me semble,
» Messieurs, les bases essentielles et nécessaires pour consacrer
» tous les droits, tracer tous les devoirs, assurer toutes les exis-
» tences et garantir notre avenir. »

Le sacrifice, comme on voit, était complet. Le comte d'Artois l'avait porté si loin, que l'allocution qu'il venait de prononcer était sortie non de son cabinet, mais de celui de M. de Talleyrand, où Fouché, revenu d'Italie l'avant-veille, l'avait rédigée. Le manuscrit de ce discours existe entre les mains d'un personnage qui avait alors ses libres entrées dans le cabinet du prince de Bénévent; il est écrit tout entier de la main du duc d'Otrante; quelques corrections insignifiantes y signalent seules la collaboration effective de M. de Talleyrand. Le comte d'Artois n'avait fait qu'un seul changement à la leçon de ses deux étranges précepteurs; Fouché avait écrit dans le premier paragraphe, en parlant de la constitution sénatoriale : « Je ne crains pas d'être désavoué *en jurant en son nom d'observer et d'en faire observer les bases.* » Le comte, sur les observations de M. de Vitrolles, le plus actif intermédiaire de ses négociations avec le gouvernement provisoire et les membres influens du Sénat, se contenta de dire, comme on l'a vu : « Je ne crains pas d'être désavoué *en assurant en son nom qu'il en admettra les bases.* »

Malgré cette modification, les promesses que venait de faire le nouveau lieutenant-général blessaient profondément ses opinions personnelles. On en eut immédiatement la preuve. Dans l'ordre des présentations de cette soirée, le

Corps-Législatif succédait au Sénat; le président, dans son discours, tout de complimens et de félicitations, ne dit pas un seul mot de garanties politiques ni de constitution. Le comte d'Artois avait d'abord écouté avec le sourire habituel aux princes qui veulent être constamment gracieux. Quand M. Félix Faulcon eut cessé de parler, la figure du comte s'épanouit; la joie brillait dans son regard, et, s'adressant à la foule des députés groupés devant lui, il leur dit, avec un entraînement remarqué de tous : « qu'il éprouvait un bonheur difficile à exprimer en se trouvant enfin au milieu des véritables représentans du peuple français. » Dans la conviction sincère du comte d'Artois, le peuple, désabusé depuis long-temps de la liberté et des constitutions, ne désirait que la paix et ses anciens princes, et l'on ne devait voir dans l'acte constitutionnel qu'une *invention* exclusivement sénatoriale.

Lorsque Napoléon, au moment de l'envahissement de nos frontières par l'Europe armée, était venu demander au Corps-Législatif les secours nécessaires pour sauver l'indépendance nationale, les députés avaient eu le triste courage de lui répondre par une pétition de principes. Cet effort avait probablement épuisé leur énergie; car, depuis la prise de Paris, ces intraitables poursuivans de droits politiques et de légalité n'avaient pas su trouver une seule fois l'occasion de protester contre les monstrueuses usurpations du Sénat. Assemblés, un jour, pour adhérer à la déchéance de l'empereur, ils ne s'étaient plus réunis; leur salle était restée fermée. Ils étaient nombreux pourtant; leur titre leur donnait des droits au moins égaux à ceux du Sénat; il empruntait même aux circonstances et aux sympathies publiques une valeur que n'avaient pas les titres de l'autre assemblée. Ces élémens d'influence et de force demeurèrent stériles en leurs mains. Spectateurs silencieux et soumis des immenses changemens opérés devant eux et sans eux, par un corps avili, par quelques hommes sans crédit ou sans popularité, tout ce qu'ils surent faire, ce fut de s'effacer, de s'annuler derrière le Sénat. Jamais assemblée élective, en d'aussi grandes circonstances, ne joua un rôle plus misérable.

La restitution de tous les prisonniers de guerre à leurs puissances respectives et l'ordre de faire prendre la cocarde blanche à tous les corps de l'armée, de faire arborer le pavillon blanc sur tous les bâtimens de guerre et de commerce, furent les derniers actes du gouvernement provisoire. Cette substitution de la couleur blanche aux trois couleurs, faute immense, et qui deux fois devait exercer sur les destinées de la restauration une fatale influence, ne fut pas ordonnée sans débat. Tous les maréchaux, tous les généraux, même les plus compromis, repoussaient avec force les insinuations de M. de Talleyrand sur l'abandon des couleurs qu'ils avaient toujours portées, sous lesquelles tous avaient conquis leur renom, leur fortune militaire, et que leurs mains victorieuses avaient plantées sur toutes les capitales de l'Europe. Le prince de Bénévent et ses collègues auraient fait assez bon marché des réclamations des anciens émigrés et des royalistes à la suite; mais comment obtenir du comte d'Artois et de ses fils d'arracher les rubans blancs attachés à la boutonnière de leurs habits, la cocarde blanche fixée à leur chapeau, d'y substituer la couleur que depuis un quart de siècle ils maudissaient comme le signe de la rébellion, comme un emblème de sang? Décidés à éviter ce nouvel embarras, ils firent écrire au maréchal Jourdan, commandant la division militaire de Rouen, que Marmont venait de faire arborer la cocarde blanche à son corps d'armée. Jourdan, convaincu que le duc de Raguse avait obéi à un ordre général, publia un ordre du jour qui prescrivait la substitution de cocarde à toutes les troupes sous son commandement. Le gouvernement provisoire, une fois armé de cet ordre, vint facilement à bout de toutes les répugnances; personne ne se sentit le courage d'une opposition qui pouvait le signaler au mécontentement des maîtres du lendemain; la cocarde tricolore fut abandonnée.

Ce fut le 16 que le comte d'Artois prit le gouvernement. Son premier arrêté, enregistré dans le *Moniteur* du 17, institua un Conseil-d'Etat provisoire, composé de M. de Talleyrand, des maréchaux Moncey et Oudinot, du duc de Dalberg, du comte de Jaucourt, des généraux Beurnonville et Dessolles, et de l'abbé de Montesquiou. Cette espèce de conseil dirigeant, dont le baron de Vitrolles fut nommé secrétaire avec le titre de secrétaire d'Etat, était le gouvernement provisoire augmenté de trois membres, les maréchaux Oudinot et Moncey et le commandant en chef de la garde nationale parisienne. Dans la position et avec les préjugés du prince, cette mesure, inspirée par M. de Vitrolles, était un acte de sagesse. Mais le frère de Louis XVIII ne devait pas rester long-temps dans ces limites. A cinq jours de là, le 21, la création et l'envoi de commissaires extraordinaires dans chacune des divisions militaires du royaume, introduisit dans la politique active les hommes de l'ancien régime. Ce fut le début de la réaction. Ces commissaires, d'après les termes du décret qui les instituait, avaient pour mission de « répandre dans le pays la connaissance exacte des événemens qui avaient *rendu la France à ses souverains légitimes;* d'assurer l'exécution de tous les actes du gouvernement provisoire; de prendre toutes les mesures que pourraient exiger les circonstances pour faciliter l'établissement et l'action du gouvernement; de recueillir enfin les renseignemens les

plus précis sur toutes les parties de l'ordre public. » Les commissaires, pour arriver à ces résultats, avaient les pouvoirs les plus étendus : « Toutes les autorités civiles et militaires devaient leur obéir; ils pouvaient suspendre ou destituer provisoirement les dépositaires et les agens de l'autorité publique de toutes les classes et de tous les rangs; ils avaient le droit de prononcer la mise en liberté immédiate de tous les individus détenus par ordre des autorités impériales pour faits politiques. » C'étaient là les instructions officielles. Le mot suivant de M. Beugnot, faisant fonctions de ministre de l'intérieur, à M. Gilbert de Voisins, ancien parlementaire et l'un des commissaires nommés, peut indiquer la nature des instructions confidentielles : « Allons ! j'espère
» bientôt nous revoir au Parlement de Paris; car tout ce
» que nous faisons maintenant est provisoire, et il faudra
» bien en revenir à l'ancienne constitution monarchique. »

Les antécédens et les opinions de la moitié, au moins, des commissaires, étaient, au reste, fort significatifs; une partie d'entre eux, comme MM. d'Osmond, Alexis de Noailles, Jules de Polignac, Mathieu de Montmorency, Bruno de Boisgelin, Auguste de Juigné, de Champagne et Roger de Damas, absens de France depuis près d'un quart de siècle, ne connaissaient ni les choses ni les hommes; envoyés précisément dans ceux des départemens du centre, de l'ouest et du midi, où l'élément royaliste avait le plus long-temps et le plus énergiquement fermenté, leur présence, au lieu de faciliter la transition du régime tombé au régime nouveau, ranima les anciennes passions. Apôtres de réaction et d'intolérance, ils encouragèrent les manifestations les plus outrageantes contre l'Empire et la Révolution. Chargés surtout d'assurer l'exécution de tous les actes du gouvernement provisoire, ils laissèrent déchirer devant eux la constitution sénatoriale; dans une ou deux villes, l'acte constitutionnel fut solennellement brûlé par la main du bourreau.

Pendant que quelques uns des délégués de sa puissance transitoire jetaient ainsi dans les départemens le germe des colères qui, à moins d'un an de là, devaient forcer les Bourbons à un nouvel exil, le comte d'Artois s'enivrait, aux Tuileries, du banal et grossier encens que lui apportaient tous les corps constitués de Paris, ainsi que des députations accourues de toutes les villes et de tous les bourgs du royaume; il parlait à tous drapeau blanc, cocarde blanche, panache blanc; il créait un nouvel ordre de chevalerie, l'ordre du lys, qu'il distribuait avec une générosité peu commune, et que, dans ces premiers jours d'enthousiasme improvisé, chacun sollicitait comme une sauve-garde pour sa position, ou comme un titre au traitement qu'il comptait demander. Absorbé dans ces futiles soins, c'était à peine s'il trouvait le temps d'apposer son nom au bas des actes d'administration publique que lui présentait à signer son conseil dirigeant. Ces actes furent en très petit nombre; presque tous avaient pour objet des mesures de finance.

Les caisses du trésor public, lorsque le comte prit la direction politique du royaume, étaient complètement vides; les millions amenés d'Orléans par M. Dudon et par l'officier de gendarmerie d'élite Janin, n'avaient pu les remplir; une partie de cet argent était allée directement dans les mains du gouvernement provisoire sans passer par la trésorerie. Quelques uns des fourgons qui le renfermaient se trouvaient cependant encore aux Tuileries le jour de l'entrée du lieutenant-général. Ils furent, assure-t-on, le sujet d'un débat assez étrange entre quelques émigrés de la petite cour du prince et le ministre provisoire du trésor. On raconte qu'ouverts et fouillés par quelques personnes de la suite du comte d'Artois, on vit plusieurs courtisans y puiser à pleines mains. Averti par un des membres du gouvernement provisoire, qui regrettait sans doute de n'avoir plus la libre disposition de ces richesses, l'abbé Louis accourut. « Ces fonds appartiennent à l'État, dit-il aux pillards; le gouvernement seul peut en disposer. — Ils étaient la propriété privée de l'usurpateur, lui répondit-on; c'est le produit d'une confiscation; à ce titre, Monseigneur en est le seul maître, et ses vieux serviteurs ont certainement le droit d'y trouver une faible indemnité aux pertes immenses que leur a causées *votre* révolution. » Cinq ou six millions, dit-on, restaient intacts; le comte d'Artois, à qui la difficulté fut soumise, ordonna qu'ils fussent transportés dans les caisses de la trésorerie (1).

Ce secours fut promptement épuisé. Le gouvernement dut recourir à des ressources plus certaines. Le comte d'Artois, sur toute la route qu'il avait parcourue depuis son entrée en France, avait jeté les cris de : « *Plus d'impôts vexatoires! plus de droits réunis!* » M. de Talleyrand et ses collègues, peu soucieux de mettre ce prince en contradiction avec des promesses si publiquement faites, avec ses discours à toutes les députations des départemens vignicoles, lui firent signer deux ordonnances : l'une, du 20 avril, qui enjoignait à tous les contribuables d'avoir à verser, dans un délai de huit mois, à dater du 1er février précédent, les deux

---

(1) Ces cinq ou six millions, les seuls qui figurent sur les registres du Trésor, forment précisément le gage sur lequel les généraux de la garde impériale, les aides-de-camp et les officiers de la maison militaire et civile de l'empereur, désignés dans les états-annexes du traité de Fontainebleau, ont long-temps et vainement réclamé le paiement des gratifications stipulées en leur faveur par l'art. 9 de ce traité.

tiers des contributions ordinaires et *extraordinaires* antérieurement décrétées pour 1814; et la seconde, du 27, qui maintenait la perception de toutes les taxes comprises sous le nom de *droits réunis*, sauf le décime de guerre qui demeurait provisoirement supprimé. Puis, comme ces rentrées pouvaient se faire attendre, le prince ordonna une émission de dix millions de bons du trésor.

L'établissement d'impôts extraordinaires, décrétés par l'empereur dans les premiers jours de janvier 1814, sans le concours du Sénat ni du Corps-Législatif, alors que l'ennemi envahissait nos départemens frontières, formait l'un des principaux chefs d'accusation énumérés dans l'acte de déchéance. C'étaient ces mêmes impôts dont le nouveau lieutenant-général ordonnait la perception; il les exigeait également de son autorité privée, sans le concours du Corps-Législatif ni du Sénat, alors réunis, et qui certes auraient tout approuvé sans discussion si le gouvernement nouveau eût daigné les consulter. Malgré cet insolent mépris de leur pouvoir et de leur titre, aucun membre de ces deux assemblées n'éleva pourtant la voix; pas un ne protesta. A la vérité, la différence des positions était une suffisante excuse aux yeux de ces hommes : l'empereur, quand le Sénat lui faisait un crime de ses décrets, se trouvait abattu, et le prince qui en ordonnait l'exécution, dans des circonstances bien moins impérieuses, était debout!

Les nécessités du moment peuvent du moins faire comprendre ces mesures. Il n'en est pas ainsi d'un acte que, dans ces tristes jours, M. de Talleyrand négocia, acte désastreux, que rien ne peut justifier, et qui accuse, d'une manière accablante, le caractère ainsi que la moralité de ce personnage.

Le 24 avril, on lut dans le *Moniteur* :

Aujourd'hui ont été ratifiées par S. A. R. *Monsieur*, frère du roi, lieutenant-général du royaume de France, des conventions avec chacune des puissances alliées. En voici le texte :

« Les puissances alliées, réunies dans l'intention de mettre un terme aux malheurs de l'Europe....., ont nommé des plénipotentiaires pour convenir d'un acte, lequel, SANS PRÉJUGER LES DISPOSITIONS DE LA PAIX, renferme les stipulations d'une SUSPENSION D'HOSTILITÉS, et qui *sera suivi, le plus tôt que faire se pourra*, d'un *traité de paix*..... Ces plénipotentiaires, après l'échange de leurs pouvoirs, sont convenus des articles suivans :

» Art. 1er. Toutes hostilités sur terre et sur mer sont et demeurent *suspendues* entre les puissances alliées et la France....

» Art. 2. Pour constater le rétablissement des rapports d'amitié entre les puissances alliées et la France, et pour la faire jouir, autant que possible, *d'avance*, des avantages de la paix, les puissances alliées feront évacuer par leurs armées le territoire français, TEL QU'IL SE TROUVAIT AU 1er JANVIER 1792, *à mesure que les places encore occupées hors de ces limites par les troupes françaises seront évacuées et remises aux alliés.*

» Art. 3. Le lieutenant-général du royaume de France donnera en conséquence aux commandans de ces places l'ordre de les remettre..... de manière à ce que la remise totale puisse être effectuée au 1er juin prochain. Les garnisons de ces places sortiront avec armes et bagages...... Elles pourront emmener l'artillerie de campagne dans la proportion de trois pièces par chaque mille hommes, malades et blessés compris.

» La *dotation des forteresses et tout ce qui n'est pas propriété particulière, demeurera et sera remise* EN ENTIER *aux alliés*, sans qu'il puisse être distrait *aucun objet.* Dans la *dotation* sont compris, non seulement les *dépôts d'artillerie* et de *munitions*, mais encore *toutes autres provisions de tout genre*, ainsi que les archives, inventaires, plans, cartes, modèles, etc.

» Art. 4. Les stipulations de l'article précédent seront également appliquées aux *places maritimes*.....

» Fait à Paris, le 23 avril de l'an de grâce 1814. »

Cet acte renferme neuf articles. Les cinq derniers, ainsi que tous les passages des articles cités, que nous n'avons pas reproduits, sont purement réglementaires. Une disposition séparée et secrète stipulait, en outre, la restitution par le gouvernement français au roi de Prusse, de propriétés publiques mobilières enlevées à Hambourg, et la remise d'engagemens montant à *cent quarante millions*, souscrits par ce souverain au profit de Napoléon.

Cette convention donnait, d'un seul trait de plume, aux alliés, non seulement toutes les conquêtes, toutes les acquisitions territoriales et maritimes de la république et de l'empire, mais encore toutes les richesses, toutes les ressources que la France républicaine et la France impériale avaient accumulées durant vingt-deux ans, hors des frontières de la France de Louis XVI. *Cinquante-trois places fortes*, toutes occupées par nos troupes au moment du traité; *douze mille six cents bouches à feu*, dont onze mille trois cents en bronze (1); des arsenaux pleins d'armes et de munitions; des fonderies avec un immense matériel; des ports avec de nombreux bâtimens de guerre du plus haut rang, à flot ou en construction (2); des magasins remplis d'effets d'équipement et d'approvisionnemens, propriétés exclusivement françaises, résultats de plus de vingt ans de lutte et de travaux, de sacrifices longs et coûteux, voilà ce que M. de Talleyrand abandonnait *sans conditions*, *sans compensations* d'aucune sorte, alors, encore une fois, que de nombreuses garnisons françaises, véritables armées, gardaient les îles Ioniennes, toutes les places de la Belgique,

---

(1) Dans la seule place de Mayence, où nous avions en ce moment plus de 20,000 soldats valides, malades ou blessés, on comptait 500 pièces attelées.

(2) Trente et un vaisseaux de haut rang et douze frégates furent remis, avec un grand nombre d'autres bâtimens de guerre, en vertu des art. 3 et 4.

du Rhin, du Piémont, de la Lombardie et la plupart des grandes forteresses du nord de l'Europe (1) ! Ce n'était pas même un traité de paix que cet homme achetait au prix de cet immense holocauste, mais une SIMPLE DÉCLARATION D'ARMISTICE qui ne PRÉJUGEAIT en rien, d'après les termes même de l'acte, LES DISPOSITIONS DE LA PAIX ! La France, le 22 avril, était vaincue; en signant la monstrueuse convention du 23, le prince de Bénévent la désarma. Un des négociateurs étrangers de cet acte fatal, qualifié par lui « d'inadvertance honteuse, » estime à un milliard et demi l'importance des seules valeurs mobilières et du matériel qu'il nous coûta.

Les amis du prince de Bénévent se sont efforcés de rejeter la responsabilité de cet acte sur le comte d'Artois. Le frère de Louis XVIII le ratifia certainement sans le lire; il n'en aurait compris, d'ailleurs, ni l'importance ni les résultats. Arrivé, la veille, de l'exil; ne sachant rien des nouveaux intérêts de la France et de l'Europe, il dut s'en rapporter à M. de Talleyrand, long-temps ministre des affaires étrangères de la république et de l'empire, chef du gouvernement qui l'avait accueilli, et dont l'expérience et l'habileté diplomatique, à cette époque, étaient, pour ainsi dire, proverbiales. Le comte d'Artois était venu avec la pensée de refaire l'ancien régime, de retrouver l'ancienne France : installé aux Tuileries, ne voyant autour de lui que cocardes blanches et drapeaux blancs, il avait obtenu un premier résultat; l'acte que M. de Talleyrand soumettait à son approbation complé-

---

(1) La plupart de ces places pouvaient tenir encore pendant plusieurs mois. Quelques unes, comme Hambourg et Dantzick, renfermaient de 25 à 30,000 hommes.

tait l'œuvre en reconstituant la France territoriale de 1789 : pouvait-il hésiter un seul instant à le ratifier ?

Si la profonde ignorance où il était de la situation politique et des faits explique l'approbation donnée par le comte d'Artois à cet acte fatal, il est impossible d'abriter sous cet excuse l'active et influente participation de M. de Talleyrand (1). Le prince de Bénévent, comme homme d'État, ne mérite assurément pas la place que le préjugé public lui a long-temps accordée; mais, ministre des relations extérieures de la république et de l'empire durant de longues années, il comprenait la politique et savait les affaires. Ce n'est donc pas une *faute,* pour employer son langage, qu'il a pu commettre en cette circonstance ; et c'est en parfaite connaissance de cause qu'il a dû négocier et conclure. Quant aux motifs qui l'ont conduit, sa position personnelle peut les expliquer.

Bien que M. de Talleyrand, seul parmi les personnages du régime impérial, fût resté debout au milieu de la tempête qui venait d'emporter l'empire, il était cependant difficile qu'il ne perdît pas, dans le naufrage, la plus grande partie des immenses traitemens attachés aux dignités dont l'empereur l'avait comblé. Quels que fussent ses titres et son rang dans la nouvelle cour, les largesses des Bourbons devaient nécessairement se trouver amoindries en proportion de la puissance que l'étranger entendait leur laisser. Les contributions de la moitié de l'Europe ne pouvaient plus alimenter

---

(1) Les membres du conseil, assure-t-on, ne furent point consultés. « Je m'en plaignis aux ministres (de la convention du 23); tous se défendirent d'y avoir eu la moindre part. » (*Mémoires* du général Lafayette, t. v.)

désormais le trésor de la cour des Tuileries. On estime à plus de 300,000 fr. le chiffre annuel des pensions que perdait M. de Talleyrand par le fait seul du changement de gouvernement. De quelle hauteur ne devait-il donc pas tomber si la disgrâce du nouveau souverain venait complètement tarir les sources qui, jusqu'alors, avaient alimenté sa grande existence et son luxe? Or, cette disgrâce, il pouvait la craindre. Les émigrés rentrés avec le comte d'Artois, moins tolérans ou moins retenus que ce dernier, ne cachaient ni la méfiance, ni le dédain que leur inspirait l'abbé de Périgord devenu le ministre de la République et de l'Empire. Quelques journaux, bien que soumis à la censure, annonçaient avec affectation de prétendues visites faites par madame de Talleyrand, *épouse* de M. le prince de Bénévent, *ancien évêque d'Autun*, à l'hôtel de son *mari*; plusieurs fois des groupes stationnés sous ses fenêtres et sous celles d'Alexandre, et agissant, disait-on, sous une impulsion royaliste, avaient fait entendre les cris de: *A bas l'évêque d'Autun! à bas le renégat!* Enfin, ses rapports avec le nouveau roi n'étaient pas de nature à le tranquilliser; on ne répondait pas à ses dépêches, ou bien il ne recevait que quelques lignes où dominaient la froideur et la réserve. Effrayé sur son avenir, instruit de la prochaine arrivée de Louis XVIII, M. de Talleyrand, avant que ce monarque pût prendre la direction des affaires, voulut s'assurer une indépendance qui le mît au-dessus de toutes les disgrâces (1). Il ne lui fut

---

(1) « Les sénateurs croyaient qu'avec leur constitution ils allaient être à l'abri des conséquences qu'ils redoutaient. M. de Talleyrand ne donnait pas dans cette illusion. Il avait acheté, du produit d'un hôtel qu'il avait vendu à l'empereur, une maison de plaisance nommée Saint-Brice, à peu de distance de Saint-Denis. Il vit l'impossi-

pas difficile de se faire adresser par les ministres étrangers des propositions que leur exagération, pour tout autre négociateur, devait rendre inadmissibles. Il les accepta. Ces propositions, on vient de le voir, ne mettaient pas seulement aux mains des alliés des ports, des places nombreuses, de grandes et riches provinces, elles leur livraient un matériel naval, un matériel de guerre et des approvisionnemens dont l'importance dépassait alors les ressources financières de la monarchie la plus opulente. Toutes les puissances, à cette époque, étaient obérées. En jetant ainsi d'un seul coup dans les arsenaux vides, dans les magasins épuisés de la coalition un milliard et demi de valeurs, le prince de Bénévent dut se créer des droits exceptionnels à la reconnaissance des souverains et de leurs ministres. Les contemporains ont affirmé que plusieurs millions furent le prix de cet indigne abandon. Est-ce une calomnie? Nous ne le croyons pas.

La convention d'armistice du 23 avril, conclue et signée sans nécessité, sans la moindre réserve, quelques jours seu-

---

bilité où il serait de conserver cette maison, qui était d'un entretien dispendieux. Il chercha à s'en défaire. Personne ne se présenta pour acquérir; mais il sut y suppléer. Il fit venir le fermier-général des jeux et lui proposa de l'acheter. Celui-ci déclina la proposition; mais on lui signifia qu'on ne l'avait pas fait appeler pour essuyer un refus, qu'il fallait acquérir, et que si le contrat n'était pas signé dans les vingt-quatre heures, son bail serait cassé et donné à un autre. Le fermier était sans appui; il avait affaire au chef du gouvernement provisoire; il demanda le prix qu'on mettait à la maison. On lui répondit 250,000 fr.; il les fit payer le soir même, sauf à se les faire rembourser par les joueurs. Il fallait que M. de Talleyrand n'eût pas de pressentimens rassurans pour se défaire, par de semblables moyens, de tout ce qui pouvait être d'une réalisation difficile.»
(*Mémoires* du duc de Rovigo, T. VII.)

lement avant l'arrivée de Louis XVIII, à qui devaient seul appartenir la négociation et la responsabilité d'un tel acte, cette convention, disons-nous, constitue la trahison de M. de Talleyrand en 1814 (1).

Par une triste coïncidence, le numéro du *Moniteur*, qui contenait la convention du 23, renfermait une ordonnance portant la même date et qui, réduisant dans des proportions considérables les droits d'entrée sur toutes les denrées coloniales, ne soumettait plus qu'à un simple droit de balance l'importation du coton. L'intérêt des consommateurs réclamait assurément de notables réductions; le blocus continental et ses prohibitions avaient porté les denrées et les produits de cette nature à des prix presque inabordables à la masse des citoyens. Il était facile, par un abaissement gradué de tarif, de concilier tous les droits, tous les intérêts. Aucune transition ne fut ménagée. Le dégrèvement se produisit si brusque que tous les fabricans de cotonnades, tous les détenteurs de denrées coloniales ou de coton, se trouvèrent soudainement ruinés. Il y eut des villes, des provinces entières, la Normandie, entre autres, dont le commerce en masse fut obligé de se mettre en faillite. Toutes les fabriques de sucre

---

(1) « L'inventaire de la prise de possession de ces places par les Français existait encore. On proposa d'en faire la remise d'après cet inventaire, et conséquemment de ramener tout ce qui avait été tiré de l'intérieur. Mais le gouvernement provisoire reçut *fort mal* cette observation, et voulut que les places fussent rendues dans l'état où elles se trouvaient. Il poussa la libéralité jusqu'à ordonner que l'arsenal de Turin, qui n'était composé et rempli que de l'ancien arsenal de Valence ainsi que des approvisionnemens achetés par la France, fût livré sans en rien distraire. Il ne pouvait cependant ignorer ce qu'il abandonnait, puisqu'il y avait des états au bureau de la guerre. » (*Mémoires* du duc de Rovigo, T. VII.)

de betteraves, élevées à grands frais dans les départemens du Nord et du Centre, se virent également forcées de fermer. La grandeur et la puissance politiques de l'Empire, son commerce et son industrie furent anéantis le même jour et pour ainsi dire du même coup. On pourrait croire que la mesure qui vint ainsi abaisser immédiatement des deux tiers les prix du sucre, du café, etc., fut inspirée au gouvernement du comte d'Artois par le désir de faire au prince une facile popularité. Il n'en est rien. Depuis la prise de Paris, des bâtimens anglais, chargés de denrées inter-tropicales et de marchandises manufacturées, obstruaient l'embouchure de tous nos fleuves et de tous nos ports. Les ministres du lieutenant-général, en publiant l'ordonnance de douanes du 23, obéirent uniquement aux impérieuses injonctions des agens britanniques alors à Paris.

Ce fut une étrange époque que le mois d'avril 1814, époque de transition entre un empire tombé et une royauté qu'on attendait. De quelque côté que portassent les regards, on n'apercevait que ruines, désordre, confusion. Il y eut un moment, du 10 au 20, où l'on vit réunis, dans une étendue de moins de quinze lieues carrées, et protégés par un demi-million de soldats appartenant à toutes les races et à toutes les nations de l'Europe : Napoléon (à Fontainebleau); le comte d'Artois (aux Tuileries); l'impératrice Joséphine (à Rueil); l'impératrice Marie-Louise et le roi de Rome (à Rambouillet); les empereurs de Russie et d'Autriche, le roi de Prusse et le prince royal de Suède (à Paris).

Le prince de Bénévent, durant tout ce mois d'avril, eut la direction suprême des affaires. Ses actes, dans cette période, donnent sa véritable portée. Homme du gouvernement, il ne se contenta pas de confier le département de la guerre au général décrié, sur qui pesait l'indigne capitulation de Baylen, et de placer un prêtre à la grande chancellerie de la Légion-d'Honneur, alors qu'il cherchait à rallier au pouvoir dont il était le représentant, l'armée et ses chefs; on le vit, en outre, prêter étourdiment les mains à ceux des articles de la constitution du 6 avril, qui couvraient de ridicule et de mépris le corps politique auquel seul il empruntait son influence et sa force. Administrateur, la spoliation du trésor impérial, la mission donnée à Maubreuil, les arrêtés qui livrèrent, du jour au lendemain, tous nos ports, tous nos marchés à l'invasion des marchandises anglaises, disent comment il comprenait les finances. Enfin, la convention d'armistice, point de départ, base obligée des négociations politiques et du traité de paix à intervenir, qu'il signa sans hésiter, sans discuter, donne sa mesure comme homme d'État.

Le traité d'armistice et l'ordonnance sur les droits de douanes furent les dernières mesures dont le comte d'Artois prit la responsabilité officielle. Le 20 avril, Louis XVIII avait enfin quitté sa retraite d'Hartwell, et le 21 il était entré à Londres. Sa réception, dans la capitale britannique, fut solennelle. Complimenté par le prince régent, il lui fit la réponse suivante :

« Je prie V. A. R. d'agréer les plus vives et les plus sincères actions de grâce pour les félicitations qu'elle vient de m'adresser. Je lui en rends de particulières pour les attentions soutenues dont j'ai été l'objet, tant de la part de V. A. R. que de celle de chacun des membres de votre illustre maison. *C'est aux conseils de V. A. R., à ce glorieux pays et à la confiance de ses habitans que j'attribuerai toujours,* après la divine Providence, *le rétablissement de notre maison* sur le trône de ses ancêtres, et cet heureux état de choses qui promet de fermer les plaies, de calmer les passions et de rendre la paix, le repos et le bonheur à tous les peuples. »

Ce langage, qui mécontenta, dit-on, les souverains alliés, qui devait blesser plus justement la fierté du peuple que ce prince venait gouverner, n'était pas seulement impolitique, il n'était pas rigoureusement vrai. Sans doute l'Angleterre, âme de toutes les coalitions formées pendant vingt ans contre la République et contre l'Empire, les avait toutes provoquées, toutes soldées, et sans elle, sans sa haine persévérante, implacable, l'Empereur aurait encore pu maîtriser la fortune, même après les désastres de 1812. Mais Alexandre seul avait décidé la chute de la dynastie impériale et le rappel des Bourbons. La Grande-Bretagne n'avait aucun représentant dans le conseil qui se tint le soir du 31 mars à l'hôtel Talleyrand.

Le 24, Louis XVIII s'embarqua à Douvres sur un yacht anglais portant [...] d'amiral de France, et qu'escortaient six vaisseaux [de ligne] et plusieurs frégates de la marine britannique. Cette escorte étrangère ne le quitta qu'à l'entrée du port de Calais, où le yacht le déposa, en même temps que la duchesse d'Angoulême, le prince de Condé et le duc de Bourbon, ses compagnons de route et de traversée.

Le premier personnage considérable de la France nouvelle qui se présenta devant le chef de la maison de Bourbon et qui reçut ce prince au moment où, après un exil de vingt-deux années, il posait le pied sur le territoire français, fut un ancien soldat de la république, devenu un des généraux les plus distingués de l'empire, et à qui la destinée, à seize ans de là, réservait une mission bien différente, le général de division comte Maison (1).

---

(1) Le général Maison devait être l'un des commissaires qui présidèrent à l'embarquement de Charles X à Cherbourg, après les journées de juillet 1830.

CHAPITRE II.

Départ de Louis XVIII de Calais; son arrivée à Compiègne; notes de M. de Talleyrand; séjour du roi à Compiègne; réceptions; présentation des maréchaux; discours du prince de Neufchatel et du président du Corps-Législatif; réponses du roi. — Attitude du Sénat; sa résistance; arrivée de l'empereur Alexandre à Compiègne; son entrevue avec le roi; ils conviennent d'une *déclaration* de droits. — Départ de Bernadotte de Paris. — Arrivée de Louis XVIII à Saint-Ouen. — Projet de déclaration apporté par M. de Talleyrand; discussions; nouvelle intervention d'Alexandre; *déclaration de Saint-Ouen;* le roi reçoit le Sénat. — Entrée de Louis XVIII à Paris; cortège; défilé; l'ex garde impériale. — Composition du ministère. — Premiers embarras; essais de reconstruction d'ancien régime; les solliciteurs — Ordonnance sur la marine; nombreuses créations d'officiers-généraux et d'officiers supérieurs. — Réorganisation de l'armée. — Commission de rédaction pour la *Charte;* ses délibérations les 22, 23, 24, 26 et 27 juin; enfantement de l'acte constitutionnel. — Traité de paix du 30 mai; articles additionnels et secrets; encore M. de Talleyrand. — Ouverture des chambres; séance royale; discours de Louis XVIII et de M. Dambray; lecture de la Charte; composition de la nouvelle pairie; l'ancien Sénat.

Louis XVIII quitta Calais le 26 avril; il coucha, le soir, à Boulogne; le lendemain, 27, à Abbeville; le 28 à Amiens; le 29 il descendit au château de Compiègne, où il s'arrêta.

Absorbé, depuis Calais, dans les pompeuses fatigues de la royauté, obligé de subir les harangues et les hommages de toute la population officielle des villes, des bourgs et des villages placés sur sa route, le nouveau roi n'avait eu ni le temps ni le loisir d'aborder sérieusement le point le plus difficile de sa position. La question de constitution restait entière. Les deux opinions, représentées par le Sénat et par le comte d'Artois, avaient près de lui des négociateurs : l'un, le général russe Pozzo di Borgo avait été dépêché par Alexandre, dans le but de décider l'acceptation de la constitution sénatoriale; le second, le comte de Bruges, avait été chargé, par le lieutenant-général et sa petite cour, de faire triompher la cause des vieilles formes et du vieux droit. L'acte constitutionnel du 6 avait, dès l'abord, irrité Louis XVIII. Toutefois ce n'étaient point les garanties politiques stipulées dans cet acte qui le mécontentaient; sa pensée, on l'a vu dans le précédent volume, s'était familiarisée depuis long-temps avec la nécessité d'une transaction. Mais consentir à ne monter sur le trône qu'en vertu du rappel du Sénat, à ne prendre le titre de roi qu'après avoir solennellement juré l'observation des clauses dictées par les sénateurs, voilà ce qui révoltait sa fierté. Une pareille concession lui semblait l'abandon de tous les droits de sa naissance, une atteinte à l'honneur de sa race. Vainement M. de Talleyrand lui faisait remettre à chaque relai, pour ainsi dire, des rapports, des notes dans lesquels ce personnage lui disait : « Qu'il croyait indispensable à S. M. de déclarer, par des lettres-patentes publiées avant son entrée à Paris, qu'elle acceptait la constitution, sauf la modification ultérieure de plusieurs articles qu'elle se réserverait de discuter dans le Sénat; qu'il était de la plus haute importance de fixer le jour pour la prestation du serment, afin d'*arrêter la fluctuation des idées* et de *lier le soldat*; de ne donner aucun pouvoir aux maréchaux, mais de flatter leur vanité; que l'amour du peuple, pour la personne du roi, allait *jusqu'à l'exaltation,* mais que l'armée avait un *mauvais esprit...* etc. »(1); Louis XVIII ne se décidait pas. A la vérité, les informations transmises par les royalistes annonçaient qu'il pouvait et devait tout oser. Ces avis allaient mieux à ses secrètes convictions; mais les royalistes s'étaient trompés si souvent, ils lui avaient tracé, dans d'autres occasions, des tableaux si peu fidèles de la situation de la France, ils étaient restés si complètement effacés comme opinion et comme parti durant tout l'Empire, qu'il se tenait en défiance contre leurs conseils et leurs affirmations.

Dans cette incertitude, il voulut juger par lui-même la situation, et prit le parti de séjourner à Compiègne.

La soirée du 29 et la journée du 30 furent officiellement occupées par la réception de tous les corps politiques, administratifs ou judiciaires, accourus de Paris. Les maréchaux se présentèrent les premiers; Berthier porta la parole; il invoqua l'histoire, parla de l'antiquité des Bourbons, des huit siècles de règne qui les rendaient la plus vieille et la plus glorieuse dynastie du monde; il fit intervenir, dans une de ses phrases, Henri IV nourrissant Paris assiégé, et termina par ces mots, réminiscence évidente de ses harangues à Na-

---

(1) Une de ces notes se terminait ainsi :
« M. de Talleyrand met tout son bonheur à dévouer sa vie entière au service du roi et *ne demande rien pour lui;* cependant il se croit *nécessaire* aux relations extérieures et en demande le département. M. de Talleyrand supplie, en outre, le roi de vouloir bien accorder à madame Edmond de Périgord le titre de dame du palais, dont sa conduite et sa piété la rendent digne. » La dame dont M. de Talleyrand exaltait les mœurs et la piété est la même qui s'est rendue si étrangement célèbre depuis sous le nom de duchesse de Dino.

poléon : « *Vos armées*, Sire, dont les maréchaux sont aujour-
» d'hui l'organe, se trouvent heureuses d'être appelées par
» leur dévoûment et leur fidélité à seconder vos généreux ef-
» forts. » Louis XVIII, dans cette entrevue qui n'était pas sans
quelqu'embarras pour lui, se montra parfaitement convenable. Les anciens lieutenans de Napoléon lui furent
successivement nommés ; à mesure que chacun d'eux le
saluait, il adressait au maréchal présenté quelques mots
flatteurs. La présentation terminée, il essaya de se lever,
mais les douleurs de sa goutte lui rendant nécessaire un
appui, plusieurs officiers de sa maison s'avancèrent pour
lui offrir leur main fermée ; au lieu d'accepter ce secours,
il saisit vivement le bras des deux maréchaux les plus
près de lui, et leur dit : « C'est sur vous, messieurs les
» maréchaux, que je veux toujours m'appuyer ; approchez
» et entourez-moi : vous avez toujours été bons Français ;
» j'espère que la France n'aura plus besoin de votre épée ;
» si jamais, ce que Dieu ne veuille, on nous forçait à la
» tirer, tout goutteux que je suis, je marcherais avec vous. »
 Ces paroles, l'action surtout qui les avait précédées, produisirent une favorable impression, quelque contraste
qu'elles offrissent, d'ailleurs, avec le costume et l'attitude de
celui qui les prononçait. Louis XVIII portait un habit de
ville en drap bleu, que surmontaient, malgré sa coupe et sa
forme fort peu militaires, deux grosses épaulettes en or, à
graine d'épinards. Ses jambes, enflées par la maladie et par
le défaut d'exercice, étaient enveloppées de ces larges
guêtres de velours rouge bordées d'un petit cordon d'or,
alors en usage parmi les vieillards des hautes classes anglaises. La douleur alourdissait tous ses mouvemens ; sa
marche était difficile, « mais noble et touchante, ajoutaient les visiteurs royalistes, en racontant ces détails ;

et, quand il est assis dans son fauteuil avec ses guêtres à l'antique, tenant sa canne entre ses genoux, on croirait voir Louis XIV à cinquante ans.» La flatterie était poussée un peu loin : Louis XVIII, que ses infirmités vieillissaient encore, avait alors près de soixante ans (1). Les modes anglaises dominaient, au reste, parmi toutes les personnes de son entourage intime (2).

Le Corps-Législatif parut à son tour, représenté par une députation de vingt-cinq membres, dont le chevalier Bruys de Charles était président. Le discours qu'il prononça contenait les passages suivans :

« Venez, descendant de tant de rois, montez sur le trône où nos pères placèrent autrefois votre illustre famille et que nous sommes si heureux de vous voir occuper aujourd'hui.

» Tout ce que, vainement, nous avions espéré loin de vous, V. M. nous l'apporte; elle vient sécher toutes les larmes, guérir toutes les blessures.

» Nous lui devrons plus encore : par elle vont être cimentées les bases d'un gouvernement sage et prudemment balancé. V. M. ne veut rentrer que dans l'exercice des droits qui suffisent à l'autorité royale, et l'exécution de la volonté générale, confiée à ses paternelles mains, n'en deviendra que plus respectable et plus assurée.»

Louis XVIII avait écouté avec une attention marquée ; il répondit :

---

(1) Louis-Stanislas-Xavier était né à Versailles, le 17 novembre 1755.

(2) La duchesse d'Angoulême attirait particulièrement l'attention : tous les récits contemporains témoignent de la surprise que faisait éprouver le costume de cette princesse : elle était vêtue d'une robe blanche unie et d'un très petit chapeau blanc sans ornemens. Cette simplicité étonnait tout ce monde habitué aux pompes un peu théâtrales de la cour impériale.

« Messieurs du corps législatif, je reçois avec la plus vive satisfaction l'assurance de vos sentimens. Ils me sont d'autant plus précieux que j'y vois le gage d'une union parfaite entre moi et les *représentans de la nation*. De cette union seule peut naitre la stabilité du gouvernement et la félicité publique, unique objet de vos vœux et de ma constante sollicitude. »

Cette réponse gardait le plus absolu silence, comme on le voit, sur les allusions fort directes du Corps-Législatif à l'acceptation de l'acte constitutionnel du 6. Les députés, il est vrai, avaient évité de prononcer le mot; ce fut pour reconnaître cette discrète réserve, sans doute, que le roi les salua du titre de « représentans de la nation. »

Le Sénat ne parut pas. Il attendait, à Paris, les résolutions royales sur la constitution. La journée du 30 ne fut pas favorable à cette assemblée. Trompés par le faux enthousiasme de toutes les ambitions qui se pressaient dans les antichambres et les salles du château ; enhardis par les exagérations de zèle d'un grand nombre d'anciens émigrés, Louis XVIII et son confident intime, M. de Blacas, décidèrent que la royauté ne rendrait pas les armes au Sénat et que le roi prendrait possession du trône sans condition préalable. A ces nouvelles, transmises à Paris dans la soirée, le Sénat s'émut; ses membres entourèrent Alexandre; on invoqua sa parole, ses promesses; on intéressa sa fierté. Le tzar promit d'avoir raison de l'obstination des *revenans* (1). Le lendemain, 1ᵉʳ mai, il partit effectivement à dix heures du matin, pour Compiègne, où il arriva accompagné d'un seul aide-de-camp, le général Czernicheff. « L'empereur, accueilli au bas de l'escalier, dit le *Moniteur*, par le prince de Condé, fut conduit par S. A. S. jusque dans les apparte-

---

(1) Voir, pour les dispositions d'Alexandre envers Louis XVIII, la lettre de l'abbé de Pradt insérée en note dans ce chapitre, p. 85.

mens du roi, où les deux monarques se sont embrassés avec effusion. Ils ont eu ensemble *un long entretien*, qui annonçait entre les deux souverains le plus tendre abandon et la confiance la plus intime. » L'entretien, en effet, dura longtemps ; il fut intime, en ce sens que les deux princes abordèrent nettement la question si délicate de la constitution ; mais il n'y eut abandon ni confiance d'aucun côté. Voici les détails publiés par un écrivain royaliste sur cette entrevue :

« Alexandre demanda quels pouvaient être les scrupules du roi. Le *droit divin* était-il compris de son peuple ? Avec les idées de l'époque, les mots *par la grâce de Dieu*, ajoutaient-ils quelque chose à la grandeur de la royauté ? Pourquoi anti-dater son règne ? L'histoire ne dira-t-elle pas que la Convention, le Directoire, le Consulat et Napoléon ont régné sur la France ? Pourquoi ne pas reconnaître ce qu'on doit au Sénat ? N'avait-il pas prononcé la déchéance de Bonaparte et rappelé les Bourbons ?

» Louis XVIII répondit que les membres du Sénat ne pouvaient à aucun titre disposer de la couronne de France ; que ce ne serait pas à lui, dans tous les cas, qu'ils l'auraient offerte s'ils avaient été réellement les maîtres de la décerner selon leur bon plaisir ; que le droit appelé *divin* par l'esprit religieux de l'ancienne monarchie, n'était que la conséquence naturelle de la loi du pays, loi faite pour le bien général de la société, qui avait déjà donné à la monarchie française plus de huit cents ans d'une glorieuse existence, et en vertu de laquelle, depuis la mort de Louis XVII, il était roi de France. « Si mon droit au trône, poursuivit le roi, n'était
» pas tout entier dans cette loi, quel serait mon titre pour y
» prétendre ? Que suis-je hors de ce droit ? Un vieillard infirme, un malheureux proscrit, réduit à mendier, loin de
» sa patrie, un asile et du pain ! Tel j'étais encore il y a peu

» de jours ; mais ce vieillard, ce proscrit était le roi de France.
» Ce seul titre a suffi pour que la nation entière, éclairée
» enfin sur ses véritables intérêts, le rappelât au trône de
» ses pères. Je reviens à sa voix, mais je reviens roi de
» France ! (1) »

Si Louis XVIII n'avait pas été le chef de l'ancienne race royale le Sénat assurément n'aurait jamais rappelé ce prince ; mais cette assemblée aurait-elle pu même jamais y songer si la déclaration de déchéance n'avait pas précipité la chute de l'empereur ? Le tzar ne contestait pas le *droit* ; ce qu'il demandait c'est que le roi tînt compte des changemens survenus depuis vingt ans, et qu'il fît la part des circonstances et de la nécessité. Non seulement, disait-il, ses alliés et lui avaient *garanti* à la France la constitution votée par le Sénat ; mais Louis XVIII lui-même n'était plus libre de la repousser ; car en admettant, ajoutait Alexandre, que le roi méconnût les promesses faites par les souverains, il ne devait pas oublier que son frère avait formellement accepté en son nom les bases de la constitution sénatoriale, et que c'était uniquement sur la foi de cet engagement que le comte d'Artois avait reçu du Sénat le titre de lieutenant-général du royaume. Louis XVIII, heureux de pouvoir abriter sous ce dernier argument la contrainte à laquelle il se voyait obligé de céder, dit que quelque déplaisir qu'il pût en avoir, il tiendrait la parole donnée en son nom, mais à trois conditions : il conserverait le titre de *roi de France et de Navarre* ; la date de son règne, conformément à la vieille loi monarchique, continuerait à remonter à la mort de Louis XVII ; il ne recevrait pas la constitution des mains du Sénat, il la donnerait.

---

(1) *Histoire de la Restauration*, par M. Lubis.

Concéder ces trois points, c'était abandonner, non les garanties politiques stipulées dans l'œuvre sénatoriale, mais le principe essentiel de cette constitution. Le Sénat, en s'emparant du pouvoir constituant, consacrait du moins le principe de la souveraineté nationale. En donnant la constitution au lieu de la recevoir, Louis XVIII niait ce principe et ne reconnaissait de souveraineté qu'en lui seul. Cette distinction devait échapper au tzar; il ne l'aperçut même pas: et croyant faire un simple sacrifice de forme, il consentit aux concessions demandées, et quitta son hôte après être convenu avec lui des principales dispositions d'une *déclaration* que le roi promit de faire publier le lendemain. Le 2, au matin, Louis XVIII partit de Rambouillet pour le château de Saint-Ouen.

Au moment où ce prince s'avançait vers la capitale, un des chefs alliés, Bernadotte, quittait la France pour retourner en Suède. Nous avons dit la part active, presque décisive, que prit cet ancien maréchal de l'Empire à la campagne de Saxe ainsi qu'au désastre de Leipsik. Nous avons également fait connaître la récompense promise à ses efforts parricides, dans les conférences d'Abo. Arrivé à Cologne, il arrêta la marche de ses régimens suédois, et, laissant les autres corps de l'*armée du Nord* franchir le Rhin, il publia le 12 février une proclamation dans laquelle, évoquant le souvenir de ses campagnes sur ce fleuve, alors qu'il y commandait une armée française, il disait n'avoir combattu que pour la délivrance de l'Allemagne, et formait des vœux pour la *conservation* de la France. Il terminait, en protestant de son ardent désir de contribuer, par tous les moyens en son pouvoir, *au bonheur de ses anciens compatriotes.* Comme tous les ambitieux, le prince royal de Suède dissimulait ses vues personnelles derrière un intérêt public; il ne demandait à gouverner la France que pour assurer le bonheur du peuple français. Sa pétition ne fut pas entendue; le bruit qu'il en espérait se perdit au milieu du tumulte causé par la chute de l'Empire.

Bernadotte se trouvait à Bruxelles, où il s'était rendu pour se tenir plus à portée des événemens, lorsque lui vint la nouvelle de la prise de la capitale française. Parti en toute hâte, il arriva pour apprendre de la bouche même d'Alexandre l'impuissance de la tentative faite en sa faveur par le tzar, dans le conseil du 31 mars. Accueilli avec froideur par les autres chefs de l'armée alliée qui lui reprochaient son inaction des deux derniers mois; odieux à ses anciens compagnons d'armes qui s'éloignaient de lui comme d'un transfuge; dédaigné par les aristocrates de toutes les races qui ne voyaient en lui qu'un *parvenu*, il se résigna, au bout de trois semaines d'un séjour presqu'ignoré, à reprendre le chemin de Stockolm. Ce fut le 29 avril, le jour même où Louis XVIII arrivait à Compiègne, que Bernadotte quitta Paris. Aucun journal n'avait annoncé son arrivée; deux lignes, jetées obscurément dans le *Moniteur* du 2 mai, apprirent son départ. Si l'ambition ne tue pas toute conscience, Bernadotte dut emporter des remords dans sa nouvelle patrie.

Le roi était arrivé vers 4 heures du soir au château de Saint-Ouen, où il devait signer la déclaration convenue la veille avec Alexandre; les deux souverains avaient arrêté que M. de Talleyrand la rédigerait.

Le projet, soumis par son auteur, d'abord à une réunion de sénateurs assez nombreuse, puis à Alexandre, dont l'orgueil était singulièrement flatté par tous ces débats de principes, fut apporté à Louis XVIII par le prince de Bénévent; sa lecture souleva un véritable orage; il était ainsi conçu:

« Louis, par la grâce de Dieu, roi de France et de Navarre, à tous nos féaux et fidèles sujets, salut ;

» Rappelé par l'amour de notre peuple au trône de nos pères, instruit par l'expérience, éclairé par les malheurs de la nation généreuse que nous sommes appelé à gouverner ; jaloux de sa prospérité plus que de notre pouvoir ; pénétré de la *nécessité de conserver* autour de nous ce *Sénat aux lumières duquel nous reconnaissons devoir en partie notre retour* dans notre royaume ; résolu, enfin, de faire pour la tranquillité publique tout ce qui ne portera pas atteinte aux droits de notre maison ainsi qu'à la dignité de notre couronne,

»Nous avons déclaré et déclarons ce qui suit :

» La monarchie, dont nous sommes le chef souverain, aura une constitution, gage mutuel et sacré de la confiance des Français en leur roi et de notre amour pour eux. Nous maintiendrons le gouvernement représentatif tel qu'il existe aujourd'hui, divisé en deux corps, savoir : le Sénat et la chambre composée des députés des départemens. L'impôt sera librement consenti (*suivaient toutes les autres garanties contenues dans la réponse du comte d'Artois au Sénat*) (1).

» Tels sont les principes sur lesquels sera établie la Charte que *nous jurerons* et ferons jurer d'observer dès qu'elle aura été *consentie par les corps représentatifs et acceptée par le peuple français.* »

Les sénateurs, en se résignant, dans ce projet de déclaration, à laisser au roi l'initiative de la constitution, pensaient avoir atteint la limite des sacrifices possibles. Louis XVIII et ses conseillers, après en avoir entendu la lecture, croyaient, de leur côté, n'avoir rien obtenu. Chaque phrase, chaque mot, pour ainsi dire, du préambule et du paragraphe final, était à leurs yeux une atteinte ou une injure aux droits de la couronne. Ces deux parties du projet, lues à différentes reprises, provoquaient chaque fois des suppressions nouvelles. Vainement M. de Talleyrand essayait de défendre sinon la forme, du moins le fonds des pensées

---

(1) V. page 57 de ce volume.

essentielles de son œuvre; il n'en resta bientôt plus rien. Il avait insisté, entre autres observations, sur la nécessité de *l'acceptation* de l'acte constitutionnel par la personne royale, employant toutes les ressources de son esprit à faire comprendre, sans irriter la susceptibilité de ses auditeurs, que, publier une constitution ne suffisait pas, qu'il fallait au moins s'engager à la tenir. Louis XVIII était sincère; s'il disputait sur chaque expression, c'est qu'il s'agissait, dans sa pensée, d'engagemens sérieux. Mais le serment d'acceptation n'était pas un point sur lequel il pût faiblir. Cette concession portait à sa religion pour les droits de sa race et de son rang, une trop profonde atteinte : « M. de Talleyrand, » dit le roi, en jetant au prince de Bénévent un regard de » hauteur, si je *jurais* la constitution, vous seriez assis et je » serais debout! »

Cependant les heures s'écoulaient, la nuit arrivait; M. de Talleyrand inquiet fit avertir Alexandre. Le tzar, voyant une injure pour ainsi dire personnelle dans cette résistance à l'adoption d'un acte sur la rédaction duquel on l'avait consulté, et dont il avait approuvé tous les termes, transmit, assure-t-on, au prince de Bénévent un mot ainsi conçu: « Si la déclaration » n'est pas publiée ce soir telle qu'elle a été convenue, *on* » *n'entrera pas demain dans Paris.* » La lettre, ajoute-t-on, fut confidentiellement communiquée à MM. de Blacas et de Montesquiou; à quelques instans de là une transaction était convenue, et la rédaction suivante, acceptée par toutes les parties, était signée par Louis XVIII et envoyée au *Moniteur* pour y être publiée le lendemain, puis affichée dans tout Paris :

DÉCLARATION.

« Louis, par la grâce de Dieu, roi de France et de Navarre, à tous ceux qui ce présentes verront, salut :

» Rappelé par l'amour de notre peuple au trône de nos pères, éclairé par les malheurs de la nation que nous sommes destiné à gouverner, notre première pensée est d'invoquer cette confiance mutuelle, si nécessaire à notre repos, à son bonheur.

» Après avoir lu attentivement le plan de constitution proposé par le Sénat dans sa séance du 6 avril dernier, nous avons reconnu que les bases en étaient bonnes, mais qu'un grand nombre d'articles portant l'empreinte de la *précipitation* avec laquelle ils ont été rédigés, ils ne peuvent, dans leur forme actuelle, devenir lois fondamentales de l'État.

» Résolu d'adopter une constitution libérale; voulant quelle soit sagement combinée, et ne pouvant en accepter une qu'il est indispensable de rectifier, nous convoquons pour le 10 du mois de juin de la présente année, le Sénat et le Corps-Législatif, nous engageant à mettre sous leurs yeux le travail que nous aurons fait avec une commission choisie dans le sein de ces deux corps, et à donner pour base à cette constitution les garanties suivantes :

» Le gouvernement représentatif sera maintenu tel qu'il existe aujourd'hui, divisé en deux corps, savoir :

» Le Sénat et la chambre composée des députés des départemens.

» L'impôt sera librement consenti.

» La liberté publique et individuelle assurée.

» La liberté de la presse respectée, sauf les précautions nécessaires à la tranquillité publique.

» La liberté des cultes garantie.

» Les propriétés seront inviolables et sacrées; la vente des biens nationaux restera irrévocable.

» Les ministres, responsables, pourront être poursuivis par une des chambres législatives et jugés par l'autre.

» Les juges seront inamovibles et le pouvoir judiciaire indépendant.

» La dette publique sera garantie; les pensions, grades, honneurs militaires seront conservés ainsi que l'ancienne et la nouvelle noblesse.

» La Légion-d'Honneur, dont nous déterminerons la décoration, sera maintenue.

» Tout Français sera admissible aux emplois civils et militaires.

» Enfin nul individu ne pourra être inquiété pour ses opinions et ses votes.

» Fait à Saint-Ouen, le 2 mai 1814.

» Louis. »

Toute difficulté se trouvait levée. Le Sénat pouvait enfin offrir au nouveau roi ses hommages et ses félicitations. Les sénateurs se présentèrent en corps à Saint-Ouen. M. de Talleyrand, dans ses fonctions multiples, remplit encore, dans cette occasion, l'office de président et d'orateur. Introduit à neuf heures du soir à la tête de tous ses collègues devant Louis XVIII, il lut, au milieu du plus profond silence, un discours, mélange d'adulation sentimentale et de métaphysique politique, et dans lequel le Sénat et lui, calomniant la France et eux-mêmes, osaient dire que, depuis vingt ans, l'honneur français s'était réfugié dans l'armée, et que les gouvernemens dont ils avaient tous été les plus actifs instrumens, les flatteurs ou les ministres, n'avaient enfanté que des malheurs et des ruines. Cette honteuse harangue n'eut pas tout le succès qu'en attendaient ses auteurs. Louis XVIII, encore sous le coup de la contrainte à laquelle il venait de céder, subit ce discours plutôt qu'il ne l'écouta. Ces mots : « Je suis sensible à l'expression des sentimens » du Sénat, » accompagnés d'un geste de congé, furent toute sa réponse.

Le public n'était pas dans la confidence des débats que nous venons de raconter. La déclaration de Saint-Ouen, affichée sur tous les murs de Paris, le matin du 3 mai, fut, pour l'immense majorité de la classe éclairée et des classes moyennes, la promesse d'un long avenir de paix et de liberté ; cette partie de la population, entraînée par un subit et sincère enthousiasme, se porta en masse sur toute la ligne que devait traverser le cortége. La curiosité y amena les classes laborieuses.

La voiture où se trouvait le roi était une calèche découverte attelée de huit chevaux des écuries de l'empereur et conduits par des hommes ayant encore la livrée de Napoléon. Louis XVIII occupait le fond, ayant à sa gauche la duchesse d'Angoulême, et devant lui le prince de Condé et le duc de Bourbon. Le roi portait l'habit de ville surmonté des deux grosses épaulettes dont nous avons déjà parlé. La duchesse d'Angoulême, coiffée du chapeau blanc qu'elle portait à Compiègne et qui formait un singulier contraste avec les énormes coiffures alors à la mode, tenait une ombrelle déployée contre les rayons du soleil. La physionomie de la fille de Louis XVI, du duc de Bourbon et du prince de Condé, exprimait l'étonnement et une sorte de contrainte ; celle du roi était sérieuse, son regard était froid, ses lèvres seules essayaient de sourire et de répondre aux nombreuses et persistantes acclamations qui partaient surtout avec force des balcons et des fenêtres des premiers étages ainsi que des rangs du public élégant. Le public des autres classes se bornait à regarder passer devant lui ces personnages, ces costumes d'un autre âge et d'un autre siècle, se préoccupant moins des espérances contenues dans la déclaration de Saint-Ouen que des circonstances au milieu desquelles ce spectacle se produisait. Les curieux de cette catégorie, pourtant, devenaient à leur tour fort bruyans ; c'était à la vue de plusieurs bataillons de l'ex-garde impériale mêlés à l'escorte : salués par des cris prolongés de *vive la garde!* ces vieux soldats, qui représentaient dans ce cortége la France humiliée et vaincue, semblaient ne rien entendre des sympathiques acclamations soulevées par leur présence, et, protestation vivante contre les joies de cette journée, ils défilaient mornes et silencieux (1).

---

(1) On lit, dans les *Mémoires* du duc de Rovigo : « J'étais dans la foule, occupé à voir passer le cortége..... Le tableau était pénible. Il y avait quelque chose d'indécent à voir figurer à la suite

Louis XVIII, ainsi que l'avait fait son frère, se rendit à l'église Notre-Dame, où il reçut l'eau bénite et l'encens et entendit un *Te Deum*. Prenant ensuite le chemin des Tuileries, il salua, sur le Pont-Neuf, la statue en plâtre de Henri IV que le gouvernement provisoire y avait fait réédifier. A cinq heures il entra enfin dans le palais que son frère Louis XVI, la reine Marie-Antoinette et la princesse Élisabeth sa sœur avaient quitté vingt-deux ans auparavant pour entrer dans la prison du Temple et pour monter ensuite à l'échafaud. L'émotion de la duchesse d'Angoulême, en revoyant les appartemens habités par sa famille et par elle avant la journée du 10 août, fut si forte qu'elle tomba évanouie. Une première fois, elle s'était trouvée mal en face de la Conciergerie, prison de sa mère et de sa tante Élisabeth lors de leur condamnation par le tribunal révolutionnaire. Ces souvenirs douloureux, exaltés, dans les années qui suivirent, par la fausse sympathie des courtisans, exploités par leurs passions intéressées, devaient exercer sur le langage, sur les actes même de cette princesse une influence fâcheuse pour sa personne et pour la cause de sa famille.

Enfin, Louis XVIII avait franchi le seuil des Tuileries. Dès les premières heures de son installation il fut aux prises avec des difficultés dont il ne soupçonnait ni les ennuis ni les périls. Au dehors de son palais était une France jeune et des générations nouvelles; au dedans une cour vieillie et des conseillers qui s'éveillaient après un sommeil

---

de Louis XVIII, des hommes qui occupaient les premières places dans les marches triomphales de l'empereur. Le peuple, qui a, plus qu'on ne l'imagine, le sentiment des convenances, ne ménagea pas Berthier; j'entendis, à diverses reprises, la foule lui crier : *A l'île d'Elbe, Berthier! à l'île d'Elbe!*

d'un quart de siècle. L'antagonisme était partout : par le seul fait du rétablissement des Bourbons, il existait deux sortes de noblesse et d'illustration, deux sortes de magistrature et de clergé, deux sortes de propriétés et de services. On put voir réunis, dans les salons des Tuileries, les chefs des insurgés de Lyon, du midi, de la Bretagne et de la Vendée, et les généraux qui les avaient vaincus ; les condamnés royalistes de toutes les dates, et leurs juges ; les hommes qui avaient livré Toulon aux Anglais, aux Espagnols, et ceux qui les en avaient chassés ; les chefs, devenus pauvres, de l'ancienne aristocratie territoriale, et les possesseurs de leurs châteaux et de leurs domaines ; les titulaires, dépossédés, de nos principaux siéges épiscopaux, et leurs successeurs ; les premiers la tête haute et la parole altière ; les seconds l'attitude confuse et la voix embarrassée.

La déclaration de Saint-Ouen, dans la pensée du roi, donnait une satisfaction suffisante aux nouveaux intérêts ; par elle la révolution avait ses garanties. Le lendemain de son entrée, Louis XVIII s'occupa de faire la part des intérêts anciens et de la vieille royauté ; le 6 juin, il composa SA MAISON. Au nombre des dignitaires nommés étaient quatre *capitaines des gardes*. Cette dernière nomination impliquait le rétablissement de l'ancienne maison militaire. Des avis insérés dans toutes les feuilles périodiques ne tardèrent effectivement pas à inviter tous ceux qui se croyaient des droits pour être admis dans les gardes-du-corps à se faire inscrire chez les capitaines désignés.

Ce travail de reconstruction monarchique n'était qu'une partie de la tâche imposée au nouveau roi ; il fallait gouverner. Il s'y décida au bout de dix jours. Le 13, le ministère fut composé : M. Dambray était nommé chancelier de France, M. de Barentin conservant les *honneurs* de la charge (1); le portefeuille des affaires étrangères était donné au prince de Bénévent, et l'intérieur à l'abbé de Montesquiou; le général Dupont restait à la guerre, le baron Louis aux finances, et M. Malouet à la marine. Le ministère de la justice, bien que la feuille officielle n'en dît rien, passait dans les attributions du nouveau chancelier. La police cessait d'être un département ministériel et devenait une simple direction-générale confiée à M. Beugnot qui descendait ainsi du ministère de l'intérieur à une position secondaire. M. Ferrand était nommé directeur-général des postes. Enfin une ordonnance, qui ne fut insérée qu'au *Bulletin des lois*, donnait à M. de Blacas le titre tout nouveau de ministre de la maison du roi avec entrée et voix au conseil.

Ces nominations mettaient officiellement fin au gouvernement provisoire du comte d'Artois. Les premières ordonnances qui suivirent la prise de possession effective des affaires publiques par Louis XVIII, furent encore des souvenirs et des essais d'ancien régime. Le comte d'Artois et le prince de Condé reprirent leurs anciens titres de *colonels-généraux* des Suisses et de l'infanterie de ligne; les dénominations de général de brigade et de général de division, dénominations logiques, puisque ces officiers-généraux commandaient et devaient continuer à commander des brigades et des divisions, furent remplacées par celles de maréchal-de-camp et de lieutenant-général, titres ridicules, sans signification précise depuis long-temps et qui, sous Louis XIII, ne répondaient déjà plus aux changemens opérés dans l'organisation et dans le commandement des troupes.

---

(1) M. de Barentin, dernier chancelier de France sous Louis XVI, était beau-père de M. Dambray.

Tous ces actes semblaient annoncer la pensée d'une reconstruction complète. En politique, on change rarement les choses sans changer les personnes ; telle est, du moins, la logique de la foule. Chacun voulut prendre sa part de cette immense curée. Il y eut alors une sorte de levée en masse de toutes les ambitions, de toutes les cupidités. Les demandes de récompenses et d'emplois devinrent bientôt si nombreuses, le flot des solliciteurs grandit dans de telles proportions, que le gouvernement effrayé invoqua le secours de la presse royaliste elle-même. On essaya de modérer, du moins, les prétentions du plus grand nombre, en faisant ressortir leur ridicule et leur exagération. Mais dans le même moment où il s'efforçait de calmer cette furie de places et de traitemens, le gouvernement, dominé par les émigrés composant l'intimité de Louis XVIII et du comte d'Artois, entraîné par la pente naturelle du terrain où il plaçait son principe et sa force, ouvrait de ses propres mains la porte aux prétentions les plus étranges et aux plus coûteux abus. Une ordonnance du 25 mai, rendue sur le rapport de M. Malouet, ministre de la marine, contenait les dispositions suivantes :

« Art. 2. — Pourront être admis dans notre marine royale ceux des anciens officiers qui, après avoir *quitté le service de la France*, auraient continué de naviguer au *service d'une autre puissance maritime* ; ceux qui ont échappé aux désastres de Quiberon ; ceux enfin qui, depuis leur rentrée en France.... ont été repoussés.

» Art. 3. — les officiers qui auront *servi à l'étranger* seront portés dans notre marine royale avec le grade dont ils étaient pourvus en dernier lieu, et les autres pourront y obtenir un grade immédiatement supérieur à celui qu'ils avaient à l'époque où ils ont quitté le service de France.

» Art. 4. — Les anciens officiers jouiront (pour les pensions à accorder) du bénéfice des *campagnes de guerre* qu'ils auront pu faire au *service des puissances aujourd'hui nos alliées*, depuis leur émigration jusqu'au 1er avril 1814. »

Ainsi, en même temps que le fait d'avoir porté les armes contre la France, d'avoir ruiné notre négoce maritime, détruit nos navires de guerre ou de commerce, tué ou capturé nos matelots, était un titre pour le commandement des bâtimens de l'État, et imposait au trésor national la charge de pensions onéreuses, on comptait comme service actif et donnant droit à l'avancement les quinze ou vingt années pendant lesquelles les émigrés échappés au désastre de Quiberon, ou revenus en France, étaient restés oisifs au coin de leur foyer. Cette décision monstrueuse n'eut pas seulement pour résultat de jeter la colère parmi nos marins et dans tous les rangs de notre population maritime; de peupler les cadres de notre marine de vieillards morts à tout patriotisme et profondément incapables, elle devait, par une analogie toute logique, créer des droits, ou donner de nouveaux grades à des milliers d'officiers d'infanterie et de cavalerie qui n'avaient jamais eu ou qui n'avaient plus la moindre instruction militaire. Tout individu qui, depuis vingt-deux ans, et n'importe sous quel prétexte, avait pris un jour une arme et porté une cocarde blanche, se crut autorisé à compter d'abord, comme activité de service, tout le temps écoulé depuis qu'il avait déposé sa cocarde et son arme; puis, comme campagnes, toutes les années passées à l'armée des Princes ou à l'armée de Condé, toutes les insurrections, tous les soulèvemens où il avait pu faire nombre. Ces calculs produisirent un nombre incroyable d'officiers-généraux et d'officiers supérieurs qui, affublés d'uniformes inconnus, où dominaient pourtant les habits de ville surchargés d'épaulettes de toutes les formes et de toutes les grosseurs, et ayant les extrémités de leurs basques repliées aux angles, assiégeaient les escaliers des Tuileries ainsi que les bureaux de la guerre, réclamant à grands cris le prix de la chute de l'Empire et de l'empereur, comme si c'étaient eux qui les avaient renversés; exigeant une récompense pour le retour des Bourbons, comme si c'étaient eux qui les avaient rétablis. Tous voulaient la confirmation des grades qu'ils s'étaient donnés : ils se montraient surtout intraitables à l'endroit des commandemens dans l'armée active (1).

Cette armée ne pouvait plus être l'armée de l'Empire. Le nombre et la force des régimens, sous Napoléon, étaient calculés pour une guerre contre toute l'Europe, et d'après un chiffre de population qui n'était pas moindre de quarante millions d'âmes. L'armée nouvelle devait perdre ces gigantesques proportions ; il était nécessaire de la ramener à l'effectif du pied de paix, et de la réduire dans la mesure de notre territoire et de notre population amoindris.

Dès le 6 mai, une commission avait été chargée de dé-

---

(1) Le gouvernement ne se contenta pas de faire droit à ces réclamations; on le vit, en outre, transformer du jour au lendemain en lieutenans-généraux et en maréchaux-de-camp un nombre considérable d'anciens titrés qui n'avaient jamais été militaires.
Les princes et le roi lui-même portaient l'uniforme ; les courtisans voulurent le porter aussi ; à défaut des grades qu'ils n'avaient pas, ils demandaient et on leur donnait le grade qu'avait eu leur père ou leur aïeul. D'un autre côté, la plupart des postes, dans la diplomatie, furent confiés à des hommes de l'ancien régime. La guerre venait de donner des habitudes militaires à toutes les cours; les nouveaux diplomates crurent ne devoir y paraître qu'avec l'uniforme des hauts grades; on les fit généraux. C'est à ce titre que M. de Talleyrand introduisit dans sa famille deux autres lieutenans-généraux ou maréchaux-de camp. Le général Dupont ne se bornait pas à signer des deux mains ces promotions incroyables, il allait au devant des demandes : *Quel grade désirez-vous?* disait-il aux courtisans. Cette débauche, qui chargea les cadres de notre armée de plus de généraux qu'il n'en fallait pour commander un million d'hommes, dura plusieurs mois.

terminer la nouvelle organisation. Son travail forma l'objet de cinq ordonnances qui, le 12 mai, fixèrent le pied de paix de l'armée à 200,716 officiers, sous-officiers et soldats, les six régimens formés par l'ex-vieille garde impériale non compris. Il était difficile de réduire davantage nos forces. Près de 14,000 jeunes et braves officiers, par suite de cette réduction, se trouvèrent sans emploi; renvoyés dans leurs foyers avec une demi-solde, ce furent autant d'adversaires que le gouvernement dissémina sur tous les points du territoire. Ce chiffre de mécontens aurait été moindre, si le général Dupont, ardent comme le sont tous les nouveaux convertis, irrité de la déconsidération attachée à sa personne et à son nom, ne s'en était vengé sur les débris de l'armée impériale, en introduisant dans les nouveaux cadres le plus grand nombre possible de ces officiers improvisés, qui puisaient leurs titres dans les soulèvemens royalistes de l'intérieur, ou dans les campagnes de l'émigration.

Toutes ces mesures, germes de tempêtes pour l'avenir, étonnaient la masse de la population sans la passionner. Chez elle l'étourdissement causé par les prodigieux événemens des deux derniers mois, durait encore; elle regardait faire; elle acceptait tous les changemens sérieux ou grotesques qu'elle voyait se produire, comme le résultat obligé du triomphe de l'ennemi et du rappel des anciens princes; et, impatiente d'entrer enfin en possession du repos et des garanties politiques promises par les nouveaux gouvernans, elle se préoccupait uniquement des retards apportés à la promulgation de la paix et à la publication de l'acte constitutionnel.

Louis XVIII se reposait sur M. de Talleyrand du soin de conclure avec les alliés. Quant à la Charte, la déclaration de Saint-Ouen, dans la pensée de ce prince, suffisait à l'impatience des constitutionnels, et devait lui donner le temps de mûrir l'étendue ainsi que les termes des concessions auxquelles il lui fallait consentir. Vainement une ordonnance du 6 mai, en fixant au 31 l'ouverture des deux Chambres, avait implicitement annoncé pour cette date la promulgation de l'acte constitutionnel; le 17, la commission qui devait préparer le travail n'était pas encore nommée. Le roi, sans doute, en aurait encore retardé la formation si M. de Talleyrand ne lui avait annoncé que ces retards arrêtaient la conclusion du traité de paix, et qu'Alexandre entendait ne rien signer avant que la question de la constitution promise et garantie par ce souverain et par ses alliés ne fût positivement résolue. Le 18, les membres du comité de constitution furent enfin désignés; en voici les noms : *commissaires pour le Roi*: l'abbé de Montesquiou, ministre de l'intérieur; MM. Ferrand, directeur-général des postes, et Beugnot, directeur général de la police; *sénateurs*: MM. Barthélemy, Barbé-Marbois, Boissy-d'Anglas, Germain-Garnier, Pastoret, Sémonville, Vimar et le maréchal Serrurier; *députés*: MM. Blancart de Bailleul, Bois-Savary, Chabaud-Latour, Clausel de Coussergues, Duchesnes de Gillevoisin, Duhamel, Faget de Baure, Félix Faulcon et Lainé. Ce comité, dont M. Dambray était président, devait se réunir chez ce dernier, à l'hôtel de la Chancellerie; il y tint sa première séance le 22.

Par un commun retour des choses politiques, les sénateurs qui avaient pris l'initiative du renversement de l'empereur et contribué le plus activement au rappel des Bourbons, se trouvaient tous exclus de cette commission. Le rôle du comité était purement consultatif. Ses délibérations durent s'établir sur un projet préparé par MM. Ferrand, de Montesquiou et Beugnot et que M. Dambray soumit à la commission. Une première lecture générale faite par l'abbé de Montesquiou, laissa dans l'esprit des commissaires le sentiment de plusieurs omissions importantes. Quelques membres, entre autres oublis, signalèrent immédiatement le silence gardé sur l'organisation des colléges électoraux, sur le mode de nomination de la Chambre des Députés et sur l'ordre qui devait régler la succession à la couronne. Ils n'attendirent pas la mise en discussion régulière des articles pour faire observer qu'il était nécessaire de poser dans la loi fondamentale les bases du système électif. Cette nécessité ayant été admise, M. de Fontanes, sénateur, exalta l'excellence du système électif impérial. Dans ce système, tous les citoyens domiciliés dans un canton et jouissant de leurs droits politiques, réunis en assemblée cantonnale, élisaient les membres des colléges électoraux *d'arrondissement* et de *département*. Ces deux classes d'électeurs, une fois nommées, étaient électeurs *à vie*. Les colléges électoraux ainsi formés (1) présentaient chacun deux candidats pour les fonctions de membre du Corps-Législatif. La liste de ces candidats, transmise par le préfet de chaque département au ministre de l'intérieur, était ensuite envoyée au Sénat qui choisissait. Ce dernier choix faisait le député. En d'autres termes, les électeurs à vie d'arrondis-

---

(1) L'article 27 du sénatus-consulte du 4 août 1802 donnait, en outre, au premier consul le droit d'ajouter, de son autorité privée et sans être astreint de le faire à aucune époque précise, dix électeurs à chaque collége *d'arrondissement* et vingt électeurs à chaque collége de *département*. Ce sénatus-consulte du 4 août 1802 formait, avec quelques unes des dispositions de la constitution consulaire du 13 décembre 1799 (an VIII), la loi électorale du régime impérial.

sement et de département proposaient, et le Sénat nommait (1).

La commission était composée d'élémens trop monarchiques pour repousser cette combinaison; elle admit sans difficulté la nomination de deux classes d'*electeurs à vie* par les assemblées primaires cantonnales, ainsi que la présentation d'une double liste de candidats pour les colléges électoraux d'arrondissement et de département; mais lorsqu'il fallut décider sur le choix définitif du député, on cessa de s'entendre. M. Lainé fit observer qu'il serait plus constitutionnel de laisser au corps électoral la nomination directe des députés. « Il me semble, d'ailleurs, peu convenable, ajoutait-il, que la chambre élective ne soit en définitive que le produit de choix faits par l'autre chambre. » Tous les sénateurs, se ralliant autour de M. de Fontanes, combattirent cette opinion avec chaleur. De leur côté, tous les collègues de M. Lainé appuyèrent avec non moins d'énergie les observations de ce dernier. Le chancelier et les trois commissaires du Roi n'osaient se prononcer avant d'avoir pris l'avis de Louis XVIII. La discussion s'était prolongée assez tard; on la remit au lendemain.

M. Lainé, dès l'ouverture de la réunion du 23, essaya de

---

(1) Cette attribution est peut-être la seule que le Sénat ait exercée avec une rigueur qui ne se démentit jamais. On sait l'antipathie de Napoléon pour tous les hommes qui avaient pris une part active aux luttes des premières années de la révolution; le Sénat, toujours empressé de complaire au maître, mit un soin particulier à interdire l'entrée du Corps-Législatif impérial aux conventionnels *régicides*. Barrère, entre autres, présenté deux fois par son arrondissement, fut deux fois repoussé *à l'unanimité* par les sénateurs, bien que parmi eux on comptât plusieurs anciens conventionnels de cette catégorie.

reprendre le débat interrompu la veille. M. Dambray l'arrêta en disant que la discussion du système électoral était prématurée, et qu'elle viendrait en son lieu. M. Lainé se tut. Un de ses collègues demanda que le premier article de la nouvelle constitution réglât, du moins, la succession au trône et la régence. M. Dambray lui répondit qu'il n'entrait point dans la pensée du Roi de reproduire dans la Charte toute l'*ancienne constitution* du royaume ; cette constitution, ajoutait-il, continuait de subsister dans toutes celles de ses parties auxquelles il ne serait pas formellement dérogé, et la loi salique, moins que toute autre, demandait une consécration nouvelle. La discussion générale fut alors fermée, et l'abbé de Montesquiou put enfin soumettre à l'examen des commissaires les différens articles du projet. Les vingt premiers furent adoptés dans les séances du 23 et du 24 ; deux seulement, les articles 8 et 12, soulevèrent quelque débat.

L'article 8, sur la *liberté de la presse*, était ainsi formulé : « Les Français ont le droit de publier et de faire imprimer leurs opinions, en se conformant aux lois qui doivent *prévenir* et *réprimer* les abus de cette liberté. »

M. Boissy-d'Anglas demanda la suppression du mot *prévenir*. « Réprimer un abus, disait-il, c'est empêcher qu'il ne se *reproduise* ; le prévenir, c'est empêcher de le *commettre*. Or, le moyen d'*empêcher*, en fait de presse, à moins de rétablir la censure ! Le *droit* de publier et de faire imprimer ses opinions, dans ce cas, n'existe plus. »

M. de Fontanes, l'apologiste verbeux et fleuri du despotisme impérial, répondit qu'il n'y avait pas de gouvernement possible avec la liberté de la presse telle que l'entendait son collègue ; que donner à tout le monde le droit de publier et de faire imprimer tout ce qui lui conviendrait sur les principes, les institutions et les personnes, c'était ouvrir la digue à toutes les extravagances, à tous les excès, et substituer le gouvernement de la place publique et de la rue à l'action des pouvoirs régulièrement établis ; que, pour lui, il ne se regarderait jamais comme libre là où existerait la liberté de la presse.

M. de Montesquiou intervint. Pour lui, la discussion était sans objet ; *prévenir* et *réprimer* étaient synonymes. « Qui prévient réprime, » disait-il. Quelques membres se rangèrent de son avis. On mit aux voix la suppression demandée par M. Boissy-d'Anglas. Les commissaires, qui ne voyaient qu'un double emploi, une redite dans le mot *prévenir*, votèrent sa suppression, et donnèrent ainsi la majorité aux partisans de la liberté de la presse. La conquête de cette liberté, sans laquelle nulle autre n'existe, et qui constituait pour ainsi dire à elle seule toute la charte de 1814, charte qui nous régit encore, fut le résultat d'une confusion grammaticale.

L'art. 12 ne renfermait d'abord que ces mots, accomplissement d'une promesse faite par tous les princes de la famille royale à leur entrée sur le territoire : « La conscription est abolie. » M. Lainé fit observer qu'il était cependant nécessaire de remplir les cadres de l'armée. L'ancien régime avait ses levées de milice ; le nouveau ne pouvait se trouver réduit aux enrôlemens volontaires. Sur sa proposition, on ajouta : « Que le recrutement de l'armée serait déterminé par une loi. » Le second terme de l'article détruisait le premier ; la suppression annoncée devenait un mensonge. On mentit par respect pour la parole des princes.

On pourrait croire que le fameux article 14 où Charles X, en 1830, devait puiser le droit de confisquer toute la Charte au profit de sa prérogative, devint l'objet d'un débat sérieux, il n'en fut rien; cet article était ainsi conçu: « Le roi est le chef suprême de l'Etat; il commande les forces de terre et de mer; déclare la guerre, fait les traités de paix, d'alliance et de commerce; nomme à tous les emplois d'administration publique et fait les règlemens et *ordonnances* nécessaires à l'exécution des lois et *à la sûreté de l'Etat..* » Les membres de la commission, sénateurs et députés, ainsi que les commissaires représentant le roi, étaient si loin de penser que ces termes généraux pussent renfermer le germe d'un coup d'Etat, que pas un d'eux, nous le répétons, ne demanda la parole; l'unique phrase dont se composait l'article n'était pour eux tous que l'énumération naturelle et logique des droits acquis au roi comme dépositaire du pouvoir exécutif. Le sens profond, mystérieux, caché sous les deux derniers mots, et que Charles X devait invoquer, leur échappa. Il est vrai que ce prince mit seize ans pour le découvrir.

La séance du 26 devait ramener la discussion sur le système électoral. Les débats de la première séance allaient sans doute se renouveler quand M. Dambray déclara que, d'après les *ordres du roi*, la commission devait laisser à des lois qui seraient ultérieurement rendues, le soin de régler l'organisation des collèges électoraux ainsi que les formes de l'élection. Il y avait nécessité, disait-il, de hâter le travail et de le terminer *le lendemain*.

Ce terme fatal, imposé à Louis XVIII par une volonté plus puissante alors que la sienne, obligea la commission de procéder plus rapidement qu'elle ne l'avait encore fait; elle dut restreindre la discussion et se montrer plus facile aux propositions des commissaires de la couronne. Tout le travail se borna pour ainsi dire à une simple lecture, et cette séance, ainsi que celle du lendemain 27, suffirent à l'examen et à l'adoption du reste des articles de l'acte constitutionnel.

Enfin la Charte était enfantée! l'avant-veille, assure-t-on, Alexandre avait adressé le billet suivant à M. de Talleyrand : *Mon départ est irrévocablement fixé pour la fin du mois*; IL FAUT *que la constitution soit définitivement arrêtée et acceptée par le roi auparavant.* Ce billet, communiqué à MM. de Blacas et de Montesquiou qui en rapportèrent le contenu à Louis XVIII, avait été le motif de la précipitation des commissaires dans leurs conférences des deux derniers jours. Quoi qu'il en soit, c'est au résultat de ces conférences, travail incomplet, ordonné par l'empereur de Russie, discuté en cinq séances de quelques heures chacune, entre deux émigrés, un ancien avocat général au Parlement de Paris, neuf sénateurs et neuf membres du Corps-Législatif impérial, que Louis XVIII doit les louanges, les adulations des orateurs et des écrivains de tout son règne. Ce prince a été proclamé *l'immortel auteur de la Charte*. Des statues, des tableaux ont consacré ce titre, et il vivait encore lorsqu'un peintre célèbre l'a représenté, aux applaudissemens de tous ses contemporains, assis devant la table de chêne de son solitaire cabinet d'Hartwell, écrivant l'œuvre dont nous venons de dire l'enfantement précipité. Le mérite de l'adoption lui appartient sans doute : il y a plus, il consentit à souscrire cet acte constitutionnel lorsque la France se tenait encore courbée sous le plus lourd despotisme politique qui puisse peser sur une nation. Mais la transaction aurait-elle été aussi large, ce prince se serait-il montré aussi facile, si, maître absolu de la situation, il eût agi dans la plénitude de ses convictions et de sa volonté? Etrange bizarrerie! cette charte qui rendit à la France affaissée sous le despotisme impérial une partie des droits et des libertés conquises par la révolution, sortit, en définitive, de l'invasion étrangère, de la trahison du corps le plus corrompu et le plus servile de l'empire, et du caprice du souverain le plus absolu de l'Europe! Dans nos temps modernes, l'existence des nations peut avoir ses accidens; la conquête ou le despotisme comprimant en elles toute énergie, peuvent arrêter leur marche; mais toute secousse les réveille; toute guerre, toute révolution est pour elles l'occasion d'un nouveau pas vers la liberté (1).

Alexandre, à trois jours de là, signait le traité de paix. Ce traité ne pouvait être qu'une sorte d'ampliation de la funeste

---

(1) On lit dans une lettre écrite par l'abbé de Pradt, en 1836 :
« On a beaucoup menti sur cette époque (avril et mai 1814), et moi-même j'ai menti comme tout le monde : je savais à quoi m'en tenir sur le roi *législateur*. J'étais alors près de M. de Talleyrand ; c'est moi qui ai rédigé le discours qu'il prononça au Sénat (le 1ᵉʳ avril) ; et, si je n'ai pas fait partie du gouvernement provisoire, c'est qu'il s'y trouvait déjà *trois abbés*, et qu'un de plus c'eût été trop. M. de Talleyrand a conduit cette affaire comme il les conduit toutes : il n'arrive à de grands résultats que par de petits moyens, de petites intrigues et du petit esprit. Un jour Alexandre s'étant mis à la fenêtre de l'hôtel de la rue Saint-Florentin, la foule s'assembla aussitôt, et cria *Vive l'empereur de Russie! Vive Alexandre!* Mais M. de Talleyrand ayant paru sur le balcon, on entendit quelques cris de *à bas le Sénat! à bas l'évêque d'Autun! à bas le renégat!* M. de Talleyrand rentra aussitôt et fort troublé, assurant à l'empereur de Russie que c'était une machination du faubourg Saint-Germain, qui préludait au renversement de ce qu'ils avaient fait. Alexandre lui répondit qu'il saurait bien faire respecter *l'œuvre de l'Europe*. Mais les démonstrations contre le Sénat se renouvelant, M. de Talleyrand revint à la charge, se plaignant de s'être mis en avant, de s'être compromis; car, d'après ce qui se passait, disait-il, il voyait bien que, dès que Louis XVIII serait débarqué à Calais, il n'y aurait plus moyen d'en rien obtenir. L'empereur Alexandre essaya de le calmer par des protestations, et, poussé à bout, finit par lui dire : *Je mets 50,000 hommes à votre disposition pour le faire* ARRÊTER *à son débarquement, et on ne* LE LACHERA

convention du 23 avril. Ces mots écrits par M. de Talleyrand : *la France reprend ses frontières du 1er janvier* 1792, avaient décidé le sort de la France. Il ne restait pour ainsi dire plus que de simples questions d'exécution ou de détail à débattre. Territoire, forteresses, garnisons, ports, vaisseaux, arsenaux, magasins, matériel, tout ce qui pouvait faire l'objet d'un débat ou d'une transaction, tout ce qui pouvait appuyer nos réclamations, devenir l'objet de *compensations* ; en un mot, faire notre force comme puissance contractante, avait été donné A L'AVANCE par le prince de Bénévent ; il avait tout livré. « Ce traité de paix, a dit dans

---

que lorsque tout sera fini et qu'il aura consenti à faire tout ce qui convient.

» Ce fait est à la connaissance de bien des personnes qui vivent encore et qui pourraient l'attester comme moi. »

Nous ajouterons à cette lettre de l'abbé de Pradt le passage suivant des *Mémoires* de M. de Lafayette :

« Je passai chez madame de Staël (mai 1814) une soirée dont je dois consigner ici quelques détails :

» La manière noble et simple d'Alexandre, en entrant dans cette société choisie, me plut beaucoup..... Dans la conversation générale, comme dans les particulières, il fut poli, aimable et surtout libéral..... Il se plaignit de la *servilité* de nos journaux : « Nous » ferions mieux en Russie, » dit-il. Je l'assurai qu'il jugeait mal la nation....,. Il me fit signe de le suivre dans une autre pièce ; et comme il y rencontra du monde, nommément M. de Talleyrand, il m'emmena dans une embrasure, baissant la voix et prêtant l'oreille pour m'entendre, parce qu'il est un peu sourd. Il se plaignit d'abord de ce que ses bonnes intentions pour notre liberté et pour sa gloire avaient si mal tourné ; de ce qu'il n'avait trouvé en France ni patriotisme ni appui ; de ce que les Bourbons n'avaient que des préjugés d'ancien régime ; et comme je me bornais à répondre que le malheur devait les avoir en partie corrigés : « Corrigés ! » me dit-il, « ils sont *incorrigés* et *incorrigibles !* Il n'y en a qu'un, le » duc d'Orléans, qui ait des idées libérales ; mais, pour les autres,

ses *Mémoires* un des ministres étrangers qui assistaient à la rédaction (1), fut la conséquence nécessaire de la convention du 23 avril, la France ayant été dessaisie, par l'*inadvertance honteuse* de son ministère, des *gages* d'une paix moins défavorable. » Le poids de cette inadvertance et de cette honte ne saurait retomber sur le comte d'Artois et sur Louis XVIII : le premier, nous l'avons dit, dut signer et signa sans lire; le second subit la position que lui avait faite le gouvernement provisoire. C'est à M. de Talleyrand seul qu'appartient la responsabilité du traité de paix comme de la convention d'armistice.

» n'en espérez jamais rien. — Si c'est votre opinion, Sire, pour-
» quoi les avez-vous ramenés? — Ce n'est pas ma faute ; on m'en
» a fait arriver de tous les côtés; je voulais du moins les *arrêter*,
» afin que la nation eût le temps de leur imposer une constitution ;
» ils ont gagné sur moi comme une *inondation*. Vous m'avez vu
» aller à Compiègne au devant du roi ; je voulais le faire renoncer
» à ses dix-neuf ans de règne et autres prétentions de ce genre.
» La députation du Corps-Législatif y était aussitôt que moi pour
» le reconnaître de tous temps et sans condition. Que pouvais-je
» dire quand les députés et le roi étaient d'accord?... C'est une
» affaire manquée ; je pars bien affligé. » (T. v, p. 309 à 311.)

Enfin, on lit dans les *Mémoires* du comte Lavalette :

« Alexandre voulut fixer le sort de la reine Hortense ; il la fit nommer duchesse de Saint-Leu. Louis XVIII n'osa pas refuser ouvertement; mais son ministre Blacas y mit tant de mauvaise grâce, qu'Alexandre donna l'ordre à l'aide-de-camp chargé de lui apporter ce brevet de duchesse, de ne pas quitter les Tuileries, et d'y coucher même jusqu'à ce qu'il l'eût obtenu.... La veille de son départ, Alexandre dit au prince Eugène : « Je ne sais si je ne me re
» pentirai pas un jour d'avoir mis les Bourbons sur le trône ;
» croyez-moi, mon cher Eugène, ce ne sont pas de bonnes gens.
» Nous les avons eus en Russie, et je sais à quoi m'en tenir sur
» leur compte. » (T. ii, p. 126 et 127.)

(1) Le baron de Stein.

Le traité de paix porte la date du 30 mai ; annoncé à la population parisienne par le canon des Invalides, dans la journée du 1ᵉʳ juin, il fut, en outre, publié sur les places du Carrousel, de la Chambre des députés, du palais du Luxembourg, Maubert, de la Bastille, de l'Hôtel-de-Ville, Vendôme et porte Saint-Denis, par un héraut représentant le roi d'armes de France. Ce héraut, que plusieurs détachemens de soldats fournis par la garde nationale et par la garnison escortaient, était encore accompagné par le préfet de la Seine et par les maires et les adjoints des douze arrondissemens de Paris. Voici l'analyse de cet acte :

Il y aura paix et amitié *perpétuelles* entre le roi de France, l'empereur d'Autriche et ses alliés (art. 1ᵉʳ); la France rentre dans ses limites du 1ᵉʳ janvier 1792 (art. 2), sauf quelques légères rectifications de ses frontières dans les départemens du Nord, de Sambre-et-Meuse, de la Moselle, de la Sarre et du Bas-Rhin, ainsi que la conservation de Mulhouse, d'Avignon, de Montbéliard et de la sous-préfecture de Chambéry (art. 3); la route du Versoix est déclarée commune à la France et à la Suisse (art. 4); la liberté de navigation sur le Rhin, garantie à tous les états riverains, sera réglée par le futur congrès (art. 5); la Hollande, placée sous la souveraineté de la maison d'Orange, recevra un accroissement de territoire; tous les états d'Allemagne seront indépendans et unis par un lien fédératif; la Suisse restera indépendante; l'Italie, hors les pays qui reviendront à l'Autriche, sera composée d'états souverains (art. 6); l'île de Malte et ses dépendances deviennent possessions britanniques (art. 7); la France recouvre ses anciennes colonies, moins les îles de Tabago, de Sainte-Lucie, l'île de France, Rodrigue, les Séchelles, qu'elle *abandonne à l'Angleterre*, ainsi que tous les forts et établissemens en dépendant (art. 8, 9,

10 et 11) ; la France *s'interdit* toute espèce de fortifications sur les territoires qu'elle recouvre dans l'Inde, et ne pourra y entretenir que le nombre de soldats nécessaire pour le maintien de la police (art. 12) ; le droit de pêche sur le grand banc et sur les côtes de Terre-Neuve, ainsi que dans le golfe Saint-Laurent, est rendu à la France (art. 13) ; un délai de trois mois est fixé pour la remise de toutes les possessions situées dans les mers d'Amérique et d'Afrique, et de six mois pour les possessions au delà du cap de Bonne-Espérance (art. 14) ; la France partagera avec les puissances alliées tous les vaisseaux et bâtimens armés ou non armés qui se trouvent dans les places maritimes cédées par elle en exécution de l'art. 2; ce partage aura lieu dans la proportion d'un tiers, pour les puissances dont ces places deviennent la propriété, et des deux tiers pour la France qui renonce, en outre, à tous ses droits sur la flotte du Texel (art. 15) ; nul individu appartenant aux pays cédés ou restitués, ne pourra être recherché pour ses actes ou ses opinions politiques antérieurs au présent traité ; tous les habitans de ces pays, naturels ou étrangers, auront six ans pour disposer de leurs propriétés acquises avant ou durant la guerre, et se retirer où il leur plaira (art. 16 et 17) ; les puissances se font remise réciproque de tous les contrats résultant de fournitures de guerre (art. 18) ; les articles 19, 20 et suivans jusques et y compris l'article 31, sont relatifs aux autres créances que peuvent avoir à répéter entre eux les gouvernemens contractans, ainsi que leurs sujets. Dans le délai de deux mois, toutes les puissances engagées dans la présente guerre, enverront à Vienne des plénipotentiaires chargés de régler les arrangemens qui doivent compléter les dispositions du présent traité, lequel sera ratifié dans le délai de quinze jours ou plus tôt si faire se peut (art. 32 et 33).

Ce traité, signé par M. de Talleyrand pour la France, et par MM. de Metternich et de Stadion pour l'Autriche, fut en outre conclu le même jour et dans les mêmes termes, avec l'Angleterre, la Prusse et la Russie, que représentaient les lords Castlereagh et Aberdeen, le vicomte Cathcart et le général Stewart, MM. de Hardenberg et de Humboldt, les comtes de Nesselrode et Razumowski. Il était, en outre, suivi d'*articles additionnels* qui stipulaient : 1° en faveur de l'Autriche, l'annulation des deux traités de 1805 et de 1809, ainsi que de tous leurs effets ; 2° avec l'Angleterre : le concours de la France à l'abolition de la traite des noirs (1); le paiement des dettes de nos prisonniers de guerre; la mainlevée des séquestres mis depuis 1792 sur les immeubles et les propriétés mobilières des sujets des deux gouvernemens; et la promesse d'une prochaine *convention de commerce* (2); 3° en faveur de la Prusse, la complète annulation des enga-

---

(1) Cet article est le germe de cette question du *droit de visite*, qui tient une si grande place dans la politique internationale de notre époque; à ce titre, il n'est peut-être pas sans intérêt d'en reproduire les termes; il est ainsi conçu :

« S. M. T. C., partageant sans réserve tous les sentimens de S. M. B., relativement à un genre de commerce que repoussent et les principes de la justice naturelle, et la lumière des temps ou nous vivons, s'engage à unir, au futur congrès, tous ses efforts à ceux de S. M. B. pour faire prononcer par toutes les puissances de la chrétienté, l'abolition de la traite des noirs : de telle sorte que ladite traite cesse universellement, comme elle cessera définitivement et dans tous les cas, de la part de la France, dans un délai de cinq ans; et qu'en outre, pendant la durée de ce délai, aucun trafiquant d'esclaves n'en puisse importer ni vendre ailleurs que dans les colonies de l'état dont il est sujet. »

(2) Le sacrifice de nos intérêts, par M. de Talleyrand, se manifeste dans les plus petits détails de ce traité : ainsi la France, par l'article additionnel que nous analysons, garantit à l'Angleterre le

gemens patens ou secrets pris par cette puissance envers la France depuis la paix de Bâle ; 4° et avec la Russie, la nomination d'une commission chargée de l'examen et de la liquidation des créances du duché de Varsovie sur le gouvernement français.

En dehors de ces quatre articles additionnels, publiés, nous l'avons dit, à la suite du traité principal (1), d'autres conditions, comprises dans cinq *articles secrets*, nous furent imposées : la France, par le premier de ces articles, s'obligeait à *reconnaître* D'AVANCE la *distribution* que pourraient faire entre eux les alliés des territoires abandonnés par elle ; elle consentait, par le second, à ce qu'un agrandissement territorial fût donné au roi de Sardaigne : la stipulation de la libre navigation du Rhin et de l'Escaut formait l'objet du troisième. L'article 5 était ainsi conçu :

« La renonciation contenue dans l'article 18, par les puissances alliées, est donnée, à la condition expresse que la France *renonce* de son côté à toutes les réclamations qui pourraient être formées contre elles à titre de *dotations*, de *donations*, de *revenus à la Légion-d'honneur*, de sénatoreries, de *pensions* et *autres charges de cette nature.* »

Tel fut le traité du 30 mai. Au moment où M. de Talleyrand le signait ; quand il abandonnait ainsi à l'Angleterre, sans nécessité, sans débats, nos colonies de Tabago, de Sainte-Lucie, de l'île de France, de Rodrigue et des Séchelles ; quand il renonçait à la faculté de placer même un ca-

---

paiement des dettes de nos prisonniers de guerre, tandis que le cabinet de Londres reste sans engagement à l'égard des dettes contractées, en France, par les prisonniers anglais

(1) Le texte de ce traité et des articles additionnels, se trouve dans le *Moniteur* du 2 juin.

non pour la défense de nos comptoirs de l'Inde, et laissait à la cour de Londres, Malte et ses dépendances; lorsque, soit connivence coupable, soit ineptie, il obligeait la France à *reconnaître à* L'AVANCE *la distribution* que, dans un congrès où nous serions appelés, les alliés feraient entre eux des royaumes et des territoires dont il nous laissait dépouiller; dans ce moment-là même, disons-nous, 14,000 Français s'apprêtaient, en vertu d'ordres apportés de Paris, à remettre à des commissaires autrichiens, qui devaient ensuite les livrer à l'Angleterre, les *îles Ioniennes*, devenues, depuis longues années, possessions françaises; 20,000 autres de nos soldats, commandés par le général Lemarrois, rendaient volontairement Magdebourg aux commissaires alliés; et 40,000 hommes, sous les ordres de Davoust, sortaient volontairement aussi de Hambourg et des places voisines pour rentrer en France. Voilà quelques uns des *gages* qui étaient encore dans nos mains près de DEUX MOIS après la prise de Paris! Nul, M. de Talleyrand moins que tout autre, ne parut en soupçonner même l'existence.

Et comme si tous ces sacrifices et toutes ces hontes ne suffisaient pas, le prince de Bénévent eut l'audace d'imposer au Trésor un nouveau tribut de huit millions, qui furent distribués à titre de gratifications aux ministres étrangers signataires de ce traité désastreux. Quatre rescriptions, d'un million de francs chacune, furent remises au prince de Metternich, à lord Castlereagh, à MM. de Nesselrode et de Hardenberg. Les autres plénipotentiaires reçurent de 5 à 600,000 francs chacun. On ne dit pas quelle somme put revenir à M. de Talleyrand dans cette indigne récompense; il est possible qu'il ne retînt rien; sa part avait été assez largement faite lors de l'abandon des territoires, des places, des ports, et du milliard et demi de valeurs dont la convention du 23 avril nous avait spoliés. — Par un déplorable exemple de justice distributive humaine, on avait *exécuté*, en place de Grève, quatre jours auparavant, un pauvre diable condamné à mort pour avoir essayé de contrefaire quelques pièces de dix et de quinze sous (1)!

Le prince de Bénévent était resté ministre des affaires étrangères, durant de longues années, sous la république et sous l'empire. Les gens de l'ancien régime et les anciens titrés avaient trouvé de bon goût d'attribuer aux talens diplomatiques d'un homme de leur monde et de leur caste, les agrandissemens territoriaux de la France nouvelle, ainsi que les changemens que l'épée des généraux de la république et celle de l'empereur avaient successivement tracés sur les cartes de la vieille Europe. Le public, qui est toujours de l'opposition et qui se prend aux paradoxes bien plus qu'à la vérité, avait accepté ce jugement. Tant que M. de Talleyrand écrivit sous la dictée de Napoléon, sa réputation ne pouvait souffrir aucune atteinte; mais une fois livré à ses propres forces, il dut descendre du piédestal que lui avaient dressé les prôneurs de l'ancien ordre de choses en haine du nouveau régime et des hommes nouveaux. Ce piédestal était d'autant plus élevé que l'empereur l'avait tenu plus long-temps près de sa personne. Comme la plupart des hommes de la période impériale, le prince de Bénévent brillait principalement de l'éclat que la gloire et le génie de l'empereur jetaient sur lui. Fin plutôt que sagace, roué plutôt qu'habile, indifférent à tout ce qui ne profitait pas à son ambition, à sa vanité ou à sa fortune, jamais homme politique ne traita les intérêts les plus sérieux avec une aussi coupable

---

(1) L'exécution avait eu lieu le 26 mai.

légèreté. Il réservait toutes les ressources de son esprit pour les questions qui lui étaient personnelles ; le détail le plus futile trouvait alors en lui l'attention la plus imperturbable et la plus infatigable activité. Caractère habituellement craintif et hésitant, son talent, dans toute complication politique, dans toute circonstance difficile, consistait surtout à s'abstenir et à attendre. Un orage se produisait-il ? Il se renfermait chez lui, calfeutrant ses fenêtres et ses portes. Que fait donc M. de Talleyrand ? disait la foule. — Il se recueille et médite, répondaient ses parasites. La bourrasque passée, il sortait lentement la tête, regardait et se prononçait pour le parti qu'avait adopté la fortune.

M. de Talleyrand a spéculé toute sa vie sur la sottise humaine. Sa confiance n'a pas été trompée. Il n'est pas un de ses défauts ou de ses vices que l'on n'ait transformé en une des qualités qui font l'homme d'État. Son impassibilité, résultat d'une grande lâcheté de cœur, était du sang-froid ; sa légèreté insouciante, un masque dont il recouvrait la profondeur de ses desseins. L'absence de toute conscience et de toute conviction passait, chez lui, pour la supériorité d'un esprit qui plane au dessus des préjugés vulgaires et qui possède le secret des choses et des hommes. Sa nonchalance silencieuse devenait la préoccupation d'un penseur. Sommeillait-il ? on disait qu'il réfléchissait. Si un monosyllabe échappait de ses lèvres, on y cherchait une sentence d'oracle ; plus sa parole était obscure, plus elle semblait profonde. Parmi les personnages influens de notre époque, il a été l'un des plus fatals à son pays ; il n'en est pas qui lui ait infligé plus de scandales et plus de hontes ; pas un n'a fait preuve d'une corruption plus infatigable et plus effrontée ; son imprévoyance et sa légèreté sont allées plus d'une fois jusqu'à l'ineptie ; et il est mort comblé d'ans et d'honneurs, et laissant après lui la réputation d'un homme politique de premier ordre (1).

L'empereur de Russie quitta Paris le 2 juin ; le roi de Prusse partit le lendemain. La garde nationale parisienne, ce jour-là, releva les troupes alliées dans tous les postes qu'elles occupaient à l'intérieur de la ville. Alexandre et Frédéric-Guillaume se dirigeaient vers l'Angleterre. Ces deux souverains, qui avaient imposé à Louis XVIII le travail constitutionnel terminé cinq jours auparavant, devaient, dans ce voyage, être reçus membres de l'université d'Oxford, et se voir conférer les grades de docteurs en droit et en théologie.

L'ouverture des Chambres, d'abord fixée par la déclaration de Saint-Ouen au 10 juin, ensuite au 31 mai par une ordonnance du 6 de ce dernier mois, puis enfin au 4 juin par une ordonnance du 30 mai, eut enfin lieu au dernier jour indiqué. La déclaration du 2 mai, ainsi que l'ordonnance du 6, convoquaient le Corps-Législatif et le *Sénat;* le Corps-Législatif figurait seul dans l'ordonnance de convocation du 30. Le Sénat, en effet, n'existait plus : non seulement la charte substituait à cette assemblée une *Chambre des Pairs,* mais bon nombre de ses membres, en outre, devaient se trouver éliminés du nouveau corps. Ce fut encore M. de Talleyrand qui dressa la liste des exclusions. Les sénateurs régicides reçurent les premiers coups ; tous furent repoussés sans exception. Les quelques sénateurs auxquels on donnait le nom de *républicains;* ceux-là même qui, en prenant l'initiative du décret de déchéance, avaient le plus

---

(1) On pourra encore mieux juger M. de Talleyrand, comme homme politique, lorsqu'on aura lu ce que nous avons à dire plus loin de la part qu'il prit au congrès de Vienne.

effectivement contribué au rappel des Bourbons, reçurent le prix de cet acte aveugle; la plupart furent ensuite éliminés. Enfin, le prince de Bénévent dut rayer les noms d'un certain nombre de membres à qui Louis XVIII faisait l'honneur fort immérité d'un intraitable attachement au gouvernement déchu. Aucun de ces sénateurs ne reçut la lettre close que, suivant l'antique usage, le grand-maître des cérémonies fit remettre à tous les membres qui devaient assister à cette première séance. Tous les députés, en revanche, se trouvaient convoqués; il est vrai que M. Bonnet de Treyches, le seul régicide que le Corps-Législatif comptât dans son sein, avait envoyé sa démission quelques jours auparavant.

Cette solennité, où Louis XVIII devait enfin faire connaître le nouvel acte constitutionnel, était impatiemment attendue. Elle se tint au Palais-Bourbon. Louis XVIII s'y rendit, accompagné de tous les membres de sa famille. Les dispositions, dans l'intérieur de la salle, étaient les mêmes que sous le gouvernement impérial. L'accueil fut semblable. Les acclamations de l'assemblée partirent au même moment où on les entendait quand venait l'empereur : c'étaient les mêmes hommes, revêtus des mêmes costumes, faisant éclater les mêmes transports, ayant la même attitude, accueillant le maître avec les mêmes sourires; leurs cris seuls étaient changés. L'assemblée, quand Louis XVIII entra, se tenait debout et découverte; une fois sur son trône, le roi, assis et couvert, invita par un signe chacun à s'asseoir, et, d'une voix lente, mais forte, lut le discours suivant :

« Messieurs, lorsque pour la première fois je viens dans cette enceinte m'environner des grands corps de l'État des représentans d'une nation qui ne cesse de me prodiguer les plus touchantes marques de son amour, je me félicite d'être devenu le dispensateur des bienfaits que la divine Providence daigne accorder à mon peuple.

» J'ai fait avec la Russie, l'Autriche, l'Angleterre et la Prusse, une paix dans laquelle sont compris leurs alliés, c'est à dire tous les princes de la chrétienté. La guerre était universelle; la réconciliation l'est pareillement.

» Le rang que la France a toujours occupé parmi les nations, n'a été transféré à aucune autre et lui demeure sans partage. Tout ce que les autres états acquièrent de sécurité, accroît également la sienne, et par conséquent ajoute à sa puissance véritable. Ce qu'elle ne conserve pas de ses conquêtes, ne doit donc pas être regardé comme retranché de sa force réelle.

» La gloire des armées françaises n'a reçu aucune atteinte; les monumens de leur valeur subsistent, et les chefs-d'œuvre des arts nous appartiennent désormais par des droits plus stables et plus sacrés que ceux de la victoire.

» Les routes du commerce, si long-temps fermées, vont être libres. Le marché de la France ne sera plus seul ouvert aux productions de son sol et de son industrie; celles dont l'habitude lui a fait un besoin, ou qui sont nécessaires aux arts qu'elle exerce, lui seront fournies par les possessions qu'elle recouvre. Elle ne sera plus réduite à s'en priver ou à ne les obtenir qu'à des conditions ruineuses. Nos manufactures vont refleurir, nos villes maritimes vont renaître, et tout nous promet qu'un long calme au dehors et une félicité durable au dedans seront les heureux fruits de la paix.

» Un souvenir douloureux vient toutefois troubler ma joie. J'étais né, je me flattais de rester toute ma vie le plus fidèle sujet du meilleur des rois, et j'occupe aujourd'hui sa place! Mais du moins il n'est pas mort tout entier, il revit dans ce testament qu'il destinait à l'instruction de l'auguste et malheureux enfant auquel je devais succéder! C'est les yeux fixés sur cet immortel ouvrage, c'est pénétré des sentimens qui le dictèrent, c'est guidé par l'expérience et secondé par les conseils de plusieurs d'entre vous, que j'ai rédigé la Charte constitutionnelle dont vous allez entendre la lecture, et qui asseoit sur des bases solides la prospérité de l'État.

» Mon chancelier va vous faire connaître avec plus de détail mes intentions paternelles. »

Cette parole simple et digne, empreinte, dans plusieurs passages, d'une véritable noblesse, provoqua de longs applaudissemens. Quand l'enthousiasme fut un peu calmé,

M. Dambray, chancelier, lut à son tour un long commentaire, impertinent et maladroit, sur l'origine et l'esprit de « l'*ordonnance de réformation*, dont Louis XVIII daignait accorder le bienfait à la France. » Comparé au préambule de la déclaration de Saint-Ouen, ce discours indiquait un assez notable changement dans les idées de la royauté nouvelle. Le contraste devint encore plus frappant quand on entendit les considérations historiques et politiques placées en tête de la Charte, et dont M. Ferrand, lorsque le chancelier fut assis, donna lecture à l'assemblée : « Rappelé par
» l'amour de notre peuple au trône de nos pères..... ré-
» solu d'adopter une constitution libérale..... nous convo-
» querons le Sénat et le Corps-Législatif, nous engageant à
» mettre sous leurs yeux le travail que nous aurons fait avec
» une commission..... », avait dit Louis XVIII à Saint-Ouen. « Rappelé par la divine Providence, dans nos
» états, après une longue absence..... cherchant à *renouer*
» *la chaîne des temps*, que de *funestes écarts* avaient in-
» terrompue..... Nous avons accordé et accordons, fait con-
» cession et octroi..... », disait le préambule du nouvel acte constitutionnel (1). Ces différences ne furent pas immédiatement remarquées. Loin de là, des cris prolongés de *Vive le roi!* éclatèrent dans toute la salle, dès que M. Ferrand eut achevé la lecture de la nouvelle constitution. Par un emportement de servilité, qui n'étonnera pas, les anciens membres de ce Sénat, que la Charte supprimait, étaient, de tous les assistans, ceux dont la joie se montrait plus bruyante. Quand les transports enthousiastes de toute cette *élite légale des notables du royaume* (2) furent apaisés,

---

(1) Voir le préambule de la Charte.
(2) Expressions du discours de M. Dambray.

M. Dambray remit aux mains du roi la liste des nouveaux pairs. Louis XVIII appela lui-même les noms des anciens ducs et pairs, des ducs héréditaires et à brevet; le chancelier fut chargé d'appeler les noms des autres membres de la pairie, et de faire également l'appel des députés. Chaque membre, à mesure que son nom était prononcé, devait prêter serment de fidélité au roi et *à la Charte*. Pas un seul d'entre eux, pour la plus minime affaire d'intérêt privé, n'aurait engagé sans examen et sans réflexion, sa signature ou sa parole; et tous, sans hésiter, s'empressèrent de jurer une obéissance inviolable, éternelle, aux soixante seize articles du pacte dont ils entendaient pour la première fois la rapide lecture. Si, du moins, ils n'avaient contracté que pour eux! mais leur prétention allait plus loin: comme représentans de la France officielle et légale, tous entendaient engager, par leur serment, trente millions de citoyens qui ne devaient connaître qu'à plusieurs jours de là, les termes de la nouvelle loi fondamentale. Les docteurs en droit politique, il est vrai, donnent à ces solennelles comédies le nom de fictions constitutionnelles.

La nouvelle Chambre des pairs se composait de cent cinquante-quatre membres qui se divisaient ainsi :

Trois des six anciens pairs ecclésiastiques; vingt-six anciens ducs et pairs, ayant eu siége au parlement (1); le prince de Bénévent (Talleyrand); onze anciens ducs héréditaires (2), non anciens pairs; six anciens ducs à brevet (3); le duc de Plaisance (Lebrun); dix maréchaux, non

---

(1) Ces pairies étaient au nombre de trente-six; dix étaient éteintes.

(2) Cette hérédité doit s'entendre du titre, non de la nouvelle dignité.

(3) Leurs titres étaient personnels.

sénateurs; quatre-vingt-quatre sénateurs, dont quatre maréchaux; six généraux de l'empire; six officiers-généraux de l'ancien régime.

Ces cent cinquante-quatre pairs étaient seulement *à vie*. Leur nomination et leur appel à la séance royale eurent lieu dans l'ordre que nous venons de suivre. M. de Talleyrand et l'ancien consul Lebrun occupaient l'un et l'autre, comme on le voit, une place spéciale. Le premier venait immédiatement après les anciens ducs et pairs; le second, de noblesse impériale, figurait seulement à la suite des ducs à brevet.

Des vingt maréchaux, six restaient en dehors de la nouvelle pairie: c'étaient les maréchaux Brune, Davoust (prince d'Eckmuhl et duc d'Austaerdt), Jourdan, Masséna (prince d'Essling et duc de Rivoli), Soult (duc de Dalmatie), et Victor (duc de Bellune).

Enfin, cinquante-trois sénateurs se trouvaient exclus; sur ce nombre, vingt-trois avaient cessé d'être Français. Voici les noms des trente autres: Cambacérès, Chaptal, Chasset, Cochon de l'Apparent, Curée, Demeunier, Dubois-Dubay, Dizez, Fallette-Barol, cardinal Fesch, Fouché, François (de Neufchâteau), Garan de Coulon, Garat, Grégoire, Guéhéneuc, Jacqueminot, Lagrange, Lambrescht, de Laville, Lejeas, Rigal, Roger-Ducos, Rœderer, Rousseau, Saint-Martin-Lamothe, Saur, Sieyès, Villetard, Viry. La plupart avaient provoqué la déchéance de Napoléon et voté le rappel des Bourbons, dans le but d'assurer la perpétuité héréditaire de leur position et de leurs dotations. Ils reçurent le juste prix de cette lâcheté cupide; leur position leur fut enlevée et leurs dotations se changèrent en de simples pensions viagères.

Cette séance avait commencé à trois heures; il était cinq heures quand Louis XVIII rentra aux Tuileries.

CHAPITRE III.

Situation politique le lendemain de la promulgation de la Charte. — Ordonnances du directeur général de la police sur l'observation des dimanches et la Fête-Dieu. — Présentation d'un projet de loi sur la censure ; discussion. — Présentation du budget ; situation financière de la France ; l'arriéré ; plan financier de quelques royalistes. — Proposition pour le paiement des dettes contractées par la famille royale à l'étranger. — Projet de loi pour la restitution des biens nationaux non vendus ; exposé de motifs de M. Ferrand ; secousse causée par ce discours ; les journaux ; brochure de M. de Châteaubriand ; paroles du roi. — Procession du vœu de Louis XIII ; les orphelines de la Légion-d'Honneur ; les Invalides ; écoles militaires destinées à la *noblesse;* brochure de Carnot. — Discussion du projet sur les biens nationaux non vendus. — Proposition du maréchal Macdonald. — Pétition d'un maire de village à la Chambre des députés. — Modification ministérielle ; M. Beugnot, ministre de la marine ; destitution du général Dupont, ministre de la guerre ; il est remplacé par le maréchal Soult ; rôle de ce maréchal depuis la chute de l'Empire ; société bretonne ; monument de Quiberon ; affaire du général Excelmans ; pétition à la Chambre des députés. — Clôture de la session.

L'Empire s'était écroulé sous le poids des erreurs et des fautes que l'empereur avait lui-même accumulées. Les quelques faits qui précipitèrent la catastrophe ne furent que des causes secondaires. Les Bourbons, à l'exemple de Napoléon, allaient amasser de leurs propres mains la tempête qui, moins de dix mois après la promulgation de la Charte, devait les obliger à se réfugier encore une fois chez l'étranger. Le nouveau gouvernement, le lendemain du 4 juin, était dans une position embarrassante sans doute; mais combien d'élémens de sécurité et de stabilité ne possédait-il pas? Tous les vieux partis politiques étaient effacés ou dissous, et la France, prise dans la généralité de sa population active ou influente, lasse de l'oppression impériale, fatiguée par une guerre de vingt-deux ans, rassurée dans ses intérêts matériels et moraux par les promesses du nouvel acte constitutionnel, aspirait uniquement à réparer dans la paix les forces qu'elle avait perdues. Il y a plus : les Bourbons, par un bonheur singulier, se voyaient dégagés des liens qui enlacent ordinairement les princes venus à la suite des révolutions. Leur retour n'était l'œuvre d'aucune opinion, d'aucune faction politiques : ils n'avaient donc ni engagemens pris à tenir, ni les efforts ou les sacrifices d'un parti vainqueur à récompenser ; ils ne devaient de reconnaissance qu'à la fortune. Si la fierté nationale se trouvait profondément blessée par les circonstances de leur avènement, en revanche, la paix dont ils étaient le symbole et le gage, faisait beaucoup oublier. Mais, emporté par un inconcevable aveuglement, le gouvernement royal sembla prendre à tâche de relever toutes les barrières élevées entre la nation et lui par les événemens de 1789 et de 1792, barrières que l'Empire, avec son intolérable despotisme, avait en partie abattues; et s'isolant de la France nouvelle, se réfugiant dans le passé, on le vit recommencer volontairement la lutte contre la révolution, et déclarer la guerre à l'immense majorité des gouvernés. Toutes les classes de citoyens furent violemment provoquées; on froissa tous les sentimens, on inquiéta tous les intérêts; et lorsque chacun, encore une fois, était impatient de calme et de repos, les nouveaux gouvernans devaient jeter partout et chez tous, le trouble, la colère et la haine.

Trois jours après la séance royale, le 7 juin, M. Beugnot, directeur général de la police, rendait, sur *l'observation des dimanches*, une ordonnance dont le considérant était ainsi conçu :

« Considérant que l'observation des jours consacrés aux solennités religieuses est une loi qui remonte au *berceau du monde*… qu'il y a été pourvu, pour la France, par différens règlemens de *nos rois*…. qui ont été seulement *perdus de vue durant les* TROUBLES….; pour attester à tous les yeux le *retour* des Français à l'ancien respect de la religion et des *mœurs*, et à la *pratique des vertus* qui peuvent seules fonder pour les peuples une prospérité durable. »

Suivaient sept articles qui interdisaient, sous les peines les plus sévères, toute espèce de travail les dimanches et les jours de fêtes; qui défendaient à tous les marchands de faire, ces jours-là, aucun acte de commerce, et aux charretiers et voituriers de faire aucun chargement ni charroi; le colportage même était interdit.

L'exécution de cette ordonnance s'étendait à toutes les communes du royaume; le même jour, une seconde ordonnance de M. Beugnot, mais spéciale pour Paris, interdisait, durant deux dimanches, le jour de la Fête-Dieu et le jour de l'octave, la circulation des voitures depuis huit heures du matin jusqu'à trois heures de l'après-midi, et ordonnait à tous les particuliers de tendre le devant de leurs maisons dans toutes les rues où devait passer le Saint-Sacrement.

Cette dernière prescription, qui obligeait à des soins et à des dépenses onéreuses une foule de citoyens professant les dogmes les plus opposés, venait le lendemain de la promulgation de l'article de la Charte qui garantissait à chaque culte une protection égale, à toutes les religions une égale liberté. Elle ne violait, du moins, qu'un principe. La première ordonnance allait plus loin : non seulement elle imposait aux Israélites, par exemple, un jour d'oisiveté et de repos qui n'est point celui consacré par leur culte, mais, en même temps qu'elle ruinait une foule de petites industries ne s'exerçant que les jours de fêtes, elle ôtait toute possibilité de travail à un nombre considérable d'ouvriers à qui le labeur de ces jours privilégiés donne le supplément nécessaire aux besoins de toute la semaine. Il n'existe pas de repos pour le pauvre chargé de famille ; c'est à peine si chaque jour lui apporte son pain : où donc pouvait-il trouver désormais le pain du dimanche? L'irritation fut grande dans le petit commerce et parmi la population ouvrière. Cette ordonnance eut pour effet immédiat de mettre une partie des habitans de toutes les communes du royaume, en lutte ouverte avec les autorités locales.

La classe lettrée et les classes moyennes, désintéressées dans la mesure, n'en virent d'abord que le côté ridicule. Elles ne tarissaient pas en plaisanteries sur les exhumations administratives de M. Beugnot, et sur sa prétention de ramener les Français « à la pratique de la vertu, » à l'aide d'un ordre de police et de prescriptions vieilles de plusieurs siècles. Mais ces classes elles-mêmes devaient bientôt se trouver atteintes. Le 5 juillet, un mois jour pour jour après la publication de l'acte constitutionnel, M. de Montesquiou, ministre de l'intérieur, présentait à la Chambre des députés un projet de loi en vingt-deux articles, dont l'économie se résumait dans les dispositions suivantes :

« Art. 1er. — Tout écrit de plus de trente feuilles d'impression (1), pourra être publié librement et sans examen ou censure préalable.

» Art. 9. — Les journaux et écrits périodiques ne pourront paraître qu'avec l'autorisation du roi.

» Art. 11. — Nul ne sera imprimeur ni libraire s'il n'est breveté du roi et assermenté.

» Art. 12. — Le brevet pourra être retiré à tout imprimeur ou libraire qui aura été convaincu, par un jugement, de contravention aux lois et règlemens. »

OEuvre commune de M. Royer-Collard, ancien correspondant de Louis XVIII, et d'un jeune écrivain protestant, M. Guizot, d'abord secrétaire particulier de l'abbé de Montesquiou, puis secrétaire général du département ministériel dont son protecteur était titulaire (2), ce projet de loi souleva une immense clameur. La Chambre des députés elle-même s'en émut. Cette assemblée, qui n'était autre chose que l'ancien Corps-Législatif impérial sous une dénomination nouvelle, n'avait jusqu'alors présenté dans sa composition politique aucune nuance perceptible. On n'y connaissait ni majorité ni minorité, ni opposans ni ministériels; à l'instant même une opposition s'y forma. Le projet ministériel, renvoyé à l'examen d'une commission, fut l'objet d'un rapport présenté par M. Raynouard, et que ce député lut à l'assemblée dans la séance du 1er août. Ce rapport concluait au rejet. La discussion fixée au 5 août, ne put avoir lieu ce jour-là. Déshabitué depuis douze ans du spectacle des assemblées délibérantes, le public

---

(1) Un fort volume (480 pages) in-8°.

(2) M. Guizot venait de demander la censure dans une brochure ayant pour titre : *Quelques idées sur la liberté de la presse*, et dont le *Journal des Débats* rendit compte dans ses n°ˢ des 29 et 30 juillet.

avait attendu avec la plus vive impatience le moment où l'ancien Corps-Législatif, délivré du mutisme auquel le condamnaient les constitutions impériales, entrerait enfin en possession du droit de discussion et de la publicité de ses délibérations (1). Mais, contre l'attente générale, des propositions insignifiantes sur le règlement, quelques conversations soulevées par des pétitions sans intérêt, conversations mal engagées, plus mal soutenues et où se montraient l'inexpérience ainsi que l'incertitude de l'assemblée, voilà les seuls débats qui remplirent ses séances durant les deux premiers mois. Lors donc que vint le jour indiqué pour la discussion du projet de loi sur la liberté de la presse, le premier, au reste, que le gouvernement eût présenté à la Chambre, un nombre considérable de curieux, attirés par la nouveauté de l'événement et par l'intérêt qui s'attachait à cette question fondamentale, s'emparèrent de la salle dès l'ouverture des portes. Les escaliers, les couloirs intérieurs, les tribunes, tout, jusqu'aux bancs réservés aux députés, avait été immédiatement envahi. Vainement le président, lorsqu'il fut monté à son fauteuil, donna aux spectateurs entassés dans l'intérieur de l'enceinte, l'ordre de laisser la place libre; personne ne bougea. La plupart de ces obstinés curieux avaient été introduits par les députés eux-mêmes : le président, M. Lainé, ne voulut pas employer la force pour se faire obéir ; il prit un moyen plus prompt et plus sûr ; il leva la séance, et la renvoya au len-

---

(1) Nous avons dit, dans le premier volume, que le Corps-Législatif impérial, après avoir entendu l'*exposé des motifs* fait par les orateurs du gouvernement, et le *rapport* d'une commission tirée de son sein, votait sur les projets de loi qui lui étaient soumis sans pouvoir les discuter.

demain. Les précautions, ce jour-là, furent mieux concertées. La discussion put commencer. Elle se traîna durant plusieurs séances sans offrir l'intérêt auquel on s'attendait. Les orateurs, arrivant tous à la tribune avec des discours écrits, s'y succédaient sans jamais se répondre; les argumens offraient la même monotonie que le débit; les orateurs de chaque parti reproduisaient à satiété les mêmes considérations. Des deux côtés le débat resta faible, décoloré; le dictionnaire et ses définitions y jouèrent le plus grand rôle. La discussion durait depuis cinq jours, lorsque le 11, inquiet du nombre des opposans, et des sympathies qui accueillaient au dehors chacune de leurs paroles, le ministère prit le parti de transiger; M. de Montesquiou consentit, au nom du roi, à substituer, dans le premier article, le chiffre de vingt feuilles d'impression à celui de trente feuilles; à exempter de la censure préalable la publication des opinions des membres de la Chambre; et à ajouter, comme dernier article la disposition suivante:

La présente loi cessera d'avoir son effet à la fin de la session de 1816.

Ce dernier amendement changeait le caractère du projet de loi. Sollicitée par le gouvernement, comme disposition organique, la censure devenait une simple mesure de circonstance, un fait temporaire confirmatif du droit de publication libre. Malgré cette concession considérable, qui semblait consacrer irrévocablement le principe de la liberté de la presse, l'urne du scrutin, lorsque la Chambre passa au vote, se trouva renfermer 80 boules noires; les votans étaient au nombre de 217.

Le projet amendé, présenté à la Chambre des pairs le surlendemain, fut mis en délibération le 23. Les anciens sénateurs entraient pour plus de moitié dans la composition de la pairie; membres, pour la plupart, des assemblées délibérantes de la révolution, ils avaient l'habitude de la discussion. Rédacteurs d'une constitution à laquelle la charte avait emprunté bon nombre de ses dispositions, et se regardant, en outre, comme responsables envers l'opinion des droits proclamés par eux après la chute de l'empire, ils repoussaient avec énergie le projet et son principe même. Les membres de l'ancienne aristocratie, d'un autre côté, adversaires naturels de toute liberté, exigeaient la censure dans son application la plus absolue. Aussi le débat, après une durée de dix jours, n'avait-il fait aucun progrès; loin de là, il s'envenimait à chaque séance. Le ministère, effrayé, demanda la clôture de la discussion; elle fut prononcée le 2 septembre. Les quelques lignes de préambule, placées par MM. Royer-Collard et Guizot en tête de la loi, devinrent l'objet d'un premier vote. Ce préambule étrange était ainsi conçu :

« Voulant *assurer* à nos sujets le bienfait de la Charte constitutionnelle qui leur *garantit le* DROIT de publier et de faire imprimer leurs opinions en se conformant aux lois qui doivent réprimer les abus de cette liberté;

» Nous avons pensé que notre premier devoir était de leur donner sans retard les lois que la constitution *ne sépare point* de la liberté même, et *à défaut desquelles* le DROIT accordé par la Charte constitutionnelle *resterait sans effet*;

» A ces causes.... etc. »

M. de Malleville fit observer que ce préambule où l'on osait présenter la liberté de la presse comme un droit illusoire, si la censure n'assurait pas l'exercice de cette liberté, se trouvait en contradiction formelle avec le texte du projet de loi. La mesure soumise à la chambre était essentiellement temporaire; le préambule impliquait, au contraire, l'idée de dispositions organiques. Il en demanda la suppression ; elle fut votée. La Chambre adopta ensuite les six premiers articles ; lesautres furent votés le lendemain 3. Le scrutin sur l'ensemble de la loi présenta pour résultat, en faveur du projet, 80 voix contre 42 (1).

Ainsi, la première mesure proposée par les ministres du nouveau gouvernement, après la promulgation de la charte, avait pour but, d'abord la suppression, puis, par amendement, la suspension de l'une des libertés garanties par l'acte constitutionnel ; et dès ce premier appel aux deux Chambres, les deux cinquièmes des députés et la moitié de la pairie répondaient par un refus. L'opposition, parmi les autres parties de la classe officielle, avait grandi dans des proportions encore plus fortes. Louis XVIII ne comptait pas trois mois de règne.

Le même jour (3 septembre), la Chambre des députés, saisie de la loi des finances dans la séance du 22 juillet, terminait la discussion générale de cette loi et procédait au vote des articles.

Il n'est pas sans intérêt de faire connaître la situation financière de la France à cette époque de transition où le régime de la paix succédait enfin au long état de guerre de la République et de l'Empire. M. Louis, ministre des finances, avait divisé son travail en trois parties : *Dépenses et re-*

---

(1) Une ordonnance, rendue le 24 octobre suivant, pour l'exécution de cette loi, nommait vingt *censeurs royaux* et vingt-deux *censeurs royaux honoraires*. Les censeurs royaux étaient MM. Auger, de Barentin, Bernardi, Campenon, Clavier, Dampmartin, Delacroix-Frainville, Delasalle, Deleuze, Delvincourt, Desrenandes, Dillon, Frayssinous, Guizot, Ch. Lacretelle, Legraverend, Lemontey, Quatremère de Quincy, Sylvestre de Sacy, Vanderbourg.

cettes de 1814; *budget de* 1815; *fixation et liquidation de l'arriéré.* En voici l'analyse:

1814. — Les services ordinaires et extraordinaires de cette année avaient été fixés par plusieurs décrets impériaux du mois de janvier à 1,245,800,000 fr. La cessation des hostilités, l'évacuation du territoire par les troupes alliées, la réduction de l'armée et de tous les services de l'administration militaire, et d'autres économies résultat de la paix, permettaient au ministre des finances de réduire le chiffre de tous les services, pour 1814, à 827,415,000 fr., en y comprenant 331,275,000 fr. pour les dépenses des seuls mois de janvier, février et mars, ci.............. 827,415,000 fr.

Les recettes, nulles pendant les trois premiers mois de l'année, étaient évaluées pour les douze mois à.................................... 520,000,000

Excédant des dépenses sur les recettes..... 307,415,000

1815. — Evaluation des recettes......... 618,000,000
Evaluation des dépenses.................. 547,700,000

Excédant des recettes sur les dépenses...... 70,300,000

Les *recettes* se décomposaient ainsi:

Contributions directes (foncière, portes et fenêtres, mobilière et personnelle), centimes additionnels compris........................ 340,000,000
Droits d'enregistrement et produit des domaines et bois............................. 120,000,000
Postes, loterie, salines, droits de navigation et recettes accidentelles.................. 28,000,000
Contributions indirectes (patentes, produits des tabacs, droits de douanes, droits de circulation et de consommation sur les vins et eaux-de-vie)................................. 130,000,000

Total............ 618,000,800

1814.

Dépenses. — Liste civile du roi............	25,000,000
Famille royale........................	8,000,000
Chambre des pairs.....................	4,000,000
Chambre des députés...................	3,200,000
Justice...............................	20,000,000
Affaires étrangères....................	9,500,000
Intérieur.............................	85,000,000
Guerre...............................	200,000,000
Marine...............................	51,000,000
Police générale.......................	1,000,000
Finances.............................	23,000,000
Intérêts de la dette publique.............	100,000,000 (1)
Intérêts des cautionnemens..............	8,000,000
Frais de négociation...................	10,000,000
Total égal.........	547,700,000

ARRIÉRÉ. — Cet arriéré comprenait : 1° tous les excédans de dépenses des budgets de 1809, 1810, 1811, 1812 et 1813 (2) ; 2° l'excédant de dépenses prévu pour 1814 ; 3° le capital des cautionnemens et des dépôts versés soit au trésor, soit dans les autres

---

(1) Les intérêts de la dette publique, 5 pour 100 consolidés, ne s'élevaient, au 1er avril 1814, qu'à 63,500,000 fr. Les 37,000,000 fr. restans représentaient l'intérêt approximatif des 759,173,000 fr. de *l'arriéré.*

(2) Le budget de 1812, alors que l'empire s'étendait depuis l'embouchure de l'Elbe jusqu'aux bouches du Tibre et comptait 130 départemens, quand Napoléon avait à soutenir la guerre d'Espagne et faisait la campagne de Russie, ce budget, disons-nous, montait, en recettes, à 1,013,399,621 fr. ; et en dépenses à 1,191,500,000 fr. ; excédant de dépenses, 178,100,379 fr. Les dépenses de 1813 avaient été fixées, par la loi de finances du 20 mars de la même année, à 1,150,000,000 fr. ; les recettes effectuées ne s'élevaient qu'à 871,418,000 fr. ; excédant des dépenses, 278,580,000 fr.

caisses publiques; il montait à une somme totale de.................................. 1,308,156,500 fr.

Mais il fallait en déduire :

1° Les sommes dues au domaine extraordinaire et au trésor de la couronne impériale, sommes *éteintes par confusion*, et qui n'étaient plus remboursables, disait le ministre des finances dans son *rapport au roi* (1), ci... 244,164,500 fr.

2° Le capital des cautionnemens et dépôts versés dans les caisses publiques, lesquels n'étaient pas immédiatement exigibles et obligeaient seulement l'État à des intérêts et à des frais de négociation......... 246,535,000

3° Valeurs existant en caisse au 1er avril 1814, ci.......... 12,282,000

4° Arrérages arriérés de la dette publique et intérêts de cautionnemens également arriérés, en 1813, compris au budget des dépenses pour 1814 46,000,000

548,981,500

Restait donc en créances dont le capital se trouvait *immédiatement exigible*, et dont il était nécessaire d'assurer le remboursement....... 759,175,000

Ces 759,175,000 fr. formaient la solde des longues guerres de l'Empire, de ses conquêtes et de leur dernier et fatal résultat, l'invasion. Si l'on fait la part de la grandeur des efforts et des revers de cette période de notre histoire, ce

---

(1) C'étaient les sommes avancées par l'empereur, sur son trésor particulier, aux caisses des divers services publics, en 1813 et dans les trois premiers mois de 1814.

chiffre, assurément, doit sembler peu considérable. Il faut le dire : Napoléon, s'il n'était pas un habile financier dans le sens actuel du mot, avait des qualités qui sont préférables dans les chefs des nations. Il était probe, économe, sans parcimonie ; il avait horreur des fripons et du gaspillage, et donnant l'exemple à tous les administrateurs comme aux ministres de son empire, il savait imposer dans tous les services publics et à tous les fonctionnaires un ordre et une régularité que l'on ne connaissait pas avant lui. L'habileté en finances, dans les gouvernans, n'est que trop souvent fatale aux gouvernés. Quand ils allègent le présent, c'est presque toujours aux dépens de l'avenir. A cette époque, d'ailleurs, la science du crédit n'avait pas encore passé le détroit ; on ne connaissait pas encore en France l'art porté si loin de nos jours, de demander à des emprunts publics les moyens, non de payer ses dettes, mais de les augmenter. M. Louis, pour solder l'*arriéré*, se vit contraint de créer des *valeurs* exclusivement affectées au remboursement de cette dette. Ces valeurs étaient de deux natures : d'abord, des *obligations* du trésor royal, à ordre, payables à trois années fixes de la date des ordonnances de liquidation et portant intérêt à partir de cette date ; en second lieu, des *inscriptions* de rente cinq pour cent consolidés, avec jouissance du semestre dans lequel l'ordonnance aurait été délivrée. Les *obligations* pouvaient, à la volonté des parties, être converties en inscriptions sur le grand-livre.

Les lois constitutives de la dette publique affectaient à la garantie de celle-ci tous les revenus de l'État, sans exception. On dut constituer un gage spécial pour les *obligations*. La loi de finances affectait à leur paiement : 1° le produit de la vente de 300,000 hectares de bois de l'État, sol et superficie ; 2° l'excédant présumé des recettes sur les dépenses du budget de 1815 ; 3° le produit de biens communaux dont la vente avait été ordonnée par la loi des finances du 20 mars 1813, et d'autres biens cédés à la caisse d'amortissement. Ces *obligations* produisaient un intérêt annuel de 8 p. 0|0. (1)

Le paiement de cet *arriéré* de 759,175,000 fr. avait causé de longues insomnies au ministre des finances ; de nos jours, une simple adjudication de rentes à quelques banquiers pourvoirait à cette charge. La pensée d'un emprunt était cependant venue à M. Louis. Le dernier paragraphe de l'art. 30 de son projet de loi de finances stipulait que sur la vente de 300,000 hectares de bois de l'État, l'un des gages affectés au paiement des obligations, le gouvernement pourrait ouvrir un *emprunt* dont le produit serait exclusivement destiné au *rachat* et à l'*amortissement* de ces obligations.

Une autre mesure de crédit public et qui doit jouer un grand rôle dans le système financier de la seconde restauration, la création d'un amortissement pour la dette de l'État, était également annoncée par le ministre des finances. Il disait, dans l'*exposé des motifs* lus par lui à la Chambre des députés dans la séance du 22 juillet : « Nous nous serions empressé de nous occuper d'un amortissement *bien plus important*, si les ressources que nous aurions pu y consacrer n'avaient pas été réclamées par l'urgence de l'*arriéré exigible*. Mais un bon fonds d'amortissement ne peut s'établir que sur un revenu qui excède celui qu'absorbent les be-

---

(1) Le cinq pour cent, régulateur obligé de toutes les valeurs publiques, variait, en ce moment, entre les cours de 63 fr. 50 c. et 64 fr., et donnait dès lors un intérêt supérieur à 7 et demi pour cent.

soins ordinaires du gouvernement, et cet excédant, pour mériter confiance, ne peut se justifier que par un compte. Nous avons calculé dans nos ressources pour l'arriéré, l'excédant que nous offrirait le compte de 1815. Lorsque nous vous proposerons le budget de 1816, nous espérons qu'il nous sera possible de prévoir *un autre excédant* qui nous permettra de fonder l'amortissement de la dette constituée, sur une *base solide*, et de l'opérer d'une manière *graduelle et continue.* »

Un amortissement conçu et constitué dans ces conditions est, certes, l'élément le plus puissant du crédit public. Mais en finances, comme en toute autre matière de gouvernement ou d'administration, les principes ne font pas le résultat; il est favorable ou funeste selon les mains à qui l'institution est confiée. Aux États-Unis, gouvernement sérieux, où l'intérêt de tous n'est pas dominé par l'avidité ou l'inintelligence d'un petit nombre, l'amortissement a conduit, en quelques années, à l'extinction de la dette fédérale. En France, gouvernement de quelques uns, où l'intérêt des masses a presque toujours été sacrifié aux exigences de minorités aveugles ou cupides, ce levier, dans son application, était uniquement destiné à devenir le prétexte d'emprunts sans limites. Constitué en 1816, sur les bases les plus puissantes, non seulement, au bout de vingt-cinq ans de paix, il ne devait rien amortir, mais le capital de la dette publique devait se trouver quintuplé.

Nous avons dit le déplorable rôle politique de M. Louis dans les premiers jours d'avril; nous rendrons justice à ses actes, comme ministre des finances du nouveau gouvernement. Il était difficile d'exposer d'une manière plus lucide notre position financière, de se montrer plus équitable envers les créanciers de l'Empire, et d'émettre des vues plus saines pour l'administration de la fortune publique. Le résultat fut immédiat; le cours de la dette publique s'éleva de près de vingt-cinq pour cent.

Le plan financier du baron Louis n'obtint pourtant pas une approbation unanime. Il excita le mécontentement de quelques royalistes qui trouvaient exorbitant de faire payer à tous les Français, aux *bons* comme aux *mauvais*, à ceux que la Révolution avait ruinés comme à ceux qu'elle avait enrichis, les charges laissées à l'État par la République et par l'Empire. Ils proposaient de faire dresser dans toutes les *paroisses* du royaume deux tableaux : l'un comprenant toutes les personnes connues par leur attachement à *Buonaparte* et qui osaient le plaindre ou le regretter; le second, où seraient inscrits tous ceux qui, n'ayant rien ou ayant peu de choses avant 1789, se trouvaient posséder en 1814 des hôtels, des terres ou des châteaux. Les premiers auraient à donner la moitié de leur fortune à titre d'indemnité pour les ruines que leur *héros* avait causées dans le pays; on se montrait plus généreux avec les seconds : non seulement on proposait de leur abandonner l'intégralité des biens qu'ils pouvaient posséder en 1789, mais on devait leur permettre de garder sur la fortune qui leur était venue depuis cette époque, le capital de dix mille livres de rente. La seule condition mise à cette largesse, était de verser le surplus dans les *caisses de l'Etat*. Ce plan financier occupa sérieusement quelques cerveaux; aucun député, toutefois, n'osa le produire à la tribune.

La Restauration n'était que juste en acceptant les dettes de l'Empire et en proposant au pouvoir législatif d'en solder l'intégralité; il lui était difficile, d'ailleurs, de se soustraire à cette charge; ces dettes avaient été contractées dans un intérêt général, dans l'intérêt de la France, et c'était la

France, en définitive, qui allait payer. On tint compte, néanmoins, au gouvernement, de son initiative ainsi que de la plénitude du sacrifice; et l'opinion, par un juste retour, accueillit sans trop de défaveur la proposition d'un député qui demanda, immédiatement, après la lecture du projet de loi des finances, de considérer comme charge nationale le paiement des dettes contractées par la famille royale durant son séjour à l'étranger. Cette proposition, développée par son auteur le 5 septembre, fut adoptée sans discussion par cent quatre-vingt-une voix contre sept (1). L'avant-veille, 3, la Chambre avait voté à une majorité de cent quarante voix contre soixante-huit, tous les articles de la loi du budget.

A quelques jours de là le gouvernement vint proposer aux deux Chambres une autre mesure de réparation qui devait causer un véritable ébranlement dans les pouvoirs légaux et dans le pays.

La Convention nationale, après le 9 thermidor, avait ordonné la restitution de tous les biens confisqués sur ceux de ses membres qu'elle avait mis hors la loi depuis la journée du 31 mai. Le Directoire, à son tour, effaçant de la liste des émigrés les noms d'un grand nombre de proscrits de toutes les dates, avait réintégré ces amnistiés dans la possession de leurs biens non vendus; le consulat ne s'était pas borné à étendre le cercle de ces radiations et de ces remises partielles, il avait procédé par masse. Un sénatus-consulte, rendu le 6 floréal an x (27 avril 1802), avait amnistié, à

---

(1) Le projet de loi, présenté à la suite de cette proposition, fut adopté dans la séance du 12 décembre suivant, par 144 voix contre 2. Il mettait à la charge de l'Etat les dettes contractées par la famille royale durant l'émigration, jusqu'à concurrence de *trente millions*.

quelques exceptions près, tous les prévenus d'émigration dont la radiation n'avait pas encore été prononcée, et leur avait remis tous ceux de leurs biens non vendus qui n'appartenaient pas à l'une de ces trois catégories : bois et forêts déclarés inaliénables par une loi du 2 nivôse an IV; immeubles affectés à un service public; droits de propriété sur les grands canaux de navigation. Les fruits ne devaient pas être restitués. Enfin, promu empereur, Napoléon, par des décrets spéciaux, avait en outre rendu à plusieurs grandes familles de l'ancienne monarchie des forêts déclarées inaliénables par la loi de l'an IV. Malgré ces restitutions successives, on comptait encore, en 1814, une quantité assez considérable de biens nationaux non vendus, et qui se composaient, soit de grandes forêts, autrefois la propriété du duc d'Orléans et du prince de Condé, soit de bois, de biens ruraux et de maisons appartenant au très petit nombre d'émigrés qui n'avaient pu rentrer en France, ou qui étaient restés fidèles à la fortune des anciens princes. En voici le tableau :

350,000 hectares de bois et forêts, dont 166,605 au duc d'Orléans et au prince de Condé et 183,395 à d'autres émigrés. La totalité de cette nature d'immeubles produisait un revenu annuel de.. 9,000,000 f.
Des biens ruraux composant 408 articles et donnant un revenu annuel de...................................... 167,891
Des rentes et redevances annuelles montant en revenu à.. 154,632
Enfin, 119 maisons ou bâtimens occupés par des établissemens publics (Paris excepté) et d'un revenu présumé de.. 61,442

Total...... 9,383,965 f.

La restitution de ces biens, qui devait constituer pour l'État une perte, en capital, de plus de deux cents millions, était la conséquence logique du retour des Bourbons. Ces princes ne pouvaient se montrer plus intraitables pour le petit nombre de serviteurs, leurs constans compagnons d'exil, que ne l'avaient été la république et l'Empire pour les émigrés rentrés avant 1814. La mesure n'avait donc rien que d'équitable en soi. Aussi l'opinion publique l'aurait probablement admise sans murmures, si, par un aveuglement, résultat de l'influence toute puissante de son entourage de gentilshommes et d'émigrés, Louis XVIII n'avait confié la présentation du projet de loi à M. Ferrand, esprit faux, espèce de sophiste fanatique, qui, dans l'emportement de son royalisme, livra résolument à la France les secrètes pensées des théoriciens politiques de la nouvelle cour. Ce fut le 13 septembre que ce projet de restitution, annoncé à grand bruit depuis plusieurs jours, fut porté à la Chambre des députés. La curiosité publique avait été fortement excitée ; la salle se trouva comble. M. Ferrand, avant de communiquer à la Chambre le texte du projet de loi, lut un *exposé des motifs* devenu fameux, et dont nous citerons les passages suivans :

« Dans ces premiers momens où un jour plus propice apparaît après tant d'orages, où la possibilité de faire le bien se laisse enfin entrevoir, il faut encore *s'astreindre* à ne le faire qu'avec *une extrême prudence*, il faut être *réservé* alors qu'on voudrait s'abandonner à *une extrême prodigalité*.

» C'est une suite des inconvéniens trop souvent attachés aux lois qui remplacent les lois révolutionnaires ; elles ne peuvent avoir l'unique et *pure empreinte* d'une *équité rigide et absolue*.

» Le *souverain* qui *se résigne* à de si *grands sacrifices*, peut seul savoir ce qu'ils lui coûtent.

» Déjà, par son ordonnance du 21 août, il a assuré l'état civil de la portion de ses sujets désignés sous le nom d'émigrés, dénomination aussi *fausse* dans le sens qu'on avait voulu lui donner, que désastreuse par les conséquences qu'on en a tirées. Il est aujourd'hui bien reconnu qu'en s'éloignant de leur patrie, tant de *bons et fidèles* Français n'avaient jamais eu l'intention de s'en séparer; que passagèrement jetés sur des rives étrangères, ils pleuraient sur les calamités de la patrie qu'ils se flattaient toujours de revoir. A force de malheurs et d'agitation tous se retrouvaient donc au même point, tous y étaient arrivés, les uns en suivant la LIGNE DROITE *sans jamais en dévier*, les autres après avoir parcouru plus ou moins les phases révolutionnaires au milieu desquelles ils se sont trouvés. La bienfaisante ordonnance du roi (du 21 août), en n'admettant aucune différence entr'eux, n'a été que la déclaration légale d'un fait déjà existant. La loi que nous vous apportons aujourd'hui dérive de cette ordonnance; elle reconnaît *un droit de propriété* qui EXISTAIT TOUJOURS; elle en légalise la RÉINTÉGRATION.

» Vous vous hâterez, Messieurs, de *seconder les vœux du roi* : sans doute il doit jouir du bonheur de ceux à qui il va rendre leurs propriétés; mais croyez qu'il a besoin de cette jouissance pour *adoucir les regrets* qu'il éprouve de ne pouvoir donner à cet acte de justice *toute l'extension* qui est *au fond de son cœur*. Il est permis de croire qu'un JOUR VIENDRA où l'état heureux des finances *diminuera* successivement les PÉNIBLES EXCEPTIONS commandées par les *circonstances actuelles*. Vous trouverez toujours le roi prêt à saisir *toutes les occasions, tous les moyens* de RESTAURER *la France entière*; et vous ferez en sorte que le nom de *Désiré* ramène l'ESPOIR dans le cœur de tous ceux dont le bonheur doit encore être AJOURNÉ. »

Ce discours, qui renfermait une menace dans chaque mot, fut un véritable événement.

On se tromperait, si l'on croyait qu'en 1814 la question des biens nationaux n'intéressait qu'une classe assez restreinte de propriétaires. Non seulement chaque parcelle de ces biens, à l'avènement des Bourbons, avait déjà passé dans les mains de plusieurs vendeurs, tous responsables des prix successivement reçus par eux, mais toutes étaient en outre le gage ou la garantie de dons, de droits héréditaires ou de créances qui portaient à plus de deux millions le nombre de citoyens propriétaires, simples cultivateurs, commerçans ou capitalistes, que vinrent alarmer les paroles de M. Ferrand. Le nouveau gouvernement comptait déjà pour adversaires, l'armée, que sa défaite humiliait et qu'irritaient les faveurs et les grades jetés à la tête d'une foule de jeunes gens sans services ou de vieillards incapables; le petit commerce, les classes laborieuses que froissaient les ordonnances de police sur la sévère observation des dimanches et des jours fériés; les classes lettrées, que soulevait la loi sur la censure. Le préambule du projet de loi sur les biens nationaux non vendus généralisa la colère. Cette masse nombreuse de gouvernés, que l'on voit soutenir tous les pouvoirs par amour de l'ordre et du repos, que toute opposition effraye et indigne, et qui résume tous les intérêts d'une nation dans les *intérêts matériels*; ces gouvernés, disons-nous, si dociles toujours à tous les gouvernemens quels qu'ils soient, se tournèrent immédiatement contre la restauration. La peur alors gagna les capitalistes engagés dans les fonds publics; le cinq pour cent qui, le 13 septembre, était au-delà de 78 fr., tomba d'un franc le lendemain; quinze jours après il était descendu au-dessous de 72 fr.

Cet ébranlement matériel et moral ne pouvait échapper aux quelques hommes intelligens égarés dans le ministère; ils essayèrent de calmer l'opinion et de rassurer les intérêts à l'aide d'articles publiés dans les principaux organes de la presse royaliste. Ces journaux se mirent à l'œuvre, les uns essayant de prouver aux gouvernés de toutes les classes que la France, à aucune époque de son histoire, n'avait réuni d'aussi complètes garanties de paix et de bonheur; d'autres, adjurant les royalistes d'abandonner la pensée de faire revivre l'ancien régime et de reconnaître les faits accomplis.

M. de Châteaubriand, par sa brochure *de Bonaparte et des Bourbons,* publiée le 1ᵉʳ avril, avait puissamment aidé au rappel de ces derniers; il voulut leur rendre un nouveau service en écrivant des *Réflexions politiques sur les intérêts de tous les Français,* dans lesquelles, essayant d'arrêter le pouvoir sur la pente fatale où l'entraînaient l'aveuglement et la sottise des poursuivans d'ancien régime, il disait à ceux-ci : « La charte n'est point une plante exotique, un accident fortuit du moment; c'est le résultat de nos mœurs présentes, c'est un traité de paix signé entre les deux partis qui ont divisé la France, traité où chacun des deux abandonne quelque chose de ses prétentions pour concourir à la gloire de la patrie. L'ancienne constitution de la monarchie était excellente pour le temps ; mais il faut, dans la vie, partir du point où l'on est arrivé : un fait est un fait. Que le gouvernement détruit fût excellent ou mauvais, il est détruit; que l'on ait avancé, que l'on ait reculé, il est certain que les hommes ne se trouvent plus dans la place où ils se trouvaient il y a cent ans, bien moins encore où ils étaient il y a trois siècles. Il faut les prendre tels qu'ils sont et ne pas toujours les voir tels qu'ils ne sont pas et tels qu'ils ne peuvent plus être.

» Quand nous voudrions tous que les choses fussent arrangées autrement qu'elles le sont, elles ne pourraient l'être. Déplorons à jamais la chute de l'ancien gouvernement, de cet admirable système dont la durée seule fait l'éloge; mais enfin notre admiration, nos pleurs, nos regrets ne nous rendront pas Duguesclin, Lahire et Dunois. La vieille monarchie ne vit plus pour nous que dans l'histoire. »

Supplications vaines ! M. de Châteaubriand, pour prix de

ses efforts, ne recueillit que des injures ou des railleries. Quelques écrivains royalistes lui demandèrent de quel droit il prétendait régenter le parti. On accusa sa vanité; ses conseils furent regardés comme des impertinences. Les plus indulgens, s'ils daignaient reconnaître la bonté de ses intentions, regrettaient que l'imagination, chez lui, absorbât toutes les autres facultés intellectuelles. M. Ferrand, au reste, loin de chercher à atténuer le sens réactionnaire de son discours et à dégager la personne du souverain, affirmait publiquement que son discours, soumis à Louis XVIII la veille de la séance, avait obtenu l'entière approbation de ce dernier. Il ajoutait même que c'était sur les indications personnelles de ce prince qu'il avait parlé de la *ligne droite*, et de l'espérance de restituer plus tard au clergé et à la noblesse les biens dont la république les avait dépouillés. La pensée du roi, selon M. Ferrand, n'avait jamais varié; ce monarque, dès 1795, avait manifesté l'intention de ne jamais faire grâce à la révolution ni aux révolutionnaires. Il racontait, à cette occasion, qu'au mois de mars 1796, Cambacérès et trois autres de ses collègues de la Convention, ayant offert leurs services au roi, et ce prince ayant daigné leur accorder des lettres de grâce, le personnage qui faisait alors fonctions de garde-des-sceaux, avait refusé de les sceller lorsqu'on les lui présenta, disant que S. M. outrepassait les droits de la puissance royale. « Scellez toujours, » aurait répondu Louis XVIII; quand je serai monté sur » mon trône, mes parlemens sauront bien me prouver que » j'ai outrepassé, comme vous le dites, les droits de la » puissance royale, et les gens auxquels je fais grâce seront » alors rompus en place de Grève avec mes lettres au cou. » M. Ferrand, nous le croyons, calomniait Louis XVIII. La parole de ce prince était quelquefois cynique; il n'avait ni douceur dans le caractère ni bienveillance dans le cœur; mais on ne pouvait lui refuser du tact, une intelligence exercée et un esprit dégagé de passion. Personne autour de lui, par exemple, ne comprenait mieux que lui-même le tort que faisaient alors à sa personne et à son gouvernement les extravagances des vieux royalistes. La brochure de M. de Châteaubriand lui fournit l'occasion de protester contre les écarts de son propre parti. Quelques jours après l'apparition de cet ouvrage, on put lire, dans les journaux du gouvernement : « Que le vice-président et les quatre secrétaires de la Chambre des députés, ayant été porter au roi une loi que la Chambre venait d'adopter, Louis XVIII leur avait demandé s'ils avaient lu les *Réflexions politiques* de M. de Châteaubriand; que le roi, après avoir fait l'éloge de cet ouvrage, leur avait dit que les principes qui y étaient contenus devaient être ceux de tous les Français; et que, lorsqu'âgé de cinquante-neuf ans, il avait donné des lois à ses peuples, c'est qu'il avait pensé que ces lois étaient propres à les rendre heureux. »

Que pouvaient, au reste, ces protestations contre les faits de chaque jour? Tous les matins, pour ainsi dire, c'étaient de nouvelles mesures tendant à la reconstruction de l'ancien régime, même dans ses détails les plus surannés. Quelques semaines auparavant, la population de Paris, étonnée, avait vu la famille royale, escortée par de nombreux détachemens de troupes, entourée par tous les grands corps de l'Etat, suivre à pied et des cierges à la main, une statue de la Vierge que le clergé promenait processionnellement dans les rues, en commémoration du vœu de Louis XIII, qui avait placé la France sous la protection spéciale de la mère de Jésus-Christ. Une lettre du roi aux évêques, et dans laquelle Louis XVIII attribuait surtout à ce saint patronage les faveurs dont Dieu l'avait récemment comblé, avait annoncé cette cérémonie. Lors même que la raison publique aurait pardonné à des convictions toujours respectables cet inutile retour vers des usages vieux de deux siècles, cependant il fallait bien prendre au sérieux les actes du gouvernement et le langage des hommes le plus haut placés dans la faveur du souverain et dans l'administration.

Les orphelines de la Légion-d'Honneur, par exemple, se voyaient disputer les biens, prix du sang de leurs pères. Le projet de loi présenté par M. Ferrand leur enlevait les propriétés nationales composant la presque totalité de leur dotation. On était même allé plus loin : une ordonnance avait remis en question leurs droits à la reconnaissance nationale; mais la clameur avait été si forte, que les ministres s'étaient vus forcés de la rapporter. Cinq maisons d'éducation existaient sous l'Empire pour ces orphelines; quatre (Paris, Écouen, Barbeaux et les Loges) furent supprimées; le gouvernement ne conserva que la maison de Saint-Denis (1). Les invalides ne furent pas mieux traités; plus de onze cents se virent chassés de France, sous prétexte que le pays de leur naissance était redevenu étranger; quinze cents autres, nés sur le sol, furent renvoyés dans leurs foyers avec des pensions honteusement modiques; on parlait, en outre, tout haut de la suppression des maisons succursales. Les bourses des écoles militaires, destinées aux fils des officiers en activité de service ou morts devant l'ennemi, furent exclusivement attribuées par une ordonnance du 30 juillet, aux enfans de cette NOBLESSE qui pendant vingt ans s'était déclarée en état de guerre ouverte contre la France. Il y a plus, cette

---

(1) Ordonnance du 19 juillet.

ordonnance remettait en vigueur l'*édit* de janvier 1751, édit qui exigeait, pour l'admission dans ces écoles, des *preuves de noblesse* remontant à *cent années*, et qui en fermait ainsi l'entrée à la noblesse impériale en masse. Le mal n'était pas dans cette ligne de démarcation établie entre les nobles anciens et nouveaux; ces débats de prérogatives et de vanités auraient laissé la France fort indifférente; mais comme il n'existait pas encore de loi qui réglât l'avancement dans l'armée, les écoles militaires restaient le seul moyen légal d'obtenir le grade d'officier, et l'ordonnance se trouvait dès lors annuler l'article de la Charte qui déclarait *tous les* Français également admissibles à *tous* les emplois. Il n'était pas jusqu'au style de ces ordonnances qui ne fût une menace de tous les jours contre les conquêtes politiques des vingt dernières années; un grand nombre étaient ainsi formulées : « A ces causes, de notre pleine puissance et auto-
» rité royale, nous avons dit et déclaré, et, par ces présentes,
» disons et déclarons......... car tel est notre plaisir. » Enfin la monarchie, à entendre une partie des courtisans et du public officiel, ne pouvait espérer de salut hors de l'ancien régime, et ne devait admettre aucune transaction avec la révolution, ses principes et ses hommes. Si la royauté n'avait pas encore sévi, disaient-ils, c'est parce qu'elle avait besoin de prendre des forces et de grandir. Une fois le gouvernement royal solidement établi, ajoutaient les plus fougueux, les régicides seraient écartelés, les autres coupables pendus, envoyés aux galères ou en prison, et leurs biens confisqués ou frappés d'énormes amendes, selon le degré de participation de chacun d'eux aux faits des vingt-cinq dernières années. Ces exagérations folles portaient leur remède en elles-mêmes; mais, encore une fois, le gouvernement agissait comme s'il était décidé à donner raison aux maniaques de la vieille

monarchie. Le passage suivant d'une brochure publiée dans les premiers jours d'octobre par Carnot, et qui eut un grand retentissement, est la peinture vraie du spectacle que donnaient alors les régions officielles :

« Si vous voulez aujourd'hui paraître à la cour avec distinction, gardez-vous bien de dire que vous êtes un de ces vingt-cinq millions de citoyens qui ont défendu leur patrie avec quelque courage contre l'invasion des ennemis ; car on vous répondra que ces vingt-cinq millions de prétendus citoyens sont vingt-cinq millions de révoltés ; que ces prétendus ennemis furent toujours des amis. Dites que vous avez eu le bonheur d'être chouan ou vendéen, ou transfuge, ou cosaque, ou Anglais, ou enfin qu'étant resté en France, vous n'avez sollicité des places auprès des gouvernemens éphémères qui ont précédé la restauration, qu'afin de les mieux trahir et de les faire plus tôt succomber, alors votre fidélité sera portée aux nues, vous recevrez de tendres félicitations, des décorations, des réponses affectueuses de toute la famille royale. »

Ce fut au milieu de l'irritation et des mécontentemens soulevés au sein des classes actives et influentes du pays par ces antipathies et ces préférences des nouveaux gouvernans, que tomba le discours de M. Ferrand. Nous avons dit la secousse qu'il causa. La discussion du projet de loi qui venait d'en être l'occasion, attendue avec impatience, ne s'ouvrit à la Chambre des députés qu'au bout de six semaines, le lundi 24 octobre. Le rapport de la commission chargée de son examen, déposé et lu par M. Bedoch le 17, concluait à l'adoption. Le principe de la loi était difficilement contestable par une Chambre dont les membres, en presque totalité, avaient rappelé les Bourbons et adoptaient la Restauration ; ses dispositions, le principe une fois admis, étaient équitables ; restait l'exposé des motifs ; là était toute l'importance politique de la mesure. L'opinion, inquiète, irritée, comptait sur les commissaires pour avoir raison de M. Ferrand, de ses doctrines et de ses menaces : son attente ne fut point trompée. M. Bedoch, dans son rapport, ne se borna pas à repousser toutes les attaques de M. Ferrand contre les résultats consacrés par la révolution ; il déclara se conformer au *vœu unanime* des bureaux de la Chambre, en déversant le blâme le plus formel sur les doctrines émises par le ministre de Louis XVIII, et en s'élevant contre les *fausses espérances* que son discours avait pu donner à une classe de citoyens, discours, ajoutait-il en terminant, dont plusieurs bureaux avaient demandé la *suppression*.

La discussion dura neuf jours ; elle ne fut pas aussi ardente qu'on pourrait le supposer. M. Bedoch avait dépensé, dans son rapport, toute l'énergie de l'assemblée. Trois orateurs, adversaires tous trois du projet, se firent seuls remarquer dans la discussion générale par leurs opinions exclusives. Le premier, le chevalier de la Rigaudière, repoussait le projet comme inconstitutionnel et comme blessant pour la prérogative royale. « La restitution des biens des émigrés, disait-il, était du domaine non de la loi, mais des ordonnances. » Le second, M. d'Astorg, n'en voulait pas, parce qu'il était souverainement injuste, selon lui, de faire aux émigrés une part inégale, de rendre aux uns et de ne rien restituer aux autres ; il demandait que l'Etat, à l'exemple de la Convention, non seulement rendît toutes les propriétés non vendues, mais indemnisât tous les possesseurs dont les biens étaient sortis des mains du gouvernement. « J'ai fait le calcul de cette indemnité, ajoutait M. d'Astorg, et je suis certain qu'elle ne s'élèvera pas au delà de deux cents millions. » Enfin, le troisième, le vicomte de Prunelé, termina un long discours contre le projet de loi, en demandant que la Chambre se livrât *franchement* à la recherche de moyens qui pussent concilier les *droits* des émigrés expropriés avec les intérêts des acquéreurs. La discussion sur l'ensemble du projet fut fermée, le 31 octobre, par un discours de M. Bedoch, qui termina en rappelant que la confiscation, ainsi que semblaient le faire entendre les orateurs royalistes, ne datait pas de la Convention et de l'Assemblée législative; qu'elle se trouvait à toutes les pages de l'histoire de la monarchie, et que la plupart des grandes familles, les plus illustres maisons, n'étaient riches que de biens confisqués sous les anciens rois (1).

Les amendemens proposés par la commission consistaient, en de simples substitutions de mots destinés à mettre la lettre du projet en harmonie avec l'esprit dans lequel la Chambre le votait. Ces changemens furent adoptés sans discussion. Le vote sur l'ensemble du projet eut lieu le 4 novembre; il fut adopté par 168 voix contre 23.

La discussion et le vote de cette loi, à la Chambre des pairs, ne prirent qu'une seule séance. Ces deux faits auraient passé inaperçus, sans une proposition du maréchal Macdonald, qui devint le germe d'une loi fameuse, votée

---

(1) Les journaux, en reproduisant quelques fragmens de ce discours, firent remarquer qu'il était *improvisé*. C'était alors une nouveauté. Cette habitude de discours écrits, lus à la tribune, se succédant sans se suivre et sans que jamais un orateur répondît à l'autre, explique la monotonie de la plupart des discussions de cette époque. La Chambre avait l'usage, toutes les fois qu'un discours ne blessait pas trop profondément les opinions de la majorité, d'en voter *l'impression*. Cette impression était difficile pour les improvisations; car l'art de la sténographie, s'il était connu, n'était pas encore pratiqué; de là sans doute la répugnance des orateurs, même de ceux appartenant au barreau, pour les discours improvisés.

dix ans plus tard, la loi d'indemnité. Le projet de loi avait été adopté, par la pairie, le 3 décembre; ce fut seulement sept jours après, le 10, que le développement de la proposition du maréchal eut lieu. Cette proposition, dans la pensée du duc de Tarente, prenait les proportions d'une grande réparation nationale; elle embrassait, d'une part, les pertes causées aux émigrés par les confiscations révolutionnaires; de l'autre, les suppressions que la chute de l'empire, ainsi que les articles secrets du traité du 30 mai (1), et les restitutions de la dernière loi, avaient opérées dans les revenus de la Légion-d'Honneur et dans les dotations d'un nombre considérable de militaires de tous les rangs. Le maréchal demandait que le budget de 1816 comprît une somme destinée : 1° à la création de rentes en faveur des anciens propriétaires de biens confisqués depuis la révolution; 2° et au remplacement des dotations qui, par les décrets d'affectation, n'excèderaient pas annuellement deux mille francs. Ses développemens furent imprimés par ordre de la Chambre; mais ils restèrent à l'état de simple proposition.

Les deux mois de novembre et de décembre s'écoulèrent, pour la Chambre des députés, en discussions presque ignorées sur des tarifs de douanes et en rapports de pétitions. Deux fois pourtant ces séances présentèrent une animation inaccoutumée et passionnèrent le public. Ce fut à l'occasion de deux pétitions.

Le 23 novembre, le général Augier fit le rapport d'une lettre adressée à la Chambre par M. Lesterp, maire de la commune de Darnac, département de la Haute-Vienne, et de laquelle résultaient les faits suivans : Le jour de la Toussaint,

---

(1) Voir page 91 de ce volume.

dans l'église paroissiale, pendant la messe, et au moment même de l'élévation, le bedeau s'approchait du banc municipal pour offrir au maire, selon l'usage, le pain bénit, quand M. de Blons, ancien seigneur de la commune et qui était dans son banc avec M. de Fornel son beau-frère et plusieurs autres parens, se leva et cria à haute voix : « *Sacristain ! apporte ici le pain bénit ; apporte, apporte !* » Le bedeau, interdit, hésita ; le maire, qui était à genoux, lui dit : « *Vous savez, sacristain, que c'est au maire que vous devez d'abord offrir le pain bénit.* » La corbeille allait effectivement lui être offerte, lorsque M. de Blons, furieux, quitte sa place, saisit les bâtons de deux villageois placés près de lui, et frappe à coups redoublés sur son banc en continuant d'appeler le sacristain. Ce dernier, épouvanté, s'avance enfin avec sa corbeille ; l'ancien seigneur la lui arrache des mains et ne la rend que lorsque tous les membres de sa famille et lui y ont largement puisé. On la présente ensuite au maire qui repousse le pain bénit.

Le rapporteur ajoutait que M. Lesterp, ancien officier et notaire, homme honorable sous tous les rapports et bon royaliste, s'était surtout adressé à la Chambre, dans la pensée qu'il importait à l'intérêt du trône et à la tranquillité publique, que le roi fût instruit de ce qui se passait dans l'intérieur des départemens. Ce fonctionnaire disait à la fin de sa lettre : « Il semble que les émigrés veulent traiter la France en pays conquis. Ils paraissent se mettre, en plusieurs endroits, au dessus des autorités constituées, et ne reconnaître d'autres lois que leur volonté. » La commission proposait le renvoi de la lettre et du procès-verbal qui y était joint, au chancelier, pour qu'il saisît la justice de cette affaire ; elle demandait, en outre, que le ministre fût expressément invité à faire connaître à la Chambre le résultat des poursuites.

Ces conclusions furent combattues avec chaleur. M. Blanquart-Bailleul, entre autres, soutint que la Chambre n'avait pas le droit d'inviter le ministre à poursuivre et encore moins à lui rendre compte du résultat ; ce serait, disait-il, usurper les fonctions du procureur général. Un autre membre qualifia « d'injure atroce » les réflexions de M. Lesterp sur les prétentions affectées par les émigrés. M. de Dampmartin en demanda la suppression, disant que le langage de ce maire *de je ne sais où* était indécent. Cette demande, ainsi que la proposition de l'ordre du jour, furent successivement repoussées. La chambre adopta les conclusions de sa commission.

Dans tout autre moment, les faits dénoncés par le maire de Darnac n'eussent semblé que ridicules ; mais ils empruntaient aux circonstances une importance réelle. Ce qui venait de se passer à Darnac se voyait partout ; la partie la plus besogneuse et la plus ignorante des anciens privilégiés croyait, de la meilleure foi du monde, que le retour des Bourbons était le retour de l'ancien régime, et, fiers de cette fortune inespérée que l'invasion d'un million de soldats étrangers avait seule produite, ils se posaient sérieusement en maîtres et en vainqueurs.

La seconde pétition nécessite quelques détails préliminaires ; elle était relative à un acte arbitraire d'un ministre nouvellement nommé, le maréchal Soult, dont l'avènement au pouvoir veut être expliqué.

Nous avons dit, dans le précédent volume, l'accueil fait par le maréchal Soult aux proclamations du duc d'Angoulême, lors du débarquement de ce prince sur notre territoire (1).

---

(1) Voir premier volume, pages 230 et 231.

Suivi pas à pas, depuis Orthez, par les armées espagnole, anglaise et portugaise aux ordres de Wellington, le duc de Dalmatie s'était arrêté devant Toulouse. Dans ce moment le gouvernement provisoire, tout entier à son travail d'intrigues et de trahisons, dans Paris et à Fontainebleau, ne voyait rien au delà de cette double tâche. Depuis le 1er avril jusqu'au 6, M. de Talleyrand et ses collègues oublièrent complètement les armées qui luttaient au pied de la chaîne pyrénéenne ; ce fut seulement le 7 que leur pensée s'y porta. Le soir de cette journée, deux courriers, l'un français et l'autre anglais, furent chargés de transmettre au maréchal Soult et au duc de Wellington la nouvelle des événemens qui venaient de s'accomplir ; ces courriers, arrêtés à Orléans, puis conduits à Blois, ne quittèrent cette dernière ville que le surlendemain ; ils avaient encore près de cent vingt lieues à franchir avant d'arriver à leur destination.

Dès le 9, des bruits vagues apportés par quelques lettres particulières ou par des voyageurs, avaient circulé aux quartiers-généraux des deux armées ; mais, le 10 au matin, rien d'officiel n'y était encore parvenu. Le maréchal, attaqué ce jour-là dans ses lignes, se défendit. Sa résistance, connue sous le nom de *bataille de Toulouse*, fut énergique. Ses troupes se trouvaient de beaucoup inférieures en nombre à celles de l'ennemi ; ses pertes avaient été considérables ; il dut évacuer Toulouse. Le lendemain 11, ses soldats commençaient leur mouvement de retraite lorsque lui arriva le courrier du gouvernement provisoire. Le maréchal se retira sur Castelnaudary.

Le duc de Dalmatie venait de tirer le dernier coup de canon de la longue guerre de la France contre l'Europe. Cette circonstance popularisa son nom dans le peuple et dans l'armée. On lui sut gré de ce dernier combat comme d'une héroïque protestation contre toutes les lâchetés de Paris et de Fontainebleau; les soldats, dans leur noble crédulité, faisaient au maréchal l'honneur de supposer qu'il s'était battu ayant dans ses mains la nouvelle de la capitulation de Paris et de l'abdication de l'empereur (1). Cette popularité ne devait pas être de longue durée.

Les Bourbons avaient froidement accueilli le maréchal. Décidé à conquérir la faveur des nouveaux maîtres, le duc de Dalmatie affecta aussitôt pour eux un dévoûment sans bornes; son enthousiasme éclata par toutes les voies: lettres, discours, démarches personnelles, il mit tout en œuvre pour se faire pardonner ses proclamations à l'armée des Pyrénées et la défense de Toulouse. La rancune du duc d'Angoulême fut d'abord la plus forte. Les portes de la nouvelle pairie furent fermées au duc de Dalmatie. Au bout de quelques mois, pourtant, il obtint de rentrer en grâce; et dans les

---

(1) Les courriers expédiés par les souverains alliés et par le gouvernement provisoire, étaient le colonel anglais Cook et le colonel français de Saint-Simon. — Un écrivain royaliste ayant accusé M. Bouvier-Dumolard, ex-préfet de Tarn-et-Garonne, d'avoir été la cause du sang inutilement versé devant Toulouse en arrêtant à Montauban les courriers expédiés aux armées du midi, M. Dumolard intenta un procès en calomnie à son accusateur, et invoqua, à l'appui de sa plainte, le témoignage de M. de Saint-Simon ; voici la déposition faite par ce dernier, le 2 mars 1815, à l'audience de la sixième chambre (police correctionnelle) du tribunal de première instance de la Seine : « Je suis la première personne qui ait
» été expédiée; je suis parti de Paris le 7 au soir ; c'est ce jour-là
» seulement qu'on a cru la route d'Orléans ouverte. Arrêté dans
» cette ville le 8 par les autorités qui obéissaient encore à la ré-
» gente (Marie-Louise), et conduit à Blois, je ne fus réexpédié que
» le 9; il m'était donc physiquement impossible d'arriver à Tou-
» louse assez à temps pour empêcher la bataille du 10. »

premiers jours d'octobre les Bourbons accordèrent à ses instances le gouvernement de la Bretagne (13e division militaire). Sa nomination fut fêtée dans un dîner dont les journaux royalistes firent alors grand bruit. Quelques jours plus tard il formait une *société bretonne* pour élever un monument à la mémoire du *bon connétable* (Duguesclin); puis, à plusieurs semaines de là (7 novembre), il sollicitait et obtenait du duc d'Angoulême et du roi l'autorisation de former une commission chargée de provoquer et de recevoir des souscriptions destinées à honorer et à venger la mémoire des émigrés tombés à Quiberon. Cette commission, dont le maréchal s'était réservé la présidence, devait, avec les fonds recueillis, ériger deux monumens, l'un pyramidal, sur la presqu'île de Quiberon, le second dans la Chartreuse près d'Auray, où les corps des émigrés avaient été inhumés.

Dans ce moment-là même, sur tous les points du royaume, le mécontentement de l'armée se produisait sous les formes les plus diverses et les plus décidées. Vainement on prodiguait aux généraux et aux officiers supérieurs les faveurs, les titres et les décorations. Les soldats, dont l'admiration pour l'empereur s'exaltait au double souvenir de sa grandeur et de sa chute, témoignaient pour le nouveau régime et pour les nouveaux princes une antipathie qui ne pouvait échapper à ceux-ci. Élevés dans ce préjugé, que toute action et toute influence résident dans les chefs, le frère et les neveux de Louis XVIII attribuèrent cette hostilité à l'insuffisance du général Dupont; on lui chercha un successeur.

Si l'éloignement du maréchal Soult de Paris avait permis à la plupart de ses frères d'armes de le devancer dans leur adhésion au gouvernement nouveau, aucun d'eux, en revanche, n'était ensuite allé aussi loin dans ses nouvelles opinions. Cette exaltation de sentimens monarchiques, les plaintes bruyantes du maréchal sur la *faiblesse* du gouvernement, ses promesses de briser le mauvais esprit de l'armée et de la *royaliser*, le désignèrent au choix de M. de Blacas. Le 3 décembre, le lendemain du jour où Louis XVIII avait fait au général Dupont l'accueil le plus affectueux et le plus empressé, ce ministre lut dans le *Moniteur* l'ordonnance qui lui donnait le maréchal Soult pour successeur (1). Le maréchal Soult était convenablement placé. Mais la factice exaltation de son royalisme devait produire les mêmes résultats que l'incapacité de son prédécesseur. Avide d'honneurs et de pouvoir, son caractère n'était pas au niveau de son ambition ; et si, comme tous les gens faibles de cœur, personne ne se montrait plus humble devant la puissance, plus docile à tous les despotismes, comme eux, on le voyait affecter envers ses subordonnés une énergie et une rudesse qui, tout d'abord, soulevèrent contre lui l'opinion publique et l'armée.

---

(1) On profita de l'occasion pour donner un titulaire au ministère de la marine vacant depuis la mort de M. Malouet, arrivée le 7 septembre ; cette position devait appartenir à un administrateur consommé ou à un marin ; ce fut le directeur général de la police du royaume, M. Beugnot, qu'on y nomma. La direction qu'il quittait fut donnée à un émigré, ancien conseiller au parlement d'Aix, M. Dandré.

M. Dandré, absent de France depuis longues années, étranger par les habitudes de toute sa vie à ses nouvelles fonctions, était incapable de les remplir. M. Beugnot n'ignorait pas moins les affaires de son département ; lui-même le reconnaissait tout haut. On raconte que lors de la visite que lui rendirent, à son installation, les principaux employés de son ministère, il leur dit : « Messieurs, » je vous vois avec le plus grand plaisir. Chacun de vous connaît » le travail de sa division ; tant mieux, car, pour moi, je n'en sais » pas le premier mot. »

Quelques jours avant l'entrée du maréchal au ministère, un de nos plus braves généraux de cavalerie, le comte Excelmans, ancien grand écuyer de Murat, avait été l'objet d'une espèce de censure ministérielle dans les circonstances suivantes :

Le bruit de la déchéance de Murat et de la restauration des Bourbons de Sicile avait couru, vers le milieu de novembre, dans quelques salons royalistes de Paris ; des nouvelles arrivées de Vienne ne tardèrent pas à annoncer que le congrès, loin de songer à déposséder Joachim, venait, au contraire, de vérifier les pouvoirs de ses ambassadeurs. M. Andral, médecin de Murat, retournait à Naples, après un assez court séjour à Paris. Le général Excelmans crut devoir profiter de cette occasion pour adresser ses félicitations au beau-frère de l'empereur ; il confia à M. Andral une lettre pour Joachim. La lettre, saisie sur le voyageur, fut envoyée à M. de Blacas, qui la remit à Louis XVIII. Ce dernier, après l'avoir lue, se contenta de faire appeler le général Dupont, encore ministre de la guerre, et de lui donner l'ordre de mander le général devant lui, et de *l'inviter à se montrer plus circonspect à l'avenir* (1).

Cette solution, la seule possible, la seule raisonnable, avait paru au maréchal Soult une coupable faiblesse. Il suffisait de *vouloir*, disait-il, pour mettre tous les mécontens et tous les frondeurs à la raison ; l'indulgence était un moyen détestable ; on ne réussissait que par la force. Dès le lendemain de son entrée en fonctions il se fit apporter le dossier du général, et, le 10 décembre, il lui signifia que le roi venait de l'admettre au traitement de *demi-activité* de son

---

(1) Expressions du rapport fait à la Chambre des députés.

grade, et que l'intention de S. M. était qu'il jouît de cette demi-solde à Bar-sur-Ornain, département de la Meuse, où il aurait à se rendre sur-le-champ.

Le général Excelmans répondit le même jour « que madame Excelmans était dans son lit, prête à accoucher; qu'il priait le roi de vouloir bien lui accorder un délai jusqu'au moment où la comtesse serait hors de danger; qu'il devait faire, au reste, observer qu'il ne *possédait rien nulle part*; que, depuis *vingt ans*, il n'avait pas d'*autre domicile que Paris*, où il s'était marié en janvier 1808, et qu'il était dès lors on ne peut plus douloureux pour lui de se voir ainsi arraché à sa famille et à ses affections, après plus de vingt ans d'un service, toujours pénible, *jamais lucratif.* »

Cette réponse irrita doublement le maréchal. Les mots qui la terminaient établissaient un rapprochement qui dut le blesser. Simples soldats tous deux à leur début, le duc de Dalmatie et le comte Excelmans étaient parvenus aux plus hauts grades de l'armée, mais avec des résultats différens : l'un était devenu plusieurs fois millionnaire; et l'autre, resté pauvre, attestait à deux reprises sa noble probité. En second lieu, le duc de Dalmatie avait ordonné, et l'on n'obéissait pas! Il commanda immédiatement au général Maison, gouverneur de la division, et au directeur général de la police, de contraindre le général à quitter Paris : ce dernier, mieux éclairé sur sa position et sur ses droits, répondit par écrit au comte Maison qu'il ne partirait pas. Sa lettre, datée du 14, arriva le 18 aux mains du maréchal, qui fit enjoindre de nouveau au comte l'ordre de se rendre à Bar-sur-Ornain. Ce dernier persista à rester. Le 19, le ministre écrivit, pour troisième fois, au gouverneur Maison, que l'intention du roi était que le général *fût arrêté et conduit à Soissons, pour y rester sous la surveillance de la gendarme-*

rie, jusqu'à ce qu'il fût donné des ordres pour sa mise en jugement.

Le lendemain, 20 décembre, à trois heures du matin, un piquet d'infanterie et de cavalerie se présenta effectivement au domicile du général pour l'arrêter, menaçant, si on n'ouvrait pas, d'enfoncer les portes. Non seulement les portes restèrent fermées, mais le général annonça qu'en cas de violence il ferait feu sur le premier qui oserait se présenter. Les soldats se retirèrent. A midi, le général Grundler parut à son tour à la tête d'un détachement de gendarmes. Le comte reçut l'envoyé du ministre dans son cabinet; il était en uniforme et avait l'épée au côté; il déclara au général Grundler qu'il tuerait le premier qui aurait l'audace de porter la main sur lui, et, passant la tête haute devant les gendarmes et leur chef, il sortit de sa demeure sans que personne osât l'arrêter. Le général alla se réfugier chez un de ses amis. A quelques heures de là, l'adjudant-général Laborde se transportait au domicile du général, visitait toutes les chambres, fouillait tous les papiers et décachetait même plusieurs lettres adressées au frère de la comtesse Excelmans. Cette dame se plaignit de ces violences à la Chambre des députés, et raconta, dans sa pétition, que, bien qu'elle fût sur le point d'accoucher, on avait refusé l'entrée de l'appartement à son médecin, et que, durant tout un jour et toute une nuit, son antichambre était restée encombrée de soldats, tandis que d'autres détachemens de troupes remplissaient la cour et entouraient la maison ainsi que le jardin.

Dans le même moment où cette plainte parvenait à la Chambre, on déposait sur le bureau du président une protestation dans laquelle le général disait que, *ne sachant point s'il ne serait pas enlevé dans la nuit, il plaçait sa famille sous la sauve-garde de la Chambre.*

Le rapport de ces deux pétitions eut lieu le 24. Le rapporteur, après avoir énuméré tous les faits que nous venons d'analyser, et lu toutes les pièces à l'appui, conclut à l'ordre du jour sur la protestation du général Excelmans, et au renvoi de la plainte de la comtesse au gouvernement. La proposition de l'ordre du jour était fondée sur cette considération, que la mise en *demi-activité* du général le laissait sous le régime des lois militaires; que son renvoi devant un conseil de guerre, pour un délit quelconque, était dans les attributions du ministre; et qu'il fallait dès lors laisser à cette justice exceptionnelle à prononcer entre l'accusation et l'accusé. La discussion qui suivit la lecture du rapport ne sortit pas de ce cercle. Les conclusions de la commission furent adoptées. Le public se passionna davantage; il prit parti pour le général Excelmans et ne vit, dans les premiers ordres du maréchal Soult, qu'une tentative maladroite et brutale pour le rétablissement des lettres de cachet (1).

---

(1) Une ordonnance royale du 29 décembre renvoya le général Excelmans devant le conseil de guerre de la seizième division militaire (Lille), comme accusé : 1° d'avoir entretenu des correspondances avec l'*ennemi*, Joachim Murat n'ayant pas été reconnu comme roi de Naples par le gouvernement français; 2° d'avoir commis un acte d'*espionnage*, en écrivant à Naples « que des mil-
» liers de braves officiers instruits à l'école et sous les yeux de
» Murat, seraient accourus à sa voix si les choses n'eussent pas
» pris une tournure favorable pour lui (au congrès de Vienne); »
3° d'avoir écrit des choses offensantes pour la personne et la puissance du roi; 4° d'avoir désobéi aux ordres donnés par le ministre de la guerre; 5° enfin d'avoir violé son serment comme chevalier de Saint-Louis.

Le général Excelmans se constitua prisonnier à la citadelle de Lille, le 14 janvier 1815, et comparut le 23 devant le conseil de guerre. Interrogé sur ces cinq chefs d'accusation, il répondit : sur le premier, qu'il n'avait pu correspondre avec l'*ennemi* puisque la

Ce débat fut le dernier de la session. Le 30 décembre, une ordonnance prorogea les deux Chambres au 1ᵉʳ mai 1815.

Nous avons dit la misérable attitude de la Chambre des députés durant les événemens du mois d'avril. Cette assemblée ne put se relever ; elle se traîna plutôt qu'elle ne vécut durant les huit mois qui suivirent. Née sous le régime atrophiant de l'Empire, la faculté de discussion dont la charte l'avait dotée, et la publicité de ses séances, furent même impuissantes à lui donner la chaleur et la vie. Cette Chambre ne trahit point son origine ; elle resta jusqu'au dernier jour le Corps-Législatif impérial.

France était en paix avec Naples comme avec le reste de l'Europe ; sur le second, que l'espionnage était une de ces accusations à laquelle un homme tel que lui ne répondait pas ; sur le troisième, qu'il défiait que l'on pût trouver dans ses lettres une seule parole offensante pour le roi ; sur le quatrième, qu'il n'avait pas refusé d'obéir aux ordres légaux du ministre, mais à un *ordre d'exil* ; et sur le cinquième, qu'il ignorait en quoi pouvait consister ce prétendu délit.

Le conseil prononça l'acquittement à l'unanimité des voix.

CHAPITRE IV.

1815. — Cérémonies expiatoires; exhumation des restes de Louis XVI et de Marie-Antoinette; funérailles de mademoiselle Raucourt. — Les acquéreurs de biens nationaux et les anciens propriétaires. — La famille royale: Louis XVIII, le comte d'Artois, le duc et la duchesse d'Angoulême, le duc de Berry, les deux Condés; le duc d'Orléans. — Le gouvernement: le comte de Blacas; trafics de places, de titres et de décorations; les ministres. — *Congrès de Vienne:* premiers protocoles, composition du congrès; les questions de Pologne et de Saxe; notes échangées entre les quatre grandes cours; protestation du roi de Saxe; ce royaume est occupé par la Prusse; menaces de rupture; nouvelles notes; M. de Talleyrand et sa politique rétrospective; traité *secret* du 3 janvier entre l'Autriche, l'Angleterre et la France; reconstitution de l'Allemagne; encore M. de Talleyrand; sa correspondance privée avec Louis XVIII; le colonel Alexis de Noailles; la Saxe est démembrée; fêtes du Congrès; nouvelle arrivée d'Italie pendant un bal chez M. de Metternich.

1815. L'année 1815 s'ouvrit par deux événemens qui caractérisent la fausse politique des nouveaux gouvernans et l'esprit de résistance qu'elle soulevait parmi les gouvernés.

Les Bourbons, depuis leur rentrée, ne se lassaient pas de répondre à toutes les protestations dont le zèle officiel et la foule des solliciteurs les accablaient, que, décidés à réparer les maux de la France, ils avaient tout pardonné, tout oublié. Le temps n'avait point marché pour ces princes; ils croyaient toujours être au milieu des générations qu'ils avaient laissées vingt-cinq ans auparavant ; ils ne songeaient pas que ces générations, disparues en grande partie, étaient remplacées par une population nouvelle, pour laquelle les événemens de 1789, 1792 et 1793 étaient déjà de l'histoire, et qui, loin de se croire obligée de subir un insultant pardon, avait, au contraire, à amnistier dans les frères de Louis XVI et à oublier le rôle d'instigateurs de luttes civiles, de provocateurs de guerres étrangères, ainsi que les fâcheuses circonstances de leur avènement. Si les faits, du moins, avaient répondu à ces paroles maladroites! Mais non ; la cour semblait se complaire dans les souvenirs les plus irritans. Après avoir successivement célébré les anniversaires de la mort de madame Elisabeth, du jeune Louis XVII et de Marie-Antoinette ; après avoir fait dire des services solennels pour Moreau, Pichegru, Georges Cadoudal et les onze chouans exécutés avec ce dernier (1) ; après avoir applaudi à la proposition du maréchal Soult, d'éterniser, par des monumens et des fondations pieuses, la mémoire de l'un des plus tristes épisodes de nos guerres civiles, elle ordonna qu'un monument serait élevé, place Louis XV, sur le lieu même de l'exécution de Louis XVI, et voulut que la commémoration de la journée témoin de l'événement, le 21 janvier, devînt l'occasion d'une grande expiation nationale (2). Des services solennels

---

(1) La quête fut faite par madame de Polignac à laquelle le marquis de Rivierre donnait la main, et les frais furent payés par le roi. (*Moniteur* du 25 juin 1814.)

(2) On sait les prétentions de Louis XVIII à la réputation de latiniste consommé. Si ce prince, au lieu d'apprendre par cœur les petits vers d'Horace, avait lu Tacite et retenu quelques passages de ses *Annales*, ce savoir, probablement, aurait été plus profitable à son règne ; il aurait pu répondre au maréchal Soult et à tous les

dans toutes les églises du royaume ne purent suffire à cette soif de douleurs réactionnaires ; il fallut à la cour des exhumations d'ossemens et tout le simulacre de funérailles royales. Les restes de Louis XVI et de Marie-Antoinette, inhumés depuis un quart de siècle à une profondeur de neuf à dix pieds, sous une épaisse couche de chaux vive, avaient dû se trouver promptement consumés. On fouilla cependant le sol, la chaux fut découverte, et l'on recueillit quelques fragmens d'os, qu'un procès-verbal, signé par le propriétaire du terrain vendu sous la république comme bien national, et par quelques commissaires, alors émigrés, déclara débris authentiques des deux personnes souveraines. La publicité la plus grande fut donnée à ces recherches et à leurs résultats, et des ordres furent transmis aux autorités de tous les rangs et de toutes les catégories, pour que, le 21 janvier, la France entière s'associât à la douleur bruyante de la cour et au deuil menteur de l'ancien parti royaliste (1).

Dans le même moment où l'on disposait les caveaux de

---

poursuivans de monumens et de cérémonies expiatoires, par la citation de ces mots de Tibère aux courtisans qui le pressaient d'élever un autel à la Vengeance : « Il faut des monumens pour les vic-
» toires étrangères, et pour les malheurs domestiques le silence
» et la douleur ! »

(1) L'ordre du jour suivant, publié le 15 janvier par le général Heudelet, commandant la 18e division militaire (Dijon), peut faire juger de la teneur des instructions adressées sur tous les points du royaume :

« Messieurs les évêques ont dû prendre des mesures pour faire offrir à Dieu, le 21, des prières solennelles qui attestent combien tous les *vrais Français* ont conçu d'horreur pour le crime qui, à pareil jour, a couvert de deuil la France entière.

» L'armée, *dans tous les temps*, en a témoigné son *indignation*,

Saint-Denis pour recevoir les dépouilles problématiques des derniers souverains, quand de nombreux ouvriers préparaient cette ancienne basilique pour la cérémonie, et lorsque, dans toute la France, les églises se tendaient de noir, d'autres funérailles plus humbles jetaient l'émotion et la colère au sein de la population de Paris.

Une actrice célèbre, mademoiselle Raucourt, était décédée le 15 janvier. Le surlendemain, ses camarades de théâtre s'acheminèrent avec son cercueil vers l'église de Saint-Roch. Vivante, mademoiselle Raucourt était dans les bonnes grâces du clergé de sa paroisse qu'elle comblait de ses dons; morte, ce clergé lui refusa ses prières. Le corps dut s'arrêter à la grille de la rue. Les amis de la comédienne essayèrent de parlementer; le curé ne voulut rien entendre. La foule, pendant ce temps, s'amassait. Bientôt les têtes s'exaltèrent; on envahit l'église, on en força les portes, et comme la grille d'entrée résistait aux amis de la défunte et aux passans, on s'empara du cercueil, on lui fit franchir l'obstacle à force de bras, et on le transporta dans l'intérieur de l'édifice. Tous ces détails avaient pris du temps. La rue Saint-Honoré et

---

et c'est avec empressement qu'elle se réunira à cet acte de piété nationale. »

Le général Cassagne, commandant à Toulouse, disait à son tour, le 14, aux soldats de sa division :

« Un service expiatoire aura lieu le 21.

» Cette cérémonie fournira aux troupes de la division un sujet de payer à la mémoire du plus infortuné des monarques leur tribut de *regrets*. Toutefois, dans ce jour de douleur, l'armée, *fidèle à ses principes*, éprouvera la *douce consolation* d'avoir été *totalement* étrangère au cruel attentat qui a immolé l'auguste victime. »

La consolation était facile aux soldats du général Cassagne; la plupart étaient encore à naître au mois de janvier 1793.

toutes les rues voisines se trouvèrent bientôt remplies par des masses si compactes et si décidées, que tous les efforts de la police et des détachemens de Mousquetaires (*maison rouge*) envoyés sur les lieux pour rétablir l'ordre, demeurèrent impuissans. Des cris de colère contre le gouvernement et le clergé sortaient de toutes les bouches; dans les groupes les plus animés, on proposait de se porter sur les Tuileries. Il serait difficile de dire ce qui serait advenu, si Louis XVIII, averti, n'avait envoyé, assure-t-on, un des prêtres de sa chapelle pour faire à l'actrice qu'il avait applaudie l'aumône de quelques prières. Cette satisfaction finit par calmer la foule; le cercueil quitta l'église et fut conduit à sa dernière demeure par plusieurs milliers de personnes qui ne connaissaient point mademoiselle Raucourt ou ignoraient le matin qu'elle fût morte. Le sens de cette manifestation échappa aux courtisans. Le mécontentement public avait saisi cette occasion pour éclater avec une menaçante énergie. La cour ne vit là qu'une émeute de comédiens et un vulgaire accident de rue.

Il était difficile, au reste, que la vérité pût se produire: la censure pesait si lourdement sur la presse, que pas une des publications périodiques de cette époque, journaux royalistes ou journaux libéraux, ne mentionna les obsèques dont nous venons de dire les principaux incidens; tous se bornèrent à annoncer le décès de l'actrice; la censure ne leur permit rien au delà. Quelques plaisanteries fort innocentes du *Nain jaune* sur l'ordre de l'*Éteignoir*, voilà, au surplus, les libertés les plus hardies que les censeurs toléraient chez les écrivains adversaires de l'ancien régime. Ce silence, pour la cour et pour les ministres, était la preuve d'une tranquillité profonde. Dupe de ce calme menteur, le gouvernement n'avait donc garde d'arrêter la prédication contre-révolutionnaire de ses écrivains; les censeurs, pour les exagérations de cette nature, n'avaient point de ciseaux; les exhumations et les cérémonies du 21 janvier, entre autres, devinrent pour les journaux royalistes l'occasion et le prétexte d'une recrudescence de violences et d'injures contre la révolution, contre les faits et les institutions qui en étaient issus. Quand ces journaux faisaient trêve à cette polémique passionnée, ils remplissaient leurs colonnes de nouvelles ou de ridicules détails de cour, ou bien ils empruntaient à l'ancien almanach impérial, redevenu almanach royal, la composition des *maisons* des différens membres de la famille de Bourbon, maisons d'où tous les noms nouveaux se trouvaient rigoureusement exclus. Plusieurs fois la semaine, en outre, ils signalaient avec affectation à l'attention publique les restitutions qu'un certain nombre d'acquéreurs de biens nationaux, cédant à la peur d'une dépossession légale, faisaient aux anciens propriétaires. Ils applaudissaient à ces sacrifices et les donnaient en exemple, sans songer que chacune de ces annonces jetait le trouble et la colère parmi des milliers de citoyens qui voyaient en elles l'indice d'une spoliation prochaine. Dans leur aveuglement, ils ne se bornaient pas à rapporter des faits exacts, ils en inventaient. Un matin, le maréchal Berthier lut dans le *Journal des Débats* que Louis XVIII étant venu le visiter à sa terre de Gros-Bois, ancienne propriété particulière de ce souverain, le maréchal avait présenté au roi un rouleau de papiers contenant tous les titres de ce magnifique domaine en le priant de l'accepter; que le roi avait pris le rouleau, puis, l'ayant gardé durant une heure, l'avait gracieusement rendu au prince de Neufchâtel, en lui disant que ces titres ne pouvaient *retourner* en de meilleures mains. Vainement le maréchal se plaignit et réclama contre cette fable que toutes les feuilles publiques s'étaient empressées de reproduire; la censure ne permit aucun démenti. Les prêtres eux-mêmes, se posant comme les héritiers des moines, réclamaient les anciennes propriétés dites du *clergé*. L'un d'eux, à Savenay (Loire-Inférieure), déclara en pleine chaire que les détenteurs de biens nationaux qui ne les restitueraient pas, soit aux nobles, soit aux curés, auraient le sort de Jésabel; qu'ils *seraient dévorés par les chiens*. Telle était la confiance d'un grand nombre d'anciens émigrés dans cette restitution, que si quelques uns acceptaient les offres d'arrangement faites par la peur, d'autres repoussaient toute espèce de transaction (1).

L'irritation, dans les premiers jours de février, avait gagné toutes les classes. Hormis les rares et impuissans partisans de l'ancien régime, il n'était pas une opinion, pas un intérêt qui ne fût hostile à la Restauration; encore les vieux royalistes reprochaient-ils amèrement à Louis XVIII ses ménagemens envers les choses de la révolution, les hommes de

---

(1) On lit à ce sujet dans le *Journal de Paris* du 12 février : « Tous les journaux parlent avec éloges des *restitutions volontaires* que font les acquéreurs de domaines nationaux aux anciens propriétaires. Voici, à cette occasion, une anecdote assez singulière :

« Le marquis de..., rentré en France à la suite du roi, se trouve, par une succession, possesseur d'une somme de 80,000 fr. Un matin il reçoit la visite de son ancien fermier, qui s'est rendu, à bon marché, l'acquéreur du bien de son seigneur. «Monsieur le
» marquis, lui dit le fermier, il vaut mieux que vos biens soient
» tombés entre mes mains que dans celles d'un autre; car je suis
» un brave homme et je viens vous le prouver. Votre domaine
» vaut 700,000 fr.; je sais que vous avez une somme de 80,000 fr.,
» donnez-la moi et je vous rends tout. — Mon ami, répond le mar-
» quis, *je ne suis pas si dupe; je n'ai pas confiance dans les biens
» nationaux*; je vais employer mes 80,000 fr. à acheter *un bon pe-
» tit bien patrimonial.* »

l'Empire et sa charte. Il y a plus : l'inexpérience et les préjugés des Bourbons, l'ignorance et les fautes de leurs agens, n'étaient pas les seules causes de cette hostilité universelle : la plupart des membres de cette famille avaient le malheur de prêter au ridicule. Ce grief, pour n'avoir rien de sérieux, n'en était pas moins redoutable ; il ajoutait une force considérable aux attaques des adversaires de la Restauration, en même temps qu'il affaiblissait la parole de ses défenseurs. Le moyen de lutter contre des railleries ! La foule ne voyait dans Louis XVIII que le monarque obèse, infirme, coiffé à l'antique, portant d'immenses guêtres de velours au lieu de bottes, ayant de grosses épaulettes sur un frac bourgeois, et passant des revues assis dans un fauteuil, derrière un balcon. L'homme intelligent disparaissait derrière l'homme physique (1). On reprochait à ce prince jusqu'à son appétit. La Restauration avait rétabli les *grands couverts ;* le cérémonial de ce repas permet à plusieurs milliers de spectateurs de défiler lentement devant la table royale pendant le dîner des princes. On racontait du roi, à cette occasion, des faits incroyables de voracité, faits exagérés et qui, grandissant encore en passant d'un narrateur à l'autre, venaient singulièrement en aide à la moquerie publique.

---

(1) On lit, dans les *Mémoires* de M. de Lafayette, t. v : « C'était un désavantage en remplaçant le vainqueur de l'Europe le plus actif, le plus commandant des hommes, de présenter au public et aux troupes un extérieur informe et podagre, de recevoir la parade dans son fauteuil, et de ne faire que remuer les bras au dessus de son balcon, en disant : *Je suis content, très content...* D'autre fois il voulait copier Henri IV : *Ventre-saint-gris!* disait-il dans ses premiers conseils, *si j'avais de l'argent pour ma marine !...* Et à une revue de l'une des légions de la garde nationale : *Je dis comme César, j'aime ma* 10ᵉ *légion.* »

Si le comte d'Artois, malgré son continuel sourire et *
dandinement prononcé, ne donnait physiquement aucune
prise à la raillerie, en revanche, la stérilité de son esprit, la
légèreté de son caractère, son amour de l'étiquette, son
aversion bien connue pour les choses et les hommes du nouveau régime, les souvenirs assez tristes de sa première jeunesse et de son émigration, ouvraient un large champ à l'animosité des ennemis de sa famille. Signataire de la désastreuse convention du 23 avril, il portait, en outre, la responsabilité de l'œuvre fatale de M. de Talleyrand, et l'on accusait sa loyauté, non son ignorance et son étourderie, en rappelant que la conscription et les droits réunis dont il avait formellement promis l'abolition, étaient pourtant maintenus sous les noms de recrutement et d'impôts indirects.

Le duc d'Angoulême, cœur honnête et droit, mais intelligence infirme, organisation morale incomplète, avait des *tics*, des *manies* qui fournissaient une matière inépuisable aux plus étranges récits.

La duchesse d'Angoulême avait dans son attitude et dans ses formes la virilité qui manquait à son mari. Caractère mâle et ferme, son courage, soumis aux plus rudes épreuves, n'était resté au dessous d'aucune situation. Parente dévouée, amie sûre et fidèle, douée de toutes les vertus qui font l'épouse honorée, elle avait beaucoup de bienveillance et de bonté dans le cœur, bien qu'on en ait dit : malheureusement la raideur de son maintien, une voix rude et forte, gâtaient tous ses mouvemens et ses moindres paroles : chacun de ses gestes semblait un signe de mécontentement ; chacun de ses mots empruntait au son de sa voix un accent de sévérité qui blessait. Il n'était pas jusqu'à l'habituelle tristesse qu'une longue vie de douleurs avait empreinte sur son visage, qui ne parût à la foule l'expression de la hauteur ou du dédain.

Le duc de Berry, nature jeune, vigoureuse, avait, en revanche, de nombreux travers. Tant que durait le jour, on le voyait s'efforcer de copier les allures militaires de l'Empire ; puis, le soir venu, il affectait de faire revivre les mœurs faciles de l'ancienne cour. Intelligence commune, esprit inculte, il apportait dans ce double rôle une fougue et une rudesse également fâcheuses. Ses amours étaient bruyans, mal choisis, et ses rapports avec l'armée n'avaient rien de la dignité et de la tenue qui conviennent à ceux que leur naissance seule fait chefs de soldats. Désireux de popularité, il la cherchait dans une affectation maladroite d'habitudes de bivouac, dans des mots vulgaires, souvent grossiers, qui dégénérèrent plus d'une fois en de véritables insultes. On le vit, dans une discussion, s'oublier jusqu'à porter la main sur les épaulettes d'un officier supérieur. Un autre jour, passant en revue des régimens cantonnés dans la division militaire dont le duc de Trévise était gouverneur (Lille), un officier sortit des rangs et demanda la croix de Saint-Louis. « Qu'avez-vous fait pour l'obtenir? répondit le jeune duc. — J'ai servi trente ans dans l'armée française. — Trente ans de brigandage ! » répliqua le prince en tournant le dos. Le duc de Berry, il est vrai, essaya le lendemain de réparer sa faute ; l'officier obtint la croix demandée. Mais le mot avait circulé ; l'effet était produit. Ce prince irrita profondément les troupes. Les courtisans et le monde officiel croyaient très sérieusement excuser ces incartades, en comparant le duc de Berry à son aïeul Henri IV, et en rappelant à cette occasion toutes les erreurs et toutes les fautes de ce monarque qui tient, comme homme, dans le préjugé public une place plus élevée que dans l'histoire.

Les deux Condés figuraient dans toutes les cérémonies ; leur rôle politique se bornait à ces apparitions officielles. Ils n'avaient plus qu'une valeur de souvenirs; c'était une race qui s'éteignait. Le fils (le duc de Bourbon), concentrait tout ce qui lui restait de forces dans l'exercice de la chasse; le père, dont les facultés s'affaiblissaient après une longue vie remplie vaillamment, signait des feuilles et des certificats de service, et s'emportait contre Louis XVIII auquel il reprochait ses opinions *un peu jacobines* de 1788 et de 1789, son émigration tardive et sa charte (1).

---

(1) On raconte de lui, à cette époque, les deux faits suivans :

« Ses journées, durant les premiers mois qui suivirent son retour, se passaient en réceptions de gens qui, sous prétexte d'avoir combattu sous ses ordres dans l'émigration, venaient solliciter de lui des certificats de service et des recommandations. Leur nombre, pendant quelques semaines, ne dépassa pas le chiffre approximatif des soldats-gentilshommes de l'armée de Condé qui avaient pu survivre aux événemens; mais la foule des visiteurs allait toujours grossissant. « C'est singulier, disait le vieux prince, tous ces gens-
» là prétendent que je les reconnais; cela n'est guère possible, car
» je n'ai jamais eu là-bas que quelques régimens, et il est revenu
» une armée. »

» Un jour on lui annonce M. de *Talleyrand-Périgord*. Le prince se lève, reçoit le visiteur et reconnaît le prince de Bénévent. Il feint de le prendre pour son oncle l'archevêque de Reims, longtemps son compagnon d'exil, avec lequel il était revenu d'Angleterre, et alors grand-aumônier de la maison du roi. « Ah! monsieur
» l'archevêque, s'écrie le vieillard, que je suis aise de vous voir! »
Puis, s'emparant de la conversation et causant du passé, il s'emporte en invectives contre la révolution, l'Empire et tous ceux qui les avaient servis. « Il était fâché de le dire, ajoutait-il, mais de tous
» ces *coquins*, le plus odieux était, sans contredit, le *neveu* de l'ar-
» chevêque qui, doublement apostat comme gentilhomme et comme
» prêtre, était l'un des principaux ministres de Bonaparte, lors de
» l'assassinat de son petit-fils (le duc d'Enghien). » M. de Talleyrand ne disait mot et gardait le plus beau sang-froid. Enfin il se lève pour se retirer. « Adieu, monsieur l'archevêque, lui dit le

Seul, le duc d'Orléans trouvait grâce devant l'opinion. Le rôle de ce premier prince du sang était distinct ; sa position veut être expliquée.

L'instinct des partis, dès le retour des Bourbons, avait semblé pressentir la fortune que le hasard des révolutions, à quinze ans de là, réservait à ce prince. Vainement avait-il d'abord semblé vouloir se faire oublier ; quelque soin qu'il parût prendre pour s'effacer, la cour ainsi que le public officiel n'avaient point tardé à s'inquiéter de lui. Les Royalistes, ne pouvant se résoudre à lui pardonner le vote de mort donné par son père dans le jugement de Louis XVI, ni les opinions révolutionnaires que lui-même avait professées long-temps, suspectaient son attitude discrète et l'accusaient de nourrir la pensée, attribuée, depuis Louis XIV, aux chefs de sa branche, de se substituer sur le trône aux Bourbons ses aînés. Lors même que cette accusation n'aurait pas naturellement appelé sur le duc d'Orléans l'attention d'une notable partie du public politique, l'accueil que trouvaient chez lui quelques unes des principales notabilités de l'Empire et des premiers jours de la Révolution, ses formes polies, caressantes, presque populaires, son langage exempt des préjugés qui dominaient à la cour et dans le gouvernement, auraient suffi pour le désigner aux espérances des hommes qui avaient salué, dans le retour de l'ancienne famille royale, l'avènement d'une monarchie constitutionnelle. « Le duc
» d'Orléans est le seul membre de sa famille qui ait des idées
» libérales ; quant aux autres n'en espérez jamais rien, »

» prince ; revenez me voir : mais, je vous en conjure, ne m'amenez
» jamais le drôle que vous avez le malheur d'avoir pour neveu ;
» car, s'il paraissait ici, je serais obligé de le faire jeter par les fe-
» nêtres. »

avait dit Alexandre dans les salons de madame de Staël, aux premiers jours de la restauration (1). Le mot avait été recueilli, répété : Louis XVIII, son frère, ses neveux et son gouvernement firent le reste. Dès les derniers mois de 1814, cette classe nombreuse, influente de fonctionnaires publics, de propriétaires, de négocians et de gens de loi qui confondaient dans une réprobation commune la république, l'Empire et l'ancien régime, se ralliait au nom du duc d'Orléans. On ne devait pas se borner à produire sa candidature ; on devait pousser le zèle, comme nous aurons bientôt à le dire, jusqu'à faire intervenir sa personne et son nom dans un mouvement politique qui faillit, quelques jours avant le 20 mars, précipiter Louis XVIII dans l'abîme où l'entraînaient fatalement les sottises de ses courtisans et les fautes de ses ministres.

Ces fautes, on l'a vu, étaient sans nombre. Napoléon n'avait pas laissé un seul homme de gouvernement après lui. Aucune supériorité politique, à la vérité, n'aurait pu se produire sous son règne ; l'empereur était toute l'intelligence, toute la force de son empire, et on ne le servait qu'à la condition de s'absorber dans sa personne. MM. de Talleyrand et Fouché, les individualités les plus marquantes de son gouvernement dans l'ordre civil, n'étaient, l'un qu'un homme d'intrigue, l'autre qu'un homme d'esprit. Ce n'étaient point les émigrés revenus avec Louis XVIII qui pouvaient remplir le vide : leur ignorance de l'administration était si grande que le roi avait été obligé de recourir pour son gouvernement à des fonctionnaires du régime impérial, médiocrités laborieuses, instrumens dociles, comme tous les hommes sortis de

---

(1) V. la note, page 85 du présent volume.

cette école, et qui montrèrent la plus complète insuffisance dès que la puissante main qui les faisait mouvoir se fut retirée d'eux. Dépourvus d'initiative, habitués à obéir, les ministres du pouvoir nouveau cherchaient vainement une direction. Louis XVIII ne pouvait la leur donner : vingt-cinq ans d'absence et de repos avaient rendu ce prince complètement étranger aux affaires. Ce qui lui plaisait de la royauté, d'ailleurs, c'étaient les honneurs ; quant aux charges, il les abandonnait à l'homme le plus nul peut-être de sa cour, à un émigré aussi vain qu'incapable, au comte de Blacas.

On comprendrait mal les événemens de la première restauration si on ne faisait pas une large part à l'influence que Louis XVIII, quelques mois après son retour, laissa prendre à ce personnage. La position de M. de Blacas n'était point celle de premier ministre ; il ne fut ni le Richelieu, ni le Mazarin de la première restauration ; mais il eut comme *favori* un crédit et une autorité qui n'ont leur analogue que dans la toute-puissance de certains courtisans sous les règnes des derniers Valois (1). Tout ne se faisait point par lui, mais rien ne se faisait sans lui. En d'autres termes, Louis XVIII occupait le trône, M. de Blacas gouvernait.

Le favoritisme est avide : enrichir leurs affections coûte si peu aux souverains ! Ils n'ont rien à donner ; le pays seul fait les frais de leurs largesses ; il leur suffit de laisser prendre. Issu d'une famille pauvre, et entré pauvre aux affaires, M. de Blacas n'eut garde, dit-on, de s'écarter de la règle commune. Sous l'ancien régime, il aurait demandé les ri-

---

(1) « M. de Blacas avait réuni depuis long-temps, l'existence de favori d'un prince faible, à celle de garde-malade d'un vieux garçon. » (*Mémoires* du général Lafayette, t. v.)

chesses qu'il n'avait pas, à des cessions de biens domaniaux, à des priviléges de finance ou à des confiscations. Sous le régime nouveau il dut puiser à d'autres sources. La liquidation, ou pour dire mieux la suppression du domaine extraordinaire de l'empereur et de son domaine privé, ainsi que l'octroi de nombreux marchés de fournitures, ont, assure-t-on, commencé la fortune de ce favori. Nous aurons à dire plus loin l'acte de munificence toute royale qui lui donna surtout les biens et les capitaux immenses qu'il a laissés.

Le trafic des places, des titres et des décorations, à cette époque, était, au surplus, établi sur la plus large échelle. La plupart des influences étaient à prix. Bon nombre de nouveaux royalistes en crédit et d'anciens émigrés exerçaient publiquement cette industrie. La cour la tolérait comme un moyen de juste indemnité pour les pertes que la révolution avait fait subir aux *amis du roi*. Le taux des places variait selon le produit; chaque titre nobiliaire avait également son cours; la décoration de la Légion-d'Honneur était tarifée à 250 ou 300 fr. Un grand nombre de femmes se mêlaient de ce commerce; et l'abbé de Pradt, assure-t-on, prenait une part fort active aux tripotages relatifs à l'ordre dont il était grand-chancelier. La libéralité du gouvernement était littéralement sans limites. Il suffit d'ouvrir le *Moniteur* de 1814, pour se convaincre que, dans les seuls mois d'août, de septembre, d'octobre, de novembre et de décembre, on délivra plus de lettres de noblesse, on accorda plus de titres de comte et de baron que durant les deux derniers siècles de la monarchie; pendant le même espace de temps on distribua plus de croix de la Légion-d'Honneur que n'en avait donné Napoléon durant douze ans de règne. La plupart des pages de la feuille officielle, à cette époque, sont consacrées à enregistrer les noms des anoblis, des nouveaux titrés et des nou-

veaux décorés. Ces listes sont indépendantes d'autres nominations tout aussi nombreuses, et annoncées en bloc dans les termes suivans : « Le roi, par ordonnance de *tel jour*, a con-
» firmé les 250, les 300, les 350 décorations données dans *tel*
» département par le duc de Berry, le duc d'Angoulême ou
» le comte d'Artois. » La profusion prit des proportions telles que l'opinion publique vit, dans ce débordement de décorations, un parti pris d'avilir au profit de l'ordre de Saint-Louis l'ordre de chevalerie fondé par Napoléon, et qu'une ordonnance du 5 juillet 1814, par un étrange renversement d'idées, avait placé sous le patronage d'Henri IV. L'armée, déjà blessée dans ses intérêts et dans tous ses souvenirs, s'irrita ; la clameur, dans tous les régimens, devint si forte, que le maréchal Soult, dont on ne saurait suspecter la complaisance ni l'humilité, fut obligé de solliciter une ordonnance qui imposait, pour l'obtention de chaque grade, les conditions suivantes : pour la croix de chevalier, vingt-cinq ans de services civils ou militaires ; pour celle d'officier, quatre ans de grade de chevalier ; pour celle de commandant, quatre ans de grade d'officier ; pour le grade de grand-officier, six ans du grade de commandant ; et pour celui de grand-cordon, huit ans de grade de grand-officier. Cette ordonnance, qui porte la date du 17 février 1815 fixait à 80 le nombre des grands-cordons, à 160 celui des grands-officiers, à 400 celui des commandans, et à 2,000 celui des officiers ; le nombre des chevaliers était *illimité*. M. de Blacas et M. de Pradt avaient fait des officiers et des commandans d'emblée : l'article 2 de l'ordonnance ne permettait pas qu'on pût désormais entrer dans la Légion avec un grade autre que celui de chevalier.

M. de Blacas gouvernait ; le repos matériel du pays n'était point troublé ; la presse, comprimée par la censure, était

muette ; les émigrés et les abbés composant l'entourage du favori, proclamaient la France dans la bonne voie et se montraient satisfaits : dès lors, aux yeux du comte, la France se trouvait heureuse et calme. D'un autre côté, comme toute révélation de l'état réel du pays aurait accusé sa politique et ses actes, M. de Blacas repoussait comme une injure à son savoir-faire gouvernemental et à son intelligence, comme une insulte pour ainsi dire personnelle, tous les renseignemens qu'on essayait de lui transmettre. Les donneurs d'avis étaient des *alarmistes*, jaloux de ses talens et de sa position. Un jeune abbé, du nom de Fleuriel, était chargé, à titre de secrétaire intime, de recevoir et d'éconduire tous les importuns. « M. le comte n'y est pas ; M. le comte est accablé de travail ; il ne peut recevoir, » telle était l'invariable réponse de l'abbé à tous les visiteurs, quels que fussent d'ailleurs leurs fonctions ou leur rang. Ecrivait-on ? Les lettres n'étaient jamais ouvertes. Le petit nombre de personnages qui parvenaient cependant à joindre M. de Blacas, et qui se hasardaient à lui dire que l'air était chargé d'orages, que les esprits fermentaient, qu'un mouvement semblait se préparer, voyaient leurs confidences fort mal reçues. Personne, répondait le comte, ne pouvait avoir la prétention d'être mieux informé que lui-même. Il affirmait savoir parfaitement ce dont on voulait lui parler et traitait les doutes ou les observations de ses interlocuteurs d'appréhensions ridicules. Croire encore à la force de l'opinion, à l'influence de certaines idées et de certains noms, autres que l'idée monarchique et le nom du roi, était à ses yeux un préjugé révolutionnaire. Quelquefois on s'adressait à Louis XVIII ; ce prince souriait : « Tout le
» monde est content, répondait-il ; le royaume est tranquille;
» au reste, voyez M. de Blacas. » Ce n'étaient point les rapports du directeur général de la police qui pouvaient éclairer

le roi : d'une part, toutes les relations administratives de
M. Dandré étaient exclusivement avec le favori; en second
lieu, ce fonctionnaire concentrait toute son action dans des
détails de balayage de rue ou dans des essais tendant à mo-
raliser les femmes publiques. Les ministres, de leur côté,
vivant au milieu de flatteurs ou de subalternes, ne voyaient
rien, ne savaient rien. Lors même qu'ils auraient su, ils
se seraient bien gardés de parler. Dire le mécontentement
qui grondait sur tous points et dans toutes les classes, c'était
accuser leur administration et faire le procès du favori. Un
pareil effort dépassait leur courage. Oser troubler le calme
de M. de Blacas et du roi! Ils étaient trop bons courtisans.
Le gouvernement, au reste, était une véritable anarchie.
En 1814, époque d'essai de monarchie limitée plutôt que
de gouvernement constitutionnel, où l'ancien régime et le
nouveau, hommes et choses, se trouvaient partout mêlés,
la direction supérieure des affaires participait à la fois de
l'omnipotence du vieil absolutisme monarchique et des
restrictions imposées à l'exercice de la prérogative royale
par le principe de la responsabilité ministérielle. Confiné
dans les détails de son département, chaque ministre restait maître de ses décisions et de ses actes; il n'y avait
pas, entre les conseillers de la couronne, de travail collectif.
S'ils se réunissaient, c'était en quelque sorte par hasard,
chez M. de Blacas, dont l'appartement, espèce de centre
commun, était pour eux tous une station obligée avant
d'arriver au cabinet du roi : annoncés ou présentés par lui
dans le cabinet du souverain, leur admission, habituellement, était isolée, et ils se bornaient à soumettre à la signature de Louis XVIII le travail préparé dans leurs bureaux. Rarement ils s'assemblaient devant le roi; encore
n'était-ce point pour discuter; ils y étaient en *audience* plutôt

qu'en *conseil*. Aussi les chefs des bureaux de la marine, durant la longue vacance de ce département, avaient-ils suffi à l'expédition des affaires. Un d'eux portait le travail à M. de Blacas, qui le présentait à la signature de Louis XVIII, et la marine se trouvait administrée. Cette étrange organisation ministérielle peut expliquer une partie des mesures fausses ou incohérentes, des inconséquences et des étourderies incroyables qui signalèrent la première année de la restauration. Tout cela peut sembler incroyable ; tout cela est vrai pourtant et doit expliquer une des faces de l'événement qui allait se produire.

Un seul homme aurait pu trouver, dans sa position exceptionnelle et dans le souvenir des services rendus, la force de donner l'éveil à Louis XVIII. Mais, depuis le mois de septembre précédent, M. de Talleyrand se trouvait à Vienne. C'était sur cette capitale que M. de Blacas avait ses regards, et non sur la France ; le congrès et ses déchiremens étaient toute sa préoccupation et sa seule inquiétude. Il est temps de parler de cette assemblée.

L'article 32 de l'acte de pacification, signé à Paris le 30 mai 1814, indiquait un délai de deux mois pour la réunion dans la capitale de l'Autriche, d'un congrès chargé de compléter les dispositions de ce traité. Le voyage des souverains en Angleterre, le retour, puis le séjour d'Alexandre dans ses États ; d'autres circonstances imprévues, mais sans importance sérieuse, en retardèrent l'ouverture. On convint, après plusieurs remises successives, de s'assembler le 1er octobre.

L'objet de ce congrès avait été plus amplement défini en ces termes, par le premier des cinq articles secrets du traité de Paris : « La disposition à faire des territoires auxquels S. » M. T. C. *renonce*, par l'article 3 du traité patent (tous

» les territoires situés en dehors des frontières, du 1er janvier 1792), et les rapports desquels doit résulter un système d'équilibre durable et réel en Europe, seront réglés au congrès sur les bases *arrêtées par les puissances alliées* ENTRE ELLES, bases que S. M. T. C. *s'oblige d'avance* à reconnaître. »

La France, aux termes de cet article, se trouvait sans initiative et sans action dans les stipulations à intervenir; son sort avait été irrévocablement fixé par la convention d'armistice du 23 avril et par le traité du 30 mai; elle n'avait rien à espérer, plus rien à perdre. Peut-être aurait-il été de sa dignité de s'abstenir, de protester, au moins par son absence, contre les décisions d'une assemblée qui ne se réunissait que pour partager ses dépouilles; mais le cœur de M. de Talleyrand, le régulateur suprême des relations extérieures de la première restauration, était fermé à de pareils scrupules. Il quitta Paris le 14 septembre.

Les représentans de l'Autriche, de la Russie, de l'Angleterre et de la Prusse, s'appuyant sur les termes du traité secret, n'attendirent pas, pour procéder aux dispositions préliminaires, l'arrivée du prince de Bénévent. Réunis en conférence dès le 17 septembre, ils arrêtèrent dans leur séance du 22 :

« Que les *quatre puissances alliées* conviendraient entre elles *seules* de la distribution des provinces disponibles d'après le traité de Paris, et que la France et l'Espagne seraient ensuite admises pour *énoncer leurs avis*, et faire, si elles le jugeaient à propos, des objections qui seraient discutées avec elles;

» Que les plénipotentiaires des *quatre* puissances alliées n'entreraient sur cet objet en conférence avec la France et l'Espagne qu'*à mesure* qu'ils auraient TERMINÉ, en parfait accord entre eux, la *distribution* du duché de Varsovie, celle de l'Allemagne et de l'Italie;

» Qu'en attendant que ces trois points fussent réglés, les plénipotentiaires des *quatre puissances alliées*, réunis à ceux de France et d'Espagne, s'occuperaient des autres questions d'un intérêt général. »

Ainsi, la France se trouvait exclue de la discussion des trois questions principales; les quatre grandes puissances devaient les régler *entre elles*, contre nous et sans nous. Heureusement pour M. de Talleyrand, arrivé à Vienne le surlendemain 24, lord Castlereagh vint lui apporter un secours inattendu. Ministre d'un gouvernement constitutionnel; obligé d'agir, les regards toujours tournés vers les deux tribunes du parlement britannique, lord Castlereagh n'était pas aussi libre dans ses décisions que ses collègues de Russie, de Prusse et d'Autriche, ministres de monarchies absolues, et pouvant consulter à toute heure leurs souverains, qui tous les trois se trouvaient à Vienne. Dégagé, d'ailleurs, des craintes que lui inspirait Anvers, dont il venait de confier la possession et la garde à une puissance créée dans le but exprès de défendre ce port contre nous (le royaume des Pays-Bas); remis en possession du Hanovre, maître de Malte, ainsi que des plus importantes et des plus riches colonies de la France et de la Hollande, le gouvernement anglais avait sa part faite; dans cette position, il devait s'efforcer de contrarier l'agrandissement des autres grands États ses rivaux, plutôt que d'y prêter les mains. Il ne pouvait y réussir qu'à la condition de ne pas rester seul contre trois, et d'augmenter le nombre des parties contractantes et des votans. Son représentant ne se borna donc pas à refuser de signer le protocole du 22; le 23, il remit aux plénipotentiaires des trois autres puissances une note, où il déclarait « que, bien que les quatre puissances eussent *seules* titre et qualité pour proposer les arrangemens résultant du premier article secret du traité de Paris, cependant il avait toujours été entendu que ces discussions seraient soumises à une discussion franche, libre, et à laquelle *toutes les autres puissances* prendraient part comme *parties actives.* »

M. de Talleyrand, fort de cette déclaration, intervint à son tour, et, de concert avec le ministre d'Espagne, il remit, aux représentans des quatre puissances, une protestation, dans laquelle il disait « que, si la France avait *à l'avance* reconnu les arrangemens que pourraient arrêter les alliés, cette reconnaissance ne pouvait s'entendre que d'arrangemens *positifs*, non de faits *éventuels* ; et que toute disposition qui n'était pas convenue au moment de l'ouverture du congrès, entre tous les alliés, était censée ne pas exister. » Quant à la dénomination des *puissances alliées*, prise par les quatre cours de Londres, de Vienne, de Saint-Pétersbourg et de Berlin, M. de Talleyrand ajoutait « qu'elle n'était plus fondée ; que le traité de paix de Paris avait rendu l'alliance *commune* à tous les États qui y avaient concouru, et que le mot *alliés* devait s'appliquer, non à *quelques uns*, mais à *tous*. »

Les argumens de notre plénipotentiaire auraient probablement échoué devant l'incroyable engagement pris par lui-même dans les articles secrets du traité du 30 mai, si la scission du représentant anglais n'avait brisé le faisceau jusqu'alors formé par les quatre grands États; après quelques conférences et de nouvelles notes, on convint que la proposition et la discussion de toutes les questions appartiendraient à la réunion des représentans des huit cours qui avaient concouru au traité de Paris (1). Les plénipotentiaires, au nombre de vingt, prirent le nom de comité des huit puissances, ou simplement des *huit*. Ce fut ce comité qui constitua en réalité le CONGRÈS (2). Des commissions spéciales, composées de membres pris indifféremment dans le sein des *huit*, ou parmi les plénipotentiaires des autres puissances, devaient étudier les différentes questions à résoudre et proposer des solutions. Trois de ces sous-comités furent immédiatement formés pour s'occuper des affaires de l'*Allemagne*, en tant que confédération d'États (3); de la *Suisse* et de l'*Italie*.

---

(1) La Russie, l'Autriche, l'Angleterre, la Prusse, l'Espagne, le Portugal, la Suède et la France.

(2) Voici les noms des vingt plénipotentiaires composant le comité des huit puissances :

AUTRICHE. — Le prince de *Metternich*, le baron de *Weissemberg*;

RUSSIE. — Le comte de *Razumowski*, le comte de *Stakelberg*, le comte de *Nesselrode*;

FRANCE. — Le prince de *Talleyrand*, le duc de *Dalberg*, le comte de *Latour-du-Pin*, le comte *Alexis de Noailles*;

ANGLETERRE. — Lord *Castlereagh*, lord *Cathcart*, lord *Clancarty*, lord *Stewart*;

PRUSSE. — Le prince de *Hardenberg*, le baron de *Humbolt*;

SUÈDE. — Le comte de *Loevenhelm*;

ESPAGNE. — Le chevalier *Gomez de Labrador*;

PORTUGAL. — Le comte *Palmella-Souza-Holstein*, le comte *Saldanha y Gama*, le chevalier *Lobo da Silveira*.

(3) L'ancienne confédération du Rhin avait été emportée avec Napoléon et son empire. La commission spéciale chargée de préparer la reconstitution politique et territoriale des États allemands était composée : du baron de Weissemberg, pour l'Autriche; du baron de Humbolt, pour la Prusse; du maréchal prince de Wrède, pour la Bavière ; du comte de Munster et du comte de Hardenberg, pour le Hanovre ; du comte de Wintgingerode, et du baron de Linden pour le Wurtemberg.

Ces trois questions intéressaient la France autant qu'aucune autre cour, comme question de voisinage et de frontières; cependant pas un seul des quatre plénipotentiaires français ne fut d'abord admis dans ces comités, tant notre position était haute et l'action de M. de Talleyrand influente!

Le 1ᵉʳ octobre, jour convenu pour l'ouverture de l'assemblée, s'était écoulé au milieu de tous ces débats et de tous ces détails de première organisation. Le 8, les plénipotentiaires des huit puissances déclarèrent, dans un protocole, « qu'afin de donner aux différentes commissions le temps nécessaire pour *mûrir* chaque question soumise à leur examen préparatoire, la réunion générale serait provisoirement suspendue, et l'ouverture définitive du congrès ajournée au 1ᵉʳ novembre. »

Ce n'était point par *étendue de terrain*, mais par TÊTES D'HOMMES, que le congrès devait opérer le partage des territoires, Etats ou provinces enlevés à la France ou conquis sur ses alliés. Les souverains et leurs ministres traitaient ces populations comme un bétail humain. On en avait le compte; il s'élevait en total à *trente et un millions six cent quatre-vingt-onze mille deux cent quarante-sept* TÊTES. Dans ce chiffre n'était point comprise la population des îles ou territoires coloniaux saisis sur nous ou pris à la Hollande et à l'Espagne; des flottes anglaises s'en étaient emparées; l'Angleterre les gardait. C'était, nous l'avons dit, sa part de dépouilles; elle n'admettait pas qu'on pût la discuter. Les alliés, au reste, n'y songeaient pas; c'était à peine s'ils en tenaient compte : puissances essentiellement continentales, qu'en auraient-ils fait? Leur convoitise ne s'adressait qu'aux populations voisines de leurs Etats; celles-là seules avaient été nombrées.

Ce chiffre de trente-deux millions de *têtes* à partager se

trouvait notablement réduit toutefois par des cessions ou des restitutions de territoires déjà consacrées ou convenues par les divers traités particuliers et spéciaux conclus dans les quinze derniers mois à Kalish, à Reichenbach, à Tœplitz et à Paris. Ainsi, la réunion de la Belgique à la Hollande, constituées sous le nom de *Royaume des Pays-Bas*, et celle de la Norwége à la Suède, étaient déjà deux faits accomplis; le Hanovre, devenu royaume, appartenait, en outre, à la couronne d'Angleterre; la Lombardie était rentrée sous le joug autrichien, et la Savoie se trouvait replacée sous le sceptre du roi de Sardaigne. Des territoires étendus restaient pourtant encore en litige. La Pologne, la Saxe et l'ancienne république de Venise étaient les plus considérables. La Russie exigeait la Pologne comme le prix de tous ses sacrifices à la cause de l'Europe; la Prusse réclamait les Etats du roi de Saxe au même titre; l'Autriche, à son tour, ne se croyait pas moins fondée à doubler, avec Venise et son territoire, l'étendue de ses possessions italiennes. C'était pourtant en invoquant l'*indépendance* des nations et la *légitimité* des souverains que les puissances avaient pris les armes. Tous leurs actes, toutes leurs déclarations, avant et durant la guerre, faisaient de ces principes la règle des traités à intervenir. Malheureusement les principes font la loi des faibles; les forts les proclament, mais n'y obéissent pas : et la Russie, ainsi que l'Autriche, n'avaient pas attendu la réunion du congrès pour se mettre en possession des provinces qu'elles convoitaient et qu'elles voulaient garder. Ces deux cours, tout en protestant de leur inviolable respect pour le *droit*, avaient profité des circonstances de la guerre, celle-ci pour couvrir de troupes le nord de l'Italie, celle-là pour occuper en force toute l'ancienne Pologne. Ces malheureuses contrées, vouées à la conquête, ne relevaient, à la vérité, que d'elles-mêmes; et le droit des peuples, pour être le plus sacré, le seul incontestable, est le droit dont tiennent le moins compte les chefs de monarchies. La Saxe, au contraire, avait une race royale et un roi. Cette barrière avait suffi pour arrêter le cabinet de Berlin; il hésitait à la briser.

Les projets de la Prusse sur la Saxe royale n'étaient plus un mystère depuis l'évacuation de notre territoire. Ses réclamations s'étaient produites dès les conférences pour le traité de Paris. Le roi de Saxe, le plus loyal et le meilleur des hommes, était aimé de ses sujets. Le bruit de sa déchéance et de la cession de ses Etats à la Prusse, alarma toutes les classes de la population saxonne. Des brochures, des adresses, protestations énergiques, furent publiées à Dresde et dans toutes les villes du royaume; l'armée elle-même réclama. Les principaux généraux, ceux qui s'étaient tournés contre nous avant la première journée de Leipsick, comme au milieu du feu de la seconde bataille, présentèrent, le 18 septembre, au prince russe Wolkonski-Repnin, gouverneur-général du royaume pour les alliés (1), une adresse où, déclarant qu'ils n'avaient passé à la coalition et ne s'étaient battus dans ses rangs que dans l'intérêt de leur indépendance et de leur roi, ils demandaient qu'on maintînt intacts l'intégralité du territoire et les droits du prince. Le gouverneur-général, pour toute réponse, fit enfermer les pétitionnaires dans les deux forteresses de Magdebourg et de Torgau. Les prétentions de la Prusse, jusque là, avaient gardé le caractère de simples conversa-

---

(1) La coalition, pour punir le roi de Saxe de sa fidélité à l'alliance française, avait *saisi* son royaume et en avait donné la garde à la Russie.

tions diplomatiques. Les 9 et 10 octobre, son premier ministre, le prince de Hardenberg, sans attendre l'ouverture du congrès, adressa officiellement à M. de Metternich et à lord Castlereagh deux lettres où il demandait, au nom de sa cour, la *cession* de TOUTE la Saxe et la *préalable occupation* du territoire. Lord Castlereagh répondit le 11 « que, si l'incorporation de toute la Saxe à la Prusse importait au salut de l'Europe, il garantissait le consentement de son gouvernement, bien que la ruine d'une aussi ancienne maison le pénétrât de douleur ; qu'il reconnaissait, à la vérité, que si les princes allemands, après avoir *failli*, avaient réparé leurs fautes par des services subséquens, il n'en était pas de même du roi de Saxe, qui avait persisté jusqu'au bout dans son alliance avec l'ennemi de l'Europe ; que, malgré cela pourtant, la déclaration qu'il faisait devait être considérée comme *nulle* dans le cas où la Saxe serait sacrifiée aux *prétentions de la Russie* et non aux intérêts de l'Europe. » La réponse de M. de Metternich se fit attendre jusqu'au 22. Il écrivit au prince de Hardenberg, « que la Prusse avait certainement droit à un accroissement de territoire ; que pas une cour ne désirait cette augmentation territoriale plus vivement que la sienne ; mais qu'en faisant même abstraction des liens de famille existant entre les maisons de Saxe et d'Autriche, son souverain ne pouvait approuver l'incorporation *entière* des États saxons à la couronne prussienne, parce que cette incorporation deviendrait une source éternelle de méfiance entre les deux cours ainsi rapprochées ; que, si la *force des circonstances* pourtant exigeait ce sacrifice, il serait nécessaire de prendre des arrangemens pour la fixation des frontières, la fortification des places et sur les relations commerciales, ainsi que sur la ligne de défense de l'Allemagne méridionale. »

La question de la Saxe se trouvait donc vivement engagée le 1er novembre, lorsqu'eut lieu l'ouverture définitive du congrès sous la présidence de M. de Metternich. La Prusse, dès la première séance, renouvela sa demande pour l'incorporation de la Saxe.

M. de Talleyrand, représentant d'un roi restauré, se posait au congrès, à défaut d'autre influence, comme le champion intraitable de la *légitimité*, mot nouveau, créé au mois d'avril 1814 pour faire un titre aux Bourbons, et que le prince de Bénévent se glorifiait d'avoir inventé. Le lendemain 2, encouragé, pressé par l'Angleterre et par l'Autriche, il répondit à la demande de la Prusse par une note convenue entre lord Castlereagh, M. de Metternich et lui, et dans laquelle, rejetant la dépossession du roi de Saxe, il disait « que ce prince n'avait été ni accusé ni interrogé ; qu'il n'existait aucun tribunal compétent pour prononcer sur lui ; qu'on ne pouvait lui imputer à crime sa conduite, sans faire en même temps le procès à tous les princes qui avaient traité avec Napoléon ; qu'un seul souverain, Louis XVIII, était peut-être en droit de juger Frédéric-Auguste, et que ce prince l'absolvait ; que la Saxe d'ailleurs demandait le retour de son roi ; que l'Allemagne, d'un autre côté, réclamait l'intégrité des droits de tous, et les verrait compromis par le sacrifice de la Saxe ; enfin, que l'incorporation demandée compromettrait infailliblement la tranquillité de l'Europe par les rivalités que ce nouveau point de contact soulèverait entre la Prusse et l'Autriche. »

Le surlendemain 4, le roi Frédéric-Auguste, alors retenu à Friedrichofeld par ordre des souverains, fit parvenir à son tour, au congrès, une protestation dans laquelle il déclarait en substance : « Que la position de son pays l'avait seule empêché de se déclarer contre la France ; que le but de la guerre ayant été le maintien des *trônes légitimes*, il aurait dû s'attendre à la restitution de l'héritage de ses ancêtres; qu'en conséquence, il protestait contre toute dépossession de ses Etats, et qu'en aucun temps il ne consentirait à les céder ou à les échanger. »

Mais tandis que toutes ces déclarations se produisaient, pendant qu'à cette occasion on discutait au dedans et au dehors du congrès, la Prusse et la Russie, résolues d'agir, prenaient un parti qui devait singulièrement compliquer la situation.

Cette question de la Saxe avait plusieurs faces. Non seulement elle intéressait l'indépendance des peuples et des couronnes, le droit public de l'Europe et l'équilibre politique du continent, non seulement elle importait particulièrement à l'Autriche comme question d'influence sur l'Allemagne et comme question de frontières, mais elle se trouvait intimement liée aux projets de la Russie sur la Pologne.

Les traités de partage de 1772 et de 1795 avaient donné à la Prusse une notable partie de ce royaume. Dépouillée par Napoléon du grand-duché de Varsovie que la Russie exigeait sans jamais en avoir eu la possession, la Prusse avait des droits à faire valoir sur ce grand-duché, tandis que le seul titre de la Russie était ses propres prétentions. Cependant la cour de Berlin consentait à abandonner cette portion de ses anciennes possessions polonaises au tzar, si la Saxe devenait le prix de ce sacrifice. Alexandre n'était donc pas moins intéressé que son allié à cette cession; de là l'énergie de ce prince à soutenir la demande du cabinet de Berlin. C'étaient les troupes et les généraux du tzar qui occupaient le royaume contesté; ce monarque prit les devans sur les décisions du congrès : le jour même où la protestation de Frédéric-Auguste fut déposée sur le bureau de cette assemblée, un des ministres d'Alexandre, le baron de Stein, transmit au prince Wolkonski-Repnin l'ordre de remettre la Saxe à la Prusse; le surlendemain, 6 novembre, la capitale et toutes les forteresses saxonnes se trouvaient aux mains des autorités et des troupes prussiennes.

Cet acte de violence et d'audace souleva toute l'Allemagne : l'Autriche ne pouvait consentir à substituer sur ses frontières une puissance de premier ordre à un état sans influence et sans forces; à voir les provinces prussiennes longer les siennes de la Bavière à la Pologne, tandis que l'intime alliée du cabinet de Berlin, la Russie, prolongerait, de son côté, le territoire autrichien depuis la Silésie jusqu'à l'empire turc; l'Autriche menaça d'*agir* à son tour.

Durant les trois semaines qui suivirent, le congrès ne présenta que trouble et confusion. Des conférences entre les représentans des différens États avaient journellement lieu, en dehors des réunions officielles, pour essayer de concilier toutes ces prétentions rivales. L'Autriche n'était pas moins opposée aux projets d'Alexandre sur la Pologne qu'aux projets du roi de Prusse sur la Saxe; le tzar essaya de rendre le cabinet de Vienne plus facile à ses vues, en déclarant, dans les derniers jours de novembre, « qu'il consentait à ne pas incorporer à son empire les deux villes de Thorn et de Cracovie, à la condition qu'elles jouiraient, sous la protection de toutes les puissances alliées, de la même indépendance que les villes anséatiques. » Puis il terminait en demandant, pour la Prusse, la cession de toute la Saxe. Le roi de Prusse, de son côté, appuyant la déclaration du tzar, proposa, le 2 décembre, de rendre inoffensive la possession de Thorn et de Dantzick en rasant leurs fortifications, et d'établir sur des bases solides la future constitution de la Pologne. Il parlait ici pour son allié ; quant à ses prétentions personnelles, ce souverain faisait observer que l'incorporation de la Saxe à ses États n'équivaudrait pas aux accroissemens donnés à la Hollande par l'adjonction de la Belgique; à la Russie, par la cession de la Pologne; à l'Autriche, elle-même, par l'adjonction du Tyrol et de l'Italie; et à quelques souverains allemands, notamment à la Bavière, par la cession de différens territoires dont il faisait l'énumération. Il ajoutait qu'il n'entendait pas dépouiller la maison de Saxe sans indemnité, et il proposait de céder à cette maison, dans l'ancien cercle de Westphalie, « les principautés de Munster et de Paderborn, que Frédéric-Auguste possèderait en conservant le titre de roi, titre qui serait remplacé, après lui, par celui de grand-duc. » Enfin, pour enlever toute inquiétude à l'Autriche sur son voisinage, le roi de Prusse ajoutait « qu'il s'engageait à ne point fortifier Dresde, et à céder à cette puissance le district de Ratibor, dans la Haute-Silésie, ceux de Pled et de Leobschütz, ainsi qu'un canton de la principauté de Neiss. »

Le prince de Metternich, d'accord avec lord Castlereagh et avec M. de Talleyrand, qui lui donnait la voix de la France dans un intérêt que nous dirons plus loin, répondit, le 10 décembre, à ces différentes propositions, que l'incorporation de toute la Saxe à la monarchie prussienne était incompatible avec les principes de sa cour; qu'elle compromettrait sa frontière de Bohême, et que la perte de la Saxe, pour la Prusse, pourrait être facilement compensée « par une portion du grand-duché de Varsovie, par la Basse-Lusace, le district de Wittemberg et par quelques autres territoires qui resteraient soumis à l'union germanique. » L'Autriche, comme on le voit, offrait d'indemniser le cabinet de Berlin avec une partie des provinces que réclamait précisément Alexandre. Le prince de Hardenberg répliqua, au nom de sa cour, en opposant à M. de Metternich les termes mêmes de sa lettre du 22 octobre, ainsi que la réponse écrite le 11 par lord Castlereagh; mais, enhardi par une solennelle démarche de tous les princes allemands, qui voyaient dans la disparition de la Saxe une menace pour leurs propres souverainetés, le ministre autrichien déclara ne pouvoir rien céder.

Une rupture devenait imminente : chacun dut se préparer à la lutte. L'Autriche concentra de nombreux corps de troupes en Moravie; la Prusse donna des ordres pour rassembler les siennes; Alexandre, qui occupait et gouvernait déjà la Pologne, se mit en mesure d'y réunir trois cent mille soldats; son frère, le grand-duc Constantin, adressa le 11 décembre, aux Polonais, une proclamation où il les invitait à s'unir pour la défense de leur *existence politique*, et M. de Nesselrode fut autorisé à déclarer au congrès que huit millions d'hommes (les Polonais) allaient s'armer pour leur indépendance.

Des notes, cependant, étaient encore échangées. Alexandre hésitait à jeter l'Europe dans de nouvelles convulsions. Le 31 décembre, M. de Nesselrode annonça que son maître consentait à abandonner plusieurs districts de la Pologne à la Prusse et à l'Autriche; à déclarer Cracovie ville libre; à doter d'une constitution les provinces polonaises qui lui seraient laissées, et à joindre à ces provinces, s'il en était besoin, quelques uns des territoires cédés à la Russie par le premier partage de 1772. En d'autres termes, Alexandre ne proposait rien moins que de reconstituer, comme une annexe de son empire, l'ancien royaume de Pologne, moins les districts qu'il consentait à abandonner à l'Autriche et à la Prusse. Cette dernière puissance, tant que la possession de la Saxe ne lui était pas positivement assurée, pouvait difficilement accéder elle-même à cette proposition. Elle avait d'ailleurs à craindre, ainsi que le cabinet autrichien, de voir cette reconstitution de l'ancienne puissance polonaise devenir, pour les districts polonais laissés en ses mains, un centre d'attraction qui finirait par absorber ceux-ci. Les deux cours de Vienne et de Berlin, cette fois, se trouvèrent donc d'accord pour repousser la demande de la Russie ; elles furent appuyées par lord Castlereagh et par M. de Talleyrand.

Si ce dernier avait agi en prévision de l'avenir, en vue des intérêts généraux de l'Europe et de ceux de la France, peut-être aurait-il dû soutenir la proposition d'Alexandre en s'efforçant de faire revivre l'ancien royaume de Pologne et de le reconstituer avec un territoire assez étendu et des élémens de puissance assez énergiques pour rendre inévitables sa séparation future et son indépendance. Cette combinaison pouvait fournir à la France la chance de recouvrer dans le Nord une alliance qui ne lui avait jamais failli, et donner à l'Europe occidentale une barrière assez forte pour la protéger contre les envahissemens de la Russie. M. de Talleyrand ne voyait ni d'aussi haut, ni aussi loin.

Il était arrivé au congrès de Vienne avec deux idées préconçues, passées chez lui à l'état d'idées fixes : constituer l'alliance de l'Autriche, de l'Angleterre et de la France ; obtenir la restauration des Bourbons de Naples.

Les principaux souverains de l'Europe et leurs ministres s'étaient surtout réunis dans la pensée d'affaiblir les traces profondes laissées sur le sol de l'Europe par le passage de notre révolution armée et du plus glorieux de ses soldats ; M. de Talleyrand, moins que tout autre, devait résister au rétablissement des vieilles voies politiques.

M. de Talleyrand avait dépassé 60 ans en 1815 ; il appartenait au siècle précédent. Elève politique des encyclopédistes, il avait abordé la révolution et les affaires publiques avec l'engouement de l'école philosophique du dix-huitième siècle pour la politique du duc de Choiseul. A l'époque où ce ministre dirigeait le cabinet de Louis XV, l'Angleterre et la maison d'Autriche étaient les puissances contre lesquelles la France avait eu à soutenir ses luttes les plus longues et les plus acharnées. La Prusse, née pour ainsi dire de la veille, ne pesait pas alors d'un poids bien lourd en Europe. Contenue par la Pologne, la Russie ne faisait pas encore sentir son action au delà du Niémen. Une alliance entre les trois cours de Londres, de Paris et de Vienne, les constituait dès lors arbitres souveraines du continent et assurait aux trois gouvernemens le double avantage d'une prépondérance incontestée et d'une longue paix. Cette alliance était un rêve de M. de Choiseul en 1765; elle devenait en 1815 un véritable anachronisme; mais par une singularité, résultat de la confusion politique de l'époque, elle empruntait à une question tout à la fois politique et de famille, la question des Bourbons de Naples, une sorte d'intérêt actuel, et devenait, pour M. de Talleyrand, une sorte de nécessité.

La restauration des Bourbons, alors réfugiés en Sicile, manquait au complet rétablissement de cette famille sur les trois trônes qu'elle occupait en Europe. Louis XVIII avait fait de cette réintégration la loi politique de son plénipotentiaire à Vienne, et M. de Talleyrand, dans deux notes déposées sur la table du congrès les 15 et 19 décembre, avait dû formellement la demander. Or, Murat, qu'il s'agissait de renverser, n'avait traité qu'avec deux puissances, l'Angleterre et l'Autriche. L'Angleterre, par l'occupation de la Sicile et par sa marine; l'Autriche, par la possession du Nord de l'Italie, tenaient en outre dans leurs mains le sort de Naples et de son royaume. L'intérêt spécial de la dynastie qu'il représentait et l'intérêt général de la France se réunissaient donc, aux yeux de M. de Talleyrand, pour exiger la réalisation du système d'alliance que, dans ses jeunes années et durant une partie de son âge mûr, il avait tant admiré, et qui devait faire la passion, le but unique des efforts de sa vieillesse.

Le public officiel de Vienne n'était pas dans la confidence de cette politique rétrospective, de cette fidélité d'un vieillard aux souvenirs d'un autre siècle: il ne comprenait pas comment, placé entre la Russie, l'Angleterre et l'Autriche, M. de Talleyrand, dans toutes les questions, se liguait avec ces deux dernières puissances contre la première. La position géographique et les intérêts de la Russie indiquaient cette cour à notre alliance; les Bourbons de France lui devaient surtout leur avènement; elle ne profitait pas de nos dépouilles, elle ne nous demandait rien et ne pouvait rien nous enlever : l'Angleterre et l'Autriche, au contraire, nos antagonistes obligés, nos adversaires de tous les temps, ne se faisaient pas faute, l'une et l'autre, de largement s'agrandir à nos dépens. L'intérêt de famille ne suffisait pas pour expliquer la préférence du représentant de la cour des Tuileries. « Murat détient la principauté de Bénévent; les Bourbons de Sicile ont promis de la restituer avec bénéfice, » disaient les uns. « L'Angleterre est de toutes les puissances celle qui dépense le plus en pensions secrètes, disaient les autres; les complaisances de M. de Talleyrand sont le prix d'un salaire splendide. » Cette double supposition pouvait se trouver fondée sans être pourtant l'unique mobile de notre plénipotentiaire. Aucun homme ne savait, mieux que lui, concilier les bénéfices personnels et les principes (1). Quoi qu'il en soit, sa partialité pour les deux cours de Vienne et de Londres était évidente et frappait tous les yeux. Elle ne pouvait échapper à Alexandre.

On raconte que le tzar, ayant invité le prince de Bénévent à un entretien, lui témoigna son étonnement de trouver dans la légation française une hostilité systématique, au lieu de la condescendance et de l'appui qu'il était en droit d'attendre. M. de Talleyrand s'excusa sur les formelles instructions de sa cour, et sur un respect pour les principes et pour le droit qui faisait taire chez lui toutes les autres considérations. « J'aurais compté sur plus de reconnaissance de la part de la France, » répondit Alexandre. A quelques jours de là, les Russes cessèrent de se montrer dans les salons du plénipotentiaire de Louis XVIII ; les Prussiens s'abstinrent également de le visiter.

Cet interminable débat de la Pologne et de la Saxe devait-il aboutir à un appel aux armes ou à une transaction? L'Autriche, dans l'incertitude, voulut assurer, contre les éventualités d'une rupture, les possessions sur lesquelles elle avait mis la main, et résolut de les placer sous la sauvegarde d'une alliance avec la France et l'Angleterre. Celle-ci ne pouvait avoir les mêmes craintes ; la part qu'elle s'était faite, toute

---

(1) « Je sais, d'une manière positive, que Murat avait engagé M. de Talleyrand à défendre ses intérêts au congrès de Vienne, afin d'obtenir d'être rangé dans la catégorie de Bernadotte. Comme ce n'était pas la première fois qu'il négociait avec Talleyrand, il commença par lui envoyer 300,000 ducats (1,250,000 fr.) qui furent acceptés. Talleyrand en avait reçu autant de Ferdinand, compétiteur de Murat. Il se décida pour Ferdinand, et celui-ci, en reconnaissance, non seulement lui conserva la principauté de Bénévent, mais il y ajouta le duché de Dino pour le neveu du diplomate. »
(*Mémoires* du duc de Rovigo, t. VIII.)

coloniale, se trouvait hors des atteintes de la Russie et de la Prusse. Mais inquiète des agrandissemens de la première de ces deux cours, dont la marine prenait déjà de la force sur trois mers, sur la Baltique, la mer Noire et la Caspienne, ses plénipotentiaires devaient se montrer faciles à toutes les propositions qui auraient pour but d'arrêter le développement de cette puissance et d'amoindrir son influence en Europe. Quant à notre représentant, dominé comme il l'était par la pensée de continuer la politique de M. de Choiseul et par ses projets de restauration napolitaine, il suffisait à l'Angleterre et à l'Autriche de parler, pour qu'il se montrât convaincu. La proposition d'une triple alliance offensive et défensive entre les trois cours, de Vienne, de Londres et de Paris, faite par M. de Metternich, fut donc acceptée, et le 3 janvier 1815, lord Castlereagh, M. de Talleyrand et le premier ministre autrichien, signèrent un traité en quatorze articles dont voici l'analyse :

Les trois puissances contractantes s'engageaient à agir de concert et avec *désintéressement* pour ASSURER L'EXÉCUTION des arrangemens pris dans le TRAITÉ DE PARIS, et à se considérer toutes trois comme étant attaquées dans le cas où les possessions de l'une d'elles viendraient à l'être (art. 1er); que si l'une d'elles se voyait menacée, les deux autres interviendraient d'abord amiablement (art. 2); puis activement en cas de médiation inutile (art. 3); chaque puissance contractante fournirait alors un corps de cent cinquante mille hommes, dont cent vingt mille d'infanterie et trente mille de cavalerie (art. 4); l'Angleterre se réservant, toutefois, de fournir son contingent en troupes étrangères à sa solde (art. 5); en cas de guerre, on conviendrait amiablement de la nature des opérations et du choix du général en chef (art. 6); de nouveaux arrangemens seraient pris s'il y avait nécessité de secours additionnels (art. 7); et la paix ne serait faite que d'un commun accord (art. 8). Ce traité ne devait annuler aucun de ceux qui ne seraient pas contraires (art. 9). Les trois puissances contractantes s'engageaient à regarder le *traité de Paris* comme ayant *force* pour *régler l'étendue* de leurs *possessions respectives* (art. 10); elles prenaient l'engagement d'agir à cet égard d'un commun accord (art. 11); se réservaient la faculté d'inviter d'autres États à accéder au traité (art. 12); et se promettaient de repousser toute aggression contre le territoire des souverains de Hanovre et des Pays-Bas (art. 13). Enfin, ce traité devait être ratifié dans le délai de six semaines (art. 14).

Deux articles secrets du même jour étaient ainsi conçus :

1° Les souverains de Bavière, de Wurtemberg et des Pays-Bas seront invités à accéder au traité ci-dessus.

2° Les conventions de ce jour ne devront être communiquées par aucune des puissances signataires sans le consentement exprès de toutes.

L'Autriche s'était emparée du Tyrol et de la moitié de l'Italie. L'Angleterre avait dans les mains les plus importantes des anciennes colonies de la Hollande, long-temps la première puissance coloniale du monde ; elle avait encore nos colonies et nos comptoirs les plus riches, ainsi que l'île de Malte, Heiligoland et le Hanovre ; elle venait d'élever contre nous, à nos portes, avec nos départemens de la Belgique, le royaume des Pays-Bas ; l'Angleterre se trouvait donc également pourvue. Il est dès lors facile de comprendre l'intérêt de ces deux cours à un traité qui garantissait à chacune d'elles tous ces accroissemens de territoires et de puissance, toutes ces spoliations. Mais la France ! quels avantages pouvait-elle en espérer ? Ce pacte ne lui garantissait rien à elle, sinon sa honte et son abaissement. Fait incroyable! elle s'obligeait à épuiser ses trésors, à prodiguer le sang de ses soldats pour assurer à ses spoliateurs la tranquille jouissance des possessions qu'ils lui avaient arrachées; elle engageait son honneur et sa puissance dans le seul but de MAINTENIR les sacrifices et le déshonneur de ce désastreux *traité de Paris* que l'Europe victorieuse avait seule pu lui imposer! Etait-ce ineptie ou trahison? L'une et l'autre peut-être.

Trois semaines après la signature de ce traité secret, le 28 janvier, l'Autriche, que ce pacte avait rendue plus hardie, proposa de trancher la question de la Saxe en indemnisant la Prusse à l'aide de huit cent mille *têtes* que l'on détacherait de ce royaume. Le 6 février, le prince de Hardenberg répliqua, au nom de sa cour, par une note, où, sans s'expliquer nettement sur l'offre de l'Autriche, il annonçait la renonciation de la Russie à la possession de Thorn et du district de Tarnopol.

En même temps que les deux questions de la Pologne et de la Saxe absorbaient les séances officielles des plénipotentiaires des huit puissances composant le congrès, le comité spécial, chargé de régler les affaires de l'Allemagne, examinait une note dans laquelle le prince de Metternich proposait la création d'une diète fédérale germanique, divisée en deux cercles ou conseils : le premier cercle, composé de l'Autriche et de la Prusse, ayant deux voix chacune, de la Bavière, du Wurtemberg et du Hanovre, avec une voix chacune, devait avoir le droit de décider, pour toute la fédération, des questions de paix et de guerre; le second, formé des représentans des autres États, princes souverains ou villes libres, devait avoir la puissance législative, mais sans pouvoir déclarer la guerre ni conclure des alliances. Le premier conseil, véritable pouvoir exécutif, se trouvait tout entier aux mains de la Prusse et de l'Autriche, puisque sur *sept* voix, ces deux puissances s'en réservaient *quatre*. Ces prétentions à la dictature avaient irrité tous les petits princes allemands. Ils voulaient résister et cherchaient où s'appuyer. Cette protection était dans le rôle obligé de la France. Les efforts de la monarchie, depuis Louis XI et François Ier, avaient constamment tendu à fortifier les États secondaires de l'Allemagne contre les grandes puissances, à les maintenir dans notre sphère d'influence et d'action, et à les rendre pour nous une barrière et une force contre les monarchies du nord de l'Europe. Napoléon avait poursuivi le même but lorsqu'il avait créé la *confédération du Rhin* et qu'il s'en était déclaré le *protecteur*. On se rappelle que l'une des conditions qui fut surtout l'objet de l'insistance des trois grandes puissances du Nord au congrès de Prague, et à laquelle l'empereur résista le plus long-temps, était précisément sa renonciation à cette protection effective.

Par une coïncidence qu'il n'est pas sans intérêt de signaler, M. de Talleyrand était ministre des affaires étrangères de l'Empire, lors de la création de cette confédération du Rhin que le congrès de Vienne s'occupait alors de reconstruire sous un nouveau titre et sur des bases nouvelles. Cette création, on ne l'ignore pas, fut l'occasion pour lui de bénéfices énormes qu'il savait s'attribuer en faisant payer aux parties intéressées les plus riches, une influence que Napoléon était loin de lui laisser ; aux plus pauvres, des services qu'il promettait et qu'il ne rendait pas. Ses bureaux préparaient le travail sur des notes transmises du cabinet de l'empereur ou de la secrétairerie d'État, et Napoléon seul décidait. M. de Talleyrand n'intervenait que par ses réceptions, ses dîners, ses concussions et sa signature.

En 1815, l'intérêt de notre puissance, si affaiblie quand

l'influence et la force de tous les États s'étaient si démesurément accrues, commandait impérieusement au chef de notre diplomatie de faire revivre la politique séculaire de la France à l'égard des États secondaires de l'Allemagne. Il y a plus : signataire de la monstrueuse convention du 23 avril et du traité du 30 mai, le prince de Bénévent avait, dans cette question, un moyen d'amoindrir le mal que lui-même avait causé. Il ne s'en inquiéta même pas. Les petits États allemands furent pour lui comme s'ils n'avaient jamais existé; dans sa légèreté et dans son insouciance, il les abandonna sans réserve à la dure domination de l'Autriche et de la Prusse. Le Danemarck lui-même, notre dernier allié, à qui la coalition venait d'enlever la Norwège, comme un châtiment de sa fidélité à la France, ne put obtenir de notre plénipotentiaire le plus léger appui. Les préoccupations de M. de Talleyrand, nous l'avons dit, n'étaient point là. Ces questions, d'ailleurs, n'intéressaient que la loyauté ou la grandeur du pays. La faveur de Louis XVIII importait autrement au chef de notre légation. Soucieux, avant tout, de plaire à ce monarque, et connaissant son amour pour les commérages et les scandaleuses anecdotes, sa correspondance diplomatique, à cette époque, singulier témoignage de la futilité de son esprit, fait connaître une face assez ignorée du caractère du maître et du ministre. Cette correspondance était moins un tableau des délibérations du congrès et des intérêts qui venaient s'y heurter et s'y combattre, qu'une scandaleuse chronique de salon et d'alcôve. Elle abondait en détails spirituellement cyniques sur les intrigues des personnages de tous les sexes et de tous les rangs, acteurs ou témoins dans les fêtes de cette assemblée. Ses descriptions faisaient passer tour à tour sous les yeux de Louis XVIII, Alexandre, agenouillé dans un oratoire avec madame de Krudner, **M.** de Metternich et ses bonnes fortunes d'homme de cour, lord Castlereagh et ses amours fort peu choisis. Chaque bal était l'objet d'un récit minutieux : propos échangés sous le masque, intrigues galantes, dénoûmens libertins ou grotesques, l'ancien évêque d'Autun n'oubliait rien ; son maître riait, le proclamait observateur sagace et homme d'esprit ; que lui importait le reste? (1) Cette correspondance, ajoutée aux faits que nous venons de rapporter, peut donner la mesure de l'habileté trop long-temps vantée du *célèbre diplomate,* que des historiographes gagés ont osé présenter comme le régulateur suprême du congrès.

---

(1) M. de Talleyrand écrivait beaucoup plus qu'on ne l'a dit. Ses dépêches de Vienne étaient fréquentes, étendues ; toutes étaient de sa main. Elles furent trouvées aux Tuileries, après le 20 mars, dans un des cartons du cabinet de Louis XVIII, et envoyées, comme nous aurons à le dire plus loin, à l'empereur de Russie, en même temps que le traité secret du 3 janvier. Les originaux de cette étrange correspondance politique ont été long-temps et sont probablement encore entre les mains du général Czernicheff, ministre de la guerre de Russie. M. Pasquier, aujourd'hui président de la Chambre des pairs, en possède une copie qu'il s'est procurée nous ignorons par quel moyen, et qu'il destine, assure-t-on, à orner les volumineux *Mémoires* auxquels il travaille depuis trente ans. Un écrivain, à qui ses relations avec M. Pasquier ont permis de parcourir quelques unes de ces dépêches, analyse ainsi le compte-rendu d'un bal costumé : « Le roi de Prusse avait été long-temps agacé par un domino noir ; l'empereur d'Autriche s'était montré en costume hongrois, avec une magnifique pelisse ; le roi Maximilien de Bavière avait un costume de colonel qu'il portait au service de Napoléon. La rotondité colossale du roi de Wurtemberg le désignait à tous les yeux, malgré un vaste domino tout brillant d'or ; ce prince avait long-temps causé avec la duchesse d'Oldenbourg, sœur de l'empereur de Russie, qu'il aimait, et qui s'était cachée sous l'humble costume de grisette. Le roi de Danemarck,

Quand nous parlons du prince de Bénévent, nous ne séparons pas de lui les trois autres plénipotentiaires, espèce de comparses qui l'accompagnaient uniquement pour faire nombre. Nous devons cependant donner une place à part au comte Alexis de Noailles, dont l'activité turbulente, l'ardeur monarchique et religieuse se consumaient dans d'infatigables efforts pour la résurrection du vieil ordre de Malte. La ferveur dévote de cet étrange diplomate ne s'arrêtait point là. Si, au congrès, l'ancien évêque d'Autun consacrait une partie de son temps à fournir Louis XVIII de prose libertine, le colonel Alexis de Noailles, dans ses heures de loisir, composait des sermons (1).

---

que sa grosse gaîté avait fait surnommer le *loustic* de la brigade royale, s'était long-temps entretenu avec M. de Metternich. Le prince Eugène de Beauharnais avait surtout attiré l'attention de M. de Talleyrand, qui, épiant attentivement toutes ses démarches dans ce bal, avait remarqué que le fils de Joséphine était l'objet des vives amitiés de l'empereur Alexandre, ce qui inquiétait notre plénipotentiaire. »

Cet excellent roi de Danemarck, à qui le congrès enlevait la moitié de ses Etats pour payer les services parricides de Bernadotte, conserva sa gaîté jusqu'au dernier jour. « Vous emportez tous les cœurs, » lui dit Alexandre lorsque le roi lui annonça son retour à Copenhague. — « C'est possible, répondit ce dernier; mais un fait plus certain, c'est que je n'emporte *pas une âme*, » ajouta-t-il en faisant allusion à ce partage de populations qui faisait le principal objet des débats du congrès.

(1) La commémoration du 21 janvier (anniversaire de la mort de Louis XVI) fut célébrée à Vienne, dans l'église cathédrale de Saint-Etienne, en présence des empereurs d'Autriche et de Russie, des rois de Bavière et de Danemarck, et d'une foule d'étrangers de marque. Il y eut sermon; ce sermon, composé par M. Alexis de Noailles, fut prononcé par un abbé d'origine française, M. Zaignelins, curé de Sainte-Anne de Vienne. « Des larmes *réparatrices* coulèrent de tous les yeux, » dirent les journaux de l'époque, et M. de Talleyrand, gagné par l'attendrissement général, pleura.

Le congrès ne devait arrêter qu'au mois de juin suivant la reconstitution du corps germanique, tel qu'il est aujourd'hui. En revanche, les derniers jours de février virent enfin se terminer la périlleuse question de la Saxe. Chaque souverain, de guerre las, et redoutant à chaque heure de voir le congrès se dissoudre, se soumit à des concessions ; assez de difficultés restaient encore à débattre : ce fut la note présentée par M. de Metternich le 28 janvier qui servit de base à la transaction. Le royaume de Saxe renfermait deux millions d'habitans : on lui en laissa treize cent mille ; les sept cent mille autres furent donnés au roi de Prusse qui recevait, en outre, le duché de Posen et des territoires sur les deux rives du Rhin. Ce souverain insista durant plusieurs jours pour obtenir Leipsick ; il dut y renoncer et laisser cette ville au roi de Saxe. Lorsque tous ces arrangemens furent décidés, on invita Frédéric-Auguste à les accepter. Ce prince se contenta de répondre qu'il n'était point libre. Les souverains l'invitèrent à quitter Friedrichofeld et à choisir aux environs de Vienne un lieu, où dégagé de la surveillance à laquelle il avait jusqu'alors été soumis, il pourrait traiter avec les commissaires du congrès. Le roi consentit à cette entrevue et se rendit le 4 mars à Presbourg. La transaction que le congrès allait lui faire notifier devait soulever, à un double titre, l'opposition de notre plénipotentiaire. D'une part, le principe de la *légitimité* s'y trouvait entièrement sacrifié ; en second lieu, cette transaction, en affaiblissant un état secondaire et éloigné au profit d'une puissance de premier ordre que la conquête venait de porter jusque sur notre frontière, blessait tous les intérêts de la France. Non seulement M. de Talleyrand ne fit pas entendre la moindre réclamation, mais il prenait si peu au sérieux ses déclarations les plus solennelles, la dignité de son pays, et lui-même, qu'il consentit à se trouver au nombre des trois plénipotentiaires qui, le 8 mars, furent chargés de se rendre auprès de Frédéric-Auguste pour le sommer de consentir au démembrement de ses états héréditaires. Le noble et vieux roi refusa : « Il ne » voulait pas, disait-il, signer sa honte. » M. de Talleyrand et ses deux collègues revinrent à Vienne ; ils y trouvèrent les esprits agités par une nouvelle qui devait contraindre les souverains à se débarrasser de la question de la Saxe et à brusquer son dénoûment. Le 12, le congrès pressé d'en finir, déclara que « vu la réunion du roi de Saxe au plus cruel en- » nemi de l'Allemagne, par la remise qu'il lui avait faite de » Torgau, la Prusse pouvait se mettre *incontinent* en posses- » sion de la partie de la Saxe qui lui avait été dévolue ; qu'on » se réservait de justifier la conduite tenue envers Frédéric- » Auguste, en publiant un exposé de la sienne et en réfu- » tant ses plaintes de manière à les empêcher de *corrompre* » l'opinion. »

Cet arrêt venait de fixer le sort de la monarchie saxonne.

Vienne, jusqu'à cette date du 12 mars, avait offert la plus étrange physionomie. Il était difficile de soupçonner la gravité des intérêts politiques qui se débattaient au sein du congrès, à l'aspect des fêtes qui réunissaient tous les soirs les membres de cette assemblée, les empereurs et les rois dont ils représentaient les intérêts opposés, ainsi que la foule des diplomates à la suite et cette cohue de princes plus ou moins souverains qui venaient implorer la pitié de ces distributeurs d'États et de couronnes. Chaque jour c'était un divertissement nouveau : une course en traîneaux succédait à une chasse, une soirée dansante à un bal costumé ou travesti. Les mêmes personnages qui, adversaires intraitables, le matin, venaient peut-être d'expédier des courriers pour assembler des troupes, organiser l'invasion et la guerre, se rencontraient, le soir, pour causer d'intrigues galantes et arrêter le plan de fêtes nouvelles. Le lendemain, leurs peuples, leurs armées pouvaient s'entr'égorger : que leur importait ? les coups ne devaient pas les atteindre; ils dansaient en attendant. Jamais le sort des nations ne fut plus joyeusement discuté.

La fête du 11 mars fut une des plus brillantes ; elle avait lieu dans l'hôtel du prince de Metternich. Si dans quelques parties retirées des salons on discourait de la nouvelle qui venait de hâter la décision du congrès sur la Saxe, c'était légèrement et sans préoccupation sérieuse (1). Il s'agissait de l'évasion d'un glorieux captif. Quelle direction avait-il prise? Se rendait-il à Naples ou aux États-Unis? Les causeries ne s'étendaient pas au delà de ce cercle de questions. *Je viens de m'en convaincre; le trône des Bourbons est solidement assis*, disait dans la salle du bal, à quelques diplomates qui l'entouraient, le général Pozzo di Borgo, arrivé l'avant-veille de Paris. En ce moment on valsait. Tout-à-coup les valseurs s'arrêtent; vainement l'orchestre continue la mélodie commencée, personne ne l'entend plus ; on se regarde, on s'interroge; sur toute l'assemblée plane un sentiment de stupeur et d'effroi. Enfin ces mots sortent bientôt de toutes les bouches: IL EST EN FRANCE !

« Je vous avais bien annoncé que cela ne durerait pas, dit l'empereur Alexandre en s'approchant de M. de Talleyrand.

---

(1) Cette nouvelle avait été apportée cinq jours auparavant, le 6, par un courrier que lord Burgersh avait expédié de Florence à lord Stewart, l'un des plénipotentiaires anglais à Vienne.

— Vous voyez, Sire, répliqua l'empereur d'Autriche, ce que c'est que d'avoir protégé vos *jacobins* de Paris.

— C'est vrai, répondit le tzar; mais, pour réparer mes torts, je mets ma personne et mes armées au service de Votre Majesté. »

CHAPITRE V.

Les trois conjurations; Fouché. — Proclamation de Louis XVIII annonçant le retour de Napoléon; ordonnance du 6 mars. — Murat; mouvemens en Italie; propositions faites au congrès de Vienne pour déporter Napoléon à Malte ou à Sainte-Hélène; avis transmis à l'empereur; son projet de quitter l'île d'Elbe; motifs de cette résolution; arrivée de M. Fleury de Chaboulon à Porto-Ferrajo; ses deux entrevues avec l'empereur; il part pour Naples. — Napoléon s'embarque pour la France; traversée; incidens; débarquement au golfe Juan le 1er mars; proclamation *à l'armée*. — L'empereur traverse le département du Var; son arrivée à Digne. — Proclamation *au peuple Français*. — Arrivée de l'empereur à Gap et à La Mure; rencontre de 700 hommes de troupes royales aux lacs de Laffray; ce détachement se joint à Napoléon; Vizille; entrée de l'empereur à Grenoble; sa marche sur Lyon. — Le roi et les ministres lors de la nouvelle du débarquement de l'île d'Elbe; premières mesures; départ du comte d'Artois et du duc d'Orléans pour Lyon; proclamation du maréchal Soult; les princes à Lyon; entrée de l'empereur dans cette ville; décrets impériaux; départ de Lyon; arrivée à Mâcon et à Auxerre; ordre au général Girard; entrevue entre Napoléon et le maréchal Ney; communications du gouvernement royal aux Chambres. — Tentative insurrectionnelle des généraux Drouet-d'Erlon, Lefebvre-Desnouettes et Lallemand. — Le roi se présente devant les Chambres; sermens de fidélité à la Charte; conseils chez M. de Blacas; Louis XVIII se décide à quitter Paris; son départ; journée du 20 mars; arrivée de Napoléon aux Tuileries.

Vers la fin du mois de février, pendant que le roi, les princes et tous les gens de la cour partageaient la profonde sécurité de M. de Blacas, alors que l'abbé de Montesquiou, ministre de l'intérieur, se glorifiait aux Tuileries d'avoir vaincu la révolution et l'esprit révolutionnaire par la politique d'*assoupissement*, on entendait discuter tout haut, dans les salons de Paris, même dans certains lieux publics, les moyens de mettre un terme aux mesures tracassières, folles, qui jetaient dans toutes les classes de citoyens la colère et l'irritation. Une conspiration implique habituellement le silence et le mystère. Or, il n'existait ni mystère ni silence dans les projets de renversement multiples, souvent opposés, que plusieurs milliers de personnes agitaient. Le gouvernement seul ne savait rien, ne voyait rien (1).

La masse des mécontens pouvait se diviser en deux catégories principales : les *opposans* à la marche réactionnaire du gouvernement royal ; les *adversaires* de la restauration et des Bourbons.

Les premiers appartenaient aux Chambres, à l'administration, à la banque, au négoce, à la magistrature et au barreau. Tout à la fois ennemis de l'Empire et de son gouvernement militaire, et partisans de la restauration, comme régime constitutionnel et comme gage de la paix avec l'Europe, ils poursuivaient moins le renversement du gouvernement royal qu'un changement de système politique. Timides autant que formalistes, ils entendaient ne faire usage que de la *voie légale*. La réunion des Chambres était indiquée pour le 1er mai. On voulait qu'une fois assemblées, elles réclamassent impérieusement une complète sécurité pour tous les intérêts matériels issus de la révolution, ainsi que l'exécution des promesses politiques

---

(1) « On conspirait, comme on dit, sur les bornes, au coin des rues ; personne, si ce n'est le ministère, n'ignorait ce qui se passait. » (*Mémoires* du duc de Rovigo, t. VII.)

contenues dans la charte ; puis, si la résistance du roi et du parti de l'ancien régime forçait de recourir à des mesures extra-légales, on espérait pouvoir accomplir *le mouvement* « sous les auspices de l'autorité civile et des hommes bien intentionnés (1). » Ce *mouvement*, quel devait-il être ? Il avait pour dernier mot la substitution de la branche cadette de Bourbon à la branche aînée, l'avènement du duc d'Orléans.

Les adversaires des Bourbons, ceux du moins qui s'occupaient activement des moyens de les renverser, se composaient de quelques hauts fonctionnaires de l'Empire délaissés par le nouveau gouvernement, de plusieurs généraux sans emploi, de colonels en demi-solde et d'un certain nombre d'officiers supérieurs appartenant à l'armée active. Leur hostilité était absolue ; repoussant tout compromis avec la restauration, ils voulaient le rétablissement de l'Empire et l'empereur. Leur plan était exclusivement militaire ; l'instrument dont ils comptaient se servir était l'armée ; ils se croyaient sûrs de la moitié des corps qui la composaient. Un des régimens cantonnés dans le Midi, et dont le colonel appartenait au complot, devait donner le signal en se mettant en marche sur Paris ; d'autres régimens, placés sur la route, joindraient et grossiraient ainsi, de proche en proche, le nombre des insurgés. Toutes les résistances une fois emportées et les Bourbons renversés, les chefs rappelleraient l'empereur. Comme ils ignoraient les intentions de ce souverain et qu'ils n'en avaient aucune nouvelle, une forte escadre, partie de Toulon, devait aller l'*enlever* de l'île d'Elbe et le ramener ; la couronne lui serait rendue. Le prince d'Eckmühl fut d'abord le chef de cette conspiration impé-

---

(1) *Mémoires* du général Lafayette, t. v.

rialiste ; mais, lorsque tous les détails du mouvement furent à peu près arrêtés, il se retira, annonçant qu'il ne fallait plus compter sur lui (1). Sa retraite ne changea rien aux projets convenus, et, dans les premiers jours de mars, on n'attendait pour agir qu'une somme de 100,000 francs destinés aux premières dépenses du soulèvement, et que faisait attendre depuis long-temps un banquier nommé Hainguerlot, alors dépositaire de fonds assez considérables appartenant au prince Jérôme (2).

Les membres de cette conjuration militaire n'étaient pourtant pas restés unanimes; il s'était détaché de leurs rangs, dans le mois de février, un groupe très peu nombreux et composé de quelques généraux en activité de service, qui, sans se séparer ostensiblement de leurs compagnons, comptaient se servir des moyens d'exécution adoptés par ceux-ci, mais dans un autre but politique. Ces généraux étaient le comte Drouet-d'Erlon, commandant la division militaire de Lille ; le comte Lefebvre-Desnouettes, commandant l'ancien régiment des chasseurs à cheval de la garde impériale, en ce moment *chasseurs royaux*; et les deux frères Lallemand, l'un général d'artillerie et l'autre commandant du départe-

---

(1) « Il en donnait pour raison la légèreté des chefs et la certitude que la cour avait des soupçons. C'était s'y prendre un peu tard : son nom avait encouragé tous les autres; les moyens d'exécution lui avaient été soumis et il les avait approuvés; il reculait donc par couardise, car on ne pouvait supposer un repentir dans le cœur d'un tel homme. » (*Mémoires* du comte Lavallette, t. II.)

(2) Obligés à plus de précautions que les hommes de l'opposition *légale* dont l'hostilité, d'ailleurs, se répandait en menaces plutôt qu'elle ne se traduisait en projets sérieux, les conjurés de cette catégorie avaient un lieu particulier de réunion ; ils s'assemblaient aux Champs-Elysées, allée des Veuves, chez le général Berton, dont la maison portait alors le n° 6.

ment de l'Aisne. Soit que l'ignorance absolue où l'on se trouvait à Paris des dispositions de Napoléon les eût découragés, soit qu'ils fussent effrayés des tempêtes que le retour de l'Empereur pouvait soulever en France et en Europe, ils avaient écouté les propositions de quelques hommes politiques, dont l'impatience s'accommodait mal de l'incertitude et des lenteurs d'une lutte *civile* et *légale*. Ils consentaient à marcher sur Paris, avec les troupes sous leurs ordres ; mais, au lieu de chasser les Bourbons, ils devaient sommer Louis XVIII de souscrire aux conditions qu'ils lui auraient dictées ; puis, en cas de refus, ils devaient conduire ce souverain hors la frontière, et *forcer* le duc d'Orléans de régner à sa place (1). L'armée, ainsi que les classes laborieuses dans les campagnes et dans les villes, ne faisait aucune distinction entre les différens membres de la famille royale qui, tous, comme *Bourbons,* étaient également odieux au peuple et aux soldats, puisque tous ils étaient arrivés à la suite de l'invasion. Obligés de tenir compte de cette disposition de la troupe et des masses, le comte d'Erlon et les généraux associés à son entreprise, devaient opérer le mouvement en invoquant un souvenir unique, celui de l'Empire, en prononçant un seul nom, celui de l'empereur. On croyait n'avoir rien à craindre de leurs dispositions personnelles pour ce dernier, car l'engagement le plus formel avait été pris par eux de ne pas rappeler Napoléon de son exil (2). Auraient-ils réussi à maîtriser le sentiment du peuple et de l'armée ? c'est douteux. Il n'y

---

(1) *Mémoires* de M. de Lafayette, t. v.

(2) *Mémoires* de M. de Lafayette. Ce général ajoute à cette occasion : « Il fallait que son ambition et son égoïsme (de Napoléon), la dureté et le peu de sincérité de son caractère, eussent laissé des

avait place alors, dans un changement, que pour l'empereur, et le mouvement eût très probablement emporté le duc d'Orléans avec les autres princes de sa race. Quoi qu'il en soit, le plan de ces généraux, dans les derniers jours de février, était arrêté dans toutes ses parties, et ils n'attendaient plus, pour agir, que le signal de Fouché qui avait noué les principaux fils de ce complot.

L'éloignement où la restauration tenait le duc d'Otrante, avait fait d'immenses loisirs à cet ancien ministre de la police impériale ; il les employait à se mêler de toutes les intrigues et à courir d'un conciliabule à l'autre, prodiguant les promesses et les conseils. Il avait le pied dans toutes les coteries. Ainsi, en même temps qu'il ourdissait le complot militaire dont nous venons de parler, et qu'il se tenait en rapports intimes avec les poursuivans de révolution *légale*, et les conspirateurs exclusivement *impérialistes*, prononçant le nom du duc d'Orléans, avec les premiers, affirmant aux seconds qu'il *travaillait* en faveur de Napoléon, Fouché correspondait avec le duc Dalberg, un de nos plénipotentiaires à Vienne, et passait la plus grande partie de ses soirées chez la princesse de Vaudemont-Lorraine, dont le salon, espèce de terrain neutre pour toutes les opinions, était le rendez-vous assez habituel de plusieurs ministres de Louis XVIII. Le soir du 5 mars, quelques mots dits à voix basse chez cette dame apprirent à Fouché une nouvelle que le roi avait reçue seulement dans la journée. Rentré chez lui, le duc d'Otrante fit appeler l'un des deux frères Lallemand qui se trouvait à Paris, et, gardant le silence sur l'événement qu'il venait de connaître, il lui dit

---

traces bien profondes, pour que la crainte de son retour ait été, chez ses anciens serviteurs, mêlée au désir d'être débarrassés du gouvernement des Bourbons. » T. v.

que la cour soupçonnait les trames ourdies contre elle ; que les mesures les plus violentes allaient être prises contre tous les généraux suspects ; qu'il n'y avait pas un moment à perdre pour avertir le général Drouet et les autres conjurés, et pour les engager à mettre sur-le-champ leurs troupes en marche sur Paris.

Le général Lallemand partit le lendemain, 6 mars, pour Lille, et il y entrait le 7 au matin, au même moment où le *Moniteur* jetait au milieu de la population de Paris, stupéfaite, les lignes suivantes :

PROCLAMATION.

« Nous avions, le 31 décembre dernier, ajourné les Chambres pour reprendre leurs séances au 1ᵉʳ mai ; pendant ce temps nous nous livrions sans relâche à tous les travaux qui pouvaient assurer la tranquillité et le bonheur de nos peuples ; cette tranquillité est troublée ; ce bonheur peut être compromis par la malveillance et la trahison.

» Si les ennemis de la patrie ont fondé leur espoir sur les divisions qu'ils ont toujours cherché à fomenter, ses soutiens, ses défenseurs légaux renverseront ce criminel espoir par l'inattaquable force d'une union indestructible.

» A ces causes, ouï le rapport de notre *aimé et féal chevalier*, chancelier de France, le sieur Dambray, commandeur de nos ordres, nous avons ordonné et ordonnons ce qui suit :

» Art. 1ᵉʳ. La Chambre des pairs et celle des députés des départemens sont convoquées *extraordinairement* au lieu ordinaire de leurs séances.

» Art. 2. Les pairs et les députés des départemens, absens de Paris, s'y rendront aussitôt qu'ils auront connaissance de la présente proclamation.

» Donné au château des Tuileries, le 6 mars 1815, et de notre règne le 20ᵉ.

» Signé Louis. »

Le chevalier Dambray avait mis une précipitation si grande dans la rédaction de cette pièce, il possédait une telle pratique du gouvernement constitutionnel, qu'il convoquait les deux Chambres sans indiquer le jour de leur réunion. Cette proclamation gardait le silence sur les causes qui l'avaient produite; mais elle se trouvait expliquée par une ordonnance qui suivait, et qui était conçue en ces termes :

ORDONNANCE.

« Sur le rapport de notre amé et féal chevalier, chancelier de France, le sieur Dambray, commandeur de nos ordres, avons ordonné et ordonnons, déclaré et déclarons ce qui suit :

» Art. 1er. Napoléon Bonaparte est déclaré TRAITRE ET REBELLE pour s'être *introduit à main armée* dans le département du Var. Il est enjoint à tous les gouverneurs, commandans de la force armée, gardes nationales, autorités civiles et même aux simples citoyens, de lui COURIR SUS, de l'ARRÊTER, et de le traduire *incontinent* devant un conseil de guerre qui, après avoir *reconnu l'identité*, PRONONCERA contre lui l'APPLICATION des peines portées par la loi.

» Art. 2. Seront punis des mêmes peines et comme coupables des mêmes crimes :

» Les militaires et les employés de tout grade qui auront accompagné ou suivi *ledit* Bonaparte, à moins que dans le délai de huit jours ils ne viennent faire leur soumission.

» Art. 3. Seront pareillement poursuivis et punis comme fauteurs et complices de rébellion, tous les administrateurs civils et militaires, chefs ou employés, payeurs ou receveurs de deniers publics, même les simples citoyens, qui prêteraient directement ou indirectement aide et assistance à Bonaparte.

» Art. 4. Seront punis des mêmes peines ceux qui, par des discours tenus dans des lieux ou réunions publiques, par des placards affichés ou des écrits imprimés, auraient pris part ou engagé les citoyens à prendre part à la révolte ou à s'abstenir de la repousser.

» Donné au château des Tuileries, le 6 mars 1815, et de notre règne le 20e.

» Signé LOUIS. »

On croirait difficilement, en lisant cette ordonnance, qu'il s'agissait pour le gouvernement de Louis XVIII de résister au glorieux soldat que les votes de plusieurs millions d'hommes avaient appelé au trône impérial, et qui, durant dix années, avait rendu la couronne française la première couronne du monde ; de repousser l'ancien souverain dont les princes les plus puissans avaient long-temps brigué la faveur ou l'appui, et que l'Europe avait vu, prodigue de sceptres et de couronnes, élever au rang de rois les électeurs de Saxe et de Bavière et le duc de Wurtemberg. Un officier de police ordonnant une battue contre un chef de bandits échappé de sa prison, n'aurait pas employé un autre langage. L'étonnement redouble, quand on songe que cette ordonnance fut délibérée dans un conseil composé en grande partie de gens dont Napoléon avait fait la fortune et où siégeait un soldat qui lui devait sa dignité de maréchal de France et son titre de duc de Dalmatie.

Ces deux documens étaient suivis de la ligne suivante :
MONSIEUR *est parti ce matin pour se rendre à Lyon.*

L'empereur est débarqué ! Ce cri, passant de bouche en bouche, porta la nouvelle, avec la rapidité de l'étincelle électrique, dans tous les quartiers de la ville. L'événement étourdit les royalistes ; il déconcerta, dans les classes élevées et dans la bourgeoisie, ce nombre considérable de mécontens qui poursuivaient l'espérance d'une monarchie constitutionnelle avec le duc d'Orléans pour roi. Les masses, en revanche, l'accueillirent avec transport, et la nouvelle excita dans la population active, dans les classes laborieuses, parmi les jeunes gens, les militaires en demi-solde ou retraités, surtout, un enthousiasme d'autant plus vif que cette nouvelle était moins attendue. La stupeur, chez les royalistes, fit bientôt place à la colère ; le réveil était si brusque ! « Entraîné par sa *noire* destinée, disait le journal de la cour, Bonaparte s'est évadé de l'île d'Elbe, où l'imprudente magnanimité des souverains alliés lui avait donné une souveraineté pour prix de la désolation qu'il avait si souvent portée dans leurs états. Cet homme qui, en abdiquant le pouvoir, n'a jamais abdiqué son ambition et ses *fureurs*, cet homme, tout couvert du sang des générations, vient, au bout d'un an écoulé en apparence dans l'apathie, essayer de disputer, au nom de l'usurpation et des *massacres*, la légitime et douce autorité du roi de France. Quelques pratiques ténébreuses, quelques mouvemens dans l'Italie excités par son aveugle beau-frère, ont enflé l'orgueil du *lâche* guerrier de Fontainebleau. Il s'expose à mourir de la mort des héros : Dieu permettra peut-être qu'il meure de la mort des *traîtres*. La terre de France le rejette, il y revient ; la terre de France le dévorera. »

Les quelques mots de l'écrivain sur les pratiques ténébreuses et les mouvemens de Murat font allusion à des événemens mal présentés jusqu'à ce jour, et auxquels le hasard seul a donné quelque rapport avec le départ de Napoléon de l'île d'Elbe. Nous devons les expliquer.

Murat, en traitant avec l'Autriche le 11 janvier 1814, avait porté un coup fatal à Napoléon. Devenu l'ennemi de la France impériale, d'allié qu'il était, sa défection ne priva pas seulement l'empereur des secours que pouvaient lui offrir le roi de Naples et son armée ; elle paralysait entre les mains du prince Eugène des troupes nombreuses et aguerries qui, au lieu d'opérer sur les flancs ou sur les derrières de la coalition, eurent alors à défendre contre les Napolitains, aidés par l'armée autrichienne du général Bellegarde, nos possessions italiennes et notre frontière des Alpes (1). La garantie

---

(1) « Le poids qu'il mit à cette occasion dans la balance fut de

de sa couronne était le prix promis à ce service. Cette garantie, toutefois, n'engageait que l'Autriche ; on a dit que l'Angleterre l'avait confirmée. Il n'en est rien. Lord William Bentinck, gouverneur de la Sicile qu'il occupait, moins dans l'intérêt des Bourbons de Naples que pour conserver à l'Angleterre une position favorable à sa lutte contre la France, conclut à la vérité avec Murat une convention qui stipulait toute cessation d'hostilités entre sa cour et Joachim; mais cet acte n'était pas tant une reconnaissance formelle des droits du beau-frère de Napoléon et un traité d'alliance, qu'une suspension d'armes, un simple armistice. Murat avait donc abandonné la France et trahi Napoléon sans des gages bien solides de sécurité ; il ne fut pas long-temps à s'en apercevoir. Louis XVIII refusa de le reconnaître ; ses agens furent tolérés plutôt qu'admis dans les autres cours. Le congrès s'ouvrit : les pouvoirs des deux ambassadeurs qu'il y envoya furent enregistrés ; mais on enregistra de même ceux des envoyés du roi dont il tenait la place ; les plénipotentiaires des deux compétiteurs, accueillis sous le même titre, furent admis les uns et les autres comme représentant le *roi des Deux-Siciles*. De ces deux rois, quel était le *véritable*? Murat put se convaincre bientôt que ce n'était pas lui.

Le 28 novembre, dans le parlement anglais, un membre de l'opposition de la Chambre des communes, M. Weathbread, reprochant aux ministres de ne pas donner au beau-frère de Napoléon le titre de *majesté*, de l'appeler simplement *Murat*, demanda si ces formes insultantes n'étaient pas l'annonce d'une prochaine déchéance. Les ministres re-

---

120,000 hommes ; or, avec 120,000 hommes de moins, les alliés n'eussent pu entreprendre l'invasion de la France avant le printemps. »   (*Mémoires de* NAPOLÉON.)

fusèrent dédaigneusement de répondre. A quelques jours de là, le 13 décembre, un des organes du cabinet britannique, le *Courier*, accusait Murat d'avoir pillé la Prusse, incendié Moscou, égorgé les habitans de Madrid, volé les diamans de la couronne d'Espagne, et lui reprochait d'être le fils d'un « postillon de Cahors en Quercy. » Ces outrages et ces injures n'étaient pas seulement reproduits avec complaisance par la presse censurée de Paris ; le ministère français saisissait le prétexte d'une décoration accordée par Murat à la garde nationale de Naples et qui portait comme exergue les deux mots *honneur* et *fidélité*, pour dénoncer l'*usurpation* de ce prince dans les journaux dont il disposait, et pour s'élever contre l'étrange prétention du gouvernement napolitain à parler de fidélité et d'honneur, quand l'honneur, à Naples, consistait à violer ses sermens et lorsque la trahison s'y appelait fidélité (1). La Restauration, au reste, venait de prendre le parti d'agir ouvertement. Les 15 et 19 décembre, nous l'avons dit, M. de Talleyrand avait officiellement demandé au congrès le rétablissement des Bourbons de Sicile, et cette assemblée avait enregistré sa requête sans le moindre scrupule. L'annonce de cette nouvelle attaque du cabinet des Tuileries vint à Murat au moment où il recevait les propositions des mécontens italiens.

La domination autrichienne était lourde et coûteuse aux peuples de la Lombardie. Accueillis d'abord comme des libérateurs, les Allemands et les Hongrois de François II n'avaient point tardé à ressentir les effets de la mobilité italienne. Les Lombards étaient passés d'un extrême à l'autre : aux mois de mars et d'avril 1814, ils avaient salué de cris enthousiastes la venue des alliés et hâté la retraite de nos

---

(1) *Journal des Débats* du 30 décembre 1814.

troupes par la révolte, le massacre et l'incendie. Au commencement de 1815, ils appelaient de tous leurs vœux le moment où ils pourraient chasser leurs nouveaux maîtres. Gênes, surtout, était irritée ; elle avait ouvert son port à une flotte anglaise, à la condition de recouvrer son indépendance ; et peu de mois après l'Angleterre, par un indigne manque de foi, avait livré cette ancienne république au roi de Sardaigne, son ennemi le plus détesté. Les regards de toutes ces populations se tournaient involontairement vers l'île d'Elbe ; des propositions furent faites au vaincu que l'Europe y avait exilé. Napoléon se contenta de répondre qu'il ne *pouvait rien* pour les Italiens ; qu'il leur conseillait, sinon la soumission, du moins la patience, et que, pour s'armer et se montrer, ils devaient attendre que la France fût disposée à les soutenir et leur donnât le signal.

Les délais vont mal aux colères méridionales ; on savait Murat inquiet et blessé : il reçut l'offre de se mettre à la tête d'un mouvement qui, affranchissant la haute et moyenne Italie du joug de l'Autriche et des petits princes arrivés à sa suite, réunirait la Péninsule en un seul empire placé sous le sceptre du roi de Naples et dont Rome deviendrait la capitale. Soldat intrépide, mais roi de hasard, n'ayant du souverain que le titre et l'enveloppe, Murat se crut assez fort et assez habile pour réaliser ce plan et y trouver le moyen de raffermir sa couronne. Murat se trompait ; il avait perdu toute sa force en affaiblissant le bras qui l'avait élevé. Il n'en promit pas moins aux patriotes Italiens une coopération active. Cette assistance n'était possible qu'en transportant dans le Milanais, foyer du mécontentement, des troupes assez nombreuses pour provoquer et soutenir l'insurrection. Résolu d'agir, Joachim envahit les États Romains, et abritant ses projets derrière la nécessité de se mettre en mesure contre les menaces de la France, il fit demander à l'Autriche le passage, à travers ses possessions italiennes, pour deux corps d'armée destinés à attaquer la France et à le venger du cabinet des Tuileries.

La nouvelle de l'invasion de la Romagne par les troupes de Murat parvint à Vienne vers le milieu de février. Le 19, M. de Talleyrand la transmit à son gouvernement, en conseillant à Louis XVIII de réunir une armée de 30,000 hommes entre Lyon et Chambéry. « La réunion de cette armée,
» disait-il dans cette première dépêche, devait se faire avec
» le moins d'éclat possible, afin de ne pas donner d'ombrage
» à l'Autriche et au Piémont (1). » Quatre jours après, le 23 février, une seconde dépêche du prince de Bénévent pressait la formation de ce corps d'armée, disant que Murat était irrité, que l'Italie fermentait et qu'il était nécessaire d'*observer* la frontière des Alpes et de se tenir *prêt à tout événement*; puis il ajoutait : « De nouveaux aperçus et des
» changemens survenus dans les relations politiques, me
» font désirer qu'on use de moins de circonspection. Il serait
» bon, au contraire, que ce mouvement fût remarqué au
» dehors, afin de prévenir l'effet de l'opinion que M. de
» Metternich affecte de répandre sur la *nullité de nos forces*
» *militaires* (2). »

Le cabinet de Vienne connut cette double démarche de M. de Talleyrand, en même temps qu'il recevait de Murat la demande relative au passage de ses deux corps d'armée. Les 24 et 26 février, M. de Metternich notifia au gouvernement de Naples et à la cour des Tuileries que l'Autriche ne souffrirait pas que la tranquillité de l'Italie fût troublée, et

---

(1) *Mémoire justificatif* du maréchal Soult. — 1815.
(2) *Idem.*

qu'elle considèrerait comme un acte d'hostilité tout mouvement de troupes susceptible de compromettre la tranquillité de ses frontières. La première de ces deux dépêches parvint à Naples au moment où y arrivait de l'île d'Elbe un envoyé dont nous dirons plus loin la mission ; et quand on reçut la seconde aux Tuileries, les 30,000 hommes dont M. de Talleyrand avait demandé la réunion au pied des Alpes, étaient déjà en mouvement.

Si M. de Talleyrand n'avait point provoqué Murat par ses demandes de déchéance, il est probable que ce dernier n'aurait point songé à chercher dans le soulèvement de la haute et de la moyenne Italie, un secours contre l'hostilité des Bourbons et contre le mauvais vouloir des autres souverains. Ses projets de guerre contre la France n'avaient rien de sérieux ; ils n'étaient qu'un prétexte pour la marche de ses troupes en Lombardie, et c'est à tort que le gouvernement de Louis XVIII, ainsi que la plupart des écrivains de cette époque, ont accusé les *pratiques ténébreuses* de ce prince contre la restauration. Il n'a rien moins fallu que les termes de sa demande de passage au cabinet de Vienne, rapprochés du procès fait quelques semaines auparavant au général Excelmans, et dans lequel des correspondances avec Naples jouaient le plus grand rôle, pour donner créance à ces bruits ; bruits aussi peu fondés que l'accord entre Napoléon et Joachim. L'empereur ne se confiait pas assez à la capacité de son beau-frère pour le mettre de moitié dans un plan politique quel qu'il fût. Sa défection, d'ailleurs, l'avait trop profondément irrité. Murat n'obtint jamais son pardon (1).

---

(1) « **Votre mari est un fort brave homme sur le champ de bataille, mais il est plus faible qu'une femme quand il ne voit pas l'ennemi ; il n'a aucun courage moral.** »
(*Lettre* de Napoléon à la reine de Naples. — 1813.)

Ce n'est point de Naples ni du reste de l'Italie que s'inquiétait Napoléon. Sa pensée n'avait pas quitté la France ; c'était la France seule qu'il regardait et qu'il observait. Lui-même au reste l'a dit : dès Fontainebleau il avait songé au retour (1). Parti le 20 avril seulement de cette résidence, il avait eu le temps d'apercevoir dans les actes du comte d'Artois, installé depuis huit jours aux Tuileries, dans les mesures adoptées par son gouvernement et dans le langage de la presse et du parti royalistes, l'avenir de fautes réservé au gouvernement de la restauration. D'ailleurs, on n'abandonne pas un empire que l'on a gouverné quinze ans, un pays où on laisse après soi des serviteurs dévoués, des partisans et des admirateurs en nombre considérable, sans y conserver quelques relations. L'exilé le plus obscur ne renonce jamais à tous rapports avec les siens, ne rompt jamais avec la patrie ; Napoléon, parce qu'il avait ceint le diadême, devait-il étouffer en lui tous les sentimens de l'homme? Des moyens de communication entre la France et lui furent discutés avant son départ. Les correspondances écrites étaient dangereuses. A qui les confier? Comment les faire parvenir? On convint de *mots de passe* qui serviraient à accréditer les visiteurs en la parole desquels l'empereur pourrait avoir foi. Ces moyens de correspondance orale ne furent laissés qu'à quelques personnes de

---

« — Murat, en 1814, avait décidé les événemens ; il est une des grandes causes que nous sommes ici. Du reste, la première faute est à moi. Ils étaient plusieurs que j'avais faits trop grands ; je les avais élevés au dessus de leur esprit... Murat avait un très grand courage, mais fort peu d'esprit ; la trop grande différence entre ces deux qualités l'explique en entier. »
　　　　(*Mémorial de Sainte-Hélène* du comte de Las Cases.)
(1) *Mémorial de Sainte-Hélène.*

son intimité. Nous croyons pouvoir mettre de ce nombre les ducs de Bassano et de Rovigo et le comte de Lavalette (1). Le duc de Bassano, toutefois, est le seul qui ait accepté en tout temps et devant tous la responsabilité de cette position. Les visiteurs furent rares; on faisait à la police de MM. Beugnot et Dandré l'honneur de la supposer active et habile. Napoléon, au reste, connaissait par les seuls faits que la censure permettait aux journaux d'enregistrer, tout ce qu'il lui importait de savoir. Une intelligence aussi étendue et aussi haute que la sienne pouvait facilement apercevoir derrière les lois, les ordonnances et les mesures du nouveau gouvernement, les colères et les haines qu'elles soulevaient dans toutes les classes. Les révélations qu'on aurait pu lui apporter ne lui eussent rien appris, et il n'avait pas même besoin des lettres que quelques soldats restés au service, adressaient à leur famille ou à leurs compagnons de l'île d'Elbe, pour savoir que l'armée, hostile aux nouveaux princes, fidèle à son souvenir, prononçait toujours son nom et invoquait sa présence (2).

Au mois de janvier 1815, la pensée de Napoléon était arrêtée. Il rentrerait en France. Mais comment, à quelle occasion? Attendrait-il le soulèvement d'une partie de la population ou la révolte de quelques régimens, résultat prochain, inévitable, du mécontentement public? ou bien, quittant ino-

---

(1) Le comte Lavalette, directeur général des postes durant l'Empire et les Cent-Jours, et que son procès en 1815 a rendu célèbre, est l'auteur des *Mémoires* que nous avons déjà cités et que nous aurons plus d'une occasion de citer encore.

(2) Quelques unes de ces lettres, communiquées à Napoléon, racontaient que dans les revues, comme dans les cours des casernes, les cris de *vive le roi!* étaient toujours suivis des mots *de Rome*, prononcés à mi-voix.

pinément son île, irait-il offrir un drapeau et un chef à la France irritée et la soulever contre ses nouveaux princes? Des bruits venus de Vienne, et qui lui furent apportés de Naples par sa sœur Pauline, le décidèrent pour ce dernier parti. Les demandes de restauration faites les 15 et 19 décembre 1814 en faveur des Bourbons réfugiés en Sicile, avaient appelé l'attention, non du congrès, mais d'une partie des plénipotentiaires, sur l'Italie et sur la fermentation qui régnait dans les provinces du Nord. Les légations de France et d'Angleterre attribuaient l'agitation de cette partie de la Péninsule au voisinage de l'île d'Elbe (1) ; les plénipotentiaires de ces deux cours s'étonnaient sans cesse de l'imprudence commise par les souverains en plaçant Napoléon aussi près du premier théâtre de sa gloire et de populations qu'il avait longtemps gouvernées. La faute, au surplus, ne leur semblait pas irréparable. Les alliés avaient donné l'île d'Elbe à l'empereur; ils pouvaient la lui retirer, disaient-ils, et confiner ce souverain assez loin ou sur un point assez sûr pour qu'il lui fût désormais impossible de conspirer contre la tranquillité de l'Europe. Le repos de l'Italie et de la France était à ce prix. On les entendait même discuter les lieux de déportation les plus convenables; les noms de l'île de Malte et de l'île Sainte-Hélène étaient le plus souvent prononcés (2).

---

(1) L'île d'Elbe, placée à vingt lieues à l'est de l'île de Corse, n'est séparée du continent italien que par le canal de Piombino, large à peine de deux lieues.

(2) On raconte que ce fut lord Wellington qui, assis devant la grande table ronde du congrès et jetant négligemment les yeux sur une carte d'Europe très détaillée qu'on y laissait constamment étendue, fit remarquer, le premier, la courte distance où se trouvait Napoléon du continent italien. Dans ce moment-là même des scènes sanglantes venaient de se passer à Milan; le commandant autrichien de la Lombardie avait fait fusiller plusieurs jeunes gens

Ces conversations se tenaient à haute voix. Les plénipotentiaires de Joachim les redirent à leur cour (1). Napoléon se mit en mesure de ne pas être enlevé avant d'avoir tenté la chance qu'il était résolu de courir. Il augmenta les fortifications de son île, garnit toutes les côtes de batteries, mit de l'artillerie partout et amassa quelques vivres. Les précautions dont il s'entoura devinrent encore plus rigoureuses par la présence en Corse, vers cette époque, d'un ancien

---

coupables d'avoir poussé, dans le théâtre de la Scala, au milieu du spectacle, le cri de *vive l'empereur*! Lord Wellington signala cet incident comme une preuve des rapports qui devaient exister entre l'île d'Elbe, la cour de Naples et les mécontens italiens. M. de Talleyrand et le prince de Hardemberg partagèrent son opinion. De là les *causeries* des principaux membres du congrès sur la nécessité d'éloigner Napoléon.

(1) On lit à ce sujet, dans les *Mémoires* du duc de Rovigo : « Le congrès avait attiré à Vienne un grand nombre d'étrangers; parmi eux se trouvaient plusieurs officiers qui avaient servi sous nos drapeaux. Un d'eux, qui avait été attaché à l'empereur, apprit par une personne de distinction tout ce que le plénipotentiaire de France tramait contre ce prince. Il se mit en recherche avec tous les moyens dont il pouvait disposer, et il sut bientôt ce qu'il avait pris à tâche d'approfondir. Cet officier, qui était un des grands admirateurs de l'empereur, partit aussitôt de Vienne et alla, par l'Italie, trouver ce prince à l'île d'Elbe. Il lui apprit tout ce qui avait été résolu contre lui ; il ajouta quelques détails qui portèrent la conviction dans l'esprit de l'empereur; car il avait une grande confiance dans l'élévation d'âme de l'officier étranger qui s'exposait à tant de dangers pour le prévenir. »

Au dire d'autres écrivains, Napoléon aurait connu le projet de l'enlever de l'île d'Elbe par le prince Eugène, à qui l'empereur Alexandre en aurait fait la confidence pendant un court séjour que fit Eugène à Vienne. Il est possible que l'ancien vice-roi ait averti son beau-père. La nouvelle, dans tous les cas, serait venue à ce dernier de plusieurs côtés à la fois. La déportation de Napoléon était une question que l'on agitait ouvertement ; les plénipotentiaires

chef de chouans que la restauration avait fait général, puis gouverneur de la Corse, et qui ne cessait de parler, lui aussi, de la nécessité, pour les Bourbons, de se débarrasser du voisinage de Napoléon. Ce personnage, du nom de Bruslart, avait pour mission de surveiller l'île d'Elbe. Sa parole violente, exagérée, la maladresse de quelques agens qu'il essaya de faire pénétrer à Porto-Ferrajo (1) et qui furent arrêtés, la triste célébrité attachée aux exploits des bandes dont il avait fait partie, le souvenir de tous les attentats essayés sous le consulat, donnèrent à l'empereur la conviction que la mission du général Bruslart était une mission de meurtre. *Assassiné* ou *déporté*, voilà l'avenir que, dans sa pensée, lui réservait un plus long séjour à l'île d'Elbe.

Ce n'est point tout. Le traité de Fontainebleau obligeait

---

anglais et français, nous venons de le dire, n'y mettaient aucun mystère. Il y eut même, assure-t-on, une proposition formelle qu'Alexandre repoussa en disant qu'il avait garanti à Napoléon la possession de l'île d'Elbe et qu'il entendait tenir sa parole.

Enfin, ce n'était pas seulement au sein du public officiel de Vienne que le projet de déporter Napoléon de l'île d'Elbe était connu et discuté. On s'en entretenait tout haut à la cour de Louis XVIII et chez ses ministres. La *Quotidienne*, journal du royalisme le plus ardent, en annonçant à ses lecteurs, le *huit mars* 1815, la présence de Napoléon sur le territoire français, ajoutait ces lignes décisives : « Le débarquement de Bonaparte n'est qu'un acte de *désespoir*. Il paraît *certain* que le congrès avait pris la *résolution* de fixer une *autre résidence* à Napoléon, dont, suivant toute apparence, les intrigues contribuaient à l'agitation de l'Italie. C'est pour *prévenir les effets de cette détermination* qu'il s'est décidé à faire une entreprise de flibustier contre quelques petites villes de la Provence dépourvues de troupes et d'artillerie. Il serait beaucoup trop flatteur d'appliquer le nom de témérité à une semblable tentative. »

(1) Porto-Ferrajo est la principale ville de l'île d'Elbe; elle compte 2,000 habitans. Napoléon y résidait.

deux parties : les Bourbons et les alliés, d'une part; de l'autre, Napoléon. L'abdication et l'exil étaient les conditions imposées à ce dernier. Il avait abdiqué, il s'était exilé. Mais ni les alliés ni les Bourbons n'avaient rempli une seule des conditions mises à ce double sacrifice. On devait lui payer une somme annuelle de deux millions ; il n'avait jamais rien reçu et n'aurait pu subvenir à ses dépenses des derniers mois sans les secours de plusieurs banquiers de Gênes qui consentirent à lui faire quelques avances. Des pensions, montant ensemble à 2,300,000 fr. avaient été stipulées pour les différens membres de la famille ; non seulement sa famille n'avait rien touché, mais le gouvernement royal s'était emparé des propriétés privées de ses frères et de ses sœurs, propriétés que l'article 6 du traité avait formellement garanties, et que cependant on avait données ou vendues. Le contrat passé entre l'Europe et lui, déchiré par les Bourbons, devenait dès lors nul, et son départ se trouvait justifié par le droit autant que par la nécessité la plus impérieuse.

Le moment lui semblait opportun : on touchait aux derniers jours de février ; les nouvelles du congrès qui avaient pu lui parvenir à cette date et qui remontaient à plus de deux semaines de là, présentaient toutes les cours comme désunies et prêtes à une rupture ouverte. D'un autre côté, il pouvait difficilement attendre : non seulement les secours fournis par les banquiers de Gênes commençaient à s'épuiser, et il était à la veille de ne pouvoir plus donner de pain à ses compagnons d'exil ; mais la saison des longues nuits, si favorable pour un départ inopiné et furtif, allait finir. Sa résolution était donc arrêtée, bien qu'il fût sans nouvelles directes de Paris, et l'instant de l'embarquement restait seul à fixer, lorsque le 22 février arriva à Porto-Ferrajo M. Fleury de Chaboulon, auditeur au conseil d'Etat, que le duc de

Bassano, dans l'ignorance où il était des dispositions de l'empereur et de ce qui se passait à l'île d'Elbe, envoyait précisément à Napoléon pour lui faire connaître l'état des choses en France et pour le décider au retour. M. de Chaboulon a publié le récit de son voyage; nous emprunterons à ses curieux *Mémoires* le récit des deux entretiens que lui accorda l'empereur et qui hâtèrent l'événement. Après quelques détails sur les premières heures de son séjour à Porto-Ferrajo, l'envoyé du duc de Bassano poursuit en ces termes (1) :

« ..... Le général Bertrand me fit avertir de me rendre à la porte du jardin de l'empereur, ajoutant que l'empereur viendrait, et que, sans avoir l'air de me connaître, il me ferait appeler. Je m'y rendis. L'empereur, accompagné de ses officiers, se promenait suivant sa coutume, les mains derrière le dos : il passa plusieurs fois devant moi sans lever les yeux ; à la fin il me fixa, et, s'arrêtant, il me demanda en italien de quel pays j'étais : je lui répondis en fran-

---

(1) Les *Mémoires* de M. Fleury de Chaboulon ont été publiés à Londres en 1820. Il était dangereux, même à cette époque, de se dénoncer comme l'un des plus actifs instrumens du retour de l'île d'Elbe. M. de Chaboulon habitait la France : bien que son livre fût publié à l'étranger, il s'exposait, en y racontant le rôle qui lui appartenait, à se voir traduit devant une cour d'assises et condamné à la peine capitale. On ne le verra que trop dans la suite de ce livre : les jurés, choisis comme ils l'étaient alors, et les juges, n'ont jamais manqué aux colères de la restauration. Pour éviter tout péril, M. de Chaboulon ne se mit point personnellement en scène à l'occasion de son voyage à l'île d'Elbe ; il se présenta, dans son livre, comme le simple reproducteur des confidences écrites d'un prétendu colonel Z... tué, depuis, sur le plateau du Mont-Saint-Jean. Le colonel Z... et son récit ne sont qu'une excusable fiction. On peut le dire aujourd'hui : ce fut M. de Chaboulon qui eut mission de déterminer le retour de l'île d'Elbe, et dans les passages que nous empruntons à ses curieux *Mémoires*, il ne fait que rapporter ce que lui-même a vu, dit et entendu.

çais que j'étais Parisien. « Eh! bien, Monsieur, parlez-moi de Paris et de la France. » En achevant ces mots il se remit à marcher. Je l'accompagnai, et après plusieurs questions insignifiantes, faites à haute voix, il me fit entrer dans ses appartemens, fit signe aux généraux Bertrand et Drouot de se retirer, et me força de m'asseoir à côté de lui. « Le grand-maréchal, me dit-il d'un air froid et distrait, m'a annoncé que vous arriviez de France. — Oui, Sire. — Que venez-vous faire ici?... Il paraît que vous connaissez X... (1) — Oui, Sire. — Vous a-t-il remis une lettre pour moi? — Non, Sire... » L'empereur m'interrompit : « Je vois bien qu'il m'a oublié comme tous les autres. Depuis que je suis ici, je n'ai entendu parler ni de lui, ni de personne. — Sire, dis-je en l'interrompant à mon tour, il n'a point cessé d'avoir pour Votre Majesté l'attachement et le dévoûment que lui ont conservés tous les Français... » L'empereur, avec dédain : « Quoi! on pense donc encore à moi en France? — On ne vous y oubliera jamais. — Jamais! c'est beaucoup. Les Français ont un autre souverain : leur devoir et leur tranquillité leur commandent de ne plus songer qu'à lui. »

» Cette réponse me déplut. L'empereur, me dis-je, est mécontent de ce que je ne lui ai point apporté de lettres ; il se défie de moi ; ce n'était point la peine de venir de si loin pour être si mal reçu. « Que pense-t-on de moi en France? me dit-il ensuite. — On y plaint et on y regrette Votre Majesté. — L'on y fait aussi sur moi beaucoup de fables et de mensonges.... Comment s'y trouve-t-on des Bourbons? — Sire, ils n'ont point réalisé l'attente des Français, et

---

(1) Le personnage désigné sous cette initiale est le duc de Bassano. — On lit dans les *Mémoires* du comte Lavallette, publiés en 1831 : « J'allai chez le duc de Bassano... Après lui avoir rapporté ma conversation avec Lallemand (qui lui avait fait quelques confidences sur la conspiration militaire où ce général devait jouer un rôle), le duc me dit : « C'est une opération toute militaire; *nous autres* nous n'y pouvons rien. Ce qui nous importe, c'est le retour de l'empereur. Comment l'avertir? Je n'en sais rien. Je suis tellement convaincu que ce serait consommer sa perte que de confier au papier la plus légère indiscrétion, *que je n'ai rien donné* à M. Fleury de Chaboulon qui, *vous le savez, est parti depuis plus de quinze jours.* Il est vrai que, lors de son départ, la conjuration militaire n'était pas encore née, ou plutôt je l'ignorais. » T. II, p. 141.

chaque jour le nombre des mécontens augmente. — Tant pis, tant pis. (Vivement) : Comment, X.... ne vous a point donné de lettres pour moi? — Non, Sire; il a craint qu'elles ne me fussent enlevées; et comme il a pensé que Votre Majesté, obligée de se tenir sur ses gardes et de se défier de tout le monde, se défierait peut-être aussi de moi, il m'a révélé plusieurs circonstances qui, n'étant connues que de Votre Majesté, peuvent vous prouver que je suis digne de votre confiance. — Voyons ces circonstances. »

» Je lui en détaillai quelques unes; il ne me laissa pas achever. «Cela suffit, me dit-il; pourquoi n'avoir pas commencé par me dire tout cela? Voilà une demi-heure que vous me faites perdre. »

» Cette bourrasque me déconcerta. Il s'en aperçut, et me dit avec douceur : «Allons, mettez-vous à votre aise et racontez-moi dans le plus grand détail tout ce qui s'est dit et passé entre X.... et vous.» Je lui rapportai mot à mot l'entretien que j'avais eu avec M. X....; je lui fis une énumération complète des fautes et des excès du gouvernement royal, et j'allais en déduire les conséquences que nous en avions tirées, M. X.... et moi, lorsque l'empereur, incapable, lorsqu'il est ému, d'écouter un récit sans l'interrompre et le commenter à chaque instant, m'ôta la parole et me dit : «Je croyais aussi, lorsque j'abdiquai, que les Bourbons, instruits et corrigés par le malheur, ne retomberaient pas dans les fautes qui les avaient perdus en 1789. J'espérais que le roi vous gouvernerait en bon homme. C'était le seul moyen de se faire pardonner de vous avoir été donné par des étrangers. Mais depuis que les Bourbons ont mis le pied en France, leurs ministres n'ont fait que des sottises. Leur traité du 23 avril, continua-t-il en élevant la voix, m'a profondément indigné; d'un trait de plume ils ont dépouillé la France de la Belgique et des possessions qu'elle avait acquises depuis la révolution; ils lui ont fait perdre les flottes, les arsenaux, les chantiers, l'artillerie et le matériel immense que j'avais entassés dans les forteresses et dans les ports qu'ils leur ont livrés. C'est Talleyrand qui leur a fait faire cette infamie; on lui aura donné de l'argent. La paix est facile à de telles conditions. Si j'avais voulu, comme eux, signer la ruine de la France, ils ne seraient point sur mon trône. (Avec force) : J'aurais mieux aimé me trancher la main! J'ai préféré renoncer au trône plutôt que de le conserver aux dépens de ma gloire et de l'honneur français....Une couronne déshonorée est un horrible fardeau.... Mes ennemis ont publié partout que je m'étais refusé opiniâtrement à faire la paix; ils m'ont représenté comme un misérable fou, avide de sang et de carnage.... Si j'avais été possédé de la rage de la guerre, j'aurais pu me retirer avec mon armée au delà de la Loire et savourer à mon aise la guerre de montagnes. Je ne l'ai pas voulu.... Mon nom et les braves qui m'étaient restés fidèles faisaient encore trembler les alliés, même dans ma capitale. Ils m'ont offert l'Italie pour prix de mon abdication ; je l'ai refusée. Quand on a régné sur la France, on ne doit pas régner ailleurs. J'ai choisi l'île d'Elbe. Cette position me convenait. Je pouvais veiller sur la France et sur les Bourbons. Tout ce que j'ai fait a toujours été pour la France. C'est pour elle, et non pour moi, que j'aurais voulu la rendre la première nation du monde. Ma gloire est faite, à moi ; mon nom vivra autant que celui de Dieu. Si je n'avais songé qu'à ma personne, j'aurais voulu, en descendant du trône, rentrer dans la classe ordinaire de la vie ; mais j'ai dû garder le trône pour ma famille et pour mon fils. »

» L'empereur, pendant tout ce discours, avait marché à grands pas et paraissait vivement agité. Il se tut quelques instans et reprit : « Mes généraux vont-ils à la cour ? — Oui, Sire. — Ils doivent y faire une triste figure ? — Ils sont outrés de se voir préférer des émigrés, qui n'ont jamais entendu le bruit du canon. — Les émigrés seront toujours les mêmes.... J'ai fait une grande faute en rappelant en France cette race anti-nationale ; sans moi ils seraient tous morts de faim à l'étranger. Mais, alors, j'avais de grands motifs ; je voulais réconcilier l'Europe avec nous et clore la révolution.... Que disent de moi les soldats ? — Les soldats, Sire, s'entretiennent sans cesse de vos immortelles victoires. Ils ne prononcent jamais votre nom qu'avec admiration, respect et douleur. Lorsque les princes leur donnent de l'argent, ils le boivent à votre santé. — (En souriant) : Ils m'aiment donc toujours ? — Oui, Sire, et j'oserai même dire plus que jamais. — Que disent-ils de nos malheurs ? — Ils les regardent comme l'effet de la trahison, et répètent sans cesse qu'ils n'auraient jamais été vaincus si la France n'eût point été vendue aux ennemis ; ils ont horreur surtout de la capitulation de Paris. — Ils ont raison ; sans la défection du duc de Raguse, les alliés étaient perdus. J'étais maître de leurs derrières et de toutes leurs ressources de guerre. Il ne s'en serait pas échappé un seul. Ils auraient eu aussi leur 29ᵉ bulletin (1). Marmont a perdu son pays

---

(1) Le bulletin de la retraite de Russie.

et livré son prince (1).... Je suis bien aise d'apprendre que l'armée a conservé le sentiment de sa supériorité et qu'elle rejette sur leurs véritables auteurs nos grandes infortunes. Je vois avec satisfaction, d'après ce que vous venez de m'apprendre, que l'opinion que je m'étais formée de la situation de la France est exacte. Le gouvernement actuel est bon pour les prêtres, les nobles, les vieilles comtesses d'autrefois; il ne vaut rien pour la génération actuelle. Le peuple a été habitué par la révolution à compter dans l'État; il ne consentira jamais à retomber dans son ancienne nullité et à redevenir le patient de la noblesse et du clergé.... L'armée me sera toujours dévouée. Nos victoires et nos malheurs ont établi entre elle et moi un lien indestructible; avec moi seul elle peut retrouver la vengeance, la puissance et la gloire; avec le gouvernement actuel, elle ne peut gagner que des injures et des coups. »

» L'empereur, en prononçant ces mots, gesticulait et marchait avec précipitation; il avait plutôt l'air de parler seul que de parler à quelqu'un. Tout-à-coup il s'arrête, et me jetant un regard de côté,

(1) L'empereur, ici, parle évidemment du traité conclu par Marmont avec le prince de Schwartzemberg, le 5 avril 1814, et non de la conduite du duc de Raguse devant Paris. — La journée du 30 mars et le traité du 5 avril sont deux faits distincts, fort opposés, et que le préjugé public a trop long-temps confondus. Le traité fut le crime de Marmont : nous avons nommé les trois personnages à qui revient la responsabilité de la reddition de Paris; le roi Joseph, on l'a vu, était le principal coupable. C'est le désir de dégager son frère de cette responsabilité accablante, qui portait sans doute l'empereur lui-même à confondre également ces deux faits. Napoléon, au reste, a rétabli plus tard la vérité. On lit dans les *Mémoires* dictés par lui à Sainte-Hélène : « *Marmont n'a point tra-*
» *hi en défendant Paris*; mais l'histoire dira que, sans la défection
» du 6ᵉ corps, *après l'entrée des alliés dans Paris*, ils eussent été
» forcés d'évacuer cette grande capitale, car ils n'eussent jamais
» livré bataille sur la rive gauche de la Seine, en ayant derrière
» eux Paris, qu'ils n'occupaient que depuis trois jours. Les malheurs de cette époque sont dus aux défections *des chefs* du 6ᵉ
» corps et de l'armée de Lyon, et aux intrigues qui se tramaient
» dans le sénat. » Tome IV, page 365. (Voir, sur ces deux événemens, le 1ᵉʳ vol. de cette histoire, chap. VI et VIII.)

il me dit : « X.... croit-il que ces gens-là tiendront long-temps? — Son opinion, sur ce point, est entièrement conforme à l'opinion générale, c'est à dire qu'on pense en France et qu'on est convaincu que le gouvernement royal marche à sa perte. — Mais comment tout cela finira-t-il? Croit-on qu'il y aura une nouvelle révolution? — Sire, les esprits sont tellement mécontens et exaspérés, que le moindre mouvement partiel entraînerait nécessairement une insurrection générale, et que personne ne serait surpris qu'elle éclatât au premier jour. — Mais que feriez-vous si vous chassiez les Bourbons? Établiriez-vous la république? — La république, Sire, on n'y songe point. Peut-être établirait-on une régence. — Une régence! s'écria-t-il surpris et avec une grande véhémence, et pourquoi faire? Suis-je mort? — Mais, Sire, votre absence. — Mon absence n'y fait rien. En deux jours je serais en France si la nation me rappelait.... Croyez-vous que je ferais bien de revenir? ajouta l'empereur en détournant les yeux. Mais il me fut facile de remarquer qu'il attachait à cette question plus d'importance qu'il ne voulait le faire paraître et qu'il attendait ma réponse avec anxiété. Sire, lui dis-je, je n'ose résoudre personnellement une semblable question; mais.... — Ce n'est point cela que je vous demande, me dit-il en m'interrompant brusquement; répondez oui ou non. — Eh! bien, oui, Sire. — Vous le pensez? — Oui, Sire; je suis convaincu, ainsi que M. X...., que le peuple et l'armée vous recevraient en libérateur et embrasseraient votre cause avec enthousiasme. — X.... est donc d'avis que je revienne? dit l'empereur avec un accent inquiet et ému. — Nous avons prévu que Votre Majesté m'interrogerait sur ce point, et voici textuellement sa réponse : Vous direz à l'empereur que je n'ose prendre sur moi une question aussi importante, mais qu'il peut regarder comme un fait positif et incontestable que le gouvernement actuel s'est perdu dans l'esprit du peuple et de l'armée; que le mécontentement est au comble, et qu'on ne croit pas qu'il puisse lutter long-temps contre l'animadversion générale. Vous ajouterez que l'empereur est devenu l'objet des regrets et des vœux de l'armée et de la nation. L'empereur décidera ensuite dans sa sagesse ce qui lui reste à faire. »

» Napoléon devint pensif, se tut, et, après une longue méditation, me dit : « J'y réfléchirai ; venez demain à onze heures. »

» Le lendemain, à onze heures, je me présentai chez l'empereur. On me fit attendre dans son salon, au rez-de-chaussée ; la tenture en soie bariolée était à moitié usée et décolorée ; le tapis de pied montrait la corde et était rapiécé en plusieurs endroits; quelques fauteuils mal couverts complétaient l'ameublement. Je me rappelai le luxe des palais impériaux, et la comparaison m'arracha un profond soupir. L'empereur arriva : son maintien attestait un calme que démentaient ses yeux ; il était aisé de s'apercevoir qu'il avait éprouvé une violente agitation. « J'avais prévu l'état de crise où la France va se trouver, me dit-il ; mais je ne croyais pas que les choses fussent aussi avancées. Mon intention était de ne plus me mêler des affaires politiques ; ce que vous m'avez dit a changé mes résolutions ; c'est moi qui suis cause des malheurs de la France, c'est moi qui dois les réparer. Mais avant de prendre un parti, j'ai besoin de connaître à fond la situation de nos affaires : asseyez-vous et répétez-moi tout ce que vous m'avez dit hier ; j'aime à vous entendre. »

» Rassuré par ces paroles et par un regard plein de douceur et de bonté, je m'abandonnai sans réserve et sans crainte à toutes les inspirations de mon esprit et de mon âme.... « Brave jeune homme, me dit l'empereur après m'avoir attentivement écouté, vous avez l'âme française ; mais votre imagination ne vous égare-t-elle pas ? — Non, Sire, le récit que j'ai fait à Votre Majesté est fidèle ; tout est exact, tout est vrai.... — Vous croyez donc que la France attend de moi sa délivrance et qu'elle me recevra comme un libérateur ? Puissiez-vous ne pas vous tromper ! D'ailleurs j'arriverai si vite à Paris qu'ils n'auront pas le temps de savoir où donner de la tête. J'y serai aussitôt que la nouvelle de mon débarquement..... Oui, ajouta Napoléon après avoir fait quelques pas, j'y suis résolu.... C'est moi qui ai donné les Bourbons à la France, c'est moi qui dois l'en délivrer. Je partirai.... L'entreprise est grande, difficile, périlleuse ; mais elle n'est pas au dessus de moi. La fortune ne m'a jamais abandonné dans les grandes occasions.... Je partirai, non point seul, je ne veux point me laisser mettre la main sur le collet par des gendarmes ; je partirai avec mon épée, mes Polonais, mes grenadiers.... La France est tout pour moi ; je lui appartiens ; je lui sacrifierai avec joie mon repos, mon sang, ma vie !... »

» L'empereur, après avoir prononcé ces mots, s'arrêta. Ses yeux étincelaient d'espoir et de génie ; son attitude respirait la confiance et la force ; elle annonçait la victoire : il était grand ! Il reprit la parole et me dit : « Croyez-vous que les Bourbons oseront m'attendre à Paris ? — Non, Sire. — Je ne le crois pas non plus. Quand ils entendront tonner mon nom, ils trembleront, ils sentiront qu'une prompte fuite est le seul moyen de m'échapper. Mais que fera la garde nationale? Croyez-vous qu'elle se battra pour eux? — Je pense, Sire, qu'elle gardera la neutralité. — C'est déjà beaucoup.... Et les maréchaux, que feront-ils? — Les maréchaux, comblés de titres, d'honneurs et de richesses, n'ont plus rien à désirer que le repos. Ils craindront, en embrassant un parti douteux, de compromettre leur existence, et peut-être resteront-ils spectateurs de la crise. Peut-être même la crainte que Votre Majesté ne les punisse de l'avoir abandonnée ou trahie en 1814, les portera-t-elle à embrasser le parti du roi. — Je ne punirai personne, entendez-vous! s'écria l'empereur. Dites-le bien à X...., je veux tout oublier; nous avons tous des reproches à nous faire.... Quelle est la force de l'armée? —Je l'ignore, Sire; je sais seulement qu'elle a été considérablement affaiblie par les désertions, par les congés, et que la plupart des régimens ont à peine 300 hommes. — Tant mieux; les mauvais soldats seront partis, les bons seront restés. Connaissez-vous le nom des officiers qui commandent sur les côtes et dans la 8ᵉ division? — Non, Sire. — Comment X...., dit-il avec humeur, ne m'a-t-il pas fait savoir tout cela? — M. X...., Sire, était, ainsi que moi, bien loin de prévoir que Votre Majesté prendrait sur-le-champ la généreuse résolution de reparaître en France. Il pouvait croire, d'ailleurs, d'après les bruits publics, que vos *agens* ne vous laissaient rien ignorer de tout ce qui pouvait vous intéresser. — J'ai su effectivement que les journaux prétendaient que j'avais des *agens*.... C'est une histoire. J'ai envoyé en France, il est vrai, quelques hommes à moi pour savoir ce qui s'y passait; ils m'ont volé mon argent et ne m'ont entretenu que de propos de cabarets ou de cafés.... Vous êtes la première personne qui m'ait fait connaître sous ses grands rapports la situation de la France et des Bourbons. J'ai bien reçu, sans trop savoir de quelle part, le signalement d'assassins soudoyés contre moi et une ou deux lettres anonymes, de la même main, où l'on me disait d'être tranquille, que les broderies reprenaient faveur, et autres bêtises semblables; mais voilà tout. Ce n'est point sur de pareilles données qu'on tente un bouleversement. Mais comment pensez-vous que les étrangers prendront mon retour? Voilà le grand point, ajouta l'empereur d'un air préoccupé. Cependant je regarde comme certain que les rois qui m'ont fait la guerre n'ont plus la même union, les mêmes vues, les mêmes intérêts.... Tout considéré, les nations étrangères ont de grands motifs pour me faire la guerre, comme elles en ont pour me laisser en paix. Je ne suis pas encore fixé sur le jour de mon départ. En le différant, j'aurais l'avantage de laisser le congrès se dissoudre; mais aussi je courrais le risque, si les étrangers venaient à se brouiller, comme tout l'annonce, que les Bourbons et l'Angleterre ne me fissent garder à vue par leurs vaisseaux. Au reste, ne nous inquiétons pas de tout cela, il faut laisser quelque chose à la fortune.

» Nous avons approfondi, je crois, tous les points sur lesquels il m'importait de me fixer et de nous entendre. La France redemande son ancien souverain; l'armée et le peuple seront pour nous : les étrangers se tairont; s'ils parlent, nous serons bons pour leur répondre; voilà en résumé notre présent et notre avenir. Partez: vous direz à X.... que vous m'avez vu et que je suis décidé à tout braver pour répondre aux vœux de la France; que je partirai d'ici au 1er avril, avec ma garde, ou peut-être plus tôt; que j'oublierai tout, que je pardonne tout; que je donnerai à la France et à l'Europe les garanties qu'elles peuvent attendre et exiger de moi; que j'ai renoncé à tout projet d'agrandissement, et que je veux réparer, par une paix stable, le mal que nous a fait la guerre. Vous direz aussi à X.... et à vos amis d'entretenir et de fortifier, par tous les moyens possibles, le bon esprit du peuple et de l'armée. Si les excès des Bourbons accéléraient leur chute et que la France les chassât avant mon débarquement, vous déclarerez à X.... que je ne veux point de régence ni rien qui lui ressemble. Allez, Monsieur, vos instans sont précieux; je ne veux plus vous retenir; j'ai fait tout préparer pour votre départ. Ce soir, à neuf heures, vous trouverez un guide et des chevaux au sortir de la porte de la ville. On vous conduira à Porto-Longone. Le commandant a reçu l'ordre de vous faire délivrer les papiers de santé nécessaires. Il ignore tout; ne lui dites rien. A minuit, il partira une felouque qui vous conduira à Naples. Adieu, Monsieur; embrassez-moi et partez. Mes pensées et mes vœux vous suivront. »

» Deux heures après j'étais en mer. »

C'était le 25 février au soir. Ce jour-là même la princesse Pauline réunissait dans une fête animée tout ce que l'île renfermait de femmes jeunes et élégantes, d'officiers français et de visiteurs étrangers. Napoléon y parut, l'air ouvert, le visage serein, se mêlant à chaque groupe et causant avec toutes les personnes qu'il connaissait. Il était assez tard quand il sortit, emmenant avec lui les généraux Bertrand et Drouot, qui le suivirent à sa demeure ; une fois seul avec eux, il leur fit confidence de sa résolution et leur annonça que le départ aurait lieu le lendemain. Il n'était pas à craindre sans doute que M. Fleury de Chaboulon laissât rien échapper de ce qu'il venait d'apprendre. Cependant l'empereur ne voulut rien donner au hasard. Le secret qu'emportait le jeune auditeur était si lourd ! « J'arriverai en France avant le 1er avril, » lui avait dit Napoléon dans le second entretien. Dès ce moment, déjà, la détermination de l'empereur était prise ; il avait décidé de partir sur-le-champ et de poser le pied sur la côte française avant même que son confident pût avoir le temps de sortir du royaume de Naples. Le lendemain, 26, trois petits bâtimens qui se trouvaient dans le port furent saisis et reçurent 200 chasseurs corses, 100 chevau-légers polonais et 200 flanqueurs. L'empereur s'installa avec 400 grenadiers de sa garde à bord de l'*Inconstant*, brick de 26 canons, qui composait toute sa marine militaire et que commandaient le capitaine Chautard et le lieutenant Taillade. L'embarquement commencé à cinq heures de l'après-midi fut terminé à sept heures et demie du soir. A huit heures, un coup de canon donna le signal du départ.

Un brick, trois petits navires de transport, neuf cents hommes, une simple escorte, voilà les forces avec lesquelles Napoléon allait à la conquête d'un empire. Une revue avait eu lieu avant l'embarquement. L'empereur, nous l'avons dit, n'avait jamais rien reçu des allocations promises par le traité du 11 avril ; la tenue de ses soldats se ressentait de sa pénurie ; ils portaient encore leurs uniformes vieillis de la campagne de France ; mais ces habits usés recouvraient des cœurs intrépides.

Hormis les généraux Bertrand et Drouot, personne à bord

des bâtimens ne connaissait le but de cette expédition. Plusieurs circonstances, au reste, devaient contribuer à jeter de l'incertitude dans les esprits. La mère et la sœur de l'empereur restaient à Porto-Ferrajo ; on avait embarqué une centaine de cavaliers ainsi que quatre pièces de campagne, et l'on n'emmenait pas de chevaux ; enfin, avant que la petite flottille sortît du port, on avait vu le comte Colonna, s'embarquant seul sur une felouque, mettre précipitamment à la voile et se diriger sur Naples (1). La pensée d'un débarquement sur la côte de Provence était la dernière qui pût venir à l'esprit des officiers, des soldats et des matelots ; aussi la surprise fut-elle extrême et la joie bruyante quand, une fois en mer, l'empereur parut sur le pont de l'*Inconstant* et jeta ces mots aux grenadiers qui vinrent immédiatement l'entourer : « Grenadiers, nous allons en France ! nous allons à » Paris ! » Des acclamations sorties de toutes les bouches portèrent la nouvelle sur les autres bâtimens : elle y excita les mêmes transports ; tout le monde s'embrassait et chaque navire se renvoyait de longs cris de *Vive l'empereur !*

La traversée commençait sous les plus favorables auspices ; un assez fort vent du Sud poussait la flottille vers le golfe de Gênes. Le capitaine Chautard espérait que l'île de Capraïa serait doublée avant la fin de la nuit, et, qu'au jour, l'expédition, ayant dépassé les croisières placées dans cette direction, se trouverait hors de vue. Mais le vent ne tarda pas à mollir, la mer devint pour ainsi dire immobile, et lors-

---

(1) Le comte Colonna portait à Murat des dépêches dans lesquelles Napoléon annonçait à son beau-frère son départ ainsi que sa résolution de chasser les Bourbons, et lui proposait un traité d'alliance. L'empereur priait, en outre, Murat de mettre à la disposition de sa mère et de sa sœur Pauline, restées à l'île d'Elbe, un vaisseau ou une frégate qui pût les transporter en France.

que le jour parut, l'*Inconstant* et les trois transports, arrêtés par le calme entre l'île de Capraïa et l'île d'Elbe, étaient en vue de la croisière française. On avait fait six lieues.

Le péril paraissait imminent. La plupart des marins opinaient pour le retour. Napoléon déclara qu'il ne reculerait pas ; qu'il aborderait plutôt les deux frégates et le brick composant la croisière, certain que leurs équipages n'hésiteraient pas à arborer le drapeau tricolore et à se ranger avec lui. La fortune donna raison à sa persistance. Vers midi le vent fraîchit un peu, la croisière fut franchie, et à quatre heures la flottille se trouva à la hauteur de Livourne. Dans ce moment une frégate paraissait à cinq lieues sous le vent, une seconde se montrait sur les côtes de la Corse, et l'on apercevait de loin un troisième bâtiment de guerre qui venait droit sur l'*Inconstant*. Ce dernier bâtiment était le brick le *Zéphir*, monté par le capitaine Andrieux, officier de patriotisme et de talent. Le *Zéphir* courait vent arrière ; les deux navires ne tardèrent pas à se rapprocher. Il était six heures du soir, on proposa à l'empereur d'aborder le nouvel arrivant et de lui faire arborer le pavillon tricolore. L'empereur répondit qu'il serait toujours temps d'en venir à cette extrémité, et que le mieux était encore de passer sans se faire reconnaître. Il donna en même temps aux grenadiers de la garde l'ordre d'ôter leurs bonnets et de se coucher sur le pont. Bientôt, les deux navires se trouvèrent à portée de voix. Le lieutenant Taillade était très connu du capitaine Andrieux ; ces officiers parlementèrent. Le capitaine du *Zéphir*, entr'autres questions, demanda des nouvelles de l'empereur. On raconte que ce fut Napoléon lui-même qui, embouchant le porte-voix, répondit « qu'il allait à merveille. » Les politesses d'usage échangées, les deux bâtimens s'éloignèrent sans que le capitaine Andrieux se doutât du nombre et de la nature des passagers embarqués sur le frêle navire qu'il laissait derrière lui.

Le vent, dans la nuit du 27 au 28, continua d'être favorable ; à la pointe du jour on reconnut un bâtiment de 74 qui semblait se diriger vers la Corse ; la rencontre pouvait devenir dangereuse, mais le vaisseau continua sa route sans s'occuper de l'*Inconstant*. A huit heures du matin, la flottille découvrit la côte de Noli ; à midi elle était à la hauteur d'Antibes ; enfin le lendemain, 1er mars, à trois heures après-midi, elle entra dans le golfe Juan. Le général Drouot, accompagné de quelques officiers et d'un détachement de soldats, aborda le rivage ; Napoléon, se jetant dans un canot, ne tarda pas à les joindre ; le reste de l'expédition suivit ; à cinq heures le débarquement était achevé.

Le départ de l'île d'Elbe avait été si précipité que l'empereur n'avait pas eu le temps de préparer une seule proclamation ; ce fut l'œuvre des deux derniers jours de la traversée. Deux adresses, l'une *au peuple*, l'autre *à l'armée*, furent dictées par Napoléon et copiées par tous les officiers et sous-officiers embarqués avec lui. Le zèle de ces écrivains improvisés triompha de leur petit nombre, de leur inaptitude à ce travail, et des embarras causés par le mouvement des navires ; cinq cents copies se trouvaient faites lorsque la flottille toucha la rive. Quand tout le monde fut à terre, on forma les rangs ; les différens bataillons quittèrent le drapeau blanc parsemé d'abeilles, couleurs de l'île d'Elbe, et arborèrent le drapeau tricolore. Un ban fut ensuite battu, et les capitaines de chaque compagnie, se plaçant au centre, lurent d'une voix forte la proclamation suivante :

A L'ARMÉE.

« Soldats ! nous n'avons pas été vaincus ! Deux hommes, sortis de nos rangs, ont trahi nos lauriers, leur prince, leur bienfaiteur.

» Ceux que nous avons vus pendant vingt-cinq ans parcourir l'Europe pour nous susciter des ennemis, qui ont passé leur vie à combattre contre nous dans les rangs des armées étrangères, en maudissant notre belle France, prétendraient-ils commander et enchaîner nos aigles, eux qui n'ont jamais pu en soutenir les regards? Souffrirons-nous qu'ils héritent du fruit de nos glorieux travaux? Qu'ils s'emparent de nos honneurs, de nos biens, qu'ils calomnient notre gloire? Si leur règne durait, tout serait perdu, même le souvenir de ces immortelles journées. Avec quel acharnement ils les dénaturent! Ils cherchent à empoisonner ce que le monde admire, et, s'il reste encore des défenseurs de notre gloire, c'est parmi ces mêmes ennemis que nous avons combattus sur le champ de bataille.

» Soldats! dans mon exil j'ai entendu votre voix, je suis arrivé à travers tous les obstacles et tous les périls.

» Votre général, appelé au trône par le vœu du peuple, et élevé sur vos pavois, vous est rendu : venez le rejoindre.

» Arrachez ces couleurs que la nation a proscrites, et qui, pendant vingt-cinq ans, servirent de ralliement à tous les ennemis de la France. Arborez cette cocarde tricolore que vous portiez dans nos grandes journées.

» Nous devons oublier que nous avons été les maîtres des nations, mais nous ne devons pas souffrir qu'aucune se mêle de nos affaires. Qui prétendrait être maître chez nous? qui en aurait le pouvoir? Reprenez ces aigles que vous aviez à Ulm, à Austerlitz, à Iéna, à Eylau, à Friedland, à Tudéla, à Eckmühl, à Essling, à Wagram, à Smolensk, à la Moskowa, à Lutzen, à Wurtchen, à Montmirail! Pensez-vous que cette poignée de Français, aujourd'hui si arrogans, puissent en soutenir la vue? Ils retourneront d'où ils viennent; et là, s'ils le veulent, ils règneront comme ils prétendent l'avoir fait depuis dix-neuf ans (1).

---

(1) Allusion à la date que Louis XVIII donnait à son règne. Ce prince le faisait commencer à la mort du jeune dauphin, fils de Louis XVI, décédé au Temple le 8 juin 1795. (Voir 1er volume, page 7.)

» Vos rangs, vos biens, votre gloire, les biens, les rangs et la gloire de vos enfans, n'ont pas de plus grands ennemis que ces princes que les étrangers vous ont imposés; ils sont les ennemis de notre gloire, puisque le récit de tant d'actions héroïques qui ont illustré le peuple français combattant contre eux pour se soustraire à leur joug, est leur condamnation.

» Les vétérans des armées de Sambre-et-Meuse, du Rhin, d'Italie, d'Egypte, de l'ouest, de la Grande-Armée, sont humiliés; leurs honorables cicatrices sont flétries; leurs succès seraient des crimes; ces braves seraient des rebelles, si, comme le prétendent les ennemis du peuple, les souverains légitimes étaient au milieu de l'ennemi. Les honneurs, les récompenses, leur affection sont pour ceux qui les ont servis contre la patrie et contre nous.

» Soldats! venez vous ranger sous les drapeaux de votre chef. Son existence ne se compose que de la vôtre; ses droits ne sont que ceux du peuple et les vôtres; son intérêt, son honneur et sa gloire ne sont autres que votre intérêt, votre honneur et votre gloire. La victoire marchera au pas de charge; l'aigle avec les couleurs nationales volera de clocher en clocher jusqu'aux tours de Notre-Dame : alors, vous pourrez vous vanter de ce que vous aurez fait : vous serez les libérateurs de la patrie.

» Dans votre vieillesse, entourés et considérés de vos concitoyens, ils vous entendront, avec respect, raconter vos hauts faits; vous pourrez dire avec orgueil : « Et moi aussi je faisais partie de
» cette grande armée qui est entrée deux fois dans les murs de
» Vienne, dans ceux de Berlin, de Madrid, de Moscou, et qui a
» délivré Paris de la souillure que la trahison et la présence de
» l'ennemi y ont empreinte. »

» Honneur à ces braves soldats, la gloire de la patrie, et honte éternelle aux Français criminels, dans quelque rang que la fortune les ait fait naître, qui combattirent vingt-cinq ans avec l'étranger pour déchirer le sein de la patrie.

» Napoléon. »

L'éloquence et la mâle énergie de ce langage empruntaient un singulier caractère de grandeur au lieu où la scène se passait : devant les soldats étaient la mer et son immensité; à droite et à gauche, une grève nue; de tous les côtés le silence d'une plage déserte. Chaque compagnie répondit à cette lecture par le cri de *vive l'empereur!* Chaque soldat, électrisé, se tint prêt à braver tous les périls.

Deux routes s'ouvraient à l'empereur pour arriver à Lyon : l'une par Draguignan et les vallées de la Durance et du Rhône ; l'autre par le pied des Alpes jusqu'à Grenoble. La première était celle qu'il avait suivie après son départ de Fontainebleau ; elle traversait des pays riches et faciles, des populations nombreuses, mais mal disposées. La seconde, fort pénible, courait à travers des contrées montueuses et pauvres, mais dont les habitans, à toutes les époques, avaient fait preuve du patriotisme le plus énergique. Ce fut celle-là qu'il choisit.

Le bivouac établi sur le rivage, dans un champ entouré d'oliviers, fut levé à onze heures du soir. La lune venait de se montrer. Napoléon, à la tête de sa petite troupe, traversa d'abord le bourg de Cannes, et, laissant Antibes sur sa droite, il prit le chemin des montagnes et se dirigea vers Grasse. Une démonstration sur Antibes avait eu lieu. L'empereur, avant de débarquer, avait détaché un capitaine de sa garde et vingt-cinq hommes pour s'emparer de la batterie de la côte dans le cas où il en existerait une. Le capitaine ne trouvant point de batterie, conçut le projet d'utiliser son détachement en soulevant le bataillon de ligne qui tenait garnison dans Antibes. Il entra résolument dans la place aux cris de *vive l'empereur!* Le général qui la commandait, d'abord étourdi, reprit courage à la vue du petit nombre des assaillans ; il fit lever les ponts-levis et fermer les portes : les vingt-cinq grenadiers se trouvèrent prisonniers.

Napoléon ne voulut point perdre de temps en vains pourparlers avec le commandant d'Antibes. Il marcha durant toute la nuit et pendant toute la matinée du lendemain sans se reposer. Les paysans des villages qu'il traversait, debout sur leurs portes, regardaient passer la petite colonne impériale sans prononcer un seul mot. Vainement quelques soldats leur disaient : « L'empereur est de retour; il est là; » ils secouaient la tête d'un air de doute ou souriaient en gens qui ne veulent pas qu'on les croie dupes d'une fable grossière. Grasse, ville ouverte de 8,000 à 10,000 âmes, était en alarmes quand Napoléon y arriva. On venait d'y répandre le bruit d'un nombreux débarquement de pirates. Toutes les boutiques, les fenêtres de la plupart des maisons étaient fermées; mais les habitans remplissaient les rues. La colonne traversa la ville et la foule sans provoquer la moindre manifestation. Arrivée de l'autre côté, sur une hauteur, elle s'arrêta. L'accueil silencieux de cette population avait étonné les soldats; cette froideur n'était pas d'un favorable augure. Mais bientôt l'inquiétude cessa; un grand nombre d'habitans, le premier moment de surprise passé, se portèrent vers la colonne impériale avec des alimens de toute espèce et aux cris de *vive l'empereur!* Après un repos d'une heure, Napoléon se remit en marche, laissant sur le lieu de sa halte ses quatre pièces d'artillerie dont le transport, dans les montagnes où il allait entrer, aurait trop embarrassé sa marche. Le soir (2 mars) il coucha au village de Cérénon sur la limite du département des Basses-Alpes. Ses soldats et lui, dans cette première journée, avaient fait vingt lieues.

Le 3, l'empereur vint coucher à Barême. Le 4, il dîna à Digne, ville ouverte, chef-lieu des Basses-Alpes et que le général Loverdo, commandant le département, venait de quitter avec la garnison dont il redoutait les dispositions. Digne possédait une ou deux presses; les adresses rédigées à bord de l'*Inconstant* y furent imprimées. Nous avons reproduit la proclamation *à l'armée*; celle adressée au peuple était ainsi conçue :

AU PEUPLE FRANÇAIS.

« Français! la défection du duc de Castiglione livra Lyon sans défense à nos ennemis; l'armée, dont je lui avais confié le commandement, était, par le nombre de ses bataillons, la bravoure et le patriotisme des troupes qui la composaient, à même de battre le corps d'armée autrichien qui lui était opposé et d'arriver sur les derrières du flanc gauche de l'armée ennemie qui menaçait Paris.

» Les victoires de Champaubert, de Montmirail, de Château-Thierry, de Vauxchamp, de Mormans, de Montereau, de Craonne, de Reims, d'Arcis-sur-Aube et de Saint-Dizier, l'insurrection des braves paysans de la Lorraine, de la Champagne, de l'Alsace, de la Franche-Comté et de la Bourgogne, et la position que j'avais prise sur les derrières de l'armée ennemie, en la séparant de ses magasins, de ses parcs de réserve, de ses convois et de tous ses équipages, l'avaient placée dans une position désespérée. Les Français ne furent jamais sur le point d'être plus puissans, et l'élite de l'armée ennemie était perdue sans ressource; elle eût trouvé son tombeau dans ces vastes contrées qu'elle avait si impitoyablement saccagées, lorsque la trahison du duc de Raguse livra la capitale et désorganisa l'armée.

» La conduite inattendue de ces deux généraux qui trahirent à la fois leur patrie, leur prince et leur bienfaiteur, changea le destin de la guerre. La situation désastreuse de l'ennemi était telle, qu'à la fin de l'affaire qui eut lieu devant Paris, il était sans munitions, par la séparation de ses parcs de réserve.

» Dans ces nouvelles et grandes circonstances, mon cœur fut déchiré, mais mon âme resta inébranlable. Je ne consultai que l'intérêt de la patrie; je m'exilai sur un rocher au milieu des mers: ma vie vous était et devait encore vous être utile; je ne permis pas que le grand nombre de citoyens qui voulaient m'accompagner partageassent mon sort; je crus leur présence utile à la France, et je n'emmenai avec moi qu'une poignée de braves nécessaires à ma garde.

» Élevé au trône par votre choix, tout ce qui a été fait sans vous est illégitime. Depuis vingt-cinq ans la France a de nouveaux intérêts, de nouvelles institutions, une nouvelle gloire qui ne peuvent être garantis que par un gouvernement national et par une dynastie née dans ces nouvelles circonstances.

» Un prince qui règnerait sur vous, qui serait assis sur mon trône par la force des mêmes armées qui ont ravagé notre territoire, chercherait en vain à l'étayer des principes du droit féodal ; il ne pourrait assurer l'honneur et les droits que d'un petit nombre d'individus ennemis du peuple, qui, depuis vingt-cinq ans, les a condamnés dans toutes nos assemblées nationales. Votre tranquillité intérieure et votre considération extérieure seraient perdues à jamais.

» Français ! dans mon exil j'ai entendu vos plaintes et vos vœux; vous réclamez ce gouvernement de votre choix qui seul est légitime. Vous accusez mon long sommeil, vous me reprochez de sacrifier à mon repos les grands intérêts de la patrie.

» J'ai traversé les mers au milieu de périls de toute espèce ; j'arrive parmi vous reprendre mes droits qui sont les vôtres. Tout ce que des individus ont fait, écrit ou dit depuis la prise de Paris, je l'ignorerai toujours ; cela n'influera en rien sur le souvenir que je conserve des services importans qu'ils ont rendus ; car il est des événemens d'une telle nature qu'ils sont au dessus d'une organisation humaine.

» Français ! il n'est aucune nation, quelque petite qu'elle soit, qui n'ait eu le droit et qui ne soit soustraite au déshonneur d'obéir à un prince imposé par un ennemi momentanément victorieux. Lorsque Charles VII rentra à Paris et renversa le trône éphémère de Henri VI, il reconnut tenir son trône de la vaillance de ses braves et non d'un prince régent d'Angleterre (1). C'est aussi à vous seuls et aux braves de l'armée que je fais et ferai toujours gloire de tout devoir.

» NAPOLÉON. »

La vie politique de la France, durant les vingt-cinq années d'exil passées par les Bourbons à l'étranger, n'était, aux yeux de ces princes, qu'une longue succession de crimes ou de fautes sans excuses, auxquels, dans leurs jours d'indulgence, ils daignaient promettre le pardon et l'oubli. Napoléon, nature plus noble et plus haute, ne s'engageait pas

---

(1) Allusion au discours adressé par Louis XVIII au prince régent lors de son passage à Londres le 21 avril 1814. (V. page 54 de ce volume.)

seulement à ne garder souvenir que des anciens services rendus; s'il parlait des lâchetés et des trahisons qui, dix mois auparavant, avaient précipité sa chute et celle de sa dynastie, c'était pour accuser, non les hommes, mais la faiblesse humaine.

Digne fournit à l'empereur un petit nombre de chevaux pour ses lanciers polonais; ces braves gens, les officiers comme les soldats, obligés de quitter l'île d'Elbe sans pouvoir embarquer leurs montures, en avaient emporté l'équipement, et marchaient joyeusement à l'avant-garde, courbés sous ce lourd bagage. Napoléon faisait acheter pour eux tous les chevaux qu'il rencontrait, et remontait ainsi, homme par homme, sa petite cavalerie. En quittant Digne le 5 au matin, les cavaliers déjà pourvus pouvaient former un peloton.

La route de Digne à Gap, chef-lieu des Hautes-Alpes, traverse la Durance à Sisteron. Le pont de cette dernière ville, protégé par une forteresse, pouvait offrir un obstacle infranchissable à la petite troupe impériale, s'il était coupé ou défendu. Le général Cambronne s'y porta dans la nuit avec une simple avant-garde de quarante grenadiers; il se rendit maître du passage. L'empereur y arriva dans la matinée avec le reste de son détachement; prenant alors les devans avec les quarante grenadiers de Cambronne et six lanciers polonais, il entra le soir dans Gap avec cette faible escorte. Les autorités de Gap avaient imité celles de Digne: elles s'étaient retirées devant l'empereur, emmenant avec elles le petit nombre de soldats casernés dans la ville.

A mesure que Napoléon s'éloignait de la Méditerranée et pénétrait vers le Dauphiné, le peuple des villes et les habitans des campagnes témoignaient plus d'attachement à sa personne et accueillaient sa venue avec plus d'enthousiasme. Ces sentimens toutefois empruntaient, au rude et franc patriotisme de ces populations, un caractère d'indépendance auquel Napoléon n'était pas habitué. L'amour de la liberté, chez elles, l'emportait sur leurs sympathies pour l'Empire, et le chef de dynastie disparaissait derrière le souverain sorti de la révolution. Les préjugés puisés par l'empereur dans l'exercice d'un long pouvoir absolu, se turent un moment devant l'expression de ce dévoûment si énergique et si pur à la grande cause nationale; il remercia les montagnards des Alpes, mais dans un langage qui appartenait à la période consulaire plutôt qu'à l'époque impériale. Voici la proclamation qu'il leur adressa :

AUX HABITANS DES HAUTES ET BASSES-ALPES.

« Citoyens! j'ai été vivement touché de tous les sentimens que vous m'avez montrés; vos vœux seront exaucés. La cause de la nation triomphera encore! Vous avez raison de m'appeler votre père; je ne vis que pour l'honneur et le bonheur de la France. Mon retour dissipe toutes vos inquiétudes, il garantit la conservation de toutes les propriétés, l'égalité entre toutes les classes, et les droits dont vous jouissiez depuis vingt-cinq ans, droits après lesquels nos pères ont tous soupiré et qui forment aujourd'hui une partie de votre existence.

» Dans toutes les circonstances où je pourrai me trouver, je me rappellerai toujours avec un vif intérêt tout ce que j'ai vu en traversant votre pays.

» NAPOLÉON. »

La cause de la nation et ses droits, voilà ce que Napoléon venait défendre; ce n'était plus à des sujets, mais à des *citoyens* qu'il s'adressait : pour la première fois, depuis 1804, cette qualification paraissait dans un acte public.

L'empereur ne quitta Gap, le 6 mars, qu'à deux heures de l'après-midi. Les adresses *au peuple* et *à l'armée*, et la courte proclamation que nous venons de reproduire, affichées dans toute la ville, avaient excité au plus haut degré l'enthousiasme des habitans. La population tout entière, lorsqu'il se remit en route, se porta sur son passage et le salua de ses acclamations. Les mêmes sentimens éclatèrent dans toutes les localités placées sur sa route. Les gens de Saint-Bonnet, entre autres, inquiets de la faiblesse de son escorte, lui proposèrent de sonner le tocsin pour réunir les hommes de tous les villages et l'accompagner en masse. « Non, leur répondit l'empereur ; je vois que je ne me suis pas trompé ; vos sentimens me garantissent ceux de la France et de l'armée. Tous les soldats que je rencontrerai se rangeront de mon côté. Restez tranquilles chez vous. »

Le même jour Napoléon vint coucher à Gorp. Seuls, Cambronne et ses quarante grenadiers, avant-garde infatigable, poussèrent le même soir jusqu'à La Mure. Ils durent s'y arrêter ; la route se trouvait barrée par un bataillon du 5ᵉ de ligne et deux compagnies de sapeurs-mineurs, en tout 7 à 800 soldats, avant-garde d'un corps de 6,000 hommes que le gouvernement, docile aux avis de M. de Talleyrand, réunissait à Grenoble pour répondre aux menaces de Murat. C'étaient les premières troupes contre lesquelles l'empereur devait se heurter.

Cambronne essaya de parlementer avec les avant-postes ; on lui répondit qu'il y avait défense de communiquer. Il fit avertir l'empereur. Mais, dans la nuit, le commandant des troupes royales, alarmé par les dispositions des habitans de La Mure, et craignant d'ailleurs de se voir tourné, rétrograda de trois lieues, et vint prendre position en avant de Vizille, sur un point où la route se trouve resserrée entre les lacs de Laffray. Le lendemain 7, Napoléon, poursuivant sa marche, traversa La Mure et s'approcha des lacs. Les deux colonnes se trouvèrent bientôt en vue. L'empereur alors s'arrêta et donna à son officier d'ordonnance, le chef d'escadron Raoul, l'ordre d'aller le faire reconnaître. Cet officier reçut la même réponse que Cambronne; on menaça même de tirer sur lui s'il insistait. Napoléon comprit que le succès de son entreprise dépendait de cette première rencontre : il fit continuer la marche.

La route suivait une vallée assez resserrée. Dans les champs, dans les prés des deux côtés du chemin, et sur les flancs des troupes royales, on voyait un nombre considérable d'habitans de la campagne, que le bruit du prochain passage de l'empereur, ainsi que la présence des détachemens revenus pendant la nuit de La Mure, avaient fait accourir de tous les villages et de tous les hameaux voisins. Les vœux de cette population étaient pour l'empereur; la vue de ce souverain exaltait l'enthousiasme et comblait les espérances de cette foule; elle brûlait de se jeter au devant de lui, de le saluer de ses acclamations; et cependant l'inquiétude, l'attente de ce qui allait se passer, la tenaient muette et immobile.

Quand les deux colonnes furent en présence, Napoléon commanda aux siens de mettre l'arme sous le bras, et, descendant de cheval, il s'avança vers les troupes royales. Ses grenadiers, le canon de leurs fusils dirigés vers la terre, ne le suivaient qu'à distance. Le moindre mouvement, un cri, un coup de feu, décidaient en ce moment la destinée de Napoléon. Nul, toutefois, ne bougeait. Toutes les pensées des hommes réunis sur cet étroit espace semblaient concentrées dans leurs regards : leurs yeux ne quittaient pas ce chef à redingote grise qui, seul, isolé des siens, la contenance calme et la poitrine découverte, marchait droit aux 700 soldats armés placés en travers de sa route. Arrivé à vingt pas

environ du front de bataille, Napoléon s'arrêta, porta la main à son chapeau, salua, et dit d'une voix forte : « Sol-
» dats du 5ᵉ de ligne, s'il en est un seul parmi vous qui veuille
» tuer son général, son empereur, il le peut : me voilà ! »

Il y eut alors un moment de silence suprême ; puis un immense cri de *Vive l'empereur !* se fit entendre. Les rangs des deux troupes furent aussitôt confondus ; les villageois se mêlèrent aux soldats ; pendant quelques instans toute cette foule ne forma qu'un seul groupe ; Napoléon s'y trouvait enfermé. Ce retour, a-t-on dit, fut le résultat d'un complot. Où donc, en ce moment, étaient les conspirateurs ? L'empereur disait aux soldats du 5ᵉ de ligne :
« Je viens avec une poignée de braves, parce que je
» compte sur le peuple et sur vous. Le trône des Bourbons
» est illégitime, puisqu'il n'a pas été élevé par la na-
» tion ; il est contraire à la volonté nationale puisqu'il
» est contraire aux intérêts de notre pays, et qu'il
» n'existe que dans l'intérêt d'un petit nombre de familles.
» Demandez à vos pères ; interrogez ces braves paysans :
» vous apprendrez de leur bouche la véritable situation des
» choses. Ils sont menacés du retour des dîmes, des privi-
» léges, des droits féodaux et de tous les abus dont vos suc-
» cès les avaient délivrés. N'est-il pas vrai, mes amis ?
» ajoutait Napoléon en s'adressant aux montagnards. —
» Oh ! oui, Sire, répondaient ceux-ci tout d'une voix ; on
» voulait nous attacher à la terre. Vous venez, comme l'ange
» du Seigneur, pour nous sauver. »

Le bataillon du 5ᵉ demanda à Napoléon la faveur de former son avant-garde ; l'empereur la lui accorda. On se remit en marche. Les habitans de la campagne suivirent la troupe ; leur nombre, grossi par les hommes de tous les villages placés sur la route, s'élevait à plusieurs milliers quand la tête de la colonne entra dans Vizille. Là, l'enthousiasme fut extrême ; les habitans firent à Napoléon une véritable entrée triomphale ; l'empereur avait peine à s'avancer au milieu de la foule enivrée qui se précipitait sur ses pas. « C'est ici qu'est née la révolution ! s'écriaient les habitans de Vizille. C'est nous qui, les premiers, avons osé réclamer les droits des hommes libres ! C'est encore ici que ressuscite la liberté française ! » On s'efforçait de le retenir : il résista à toutes les instances. Il voulait arriver à Grenoble avant la nuit. La possession de cette place, qui renfermait six régimens, devait en effet décider militairement le succès de son entreprise. Grenoble ne lui donnait pas seulement des troupes ; il y trouvait un arsenal, des approvisionnemens et un point d'appui.

Le 5e de ligne et le 2e régiment du génie formaient primitivement la garnison de cette ville ; mais par suite de la concentration de troupes sollicitée par M. de Talleyrand, et approuvée par M. de Blacas, en vue d'*observer* l'Italie, le maréchal Soult venait d'y appeler, de Chambéry, le 7e et le 11e de ligne ; de Valence, le 4e régiment d'artillerie ; de Vienne, le 4e de hussards. Ces forces, placées sous le commandement du général Marchand, présentaient, nous l'avons dit, un effectif d'environ 6,000 hommes ; le hasard seul les plaçait sur le passage de Napoléon ; les ordres qui venaient de les y amener étaient partis, pour ainsi dire, du congrès de Vienne. Que n'a-t-on pas écrit, pourtant, sur le complot dont ces corps et leurs chefs auraient été les actifs instrumens ! Deux jours auparavant, ces chefs ignoraient aussi bien que leurs soldats le débarquement de l'empereur. Cette nouvelle les fit tressaillir d'espérance et de joie : d'autres régimens l'auraient-ils accueillie avec moins d'enthousiasme ? On s'est appuyé de la jonction du colonel

Charles de Labédoyère. Était-ce lui qui commandait le bataillon du 5ᵉ posté aux lacs de Laffray ? Le 7ᵉ de ligne, dont Labédoyère était colonel, tenait garnison à Chambéry avant les démonstrations de Murat : aurait-il quitté cette ville sans les menaces de ce prince ? Ne pouvait-il pas être envoyé à Bourg, à Lons-le-Saulnier aussi bien qu'à Grenoble ? Jeune, ardent, avide de gloire, le colonel Charles de Labédoyère avait ressenti profondément l'abaissement de notre honneur national. Est-il donc étonnant que la nouvelle de l'approche de l'empereur l'ait trouvé prêt à seconder le retour du chef qu'il avait long-temps servi, et qui avait porté si haut le renom de nos armes ? Il aurait hésité, d'ailleurs, que ses soldats l'eussent entraîné.

Depuis la veille, la fermentation était grande dans les casernes et sur les places publiques de Grenoble. Des cris de *vive l'empereur!* avaient éclaté durant toute la nuit, et telle était l'excitation de la population et des soldats, le matin du 7, que les autorités militaires ni l'autorité civile n'avaient déjà plus l'influence et la force nécessaires pour arrêter le mouvement. Dans la journée, les nouvelles venues du dehors sur l'approche de l'empereur portèrent l'effervescence au comble. Les soldats voulaient courir au devant de leur ancien souverain. Le colonel du 11ᵉ de ligne, désespérant de contenir son régiment, le fit sortir de la place et parvint à l'entraîner sur la route de Chambéry. Le colonel Labédoyère, vers les quatre heures, sortit également à la tête du sien (le 7ᵉ) ; mais il prit la route de Vizille. Le général Marchand et le préfet, craignant de voir le reste de la garnison suivre le même chemin, firent fermer les portes. Grenoble, lorsque l'empereur parut devant ses murs, à neuf heures du soir, après avoir été rejoint par le 7ᵉ de ligne, présentait un spectacle étrange : sur le sommet des remparts, les soldats restés dans la ville et les habitans saluant de cris enthousiastes la venue de la colonne impériale ; au pied des murailles, les grenadiers de l'île d'Elbe, le 7ᵉ de ligne, le bataillon du 5ᵉ, et plusieurs milliers de gens de la campagne, répondant à ces acclamations et furieux de ne pouvoir entrer. Les sapeurs des deux troupes se mirent à l'œuvre ; les portes, attaquées au dedans et au dehors à coups de hache, volèrent bientôt en éclats ; leurs débris furent recueillis ; on les présenta à l'empereur : « Nous ne pouvons vous offrir les clés de la ville, lui dirent les soldats et les citoyens qui l'attendaient sur le dernier pont-levis ; mais en voici les portes. » L'entrée de Napoléon eut lieu aux flambeaux. Tandis qu'il pénétrait dans la place par la porte de Vizille, le général Marchand et le préfet sortaient par la porte de Lyon.

Le lendemain 8 mars, Napoléon recevait les autorités municipales et tous les corps constitués. A deux heures, il passait la revue des régimens de toutes armes, au milieu d'une population immense, qui faisait entendre les cris de : *A bas les Bourbons ! à bas les ennemis du peuple ! vive l'empereur !* La revue achevée, toutes les troupes quittèrent immédiatement la ville pour se porter à marche forcée sur Lyon. Une circonstance, remarquée ce jour-là par les habitans de Grenoble, peut aider à comprendre les événemens de cette époque. Chaque soldat, en sortant le matin de sa chambrée, avait au schako une cocarde tricolore, vieille, usée, relique glorieuse que tous avaient précieusement cachée au fond de leurs sacs lorsqu'ils avaient dû prendre la cocarde blanche.

Le 9, l'empereur vint coucher à Bourgoin. Sa marche sur cette route était un véritable triomphe. La calèche où il se tenait assis, constamment entourée par une foule compacte de gens de la campagne, ne pouvait aller qu'au pas. Cette populaire escorte faisait éclater sa joie tantôt par des cris, tantôt par des chansons. Quelques uns adressaient la parole à l'empereur : « Enfin, vous voilà arrivé ! disaient-ils ; » nous allons donc être débarrassés de l'insolence des no- » bles et des prétentions des prêtres ; nous serons vengés » de l'étranger. » Napoléon souriait. Le 10, au soir, il était devant Lyon.

C'est de Lyon que, le 5 mars, la première nouvelle du débarquement au golfe Juan avait été transmise à Paris par le télégraphe (1). Elle était arrivée, la nuit précédente, au général Brayer, commandant la division militaire du Rhône, par un courrier que lui avait expédié, l'avant-veille 3, son collègue de Marseille. La dépêche télégraphique, adressée par le général Brayer au gouvernement, était ainsi conçue :

« Bonaparte a débarqué, le 1ᵉʳ mars, près de Cannes, dans le département du Var, avec 1,200 hommes et quatre pièces de canon ; il s'est dirigé sur Digne et Gap pour prendre, à ce qu'il paraît, la route de Grenoble. Toutes les mesures sont prises pour l'arrêter et déjouer cette tentative insensée. Tout annonce le meilleur esprit dans les départemens méridionaux. La tranquillité publique est assurée. »

M. de Vitrolles, comme ministre d'État, secrétaire des conseils du roi (2), avait le télégraphe dans ses attributions. Ce fut à lui que la dépêche arriva, place Vendôme, où étaient ses bureaux ; il la porta immédiatement aux Tuileries. Louis XVIII la lut sans manifester la moindre in-

---

(1) La ligne télégraphique du Midi, à cette époque, n'allait pas au delà de Lyon.

(2) Ce titre donnait à M. de Vitrolles une partie des attributions de l'ancienne *secrétairerie-d'état* impériale, que le duc de Bassano dirigea si long-temps. Ces attributions étaient fort amoindries.

quiétude; il se contenta de dire à M. de Vitrolles, avec l'accent de la plus profonde indifférence : « Allez voir le maréchal Soult, et dites-lui de faire ce qui sera nécessaire. » M. de Vitrolles, ayant rencontré le maréchal sur le Pont-Royal, tous deux revinrent aux Tuileries. Le maréchal refusait de croire à la nouvelle. La réponse qu'il transmit par le télégraphe au général Brayer se ressentait de ce premier doute; il ne prescrivait aucune mesure et se bornait à annoncer des ordres pour le lendemain. Dans la soirée, pourtant, M. de Vitrolles fit décider le départ du comte d'Artois pour Lyon, celui du duc de Bourbon pour la Vendée, ainsi que la formation des 30,000 hommes déjà mis en mouvement pour *observer* les Alpes, en trois corps, ayant leurs quartiers-généraux à Lyon, à Marseille et à Besançon. Ces trois corps, destinés à enfermer Napoléon entre les Alpes et la barrière continue formée par le Doubs, la Saône et le Rhône, devaient être placés sous le commandement du comte d'Artois et de ses deux fils. Le comte, placé au centre de la ligne, à Lyon, devait se trouver appuyé, sur sa gauche, par le duc de Berry, occupant Besançon, et, sur la droite, par le duc d'Angoulême, gardant Marseille. Ce dernier se trouvait à Bordeaux. Un courrier lui porta le soir même l'ordre de quitter cette ville, de se rendre dans le chef-lieu des Bouches-du-Rhône, et d'y prendre le commandement des cinq divisions militaires du Midi. Ces dispositions, inspirées par M. de Vitrolles, n'étaient acceptées que comme mesures de précaution; car personne, moins le secrétaire des conseils de Louis XVIII, ne se montrait alarmé. Loin de là, M. de Blacas, la plupart de ses collègues, ainsi que les personnes composant l'intimité du roi et du comte d'Artois, n'éprouvaient qu'une crainte, c'est que la nouvelle ne fût pas fondée. La réponse suivante de M. Dandré à Louis XVIII résume le langage et les opinions de tous les habitués de la cour : « Vraiment, Sire ! s'écria le directeur général de la police lorsque le roi lui apprit le débarquement de l'empereur, ce coquin de Bonaparte aurait été assez insensé pour débarquer ! Il faut en remercier Dieu ; on le fusillera, et nous n'en entendrons plus parler. »

Le lendemain 6, une seconde dépêche annonça que Napoléon s'avançait positivement par Digne et Gap sur Grenoble et sur Lyon. L'assurance de la veille faiblit un peu. Louis XVIII lui-même, sans montrer précisément de l'inquiétude, commençait à soupçonner la gravité de l'événement. M. de Blacas, en revanche, n'était pas ébranlé ; sa confiance restait absolue ; il s'efforçait de la faire partager à son maître. « Le retour de Bonaparte n'a sans doute rien de grave, répondait le roi. Je crois comme vous que c'est
» une folie ; mais, enfin, ce n'est pas un événement ordi-
» naire ; il y a quelque chose derrière : certainement,
» c'est un complot. » Les Bourbons avaient conspiré durant vingt-cinq ans ; ils ne croyaient qu'aux complots. Pour eux, d'ailleurs, il n'existait pas de volonté nationale ; et la population, dépourvue d'initiative, soumise toujours à l'influence de quelques hommes, n'agissait que comme instrument dans tous les événemens politiques. Ils étaient sérieusement convaincus que tous les changemens arrivés depuis 1789, de même que les révolutions qui pourraient encore survenir, n'étaient et ne pouvaient être que d'heureuses conspirations.

Ce fut seulement le 6 mars, après l'arrivée de la seconde dépêche, que, dans une réunion chez M. de Blacas, on décida la convocation des Chambres, que l'on arrêta les termes de la proclamation qui devait annoncer et motiver cette mesure, ainsi que les dispositions de l'ordonnance relative à la poursuite et à la mise en jugement de Napoléon. Nous avons reproduit ces documens. On sait que les journaux annonçaient en même temps le départ du comte d'Artois pour Lyon. Ce prince avait effectivement quitté Paris dans la nuit; le duc d'Orléans ne devait pas tarder à le rejoindre.

La cour, ni les ministres, nous l'avons dit, ne savaient rien des deux ou trois conjurations toutes publiques, où le nom du duc d'Orléans jouait un rôle si important; toutefois, le passé de ce prince, sa position et son attitude exceptionnelles au milieu de la famille royale, avaient instinctivement appelé sur lui l'attention du baron de Vitrolles. « M. le duc d'Orléans, avait-il dit, ne peut demeurer au *Palais-Royal* quand le frère du roi et ses neveux quittent les *Tuileries*; dans des circonstances comme celles-ci, la place du premier prince du sang est aux côtés de *Monsieur*. » On décida que le duc partirait également pour Lyon. Ce prince était fort peu désireux d'abandonner ses affections de famille et ses nombreuses affaires d'intérêt privé. Il se rendit aux Tuileries, dans le but de rassurer Louis XVIII sur son compte et de l'amener à ne pas insister sur son départ de Paris. Les principaux meneurs des intrigues où intervenait son nom, ne lui avaient rien laissé ignorer; on raconte que, dans son entrevue avec le roi, après avoir mis sa personne et sa fortune au service du chef de sa race, il fit connaître à ce dernier les dangers que pouvaient faire courir à la monarchie les projets des conspirateurs militaires et *civils* dont nous avons dit les espérances au début de ce chapitre : « Il dénonça au roi leurs intentions, a dit M. de Lafayette, et fut accusé, quoique bien à tort, je pense, d'avoir dénoncé les individus (1). » Cette démarche était assu-

---

(1) *Mémoires* de M. de Lafayette, t. v, p. 353.

rément de nature à désarmer la méfiance la plus profonde; elle fut inutile; le prince dut partir; il quitta Paris le lendemain 7, à 11 heures du matin. Sa capacité militaire et celle du comte d'Artois, ainsi que leur influence sur les soldats, n'inspiraient qu'une confiance médiocre à eux-mêmes et aux ministres. On convint de leur adjoindre un homme du métier pour commander les troupes. Le maréchal Macdonald fut choisi.

Nous avons dit l'impression produite à Paris par la lecture du *Moniteur* du 7 mars, les journaux royalistes, échos du gouvernement et de la cour, en reproduisant, le lendemain, les nouvelles de la feuille officielle, affectaient le calme le plus rassurant; ils annonçaient : « Que Bonaparte avait inu» tilement sommé la ville de Digne; que cette cité lui avait » refusé le passage, et que ne trouvant dans les campagnes, » pas plus que dans les villes, l'empressement sur lequel il » avait eu la *simplicité* de compter, Bonaparte s'était *réfugié* » sur la CRÊTE des montagnes. » C'est le 8 que le *Journal des Débats*, entr'autres, publiait ces nouvelles, et, ce jour là-même, Napoléon passait des revues à Grenoble. Les journaux du lendemain 9 donnaient quelques dépêches datées précisément de cette ville. Une d'elles, à la date du 4, était ainsi conçue : « La nouvelle du débarquement de Bonaparte a excité la » plus vive *indignation* parmi les habitans de Grenoble et » des campagnes voisines; les chefs de la force armée vien» nent de se réunir à l'hôtel de la préfecture; ils y ont com» biné tous les moyens de défense, dans le cas très impro» bable où le petit corps des *brigands de Bonaparte* songerait » à se diriger sur cette ville. Une partie de la garnison vient » de se mettre en route pour marcher contre lui. » Une autre dépêche accusait l'empereur d'avoir *vollé les chevaux* d'un de ses anciens chambellans, le prince de Monaco, qu'il avait

rencontré entre Cannes et Antibes. Un *post-scriptum* du *Journal des Débats* ajoutait : « Les dernières nouvelles de
» Bonaparte sont d'hier 7; à cette date il était toujours aux
» environs de Digne, dont on lui avait refusé les portes.
» Personne ne s'était réuni à lui. Par la marche des différens
» corps partis de divers points pour l'attaquer, il devait,
» dans ce moment, être entièrement *cerné*. On a sonné le
» tocsin dans tous les villages, et les paysans se sont armés
» pour lui *courir sus*. »

Voilà les fables ridicules que le gouvernement faisait imprimer quand l'empereur frappait déjà aux portes de Lyon. Les royalistes prenaient ces contes au sérieux; leurs adversaires, et c'était l'immense majorité de la population, se bornaient à hausser les épaules; ils ne savaient rien, ne connaissaient rien de la marche de Napoléon; mais ils avaient foi dans le patriotisme des départemens qu'il traversait, dans le dévoûment des troupes qu'il pourrait rencontrer, et dans son génie. Ce fut seulement dans la nuit qui suivit (du 9 au 10) que parvinrent à Paris ses premières proclamations. On raconte que, confiées à la diligence de Grenoble, elles purent échapper aux visites de tous les commis de barrière, à l'aide d'un stratagème assez vulgaire : elles enveloppaient des comestibles adressés à une femme, long-temps aux gages de la police impériale, et dont la maison servait alors de rendez-vous à un grand nombre d'anciens fonctionnaires dédaignés par le nouveau gouvernement. Au bout de quelques heures elles circulaient déjà dans Paris; vers le milieu du jour suivant elles se répandirent dans tous les quartiers. Ce n'était pas seulement à l'aide d'exemplaires manuscrits que chacun se disputait et copiait, qu'elles entraient dans toutes les maisons, qu'elles pénétraient dans tous les lieux publics; les principaux passages, retenus par les lecteurs, se transmettaient d'une mémoire à l'autre, et passaient de bouche en bouche. L'effet de ce langage si profondément patriotique et si passionné, fut universel, prodigieux.

Les journaux du 10 ne contenaient que d'insignifians rapports adressés aux autorités de Marseille ou au gouvernement par quelques fonctionnaires du Var et des Basses-Alpes. Rien de Grenoble. De Lyon, une dépêche ainsi conçue : « *Monsieur* est arrivé le 8 ; S. A. R. a été reçue avec enthousiasme. » En revanche, on y trouvait des adresses de la cour de cassation, de la cour des comptes et de la cour royale, adresses où les membres de ces trois cours protestaient à l'envi « de leur fidélité et de leur amour pour la personne sacrée de Louis XVIII, et de leur horreur pour ce grand coupable, pour cet éternel ennemi de la France et du monde qui venait troubler le repos de la France et de son roi. » *Qu'espère-t-il ?* s'écriaient les trois cours. « Nous sommes prêts à mourir pour V. M., » ajoutait la cour de cassation. « Vous êtes notre père, nous sommes vos enfans, nous vous ferons un rempart de nos corps, » disait à son tour la cour royale. Ces mêmes cours, composées des mêmes hommes, avaient fait les mêmes sermens à Napoléon quatorze mois auparavant (janvier 1814). *Qu'espèrent-ils ?* s'écrièrent-elles, à cette époque, en parlant des alliés. Il y a plus : si le 10 mars 1815 elles maudissaient l'empereur dans les termes les plus violens, on devait les voir, à *douze jours* de là, épuiser de nouveau, pour ce souverain, toutes les formules du dévoûment et de l'admiration ; puis, trois mois après, aux premiers jours de juillet, on devait les entendre charger encore une fois Napoléon d'injures, et, courtisans infatigables, jurer derechef à Louis XVIII une inviolable fidélité. Et l'on s'étonne, après de tels faits, que les institutions les plus saintes et les hommes en qui elles se personnifient, perdent dans le respect des peuples !

Après ces adresses venait la proclamation suivante :

Ministère de la guerre.

ORDRE DU JOUR A L'ARMÉE.

« Soldats !

» Cet homme, qui naguère abdiqua aux yeux de toute l'Europe un pouvoir *usurpé* dont il avait fait un si fatal usage, Buonaparte est descendu sur le sol français qu'il ne devait plus revoir.

» Que veut-il ? la guerre civile. Que cherche-t-il ? des traîtres. Où les trouverait-il ? Serait-ce parmi les soldats qu'il a trompés et sacrifiés tant de fois en égarant leur bravoure ? Serait-ce au sein de ces familles que son nom seul remplit encore d'effroi ?

» Buonaparte nous méprise assez pour croire que nous pouvons abandonner un souverain légitime et bien-aimé, pour partager le sort d'un homme qui n'est plus qu'un *aventurier*. Il le croit, l'insensé ! Son dernier acte de démence achève de le faire connaître.

» Soldats ! l'armée française est la plus brave armée de l'Europe ; elle sera aussi la plus fidèle.

» Rallions-nous autour de la bannière des lys, à la voix de ce père du peuple, de ce digne héritier des vertus du grand Henri. Il vous a tracé lui-même les devoirs que vous avez à remplir. Il met à votre tête ce prince, modèle des chevaliers français, dont l'heureux retour dans notre patrie a déjà *chassé* l'usurpateur, et qui, aujourd'hui, va par sa présence détruire son seul et dernier espoir.

» Paris, le 8 mars 1815.

» *Le ministre de la guerre,*
» Maréchal duc DE DALMATIE. »

Sale blagueur

Un pareil langage ne se commente pas. La plume tombe des mains devant ces paroles outrageantes, quand on vient à songer que le ministre signataire est le même maréchal qui, onze mois auparavant, vouait à l'exécration publique et à la mort « les hommes assez ennemis de la France pour douter du triomphe du grand et invincible empereur (1), »

---

(1) V. vol. 1er, chap. VI, p. 251.

et qui devait accepter, à quelques semaines de là, les fonctions de major-général de l'armée de Napoléon. On a dit que cet ordre du jour fut présenté, tout rédigé, à l'approbation du duc de Dalmatie par M. Michaud, rédacteur en chef du journal royaliste la *Quotidienne*, et qu'il ne le signa que pour plaire au roi et par faiblesse. Mieux vaudrait, pour le maréchal, qu'il eût signé par conviction ; il aurait pu du moins hasarder une excuse.

Le duc de Dalmatie faisait suivre sa proclamation d'une *note ministérielle* ainsi conçue :

« Beaucoup d'officiers qui demandent à être nommés chevaliers de l'ordre royal et militaire de Saint-Louis négligent de joindre à leurs demandes une déclaration de la *religion* qu'ils professent. On prévient qu'il ne sera donné aucune suite à toute demande qui ne sera pas accompagnée de cette déclaration. »

Voilà les *avis* que publiait le ministre de la guerre des Bourbons au moment où Napoléon, maître de plusieurs départemens, tenait levé le drapeau de la république et de l'Empire, appelant à lui ses anciens soldats, évoquant tous les intérêts issus de la révolution, tous les droits conquis par les générations nouvelles ! Etait-il donc besoin d'un complot pour tourner le peuple et l'armée contre la restauration ? Une faute, au reste, n'attendait pas l'autre. Le gouvernement des Bourbons, même dans ce moment de crise suprême, ne savait littéralement qu'inventer pour porter, jusqu'au sein des classes les plus inoffensives, l'iritation et la colère. On croira difficilement que, le 10 mars, lorsque l'empereur était déjà maître de Lyon, les mêmes journaux qui rappelaient aux officiers sollicitant la croix de Saint-Louis l'obligation d'un *certificat de catholicisme*, jetaient au milieu du public la nouvelle d'un véritable bouleversement dans l'Institut : ils annonçaient que la quatrième classe, celle des beaux-arts, était supprimée; que le prince Lucien Bonaparte, MM. Cambacérès, Garat, le cardinal Maury, Merlin, Rœderer et Sieyès, étaient exclus de l'Académie française et remplacés par l'évêque d'Alais, le duc de Lévis, le duc de Richelieu et par MM. de Bonald, de Choiseul-Gouffier, Ferrand et Lally-Tolendal; que les noms de Napoléon, de Monge, de Guiton de Morveaux et de Carnot étaient rayés de la liste des membres de l'Académie des sciences; et que Joseph Bonaparte, ainsi que MM. Lakanal et Grégoire, cessaient de faire partie de l'Académie des inscriptions.

Les journaux du lendemain 11 ne publiaient que deux dépêches insignifiantes : l'une donnait des nouvelles de Gap, à la date du 5; la seconde annonçait que le comte d'Artois « continuait à recueillir des habitans de Lyon des témoignages éclatans de dévoûment et de fidélité. » Le jour suivant 12, on lisait : « Le bruit est généralement répandu que » monseigneur le duc d'Orléans, à la tête de 20,000 hom- » mes, a repoussé Bonaparte au delà de Bourgoin. »

A la même heure, au même moment où la foule, répandue dans tous les lieux publics de Paris apprenait cette nouvelle et en discutait la vraisemblance, le duc d'Orléans et le comte d'Artois, partis de Lyon depuis deux jours, traversaient les barrières de la capitale et rentraient au Palais-Royal et aux Tuileries.

Le second de ces princes, on l'a vu, était entré à Lyon le 8; le premier y arriva le lendemain. Deux régimens, le 24e de ligne et le 13e de dragons, formaient la garnison de cette ville. On fit venir en toute hâte de Montbrison le 20e de ligne; la garde nationale fut convoquée; un corps assez nombreux de gardes nationaux à cheval se forma. Des visites aux différentes casernes, des revues remplirent la journée du 9; on distribua quelqu'argent aux soldats; les officiers reçurent les plus magnifiques promesses. Vains efforts! l'attitude de la troupe était contrainte, silencieuse; la garde nationale, infanterie, se montrait elle-même sans enthousiasme; seuls, les gardes nationaux à cheval déployaient une grande chaleur de dévoûment. Le maréchal Macdonald arriva le 10 au matin, pendant que le frère de Louis XVIII et le premier prince du sang passaient une nouvelle revue place Belcour; le maréchal, avant d'aller les rejoindre, visita les abords de la ville sur la route de Grenoble; il trouva les ponts Morand et de la Guillotière barricadés et gardés seulement par quelques soldats; toutes les troupes étaient en ce moment devant les princes: le duc de Tarente se rendit à son tour près de ceux-ci. Les soldats, dans cette revue, s'étaient montrés encore plus froids que la veille; quelques incidens du plus fâcheux augure venaient même de se produire. En passant devant le front du 13e dragons, le comte d'Artois ayant aperçu un sous-officier décoré de plusieurs chevrons, s'était approché et lui avait dit : « Allons, camarade, crie *Vive le roi!* — Non, Monsieur, cela ne m'est pas possible, avait répondu le dragon; et, si je criais quelque chose, ce serait *vive l'empereur!* »

Le maréchal parut sur la place au moment où les princes, découragés, inquiets même pour leur sûreté personnelle, concertaient déjà leur départ : il combattit cette résolution et donna aux troupes l'ordre de se rapprocher du Rhône et de couper les deux ponts. Les troupes obéirent. Mais quand les sapeurs voulurent se mettre à l'œuvre, douze à quinze mille ouvriers qui, depuis le matin, n'avaient pas cessé d'entourer les soldats, et que ceux-ci laissaient même pénétrer dans leurs rangs, déclarèrent qu'ils ne souffriraient pas qu'on donnât un seul coup de hache. On dut se borner à renforcer les barricades et à faire prendre position, en arrière, à deux bataillons chargés de les protéger. Ces bataillons n'avaient pas encore accompli leur mouvement, lorsque des hussards du 4e, formant l'avant-garde des troupes de Grenoble, précédés par un groupe assez nombreux d'officiers à demi-solde, et accompagnés ou suivis de toute la population du faubourg de la Guillotière, parurent de l'autre côté du fleuve. Cette foule poussait des cris éclatans de *vive l'empereur!* Ces cris sont bientôt répétés par les masses d'ouvriers réunis sur les quais du côté de la ville. Des deux parts les chapeaux s'agitent; sur chaque rive du fleuve les acclamations se répondent; enfin on crie *aux barricades!* Les hussards lancent leurs chevaux; les dragons, obéissant à la même impulsion, se portent également sur les ponts; les fantassins suivent; les barricades sont attaquées des deux côtés; on les renverse, on jette dans le Rhône les arbres et les poutres dont elles sont formées; au bout de quelques instans les deux troupes se mêlent et s'embrassent. Lyon est aux troupes impériales. Le maréchal Macdonald, témoin impuissant de cette scène, gagne à la hâte le faubourg de Vaise, poursuivi par quelques hussards du 4e. Sa liberté ou sa vie auraient couru des dangers sérieux, si les dragons de son escorte, se mettant en défense, n'avaient obtenu des hussards que sa retraite ne serait point inquiétée. Le maréchal put se retirer sur Clermont. Une heure auparavant, aux premiers cris de *vive l'empereur* poussés par les officiers à demi-solde marchant à l'avant-garde de la colonne impériale, les deux princes s'étaient enfuis par la route de Moulins. De tous les gardes nationaux à cheval qui juraient le matin de ne jamais les abandonner, de se faire tuer pour leur cause, un seul eut le courage de les accompagner. Fut-il récompensé par eux? On ne le dit pas.

Ce que l'on sait, c'est qu'à quelques jours de là l'empereur décora ce fidèle garde.

A cinq heures du soir, le 20e et le 24e de ligne et le 13e dragons franchirent les ponts, et, traversant le faubourg de la Guillotière, se précipitèrent au devant de Napoléon. A sept heures, ce souverain, précédé seulement de quelques cavaliers, entra dans Lyon aux acclamations de 100,000 voix. Les ponts, les quais, les rues étaient encombrés d'hommes, de vieillards, de femmes et d'enfans accourus de tous les points de la ville, des bourgs et des villages voisins, et qui se jetaient jusque sous les pieds des chevaux pour voir l'empereur de plus près, pour l'entendre, pour toucher ses vêtemens. Quand elle avait fait quelques pas, cette foule, pour le revoir, se portait en courant sur un autre point, où se renouvelaient les mêmes scènes. C'était un véritable délire. Toute distinction de rangs avait disparu: maîtres et ouvriers, hommes du peuple et bourgeois, se pressaient les mains, s'embrassaient et, bras dessus bras dessous, allaient, venaient, poussaient les mêmes cris et s'abandonnaient aux démonstrations de la joie la plus vive. Napoléon confia la garde de sa demeure et de sa personne à l'infanterie de la garde nationale. Les gardes nationaux à cheval offrirent leurs services : « Nos institutions, répondit l'empereur, ne reconnaissent point de garde nationale à cheval; vous vous êtes si mal conduits, d'ailleurs, avec le comte d'Artois, que je ne veux point de vous. »

Napoléon passa les journées du 11 et du 12 mars à Lyon. Il reçut, comme à Grenoble, toutes les autorités, tous les corps constitués. Ce fut dans le chef-lieu du Rhône qu'il reprit l'exercice du pouvoir souverain. Maître de la seconde ville de l'empire, et de huit à dix régimens; salué une seconde fois empereur par toutes les populations qu'il venait de traverser, la cause des Bourbons, pour lui, était une cause désormais perdue; leur règne était fini; le sien devait recommencer. Neuf décrets signalèrent sa prise de possession du commandement suprême; en voici l'analyse :

Le premier annulait tous les changemens opérés dans les cours et tribunaux, et rétablissait dans leurs fonctions les membres éliminés injustement ou par esprit de réaction; les individus nommés à leur place devaient immédiatement cesser leurs fonctions. Le deuxième ordonnait à tous les généraux et officiers de terre et de mer, introduits dans l'armée depuis le 1er avril 1814 et qui avaient émigré, ou qui, n'ayant pas émigré, avaient quitté le service en 1792, de cesser sur-le-champ leurs fonctions, de quitter les marques de leurs grades et de se rendre au lieu de leur domicile. Le troisième abolissait la cocarde blanche, la décoration du lys, les ordres de Saint-Louis, du Saint-Esprit et de Saint-Michel, et déclarait la cocarde tricolore cocarde nationale. Le quatrième rétablissait la garde impériale, que les hommes ayant douze ans de service pouvaient seuls recruter; il supprimait tous les corps étrangers, comme les cent-suisses et les gardes-suisses, ainsi que la maison militaire du roi, gardes-du-corps, mousquetaires, chevau-légers, etc. Le cinquième plaçait sous le séquestre tous les biens appartenant aux princes de la maison de Bourbon, ainsi que ceux des biens des émigrés dont la restauration avait dépouillé la Légion-d'Honneur, les hospices, les communes et la caisse d'amortissement. Le sixième abolissait la noblesse, remettait en vigueur les lois de l'Assemblée constituante et supprimait les titres féodaux. Le septième ordonnait à tous les émigrés non rayés ou amnistiés par l'empire et par le gouvernement précédent, et rentrés en France depuis le 1er avril 1814, de sortir sur-le-champ du territoire; tous leurs biens

devaient être placés sous le séquestre. Le huitième annulait toutes les promotions faites par les Bourbons dans l'ordre de la Légion-d'Honneur : toutefois, comme un grand nombre de ces promotions, bien qu'illégales, avaient été faites en faveur de personnes ayant rendu des services à la patrie, leurs titres devaient être renvoyés à la grande chancellerie afin que le rapport en fût fait dans le courant d'avril et qu'il fût statué à cet égard avant le 15 mai. Enfin, le neuvième déclarait dissoutes les deux Chambres des pairs et des députés, et ordonnait la réunion, à Paris, dans le cours du mois de mai suivant, sous le titre d'*assemblée extraordinaire du champ de mai,* des colléges électoraux des départemens de l'empire, « afin, disait le décret, de prendre des mesures
» convenables pour corriger et modifier nos constitutions,
» selon l'intérêt et la volonté de la nation, et en même
» temps pour assister au couronnement de l'impératrice,
» notre très chère et bien-aimée épouse, et à celui de notre
» cher et bien-aimé fils. »

Tous ces décrets, datés du 13 avril, étaient contresignés par le grand-maréchal du palais, Bertrand, faisant les fonctions de major-général de la grande armée. Napoléon, comme on le voit, ne tenait plus compte des Bourbons ; il venait de saisir l'empire et la dictature. Son langage, malgré la forme et le fond tout révolutionnaires de quelques uns des décrets que nous venons d'analyser, se ressentait déjà de ce changement. A Gap, à Grenoble, ses proclamations donnaient aux habitans de ces villes le titre de *citoyens.* A Lyon, cette qualification fit place à celles-ci plus conformes au formulaire impérial : *habitans de la ville de Lyon, Lyonnais.* Ce fut le 13, dans la matinée, que l'empereur quitta cette patriotique cité ; à trois heures il entrait à Villefranche, petite ville de 4,000 âmes, qui en renfermait alors plus de 60,000. A sept heures du soir il arriva à Mâcon, précédé et suivi de toute la population des campagnes voisines. Sur toute cette route les habitans d'un canton ne le quittaient qu'après l'avoir laissé aux mains des habitans du canton qu'il allait traverser. Il témoigna aux Mâconnais son étonnement du peu de résistance qu'ils avaient présentée l'année précédente aux efforts de l'ennemi. « Sire, lui dirent les habitans, pourquoi nous aviez-vous donné pour autorités des gens sans courage ou d'anciens émigrés. (1) » A Tournus, où l'empe-

---

(1) Voici en quels termes M. Fleury de Chaboulon, qui avait rejoint l'empereur à Lyon, et qui l'accompagna depuis cette ville jusqu'à Paris, raconte cet incident dans ses *Mémoires* :

« Il n'avait plus besoin, comme à Grenoble et à Lyon, d'attendre aux portes des villes; les magistrats accouraient à sa rencontre et se disputaient l'honneur de lui présenter les premiers leurs hommages et leurs vœux. L'un des adjoints du maire de Mâcon lui déclama un long amphigouri qui nous amusa beaucoup. Quant il eut fini, l'empereur lui dit : «Vous avez donc été bien étonnés d'appren-
» dre mon débarquement ? — Ah ! parbleu oui, répondit l'orateur.
» Quand j'ai su que vous aviez débarqué, je disais à tout le monde :
» Il faut que cet homme-là soit fou; il n'en réchappera pas. » Napoléon ne put s'empêcher de rire de cette naïveté. « Je sais, dit-il
» en souriant, que vous êtes un peu sujets à vous effrayer; vous me
» l'avez prouvé dans la dernière campagne; vous auriez dû vous
» conduire comme l'ont fait les Châlonnais; vous n'avez point sou-
» tenu l'honneur des Bourguignons.—Ce n'est point notre faute,
» Sire, reprit un des assistans; nous étions mal dirigés; vous nous
» aviez donné un mauvais maire. — Cela est possible; nous avons
» tous fait des sottises; il faut les oublier. Le bonheur et le salut
» de la France, voilà désormais le seul objet dont nous devons
» nous occuper. » Il les congédia amicalement.

» Le préfet avait battu en retraite. L'empereur demanda son nom. C'était un nommé Germain, qu'il avait fait comte et chambellan sans trop savoir pourquoi. « Comment ! me dit-il, ce petit Germain s'est
» cru obligé de me fuir ? Il nous reviendra. » Et il ne s'en occupa plus. »

reur arriva vers le milieu de la journée du lendemain 14; à Châlons-sur-Saône où il coucha, il combla en revanche les habitans d'éloges. Ces deux villes avaient glorieusement résisté à l'invasion; Châlons, place ouverte et sans garnison, avait défendu pendant quarante jours le passage de la Saône. Il y reçut une députation de Saint-Jean-de-Losnes; cette petite ville, fidèle aux souvenirs d'une défense héroïque, au seizième siècle, avait également opposé aux Autrichiens la résistance la plus énergique. « Je ne puis me rendre chez
» vous, dit-il aux membres de la députation; je le regrette:
» dites à votre digne maire que je lui donne la croix; car
» c'est pour vous, braves gens, que j'ai institué la Légion-
» d'Honneur, et non pour les émigrés pensionnés par nos
» ennemis. » Le 15, il vint coucher à Arnay-le-Duc et le 16 à Avallon. L'enthousiasme du peuple des villes et des gens de la campagne ne faiblissait pas. Partout on se portait à sa rencontre, on le saluait comme le vengeur de l'honneur national, comme le protecteur des intérêts et des droits conquis par la révolution. On se plaignait à lui de l'insolence de quelques uns des fonctionnaires du nouveau gouvernement. Les habitans d'un petit village de l'arrondissement de Semur, entre autres, vinrent sur la route lui dénoncer les persécutions d'un jeune royaliste, leur sous-préfet (1), qui ne leur pardonnait pas d'avoir osé résister aux alliés et d'en avoir tué, sur les chemins et dans les bois, un assez bon nombre. Napoléon ordonna à un brigadier de gendarmerie d'aller enlever ce fougueux fonctionnaire et de le déposer dans la maison d'arrêt d'Avallon.

Le 17 l'empereur arriva à Auxerre où il séjourna. Ses forces, grossies par différens régimens accourus des garnisons

---

(1) « Un freluquet, » dit le *Moniteur* du 25 mars.

voisines de sa route, ou qui, placés en travers de son chemin, l'avaient rejoint au lieu de se replier sur Paris, s'élevaient en ce moment à quatre divisions. D'Auxerre à Fossard, près de Montereau, dans une distance de près de vingt-cinq lieues en ligne directe, la route côtoie l'Yonne. Napoléon, pour alléger la fatigue des soldats et pour accélérer leur marche, fit embarquer les troupes (1); il restait pour ainsi dire sans escorte. Que lui importait? il pouvait continuer à avancer sans crainte. Quel que fût le régiment qu'il dût rencontrer, c'était un renfort qui lui arrivait. Ce qui survint à Montereau en fut un singulier exemple. Plusieurs détachemens de la maison du roi, des gardes-du-corps entre autres, avaient été chargés de garder les ponts de cette ville. Le 6e lanciers, posté sur la route, éclairait les approches. Lorsque les soldats de ce régiment apprirent que l'empereur n'était plus qu'à quelques lieues, ils tournèrent bride tout-à-coup, et, sans l'ordre d'aucun chef, sans autre inspiration que l'instinct militaire et le dévoûment, ils chargèrent les gardes-du-corps, les obligèrent de prendre la fuite en abandonnant quelques prisonniers, et s'établirent sur cette importante position. Telle était, au reste, la sécurité de l'empereur que, lors du départ des troupes d'Auxerre, il transmit l'ordre suivant au général commandant l'avant-garde:

« Général Girard, on m'assure que vos troupes, connais-
» sant le décret du 6 (2), ont résolu, par représailles, de faire

---

(1) « Il fit venir le chef de la marine; il se fit rendre compte du nombre de ses bateaux, des moyens de prévenir les accidens, etc. Il entra avec lui dans de tels détails, que cet homme avait peine à revenir de sa surprise et à comprendre comment un empereur en savait autant qu'un batelier. » (*Mémoires* de M. de Chaboulon.)

(2) Voir le texte de cette ordonnance, page 196 de ce chapitre.

» main-basse sur les royalistes qu'elles pourraient rencontrer.
» Vous ne rencontrerez que des Français; je vous défends
» de tirer un *seul* coup de fusil : calmez vos soldats; *démentez*
» les bruits qui les exaspèrent; dites-leur que je ne vou-
» drais pas entrer dans ma capitale à leur tête, si leurs ar-
» mes étaient souillées de sang français. » Les Bourbons et
leurs ministres tenaient un autre langage; il n'était pas un
seul de leurs ordres qui ne portât la mort au bout.

Ce fut à Auxerre, dont le préfet, M. Gamot, était beau-frère du prince de la Moskowa, que ce dernier rejoignit son ancien souverain. Le maréchal se trouvait en Normandie lorsque la nouvelle du débarquement de l'île d'Elbe était arrivée aux Tuileries. Louis XVIII le fit appeler pour lui confier le commandement du petit corps d'armée réuni à Besançon et d'abord destiné au duc de Berry que l'éloignement de tous les autres membres de sa famille obligeait de rester auprès du roi. Nous réservons pour le procès du maréchal les faits relatifs à son audience de congé et à sa proclamation de Lons-le-Saulnier. Nous dirons seulement qu'obligé, par le soulèvement de ses soldats, de les abandonner et de revenir seul à Paris, ou de conduire ses troupes à l'empereur, il prit ce dernier parti. Arrivé à Auxerre, à huit heures du soir, il fit demander le comte Bertrand. Ce dernier, après une courte entrevue, vint trouver l'empereur. « Le maréchal, avant de se présenter devant V. M., dit le général Bertrand, veut recueillir ses idées, et justifier, par écrit, la conduite qu'il a tenue avant et depuis les événemens de Fontainebleau. — Qu'ai-je besoin de justification ? répondit Napoléon. Dites-lui que je l'aime toujours et que je l'embrasserai demain. »

« Embrassez-moi, mon cher maréchal, dit Napoléon le lendemain en apercevant le prince de la Moscowa ; je suis bien aise de vous revoir; je n'ai pas besoin d'explication ou de justification; je vous ai toujours honoré et estimé comme le *brave des braves.* — Sire, les journaux ont avancé une foule de mensonges que je voulais détruire; ma conduite a toujours été celle d'un bon soldat, d'un bon Français. — Je le sais; aussi n'ai-je point douté de votre dévoûment. — Vous avez eu raison, Sire; V. M. pourra toujours compter sur moi quand il s'agira de la patrie... car c'est pour la patrie que j'ai versé mon sang, et je suis encore prêt à le verser pour elle jusqu'à la dernière goutte. Je vous aime, Sire; mais la patrie avant tout! avant tout!.... répétait le maréchal, que poursuivait en ce moment le souvenir des violences de Fontainebleau. — C'est le patriotisme qui me ramène aussi en France, dit l'empereur en interrompant le maréchal. J'ai su que la patrie était malheureuse, et je suis venu pour la délivrer des émigrés et des Bourbons; je lui rendrai tout ce qu'elle attend de moi. » L'empereur interrogea ensuite le maréchal sur la composition et la force de son corps d'armée et sur l'esprit des généraux qui le commandaient; puis après l'avoir engagé à écrire à Paris pour que les *patriotes* s'abstinssent de toute collision, il le congédia en lui disant : « Il faut que notre triomphe soit pur comme la cause que nous servons (1). »

Le lendemain 19, l'empereur, sans autre escorte que les colonels Germanowski et Duchamp, le chef d'escadron Raoul et trois ou quatre lanciers polonais galoppant aux portières de sa voiture, traversait Joigny et s'arrêtait à Sens. Le 20, à quatre heures du matin, il arrivait à Fontainebleau. Il y avait onze mois, jour pour jour, qu'il avait quitté cette résidence.

---

(1) *Mémoires* de Fleury de Chaboulon.

Il n'avait rien moins fallu que les événemens de Lyon pour convaincre le gouvernement royal que la lutte contre Napoléon était autre chose qu'une affaire de patrouilles et de gendarmerie. La cour était surprise, irritée de ce succès; elle n'y comprenait rien. « C'est un complot, » avait dit le roi. — « C'est une conspiration, » répétaient les courtisans. Toute conspiration a des chefs : où trouver les meneurs de celle-ci ? La découverte était difficile ; le complot était partout sans exister nulle part; et tous les soldats, ainsi que l'immense majorité de la population, sans autre entente, sans autre lien que le mécontentement commun, en étaient les complices. Les colères de la cour s'agitaient donc dans le vide ; cependant il lui fallait un coupable sur qui frapper.

De tous les membres du gouvernement, le ministre de la guerre était celui qui proposait les remèdes les plus violens. Soit conviction puisée dans ses habitudes de soldat, soit envie de mieux faire sa cour, le maréchal Soult affectait, pour le pouvoir absolu et pour la dictature, une sorte de passion dont les emportemens dépassaient en exagération les préjugés politiques de M. de Blacas et des émigrés. Adversaire intraitable de toutes mesures légales ou constitutionnelles, il avait combattu la convocation des Chambres comme une ressource insuffisante et un embarras. Le gouvernement, disait-il, devait uniquement recourir à des moyens de force. Or, cette force c'était lui qui en disposait, et sur tous les points on la voyait se tourner contre le gouvernement. Ce n'est point tout : les façons despotiques du maréchal et ses mesures de royalisme exclusif avaient profondément irrité l'armée; comme ministre de la guerre, il avait en outre signé les ordres qui venaient de placer sur les routes de la Provence et du Dauphiné les régimens que Napoléon entraînait après lui. On rapprocha tous ces faits ;

la cour en conclut qu'il y avait trahison. Dans la logique des courtisans, le maréchal n'avait blessé l'armée qu'en vue de rendre les Bourbons odieux ; il n'avait déplacé les régimens passés à Napoléon que dans l'intérêt du complot ourdi par lui en faveur de son ancien maître ; enfin, son exaltation royaliste n'était qu'un masque dont il recouvrait ses desseins. Ces déductions furent acceptées comme une véritable découverte ; on crut avoir enfin le mot du retour de Napoléon et de sa marche si rapide. Le 11 mars, le duc de Dalmatie fut destitué, et le comte de Blacas donna le portefeuille de la guerre à M. Clarke, duc de Feltre.

La destitution du maréchal Soult fut applaudie par le public comme un juste salaire de ses complaisances sans bornes pour la cour et pour l'émigration. Sa défense de Toulouse avait fait de lui, aux premiers jours de la restauration, le plus populaire des lieutenans de l'empereur ; après quatre mois de ministère, il en était le plus détesté. Les Bourbons, assurément, pouvaient lui reprocher une partie de l'impopularité qui pesait sur eux ; mais son inintelligence politique et sa honteuse servilité étaient ses seuls torts envers ces princes ; il n'avait trahi que les intérêts de sa dignité personnelle, ses devoirs envers son pays et les droits de ses anciens compagnons d'armes (1).

---

(1) On lit dans le *Mémoire* que publia ce maréchal, après les Cent-Jours, pour se justifier de cette ridicule accusation de trahison :

« Je suis accusé d'avoir provoqué par diverses mesures *injustes*, intempestives, le mécontentement des officiers de l'armée. Et, d'abord, en *favorisant à leur préjudice* les officiers chouans, vendéens et les émigrés, *la cour* sait bien que les places et les faveurs accordées aux uns et aux autres, l'ont été *par son ordre*.... Nul ne sait mieux que moi qu'une grande partie des officiers français n'a

Jusqu'au 10, le gouvernement de Louis XVIII n'avait opposé à la marche de l'empereur que des menaces de mort, l'envoi de deux princes, des dépêches télégraphiques aux généraux et aux préfets, et des proclamations. A compter de ce moment les mesures se succédèrent chaque jour plus graves et plus extrêmes. La profonde sécurité des premiers jours s'était changée en panique. Le 12, le gouvernement publia deux ordonnances qui rappelaient à leurs régimens tous les militaires en semestre ou en congé; elles prescrivaient, en outre, la formation, dans chaque département, de bataillons de réserve composés de tous les soldats rentrés dans leurs foyers avant le 1er avril 1814; l'organisation et l'armement de toutes les gardes nationales du royaume,

---

pas reçu les pensions et les places qu'ils avaient si bien méritées...
» J'ai travaillé constamment avec M. le comte de Bruges; je profitais de ses *lumières*; il n'était étranger ni à mes *travaux*, ni à mes *pensées*; cette *association* et la réputation du comte de Bruges n'eussent-elles pas dû suffire pour écarter loin de moi le reproche de trahison? » (Pages 9 et 10.)

La *cour*, on sait qui la composait. Le comte de Bruges, cet *associé* dont les lumières guidaient le maréchal était un des émigrés rentrés avec le comte d'Artois après vingt-cinq ans de luttes ou d'intrigues contre la France. De tels aveux sont de nature à dissiper tous les doutes sur la fidélité du duc de Dalmatie comme ministre de la guerre de la première restauration; on ne suspectera pas leur sincérité. Jamais homme politique, parlant de lui-même, n'a produit contre lui une plus accablante accusation.

On raconte, au reste, que lorsqu'il sortit de l'audience où le roi lui avait demandé son portefeuille, le maréchal, se tournant vers la foule de courtisans qui encombrait les salles qu'il avait à traverser, leur dit : « Messieurs, je cesse d'être ministre de la guerre, mais je n'en suis pas moins au roi à la vie, à la mort! » Et, agitant son chapeau au dessus de sa tête, il jeta, au milieu des spectateurs étonnés, des cris nombreux et retentissans de *vive le roi!*

ainsi que la formation, sur tous les points du territoire, de corps de volontaires armés aux dépens de l'État et ayant droit à la solde, aux vivres et autres prestations militaires. Le gouvernement passait sans transition d'un extrême à l'autre. Le 11, Napoléon, traqué, cerné par les garnisons et par la population du Dauphiné, devait tomber sans résistance aux mains du comte d'Artois et du duc d'Orléans; le 12, on appelait plus d'un million d'hommes aux armes.

Le 13, Louis XVIII adressa deux proclamations, l'une *au peuple*, dans laquelle ce monarque invoquait l'attachement de la nation à la charte et son amour pour ses princes; la seconde *à l'armée*, pour lui rappeler ses sermens de dévoûment et de fidélité. Une ordonnance portant cette date convoquait extraordinairement, en outre, les conseils généraux de tous les départemens, décrétait la permanence de leurs séances et les invitait à prendre toutes les mesures de *salut public* que les circonstances ou la position des localités pourraient leur suggérer. Enfin, une seconde ordonnance instituait, près de chaque corps d'armée et dans le chef-lieu de chaque département, un *conseil de guerre* chargé d'appliquer aux embaucheurs et aux provocateurs à la désertion, les peines portées par les lois de la république; les condamnations devaient être exécutées dans les *vingt-quatre heures*.

Le même jour, l'abbé de Montesquiou, ministre de l'intérieur, et le nouveau ministre de la guerre Clarke, paraissaient à la Chambre des députés qui venait d'ouvrir ses séances, et lui présentaient un projet de loi déclarant que les garnisons de La Fère, de Lille, de Cambrai et d'Antibes, ainsi que les maréchaux Macdonald et Mortier, avaient bien mérité de la patrie; que des récompenses nationales leur seraient décernées, et que des pensions seraient accordées aux militaires blessés et aux familles des militaires tués en combattant Napoléon Buonaparte. Les deux ministres communiquaient, en outre, à l'assemblée, tous les renseignemens parvenus au gouvernement sur la marche de l'*ennemi*. « Tous les départemens qui ont eu le temps de faire parvenir leurs adresses, disait l'abbé de Montesquiou, envoient à l'envi d'admirables témoignages de leur fidélité. Les villes disputent de zèle avec les départemens, et nous sommes occupés de réunir toutes ces adresses pour consacrer à jamais ce monument de courage et de haine à la tyrannie. » M. Clarke ajoutait que, « malgré tous les moyens employés par Buonaparte et *sa séquelle*, les dépêches télégraphiques, qui venaient d'arriver, étaient parfaitement rassurantes. » — Le matin même, on l'a vu, Napoléon avait quitté Lyon, après avoir ordonné de mettre le séquestre sur tous les biens des Bourbons et convoqué pour le mois de mai tous les colléges électoraux de l'empire.

Les éloges donnés aux garnisons de Lille, de La Fère et de Cambrai étaient le résultat d'une tentative insurrectionnelle dont nous avons dit l'origine et le but, et dont nous devons raconter l'avortement.

On a vu que le 6 mars Fouché avait fait partir l'aîné des frères Lallemand pour Lille, afin de hâter l'explosion du mouvement militaire dont ces officiers-généraux, ainsi que les comtes Drouet-d'Erlon et Lefebvre-Desnouettes étaient les principaux chefs (1). Le corps commandé par ce dernier (chasseurs royaux) tenait garnison à Cambrai. On avait décidé que, lorsque le moment d'agir serait venu, les troupes de Desnouettes et de d'Erlon se mettraient en marche le même jour; mais comme le premier, à Cambrai, se trouvait

---

(1) Voir page 194 de ce chapitre.

plus rapproché de Paris de quelques étapes, il devait se détourner de la route directe pour se porter sur La Fère, enlever l'arsenal et donner à l'un des frères Lallemand, général d'artillerie, le commandement du régiment de cette arme qui s'y trouvait caserné. Le second des frères Lallemand, commandant du département de l'Aisne, devait les rejoindre dans cette ville avec quelques détachemens de dragons. Une fois réunis et maîtres de l'arsenal, tous trois devaient se diriger avec leurs troupes sur Noyon où le général Drouet-d'Erlon, moins retardé dans sa marche, les attendrait.

Arrivé dans la nuit du 7 au 8 à Lille, où il trouva les comtes d'Erlon et Desnouettes, le général Lallemand ne resta que quelques heures dans cette ville, et, dans la journée, il partit avec Desnouettes pour Cambray.

Le lendemain matin, le général Drouet-d'Erlon, prétextant des ordres du ministre de la guerre, donna à ses régimens l'ordre de se mettre en mouvement. Dans ce moment-là même arrivait à Lille le duc de Trévise, que le gouvernement, à la suite des révélations du duc d'Orléans, venait d'y envoyer en toute hâte avec des pouvoirs qui plaçaient sous son commandement toutes les troupes cantonnées dans le département du Nord. Drouet-d'Erlon dut retirer les ordres de mouvement qu'il venait de donner. Peu de temps après il échappait par la fuite à un ordre d'arrestation transmis directement de Paris.

Cependant Desnouettes et Lallemand étaient entrés à Cambray le 9, dès l'ouverture des portes. Le premier fit monter à cheval ses *chasseurs royaux*, à sept heures du matin et vint coucher à La Fère. Le lendemain, il voulut pénétrer dans l'arsenal. Le général d'Aboville, qui y commandait, opposa une résistance à laquelle Desnouettes et les frères Lallemand ne s'attendaient pas. Trop faibles ou trop ébranlés pour tenter une attaque à force ouverte, ils prirent le chemin de Noyon, où les attendaient, disaient-ils à leurs officiers, douze à quinze mille hommes qui ne s'y trouvèrent pas. Les trois généraux continuèrent, à tout hasard, leur route sur Compiègne, où Desnouettes entra le 11, à cinq heures du matin, à la tête de deux escadrons de son régiment. Il se présenta devant le colonel du 6e de chasseurs à cheval, qui refusa de se joindre à lui. Réduit à son seul corps, dont les officiers se montraient inquiets et hésitans, Lefebvre-Desnouettes n'osa s'aventurer plus loin, et, laissant au lieutenant-colonel Lyons le commandement de ses chasseurs royaux, il s'enfuit à travers la campagne avec les frères Lallemand et le capitaine adjudant-major Brice. Le lendemain 12, les deux Lallemand furent arrêtés près de la Ferté-Milon; la journée du 20 mars les sauva.

La garnison de La Fère avait résisté comme celle d'Antibes; les officiers des garnisons de Lille et de Cambrai, une fois rentrés dans leurs casernes, s'étaient empressés d'envoyer au gouvernement des adresses où ils accusaient, en termes indignés, la trahison de leurs chefs, et protestaient avec chaleur de leur dévoûment à la cause royale. C'était pour ces témoignages de douteuse fidélité que les ministres, dans ces jours d'universel abandon, sollicitaient des éloges et des récompenses.

Le but de ce complot est resté long-temps fort obscur. La plupart des écrivains, trompés par sa coïncidence avec le débarquement de l'île d'Elbe, ont vu, dans cette levée de boucliers, une tentative de diversion en faveur de Napoléon. Napoléon lui-même, au reste, partagea d'abord l'erreur commune, et Fouché, comme on le verra, devait se faire auprès de l'empereur un mérite de ce mouvement, qu'il avait décidé uniquement pour *brouiller les cartes*, par passion pour les complications politiques et pour l'imprévu, mais dans la pensée surtout de produire quelque incident utile à son influence (1).

Le 14, la Chambre des députés adopta le projet de loi présenté la veille, mais avec l'addition suivante : « Le dépôt » de la charte constitutionnelle et de la liberté publique est » confié à la fidélité et au courage de l'armée, des gardes » nationales et de tous les citoyens. » Dans cette séance, le ministre de l'intérieur soumit à l'adoption de l'assemblée une mesure destinée à donner satisfaction à deux des griefs de l'armée. Le nouveau projet de loi stipulait que les arrérages des pensions de la Légion-d'Honneur seraient payés *en entier*, sur le pied de 1813, à tous les militaires membres de l'ordre, quels que fussent leurs grades, et que les brevets de toutes les nominations faites jusqu'au 1er avril 1814, seraient expédiés sur-le-champ.

---

(1) On lit dans les *Révélations* publiées en 1830 par M. Morin, ancien chef de la première division de la police générale sous la restauration : « Une vaste et puissante conjuration, que j'appellerai *civile*, absolument étrangère à Bonaparte, et qui avait même pour objet de lui fermer l'entrée de la France, se tramait contre la famille royale. Cette conspiration était conduite par Fouché. Ses détails me furent dévoilés, ainsi que les mouvemens des corps militaires marchant sur Paris. On me fit connaître les noms des personnes qui devaient s'emparer temporairement de l'autorité. Le succès de cette révolution audacieuse paraissait si sûr, qu'on ne m'imposa pas même l'obligation d'en faire un mystère. Je pensai donc pouvoir en conférer avec M. Dandré, directeur général de la police. Il reçut de moi cet avis avec un grand air d'insouciance et le négligea entièrement... Depuis, M. Dandré, à qui j'ai cru pouvoir reprocher son inertie, sa faiblesse, s'en est excusé en m'expliquant que, seulement directeur de cette partie, il n'avait pas l'entrée du conseil, et que ses derniers rapports, adressés au roi sous le couvert de M. de Blacas, avaient été retrouvés tous, sans même avoir été décachetés. » (Pages 78 et 79.)

Le 15, le gouvernement arrêta la formation, sous les murs de Paris, d'une armée dont le commandement en chef était confié au duc de Berry; la préfecture de police fut rétablie, et M. de Blacas lui donna un ancien secrétaire de Napoléon, M. de Bourienne, pour titulaire. Enfin, aux termes d'une ordonnance publiée le même jour, tous les employés des administrations civiles qui prendraient les armes pour la défense de la patrie, devaient conserver leurs places et leurs traitemens.

Tandis que Louis XVIII demandait à ces mesures tardives le maintien de son trône et la conservation de sa couronne, le télégraphe apprenait à ce prince que, soulevant les départemens au seul bruit de ses pas, entraînant les populations après lui, l'empereur poursuivait sa marche triomphale, escorté par les soldats chargés de lui barrer le passage. En voyant le peuple lui échapper dans les villes, dans les campagnes, comme dans l'armée, le roi voulut du moins rattacher à sa cause les classes qui avaient accueilli avec le plus de faveur son avènement. Les atteintes nombreuses portées aux principes posés dans la Charte et le langage imprudent des princes de sa famille, avaient surtout éloigné ces classes de son gouvernement. Il crut qu'il était encore temps de réparer le mal, et se résolut à une démarche éclatante. Le 15 mars, le roi fit annoncer aux deux Chambres que, le lendemain, il se rendrait au milieu d'elles. Dans quel but? Le message ne le disait pas. Aussi un vif sentiment d'intérêt et de curiosité régnait-il dans tout le public officiel, lorsque le 16, à trois heures de l'après-midi, accompagné de tous les membres de sa famille restés à Paris, entouré par les grands officiers de sa maison et par les ministres, suivi d'un nombreux cortége de maréchaux et de généraux de tous les régimes et de toutes les dates,

Louis XVIII parut dans la salle du Palais-Bourbon. Un trône lui avait été préparé ; il y prit place, salua l'assemblée, se couvrit, et prononça le discours suivant :

« Messieurs,

» Dans ce jour de crise, où l'ennemi public a pénétré dans une portion de mon royaume et qu'il menace la liberté de tout le reste, je viens au milieu de vous pour resserrer encore les liens qui, vous unissant avec moi, font la force de l'Etat ; je viens, en m'adressant à vous, exposer à toute la France mes sentimens et mes vœux.

» J'ai revu ma patrie ; je l'ai réconciliée avec toutes les puissances étrangères, qui seront, n'en doutez pas, fidèles aux traités qui nous ont rendu la paix. J'ai travaillé au bonheur de mon peuple ; j'ai recueilli, je recueille tous les jours les marques les plus touchantes de son amour. Pourrais-je, à soixante ans, mieux terminer ma carrière qu'en mourant pour sa défense ?

» Je ne crains donc rien pour moi, mais je crains pour la France. Celui qui vient allumer parmi nous les torches de la guerre civile y apporte aussi le fléau de la guerre étrangère ; il vient remettre notre patrie sous son joug de fer ; il vient enfin détruire cette Charte constitutionnelle que je vous ai donnée ; cette Charte, mon plus beau titre aux yeux de la postérité ; cette Charte que tous les Français chérissent et que *je jure ici de maintenir.*

» Rallions-nous donc autour d'elle ! qu'elle soit notre étendard sacré ! Les descendans de Henri IV *s'y rangeront les premiers* ; ils seront suivis de tous les bons Français. Enfin, Messieurs, que le concours des deux Chambres donne à l'autorité toute la force qui lui est nécessaire, et cette guerre vraiment nationale prouvera, par son heureuse issue, ce que peut un grand peuple uni par l'amour de son roi et de la loi fondamentale de l'Etat. »

Toutes les assemblées nombreuses sont faciles aux émotions ; l'imprévu, surtout, les exalte ; la démarche et le langage si nouveau du roi remuèrent donc profondément tous les auditeurs. Le plus grand nombre des pairs et des députés se levèrent, et, debout, les mains étendues vers le monarque, ils poussaient les acclamations les plus passionnées. On distinguait ces cris : *Vive le roi! Mourir pour le roi! Le roi à la vie et à la mort!* Promesses vaines et qui ne devaient pas survivre à l'émotion qui les avait produites. Les deux Chambres étaient encore sous l'impression de cet appel et de ce serment inattendus, lorsqu'elles virent le comte d'Artois se lever et s'approcher du roi. Quel incident nouveau allait se produire? L'assemblée se tint attentive. Le prince, après avoir salué profondément son frère, lui dit :

« Sire, je sais que je m'écarte ici des règles ordinaires en parlant devant Votre Majesté; mais je la supplie de m'excuser, et de permettre que j'exprime ici, en mon nom et au nom de ma famille, combien nous partageons du fond du cœur les sentimens et les principes qui animent Votre Majesté. »

Après ces mots, le comte, se tournant vers l'assemblée, leva la main et s'écria :

« Nous jurons sur l'honneur de vivre et de mourir fidèles à notre roi et à la *Charte constitutionnelle* qui assure le bonheur des Français. »

Tous les princes, debout, répétèrent les mots *nous le jurons!* Le roi tendit alors sa main au comte d'Artois qui la baisa, puis tous deux se jetèrent dans les bras l'un de l'autre.

Ces sermens et cette scène concertée venaient trop tard. Un mois plus tôt cet événement aurait peut être rallié aux Bourbons, non le peuple ni les soldats, du moins une partie de la population active. Mais le 16 mars, alors que Napoléon était à quarante lieues de Paris, que pouvaient ces engagemens tardifs? On ne vit dans les paroles prononcées par le roi et par son frère qu'un cri de détresse. L'élan d'ailleurs était donné : les soldats entraînaient leurs officiers et les généraux; le peuple des villes et des campagnes emportait les classes moyennes ainsi que les autorités de tous les ordres; aucune force ne pouvait plus arrêter le torrent populaire; le mouvement révolutionnaire qui poussait encore une fois les Bourbons hors du territoire, était irrésistible.

La cour, pourtant, attendait beaucoup de cette démarche; elle comptait qu'elle produirait surtout un grand effet sur la garde nationale de Paris. L'avant-veille, l'ordre de rassembler cette garde avait été donné, et une réunion des officiers supérieurs de toutes les légions avait eu lieu, le matin même du 16, sous la présidence du comte d'Artois. Le prince demanda quels résultats la cause royale pouvait espérer du dévoûment de cette milice (1)? L'état-major, en masse, affirma que le tiers au moins des gardes nationaux sortiraient des rangs pour s'offrir comme volontaires. Un seul colonel, M. Gilbert de Voisins, gardait le silence. Le comte d'Artois l'interrogea. M. de Voisins répondit qu'il ne partageait pas l'opinion de ses collègues et que le nombre des volontaires serait peu considérable. Le prince lui tourna immédiatement le dos. L'événement donna raison à M. de Voisins. Les légions réunies sur la place Vendôme, au boulevart Bondy, sur la place Royale et dans le jardin du Luxembourg, furent passées en revue par le comte d'Artois. Les cris furent nombreux et retentissans; il y eut partout les signes du plus grand enthousiasme; mais au lieu du *tiers* de cette mi-

---

(1) On lisait dans l'*ordre du jour* publié pour annoncer cette revue :

« S'il se trouve dans les rangs de la garde nationale des citoyens à qui leur âge et leur situation permettent de se livrer à l'impulsion de leur patriotisme, S. A. R. *Monsieur* les invite à sortir des rangs et à se présenter à Elle pour former, sous ses ordres, la *Légion de Colonel-Général.* »

lice, c'est à peine s'il sortit des rangs assez de volontaires pour former deux compagnies.

Les acclamations de la Chambre et de cette revue rendirent cependant à la cour et aux royalistes une partie de la confiance qu'ils avaient perdue. La soirée du 16 et la journée du 17 se passèrent en manifestations tumultueuses. Des groupes nombreux parcouraient les principales rues en poussant les cris de *Vive le roi! A bas le tyran!* Sur les principales places on voyait se succéder des détachemens de volontaires qui, précédés de drapeaux blancs et ayant pour uniforme des chapeaux à la Henri IV, surmontés d'un panache blanc, allaient, à grand bruit, chercher des armes ou prendre position sur les routes de Melun et de Fontainebleau. Les Tuileries et les ministères ne désemplissaient pas de gens qui, apportant soit des nouvelles, soit des plans de campagne, promettaient pour le lendemain la capture de Bonaparte et de sa *bande*. C'était une agitation, un pêle-mêle de propositions et de projets à ne pas s'entendre; le dévoûment débordait: généraux, simples officiers, préfets, corps municipaux, corps judiciaires, l'inoffensive milice de l'Université elle-même, en un mot tout ce qui tenait au budget, jurait de se lever et de combattre, et mettait « sa fortune et sa vie aux pieds d'un maître adoré. »

Le lendemain, 18, à la suite d'un long article rempli d'invectives contre l'empereur et qui se terminait par ce cri, promesse de tous les gouvernemens qui arrivent, recours suprême de tous les pouvoirs qui tombent: *Vive la patrie! Vive la liberté!* le *Journal des Débats* rapportait le fait suivant :

« Aujourd'hui, le ministre de la guerre, en traversant la salle des gardes-du-corps, aux Tuileries, leur a adressé les paroles suivantes :

« Messieurs, depuis huit jours vous ne dormez pas ; main-
» tenant vous pouvez tirer vos bottes. Je dormirai cette
» nuit aussi tranquillement qu'il y a trois mois ; j'étais arrivé
» huit jours trop tard ; en ce moment tout est réparé : les
» états-majors qui n'étaient pas organisés sont aujourd'hui
» parfaitement composés, les officiers répondent de leurs
» régimens. Le général Marchand s'est emparé des derriè-
» res de Bonaparte et est rentré dans Grenoble ; il s'est em-
» paré de l'artillerie que ce dernier y a laissée. »

L'empereur approchait déjà de Fontainebleau lorsque M. Clarke se décernait ce brevet de génie sauveur. Le lendemain, 19, le même journal ajoutait : « La désertion con-
» tinue d'une manière *étonnante* dans la petite troupe de
» Buonaparte, particulièrement dans la cavalerie dont il pa-
» raît qu'il ne lui reste plus que trois ou quatre cents hom-
» mes. Si l'on en croit les bruits répandus ce matin, le gé-
» néral Marchand serait rentré dans Grenoble et l'aurait
» remise, aux acclamations unanimes des habitans, sous l'au-
» torité du roi. D'autres bruits donnent lieu de penser que
» Lyon a de même secoué le joug de l'autorité momentanée
» que Buonaparte a fait peser sur cette ville ; les uns disent
» par un mouvement spontané des habitans, d'autres par
» suite de l'entrée d'un corps de troupes sous les ordres du
» maréchal Ney. »

A la même heure où la censure et la police faisaient publier dans les journaux ou afficher sur tous les murs de Paris ces étranges bulletins, les gardes-du-corps que le 6ᵉ lanciers avait chassés de Montereau, et qu'un régiment de cuirassiers détaché à Melun avait à son tour poursuivis jusque dans la forêt de Sénart, rentraient aux Tuileries annonçant que l'empereur avait dépassé Sens dès la veille. Des officiers envoyés du camp formé à Villejuif, sous les ordres du duc de

Berry, apprirent en même temps à M. de Blacas que les soldats changeaient ostensiblement leur cocarde et se disposaient à se mettre en marche, non pour combattre, mais pour rejoindre Napoléon. Ces nouvelles furent pour le favori un véritable coup de massue. Frappé d'épouvante, il s'empressa de porter ces nouvelles au roi et de lui conseiller de quitter Paris (1).

On a dit que cette résolution avait été prise en conseil ; on a même raconté les détails de la délibération. Il n'y eut ni délibération ni conseil dans le sens politique ordinaire de ces mots. Ce qu'on pouvait appeler *conseil*, en ce moment, était la réunion fortuite des membres du gouvernement et des hauts fonctionnaires, dans le cabinet de M. de Blacas. Ce ca-

---

(1) Le détail suivant donnera la mesure de la prodigieuse sécurité où était encore M. de Blacas quelques heures auparavant. On lit dans les *Mémoires* de Fauche-Borel : « M. de Blacas ne voyait que des *alarmistes* ou des *intrigans* dans les serviteurs des Bourbons qui lui faisaient parvenir à lui-même ou qui adressaient directement au roi des avertissemens ou des avis utiles ou pressans... On venait de fermer les grilles du Palais-Royal, que je venais de traverser vers les onze heures du soir, quand je fus rencontré par le comte de Saint-Didier. « Il faut absolument, me dit-il, que vous me facilitiez les moyens d'arriver à l'instant même jusqu'au roi, car j'ai des choses de la plus haute importance à communiquer à Sa Majesté. » Je lui répondis que je n'avais d'autre moyen d'arriver jusqu'au roi, surtout à une heure aussi avancée, qu'en m'adressant à M. Hue, son premier valet de chambre.... Nous allons au château; les grilles en étaient fermées et les gardes bivouaquaient dans la cour. Je me nommai; les portes furent ouvertes et nous allâmes chez M. Hue, qui allait se mettre au lit. Il écouta avec attention nos communications. « Je ne peux pas entrer chez le roi sans interrompre son sommeil, nous dit-il; allez chez M. de Blacas.... » Nous fûmes introduits chez le comte.... Nous l'informâmes que Bonaparte allait arriver dans la capitale. « Qu'en savez-vous? » nous dit

binet, depuis la nouvelle du débarquement de l'île d'Elbe, restait constamment ouvert à tout le monde; voilà le seul changement apporté dans les habitudes du ministre de la maison du roi et de ses collègues par le retour de Napoléon. On n'y délibérait pas, ainsi qu'on pourrait le penser; on s'y rencontrait à tous les instans de la journée en plus ou moins grand nombre; les ministres y venaient à toute heure, ainsi que les principaux chefs de l'administration, et les généraux, mais isolément, pour apporter des nouvelles ou pour en recueillir, plutôt que pour se concerter. On y causait, on y discutait; chacun disait son opinion ou proposait son plan de salut pour la monarchie; on faisait peu de chose au delà. Les projets les plus impraticables s'y produisaient le plus sérieusement du monde. Un jour c'étaient les généraux Dessolles et Maison qui promettaient de tout terminer si on les laissait conduire au devant de Bonaparte, la garde nationale et la garnison de Paris; le premier se faisait fort du dévoûment et de l'énergie de la milice parisienne; le second se chargeait de faire battre les soldats; « le tout est de savoir les conduire, disait-il; tout dépend d'un premier coup de fusil; en cas d'hésitation, je me charge de le tirer. » Une autre fois le duc de Raguse, accouru de sa terre de

---

M. de Blacas. M. de Saint-Didier lui répondit que les lanciers qui s'étaient portés en avant, par ordre du roi, montraient partout sur la route leur cocarde tricolore cachée sous une cocarde blanche, et qu'à lui-même, étant à la campagne, où il avait donné à déjeuner à plusieurs d'entre eux, ils lui avaient confirmé l'arrivée de Bonaparte. M. de Blacas nous traita de *visionnaires*, et s'adressant particulièrement à moi, il me dit d'un ton railleur : « Vous croyez donc, » mon bon Fauche, que Buonaparte sera assez fou pour venir à » Paris s'y faire *écharper?* » Je me retirai plein de douleur. » (Tome IV, page 295.)

Châtillon, répondait de l'événement si le roi lui laissait fortifier le Louvre et les Tuileries, si ce prince consentait à y rester en ayant autour de lui les principales autorités, la maison militaire, ainsi que les détachemens les plus dévoués de la garde nationale parisienne, et en y amassant des munitions et des vivres pour plusieurs semaines. « Nous sommes dans un moment de fièvre, disait le maréchal; il faut le laisser passer. Une résistance de quelques jours donnera aux généraux et aux troupes le temps de se reconnaître, aux princes le moyen de rallier les nombreux volontaires ainsi que les gardes nationaux des départemens, et de les amener à la défense de S. M. » Ce projet de maintenir le trône de Louis XVIII aux Tuileries en face de Napoléon élevant son drapeau sur le Luxembourg, ne fut appuyé que par M. Lainé.

M. de Blacas écoutait toutes ces propositions sans se prononcer. Une fois pourtant il émit une opinion. « Je ne crois à l'efficacité d'aucune mesure militaire, dit-il; nous n'avons de ressources que dans les moyens moraux, dans la seule force que donnent au roi son bon droit et ses vertus. Je serais d'avis, si Bonaparte parvient à s'approcher de Paris, que Sa Majesté sortît en calèche découverte, accompagnée des membres de la Chambre des députés et de la Chambre des pairs, *tous à cheval* à chacune des portières, et qu'elle attendît, avec ce cortége, l'arrivée de l'usurpateur et de ses troupes. La vue du roi, ainsi entouré, arrêterait les plus audacieux : qui oserait passer? »

Cette proposition incroyable (1) laissa tous les auditeurs silencieux. Un seul homme osa discuter l'opinion du tout puissant favori. « Bonaparte arrivera probablement par la

---

(1) Nous pouvons en garantir l'authenticité.

route de Fontainebleau, dit le baron de Vitrolles; Sa Majesté sortira par cette barrière: que ferez-vous si l'usurpateur, averti, entre par une barrière voisine?

— Il faut pourtant s'arrêter à un parti, répliqua un des assistans.

— Sans doute, répondit M. de Vitrolles; aussi serais-je d'avis que Sa Majesté ne restât pas enfermée dans Paris, et qu'elle se rendît à la Rochelle, position intermédiaire entre les deux bassins de la Loire et de la Gironde, entre la Bretagne, la Vendée et les provinces du midi, et qui placerait Sa Majesté au centre des départemens les plus royalistes de la monarchie. Protégé sur son front par le cours supérieur de la Loire, barrière que défendrait le loyal maréchal Saint-Cyr avec les troupes réunies à Orléans; couvert sur sa droite par Bordeaux, où se trouvent M. le duc et madame la duchesse d'Angoulême; à gauche, par Angers et Nantes où vient de se rendre M. le duc de Bourbon, le roi ne serait pas seulement en parfaite sûreté, il pourrait encore de la Rochelle organiser et diriger la résistance d'une moitié du royaume. L'effort royaliste, ainsi concentré, aurait plus de vigueur et d'énergie; et dans le cas où les événemens ne répondraient pas aux espérances des amis de la monarchie, la mer, restée libre, permettrait à Sa Majesté de se retirer soit en Angleterre, soit en Espagne. »

La hardiesse de cet avis effraya tous les auditeurs; il offrait des chances sérieuses de résistance; toutes les voix le proclamèrent impraticable.

Ces plans se heurtaient, se croisaient chaque jour, à toute heure, sans aboutir au moindre résultat; tous venaient mourir au seuil du cabinet de Louis XVIII; M. de Blacas n'avait garde de les lui soumettre. Vainement le priait-on d'*instruire* le roi. « Ah! vous ne le connaissez pas, s'écriait-il; il dirait que je ne lui apporte que de mauvaises nouvelles, et j'aurais à souffrir pendant huit jours de sa mauvaise humeur. »

Mais ce n'était pas seulement dans le cabinet du favori que l'on délibérait. Chaque salon des Tuileries, dans ces jours de trouble et de confusion, se trouvait pour ainsi dire transformé en salle de conseil, où une foule d'hommes et de femmes de la cour, mêlés aux officiers de garde, gar des nationaux ou gardes-du-corps, discutaient avec la plus grande vivacité de gestes et de paroles les moyens de sauver la monarchie. « Nous avons eu des torts, disaient quelques vieilles duchesses il faut regagner le peuple. » Quelques unes qui, par amour de la royauté, se livraient à un espionnage volontaire, accusaient la fidélité des membres du gouvernement. « Je suis bien sûre que M. Dandré (le directeur général de la police) trahit le roi, s'écriait une marquise ; tous les jours je lui raconte ce que je vois et ce que j'entends, et pas une des personnes que je lui signale n'est arrêtée (1). »

Le matin du 19, Louis XVIII, que M. de Blacas laissait dans l'ignorance des *mauvaises nouvelles*, n'avait pas la moindre pensée de quitter Paris. Ainsi, quelques instans avant le moment où M. de Blacas parut devant lui, le roi avait officiellement invité tous les membres du corps diplomatique à une réunion pour le surlendemain 21, et le *Moniteur* du matin plaçait le bruit de son départ au rang des *fables absurdes et des mensonges coupables répandus par les adhérens de Bonaparte*. Mais lorsque le favori lui eut rendu compte des nouvelles qu'il venait de recevoir, quand elles lui furent confirmées par le ministre de la guerre Clarke

---

(1) *Mémoires* du général Lafayette.

qui, après avoir annoncé la veille que tout était sauvé, confessa que tout était perdu, Louis XVIII, sur l'avis de ces deux conseillers, prit la résolution de se retirer à Lille. Le duc d'Orléans, que l'on redoutait de laisser à Paris, avait été envoyé dans cette place forte aussitôt son retour de Lyon; en outre, les habitans de Lille affectaient le plus ardent royalisme, et cette ville, par sa proximité des ports de la Manche et de la frontière belge, était une porte toute ouverte à une seconde émigration. La garnison, à la vérité, était nombreuse; mais ses dispositions, dans la pensée de M. de Blacas et du duc de Feltre, ne pouvaient inspirer aucune inquiétude. La présence du souverain et des princes de sa famille, l'honneur qu'ils daigneraient lui accorder en se confiant à son dévoûment, devaient garantir sa fidélité. Louis XVIII avait adressé la veille, *à l'armée*, une proclamation de quelques lignes que le *Moniteur* et les autres journaux avaient publiée en la faisant suivre de cette note : *Imprimé sur l'original écrit de la main du roi*. Resté seul, ce prince rédigea la pièce suivante, qui parut dans le *Moniteur* du lendemain 20 mars :

PROCLAMATION.

« La divine Providence qui nous a rappelé au trône de nos pères, permet aujourd'hui que ce trône soit ébranlé par la défection d'une partie de la force armée qui avait juré de la défendre ; nous pourrions profiter des dispositions fidèles et patriotiques de l'immense majorité des habitans de Paris pour en disputer l'entrée aux rebelles ; mais nous frémissons des malheurs de tous genres qu'un combat sous ses murs attirerait sur les habitans.

» Nous nous retirons avec quelques braves que l'intrigue et la perfidie ne parviendront point à détacher de leurs devoirs ; et puisque nous ne pouvons point défendre notre capitale, nous irons plus loin rassembler des forces et chercher sur un autre point du royaume, non pas des sujets plus aimans et plus fidèles que nos lons Parisiens, mais des Français plus avantageusement placés pour se déclarer pour la bonne cause.

» La crise actuelle s'apaisera; nous avons le doux pressentiment que les soldats égarés dont la défection livre nos sujets à tant de dangers, ne tarderont pas à reconnaître leurs torts et trouveront dans notre indulgence et dans nos bontés la récompense de leur retour.

» Nous reviendrons bientôt au milieu de ce bon peuple à qui nous ramènerons encore une fois la paix et le bonheur.

» A ces causes, nous avons déclaré et déclarons, ordonné et ordonnons ce qui suit :

» Art. 1er. — La session de la Chambre des pairs et celle de la Chambre des députés des départemens pour l'année 1814, sont déclarées closes. Les pairs et les députés qui les composent se sépareront à l'instant.

» Art. 2. — Nous convoquerons une nouvelle session de la Chambre des pairs et la session de 1815 de la Chambre des députés.

» Les pairs et les députés des départemens se réuniront le plus tôt possible au lieu que nous indiquerons pour le siège provisoire de notre gouvernement.

» Toute assemblée de l'une ou de l'autre Chambre qui aurait lieu ailleurs, sans notre autorisation, est dès à présent déclarée nulle et illicite.

» Donné à Paris, le 19 mars de l'an de grâce 1815, et de notre règne le 20e.

» Signé Louis. »

La résolution de Louis XVIII resta plusieurs heures sans être ébruitée. Ce fut seulement à neuf heures du soir que le prince de Poix, capitaine des gardes de service, donnant le mot d'ordre au commandant de la garde nationale, le prévint que le départ du roi aurait lieu à minuit. Vers dix heures du soir un mouvement inaccoutumé se fit remarquer dans les appartemens de la famille royale; à minuit plusieurs voitures de voyage vinrent se ranger au pied de l'escalier du pavillon de Flore. Les gardes nationaux de service, un grand nombre de gardes-du-corps et d'employés du château, à cette vue, se précipitèrent vers l'escalier de sortie et encombrèrent bientôt les paliers et les vestibules. Après quelques instans d'une attente silencieuse, la porte des appartemens intérieurs s'ouvrit et laissa paraître Louis XVIII qui, infirme et souffrant, appuyé sur les bras du comte de Blacas et du duc de Duras, et précédé d'un huissier portant deux flambeaux, descendit lentement vers la cour, jetant ces mots aux groupes qui se pressaient sur son passage : « Je vous remercie, mes enfans; votre attachement me » touche; mais j'ai besoin de repos...... je vous reverrai ! » Le temps était affreux ; la violence du vent éteignait les lumières; la pluie tombait par torrens. Le roi ne voulut point d'escorte. Il était minuit un quart lorsqu'il sortit de la cour des Tuileries, seul, fuyant de toute la vitesse de ses chevaux vers la frontière du Nord, sous la double protection de la tempête et des ténèbres, sans qu'un seul des milliers de généraux, de fonctionnaires, de volontaires et de courtisans, qui juraient depuis trois semaines de mourir sur les marches de son trône, eût essayé même de tirer l'épée pour le défendre. Par un soin dont il faut uniquement accuser M. de Blacas, le roi, dans sa fuite, emportait une propriété publique, les joyaux et les diamans de la couronne (1).

---

(1) La valeur des diamans enlevés s'élevait à 13,834,046 fr. 70 c.; le *régent* entrait à lui seul dans ce chiffre pour 6 millions (rapport du duc de Gaëte et du comte Mollien.— *Moniteur* du 29 mars 1815). L'intendant du trésor de la liste civile en avait été dessaisi par une ordonnance du 13 mars, contresignée *Blacas d'Aulps*. M. de Blacas avait eu raison de s'y prendre à l'avance; l'opération, retardée de quelques jours, n'aurait probablement pu réussir, car le départ du roi, bien que regardé comme un événement possible, ainsi que le prouve l'ordonnance du 13, fut si précipité que Louis XVIII n'eut pas le temps d'enlever ses papiers particuliers :

Une heure après, le comte d'Artois et le duc de Berry, son fils, prenaient à leur tour la route de Flandres, tandis que le baron de Vitrolles, qui avait d'abord dû les suivre, partait pour le Midi, chargé de tous les pouvoirs du roi. Dans la nuit tous les ministres et les personnages ou les hauts fonctionnaires les plus compromis quittèrent également Paris. De ce nombre était le nouveau préfet de police Bourrienne, qui s'éloigna en laissant aux employés de l'octroi l'ordre passablement étrange de fermer les barrières à l'approche de Napoléon.

Ce fut vers six heures du matin, le 20 mars, que le départ de Louis XVIII se répandit dans Paris. Une heure après le comte Lavalette, directeur général des postes sous l'empire, voulant connaître les nouvelles que les courriers avaient pu apporter dans la nuit, se présentait à l'hôtel de la direction. Il était sept heures du matin ; M. Ferrand ignorait encore le départ du roi. On lui annonça l'événement en même temps que

---

il laissa sur sa table de travail un portefeuille contenant sa correspondance avec la duchesse d'Angoulême depuis plusieurs années ; dans un des cartons de son bureau, toutes les dépêches de M. de Talleyrand sur le congrès de Vienne ; dans les tiroirs de plusieurs petits meubles, sa correspondance avec Louis XVI, des correspondances familières avec plusieurs dames, des rapports journaliers sur les affaires courantes, et une foule de documens qui auraient gravement compromis bon nombre de personnes, si l'empereur n'était arrivé avec l'intention formelle de ne *rien connaître* de ce qui s'était passé depuis les dix derniers mois. On ne garda que les documens politiques ; tous les papiers *particuliers* furent brûlés.
— Plusieurs personnes qui demeuraient et couchaient au château, ne connurent le départ du roi que le lendemain. Durant toute la journée du 20 mars, lorsque le roi était déjà fort loin, des fonctionnaires, des généraux se présentèrent aux Tuileries pour faire des rapports et demander des ordres aux différens membres de la famille royale.

la présence du comte Lavalette dans ses bureaux. Bien que ce dernier fût seul, et que, simple curieux, il se contentât d'interroger quelques employés, M. Ferrand lui fit dire qu'il allait lui céder la place. Le comte répondit qu'il n'était point venu la prendre et qu'il se retirait. M. Ferrand se récria : « Il y avait de la cruauté, disait-il, à l'obliger de rester un ins- » tant de plus. » Dans le trouble où la peur jetait son esprit, M. Ferrand ne se bornait pas à vouloir s'éloigner sur-le-champ, il sollicitait de la courtoisie de son prédécesseur un permis de poste qui lui fournît le moyen de se rendre au plus vite, non pas auprès des maîtres qu'il avait si cruellement compromis, mais dans une terre qu'il possédait aux environs d'Orléans. Vainement M. Lavalette fit observer qu'il était sans autorité et sans titre, et que M. Ferrand pouvait et devait se délivrer à lui-même le permis ; il ne sut pas résister aux instances du ministre d'État de Louis XVIII et aux prières de la famille de ce fonctionnaire. En donnant la signature qu'on lui demandait, il écrivait, comme on le verra, son arrêt de mort ; il signa, et M. Ferrand, cet intraitable partisan de la ligne droite, partit, après avoir sollicité et obtenu la première faveur qui fut accordée le 20 mars, au nom de Napoléon. Croyez donc à l'inflexible énergie de ces fanatiques à froid qui poussent jusqu'aux limites de l'absurde l'exagération d'une opinion ou d'un principe ! Le comte Lavalette avait dirigé les postes durant tout l'empire ; tous les chefs de division ou de bureau lui devaient leur position ; ces chefs, après le départ de M. Ferrand, contraignirent leur ancien directeur à reprendre le service. Son premier soin fut d'expédier, dans la direction de Fontainebleau, un courrier chargé de rejoindre l'empereur et de lui faire connaître les événemens de la nuit ; d'autres courriers, envoyés sur les principales routes, devaient répandre la même nouvelle et annoncer en même temps l'entrée de Napoléon aux Tuileries. Ce bruit, qui ne faisait que devancer l'événement de quelques heures, était destiné à activer le mouvement des troupes encore indécises.

Il était à peu près dix heures du matin quand la foule commença à envahir la place du Carrousel et les rues voisines. Toutes les grilles de la cour des Tuileries et du jardin étaient fermées; la garde nationale occupait à l'intérieur les postes et les portes. Cette fermeture, le silence que l'on pouvait remarquer dans toutes les parties du palais, confirmèrent les soupçons de la foule : plus de doute, les Bourbons s'étaient enfuis! Des cris de *vive l'empereur!* se firent alors entendre sur tous les points; quelques groupes, plus animés, essayèrent bientôt d'ouvrir les grilles; ils voulaient, disaient-ils, occuper les Tuileries pour l'empereur. La garde nationale résista. Les grilles, fortement ébranlées à l'extérieur, défièrent les efforts des assaillans; quelques jeunes gens, montés sur le mur d'appui, tentèrent de les escalader; repoussés par les gardes nationaux placés à l'intérieur, ils échouèrent. Des deux côtés on en était venu aux injures et aux menaces, et l'irritation ainsi que la colère de la foule prenaient un caractère inquiétant, lorsque, vers midi, un bruit grondant dans le lointain et qui ne cessait de se rapprocher, vint détourner l'attention de tous les groupes.

La veille au soir la plus grande partie des troupes réunies au camp de Villejuif ou dans l'intérieur de la capitale avaient reçu l'ordre de se replier sur Saint-Denis. Ce mouvement rétrograde les avait irritées; elles voulaient aller rejoindre l'empereur. Arrivés dans la matinée à leur nouvelle destination, les soldats se réunirent en tumulte, déclarant qu'ils n'iraient pas plus loin. Le général Maison, commandant légal des forces placées sur ce point, voulut intervenir. Non seulement ses ordres ne furent pas écoutés, mais quelques mots qu'il prononça devinrent le signal d'une révolte sérieuse : on envahit sa demeure, ses appartemens furent forcés; il n'eut que le temps de se jeter sur le cheval d'un lancier pour échapper à la colère des soldats. Les ordres récens du gouvernement royal avaient assemblé à Saint-Denis un grand nombre d'officiers à demi-solde. Durant le tumulte, ces officiers, appelant à eux une batterie d'artillerie, une compagnie d'infanterie et quelques détachemens de cuirassiers, s'étaient mis en marche pour Paris. Ils rencontrèrent, en entrant dans le faubourg, le général Excelmans qui, revêtu de son uniforme et la cocarde tricolore au chapeau, se rendait précisément à Saint-Denis pour soulever les troupes. Ce général prit le commandement de la colonne et la conduisit par les boulevarts et la rue de la Paix sur les Tuileries. Il ne tarda pas à en approcher précédé par plusieurs milliers de citoyens qui poussaient les cris de : *A bas les Bourbons! vive l'empereur!* C'était le bruit causé par la marche de cette colonne qui avait attiré l'attention de la foule réunie sur le Carrousel, au moment où la lutte, des deux côtés des grilles, menaçait de devenir sérieuse. La présence du général Excelmans termina la querelle. Le général se fit ouvrir les grilles et s'installa au château. Peu d'instans après le drapeau blanc était enlevé et la foule saluait de ses houras et de ses applaudissemens un immense drapeau tricolore arboré sur le pavillon de l'Horloge.

Tant que dura le jour cette foule, où se pressaient surtout les classes laborieuses, se maintint compacte et enthousiaste dans la cour du Palais et sur la place du Carrousel. Vers le soir, le plus grand nombre, fatigué d'attendre, se retira; la nuit venue, il ne restait plus que des soldats, des officiers avides de saluer les premiers le général leur idole. Enfin, à huit heures un grand bruit de chevaux et de voitures, arrivant du côté du quai, annonça l'approche de Napoléon, qui venait de franchir deux cent trente lieues en vingt jours, et sans que ses 900 soldats eussent tiré un seul coup de fusil. L'empereur était parti de Fontainebleau, après avoir reçu le courrier du comte Lavalette; mais il n'avait pu avancer que lentement à travers les masses profondes de villageois qui, accourus de plusieurs lieues à la ronde, au seul bruit de son prochain passage, couvraient la route et le saluaient de leurs acclamations. Il était nuit quand il put enfin entrer par la barrière d'Italie; il suivit les boulevards neufs jusqu'aux Invalides, traversa ensuite le pont de la Concorde et longea le quai des Tuileries. Sa voiture, précédée par un groupe nombreux de généraux qui s'étaient portés à sa rencontre dans la journée, n'avait pour escorte qu'une centaine de cavaliers de tous les corps; elle ne put franchir qu'à grande peine le guichet de la cour, tant étaient compacts les groupes qui se précipitaient au devant des chevaux. L'empereur, saisi, enlevé par cent bras qui se disputaient l'honneur de l'aider à descendre, fut littéralement porté jusque dans l'intérieur du palais; ses pieds ne touchèrent point la terre. Louis XVIII avait quitté les Tuileries à la lueur des flambeaux; ce fut également à la lueur des flambeaux que Napoléon y rentra. Son visage était souriant; on pouvait cependant y découvrir la trace d'une secrète inquiétude. « L'accueil fait par les Parisiens à l'empereur, a dit une des personnes qui l'accompagnaient, en parlant de ce qu'il avait pu remarquer depuis la barrière jusqu'aux Tuileries, ne répondit point à notre attente. Des cris multipliés de *vive l'empereur!* le saluèrent à son passage; mais ils n'offraient pas le caractère d'unanimité et de frénésie qui l'avait accompagné du golfe Juan aux portes de Paris. » Les hommes et le terrain changeaient. Le flot révolutionnaire qui avait porté, soutenu Napoléon depuis la grève d'Antibes, dut s'arrêter devant les murs de la capitale de l'empire. La tâche du peuple et des soldats était accomplie; celle des classes officielles, du pays légal allait commencer.

CHAPITRE VI.

Mot de Napoléon sur son retour de l'île d'Elbe ; rôle du peuple et de l'armée dans cet évènement ; attitude des généraux ; les royalistes constitutionnels ; M. de Lafayette en 1792, en mars 1814 et 1815 ; réunions chez M. Lainé ; les royalistes exclusifs. — Louis XVIII à Abbeville et à Lille ; sa retraite en Belgique ; son arrivée à Gand ; le comte d'Artois et le duc de Berry le rejoignent. — Effort royaliste dans les départemens ; le duc de Bourbon à Angers et à Beaupréau ; Augereau ; la duchesse d'Angoulême à Bordeaux ; M. de Vitrolles à Toulouse. — Le duc d'Angoulême à Marseille ; sa campagne du Midi. — Lettre de Napoléon au général Grouchy. — MM. Lainé, Ferrand et Guizot ; l'ancien Sénat. — Formation du ministère impérial le 21 mars ; réceptions aux Tuileries ; adresse du conseil d'État ; réponse de l'empereur. — Entretien de Napoléon avec Benjamin Constant. — Le congrès de Vienne : déclaration du 13 mars ; traité du 25 ; convention militaire du 31 ; déclarations spéciales du plénipotentiaire anglais et de la cour d'Autriche ; traité de subsides. — Ouvertures pacifiques du gouvernement impérial ; lettre de l'empereur aux souverains ; blocus politique de la France : rapport du duc de Vicence à l'empereur. — Élan de la nation ; fédérations provinciales et parisienne ; adresse des fédérés parisiens ; réponse de l'empereur ; les classes moyennes ; l'aristocratie bourgeoise ; son hostilité ; le duc d'Orléans. — Discussions au conseil d'État à l'occasion de l'acte additionnel ; publication de cet acte ; effet qu'il produit ; son acceptation ; assemblée du *Champ-de-Mai*.

Le retour de Napoléon était et devait rester, pour les Bourbons, le résultat d'un complot. Cette opinion, qui subsiste encore dans beaucoup d'esprits, même après trente ans, ne saurait cependant résister au plus léger examen. Forcé, par le manque de foi du gouvernement royal et par les menaces de déportation parties du congrès de Vienne, de quitter l'île d'Elbe, l'empereur, l'avant-veille de son embarquement, ignorait, on l'a vu, le moment précis du départ ainsi que les chances et les hommes sur lesquels il pouvait compter. Son retour surprit ses amis eux-mêmes ; il consterna la plupart des gens que la restauration accusa plus tard d'avoir conspiré pour l'accomplir. On conspirait sans doute, au mois de mars 1815 ; mais le nom que le plus grand nombre des conjurés voulait substituer à celui de Louis XVIII, n'était pas le nom de l'exilé de l'île d'Elbe. Qui donc rencontra Napoléon sur le rivage où il débarqua ? Antibes ne lui ferma-t-elle pas ses portes ? Est-il un seul officier, un soldat, qui se soient joints à lui durant les six premiers jours de sa marche ? Où donc étaient ses complices aux lacs de Laffray ? Si le retour de l'île d'Elbe avait été le résultat d'une conjuration, on aurait connu les conjurés après le 20 mars ; ils se seraient vantés de leur œuvre ; tous auraient occupé la cour et le public de leurs mérites et de leurs services ; ils en auraient hautement réclamé ou reçu le salaire. Or, nul ne produisit le moindre titre ; le nouveau gouvernement ne décerna aucune récompense. Les Bourbons eux-mêmes, de leur côté, ne devaient rien épargner en 1815 et en 1816 pour découvrir quelqu'indice de ce complot prétendu : les préfets de la seconde restauration, ses maires, ses agens de tous les ordres devaient se mettre vainement à l'œuvre ; pas une lettre, pas un seul témoignage, dans les nombreux procès politiques qui ensanglantèrent cette époque, ne vinrent confirmer cette accusation. Ainsi, le lendemain du retour de l'île d'Elbe, comme après Waterloo, l'intérêt personnel et la vengeance furent impuis-

sans pour révéler le moindre fait qui pût donner créance à cette insoutenable assertion. On a cité des réunions, des entrevues entre quelques personnages attachés à l'ancien gouvernement impérial ou dévoués à la personne de l'empereur ; on y causait, a-t-on dit, de Napoléon et des Bourbons ; on y annonçait tout haut la chute prochaine du gouvernement royal. Cette prophétie était dans toutes les bouches à la fin de 1814 et dans les premiers mois de 1815 : ce n'était pas seulement en France, c'était encore à l'étranger que les fautes de la restauration faisaient dire : *cela ne tiendra pas.* Madame de Staël raconte « que le simple bon
» sens des paysans suisses les portait à lui prédire pendant
» la première restauration que Napoléon reviendrait (1). »
Ces paysans suisses conspiraient donc aussi ? Aux premiers jours de la rentrée de l'empereur aux Tuileries, alors que sa cause semblait à jamais gagnée, et qu'entouré de tous ceux qui auraient pu aider à son retour, il ne faisait qu'un acte de vulgaire justice en reconnaissant les services rendus, l'empereur disait à Benjamin Constant : « Je suis venu sans in-
» telligence, sans concert, sans préparation aucune, tenant
» en main les journaux de Paris et le discours de M. Ferrand.
» Lorsque j'ai vu ce que l'on écrivait sur l'armée et sur les
» biens nationaux, sur la ligne droite et sur la ligne courbe,
» je me suis dit : la France est à moi (2) ! »

Le retour de l'île d'Elbe devait être, pour les royalistes, le prétexte d'accusations violentes contre le *parti bonapartiste* ; et, sous cette dénomination, ils devaient surtout comprendre la plupart des hommes, militaires ou fonctionnaires civils, qui avaient obtenu de hauts grades ou oc-

---

(1) *Considérations sur la révolution française*, t. III.
(2) Benjamin-Constant. *Mémoires sur les Cent-Jours.*

cupé de hautes fonctions sous l'Empire. C'était se tromper doublement : ce fut, non pas un parti *bonapartiste*, mais le *peuple*, la *nation*, qui saluèrent dans la journée du 20 mars le retour de notre gloire et de notre grandeur disparues ; en second lieu, la population officielle du règne impérial, s'était donnée sans réserve aux Bourbons. Les instrumens les plus impitoyables du despotisme de l'Empire étaient même devenus les partisans les plus fougueux du système rétrograde de la restauration ; leur violence passée s'abritait derrière leur exagération nouvelle. La pensée de se retrouver les prôneurs et les agens du régime qu'ils avaient décrié, les effrayait : « Il ne faut pas que cet homme re- » vienne, » disait l'un d'eux à Benjamin Constant en parlant de l'empereur dont le débarquement était annoncé ; « je serais obligé, pour le servir, de faire encore cent infa- » mies (1). » Sans doute Napoléon conservait dans l'aristocratie militaire et civile de son règne des amis dévoués et de sincères admirateurs ; mais on pouvait les compter. Il est vrai de dire que la restauration, en 1814, faisait le meilleur accueil à toutes les offres de service. Il n'est pas un seul des généraux de l'Empire, sollicitant une faveur, qui n'eût obtenu, souvent un plus haut grade, toujours un nouveau titre et une nouvelle décoration. Le gouvernement royal, sous ce rapport, s'était montré prodigue. En revanche, le dévoûment ne lui manquait pas ; et l'on a pu juger, par quelques uns des documens que nous avons rapportés, du zèle et de l'ardeur des nouveaux convertis. Ce fut une des colères de la seconde restauration : elle ne devait voir dans ces démonstrations que des actes d'hypocrisie. Les Bourbons furent injustes. Le plus grand nombre des généraux,

---

(1) Benjamin-Constant. *Mémoires sur les Cent-Jours.*

en 1815, ne désiraient nullement le retour de l'empereur. Que pouvaient-ils y gagner ? La restauration ne leur donnait-elle pas ce qu'ils désiraient le plus, des dignités, des honneurs, de gros traitemens et le repos? Tous avaient assez de vingt-cinq ans de guerre. Ce n'étaient pas les tendances monarchiques de la cour qui pouvaient les irriter. Élevés à l'école du despotisme impérial, et gens d'obéissance passive, les principes de liberté posés dans la charte, la publicité des séances de la Chambre des députés, le droit de pétition, leur semblaient, au contraire, des institutions anarchiques destructives de tout gouvernement régulier. Aussi le retour de l'île d'Elbe éveilla-t-il, à la fois, chez le plus grand nombre, un sentiment de profonde stupeur et un mécontentement marqué. « Les gé-
» néraux, sur toute ma route, a dit Napoléon, se mon-
» trèrent incertains et de mauvaise grâce, si même ils
» ne se montrèrent hostiles ; ils ne firent que céder à l'im-
» pulsion de leurs soldats (1). » Quelques uns, comme le maréchal Macdonald et le général Maison, essayèrent de combattre cet entraînement ; on a vu ce qui faillit en résulter pour eux. Le maréchal Gouvion Saint-Cyr, à Orléans, voulut aussi maintenir ses troupes dans l'obéissance; sa vie fut également en danger. Les événemens de Grenoble étaient déjà connus lorsque les maréchaux Oudinot, Masséna et Jourdan, protestaient dans des adresses à Louis XVIII, de leur dévoûment et de leur fidélité ; le général Decaen les imitait le 12 mars ; le 13, les généraux Rapp, Miollis et Belliard, offraient leurs services à la cour; le 19, au moment même où le roi se disposait à quitter les Tuileries, il recevait une adresse semblable du général Letort, tué le 15 juin

---

(1) Comte de Las Cases. *Mémorial de Sainte-Hélène.*

suivant en avant de Fleurus ; le même jour, un des maréchaux écrivait à Louis XVIII : « Sire, je suis un vieux soldat » invalide ; mais que Votre Majesté me confie un mousquet, et » j'aurai encore assez de forces pour marcher contre l'"ennemi »de mon pays. » La restauration, pour détourner de ses princes, de ses ministres et de ses émigrés, la responsabilité des Cent-Jours, n'a voulu voir dans tous ces témoignages que des faits odieux de duplicité ; ces assurances, nous le répétons, étaient sincères ; nous citerons encore Napoléon : « Si les » Bourbons, a-t-il dit, ont eu à se plaindre de la complète » désertion du soldat et du peuple, certes ils n'ont pas le » droit de reprocher le manque de dévoûment et de fidélité » aux principaux de l'armée. Tous ont fait leur devoir ; mais » ils ne pouvaient rien contre le torrent de l'opinion, et » personne n'avait bien calculé les sentimens de la masse » et l'élan de la nation (1). »

Les royalistes constitutionnels ne manquèrent pas davantage aux Bourbons. Loin de là, le retour de l'île d'Elbe n'eut point d'adversaires plus décidés. Attachés à la restauration de toute la force de leur haine contre l'Empire et son despotisme, ils se considéraient comme les alliés naturels de Louis XVIII et de son gouvernement, et on les entendait reprocher avec amertume aux Bourbons l'accueil fait par ces princes aux *bonapartistes*, ainsi que l'influence laissée aux *émigrés*. « Du moment où le roi a donné une constitution, disaient-ils, il ne peut et ne doit s'appuyer que sur ceux qui en professent les principes. » Les principes du gouvernement impérial, personnifiés dans M. Clarke, duc de Feltre, et dans le maréchal Soult, par exemple, se confondaient effectivement en tant de points avec les principes

---

(1) *Mémorial de Sainte-Hélène.*

des poursuivans d'ancien régime, qu'il était assez difficile de les séparer. L'opinion constitutionnelle comprenait plusieurs nuances : bon nombre de ses membres se trouvaient engagés fort avant dans les projets de renversement que nous avons racontés au début du précédent chapitre ; à la nouvelle du retour de l'île d'Elbe, ces membres n'hésitèrent pas à se rapprocher de Louis XVIII, et à unir leurs efforts à ceux des royalistes exclusifs contre l'homme qu'ils considéraient comme l'ennemi commun. On vit même accourir au secours des Bourbons menacés, un personnage dont le rôle avait été influent au début de la révolution, que l'on devait voir occuper encore long-temps la scène politique, et envers qui l'histoire doit se montrer plus sévère que ne le furent ses contemporains, le général marquis de Lafayette. Sa position veut être expliquée.

M. de Lafayette était un royaliste constitutionnel sincère. Les mêmes passions politiques qui avaient fait qualifier le roi Louis XVI de révolutionnaire, et qui voyaient un jacobin dans le roi Louis XVIII, donnaient à M. de Lafayette, en 1815, le nom de républicain ; ce nom ne lui appartenait pas. Le sentiment monarchique, même aux premiers jours de la lutte de la France contre l'Europe, dominait à ce point chez ce général, que, vers le milieu du mois d'août 1792, lorsque les hostilités étaient commencées depuis cinq mois, quand les Prussiens se trouvaient déjà au cœur de la Lorraine, il se préoccupa moins des progrès de l'invasion que du coup dont la journée du 10 août venait de frapper la monarchie. Commandant en chef de l'armée du Nord, et chargé de protéger l'une de nos frontières les plus menacées, M. de Lafayette fit arrêter les commissaires chargés par la Convention de recevoir son serment et celui de ses troupes, les enferma dans la citadelle de Sedan, et voulut aller relever le trône que la Gironde républicaine venait d'abattre. Ses soldats refusèrent de le suivre ; ils ne voulaient marcher, disaient-ils, que contre l'ennemi. Obligé de fuir, il quitta son armée dans la nuit du 19 au 20 août, essaya de passer en Hollande, et fut capturé, en chemin, par un parti d'Autrichiens. Le cabinet de Vienne ne faisait aucune distinction entre les républicains et les royalistes constitutionnels ; à ses yeux tous étaient des révolutionnaires également ennemis des trônes. Les seconds lui semblaient même les plus coupables et les plus dangereux. M. de Lafayette avait occupé parmi ceux-ci un rang considérable. L'Autriche eut pour lui des rigueurs exceptionnelles ; elle l'enferma dans la forteresse d'Olmütz. Il y languissait depuis cinq ans, lorsque Bonaparte, vainqueur de l'Autriche, fit de la mise en liberté de l'auteur de la *déclaration des droits* une des conditions du traité de Campo-Formio (1). M. de Lafayette, porté sur la liste des émigrés, ne pouvait rentrer ; il se retira en Hollande, et ne revint en France qu'au moment où son libérateur échangea son titre de général contre celui de premier consul. Il sollicita et obtint alors de la bienveillance de ce

---

(1) « Il imposa cette condition à l'ennemi, *sans y avoir été autorisé* par le Directoire qui n'osa pas le désavouer. Il y avait de la grandeur à sentir que la qualité de Français donnait un titre à la protection de la France, indépendamment de toutes les opinions, et que le pouvoir même qui sévissait ne devait pas permettre aux étrangers de servir son injustice. Lorsque madame de Staël, si cruellement et si obstinément exilée par lui, voyageait en Italie, quelqu'un demanda à Napoléon ce qu'il ferait si quelque prince de cette contrée faisait arrêter cette illustre proscrite, à cause des opinions qui lui attiraient la défaveur du gouvernement français. « Si on arrêtait madame de Staël hors de France, répondit-il, j'en » verrais vingt mille hommes pour la délivrer. »

(Benjamin-Constant. *Mémoires sur les Cent-Jours.*)

dernier, sa radiation, puis sa rentrée, ainsi que celle de bon nombre de ses amis et de membres de sa famille. La personnalité et le génie dominateur du nouveau chef de la république ne permettaient pas à M. de Lafayette de retrouver la position politique influente qu'il avait eue avant son exil volontaire et sa prison. D'un autre côté, le système de gouvernement qui s'établissait, blessait profondément sa religion politique; il se tint à l'écart. Vainement Napoléon lui fit offrir une place dans le Sénat et l'un des grands cordons du nouvel ordre de la Légion-d'Honneur. Peu jaloux de se trouver le satellite obscur de l'astre consulaire, puis impérial, M. de Lafayette refusa. Il aurait fait de l'opposition si l'opposition avait été possible ; mais la censure la plus impitoyable n'arrêtait pas seulement la pensée même dans les livres; aucune tribune n'était restée debout. Condamné durant douze années à l'inaction politique et au silence, M. de Lafayette supporta impatiemment cette retraite; elle exalta son mécontentement; sa juste aversion pour le despotisme impérial se transforma en une haine pour ainsi dire personnelle envers le despote. Appelé à Paris par la mort de quelques parens, dans les derniers jours de mars 1814, il s'y trouvait lorsque les armées alliées parurent sous les murs de cette capitale. Le moment lui sembla venu de prendre enfin part à la politique active. Mais pendant que le colonel de Labédoyère, les généraux Michel, de la garde, Chastel, Boyer de Robeval et Boudin, oubliant leurs blessures, quittaient leurs demeures pour aller volontairement se mêler aux soldats de Mortier et de Marmont (1), M. de Lafayette, dominé comme en 1792, par une préoccupation malheureuse, cherchait le salut de la France dans une mesure qui

---

(1) V. le premier volume, chapitre VI, page 287.

n'allait rien moins qu'à désorganiser toute résistance à l'invasion. L'ancien commandant de la garde nationale parisienne s'efforçait de soulever quelques bataillons de cette garde, non pour les conduire à l'ennemi, mais pour faire proclamer la déchéance du glorieux *parvenu*, qui continuait alors, sur la frontière de la Lorraine, l'héroïque lutte que ses soldats et lui soutenaient depuis deux mois. Les canons alliés décidèrent la question avant que M. de Lafayette eût le temps de surmonter toutes les répugnances que son projet rencontra (1).

Napoléon abattu, et les Bourbons rappelés, M. de Lafayette voulut se rapprocher de ceux-ci. Il écrivit au comte d'Artois pour le complimenter sur son retour (2), et parut aux Tuileries lors de la première audience publique de Louis XVIII. Le roi et son frère lui firent un accueil dont il se montra d'abord satisfait; il reçut des complimens, entendit quelques paroles gracieuses; mais ses rapports avec la nouvelle cour ne purent aller au delà. Le duc d'Orléans eut également sa visite : « Il me témoigna sa sensibilité à cette

---

(1) « Je m'offris à des chefs de la garde nationale ; nous convinmes, M. Ternaux (chef de la 3ᵉ légion) et moi, que s'il s'assurait d'un bataillon, je marcherais à sa tête. J'essayai aussi du côté de l'armée pour *arracher l'abdication* qui eût alors été si salutaire... Mes tentatives civiles ne réussirent pas mieux : partout on me trouva téméraire et, jusqu'à la fin, précipité... »

(*Mémoires* de M. de Lafayette, t. v, page 508.)

(2) Sa lettre était ainsi conçue : « Monseigneur, il n'y a point d'époque ni de sentiment dans ma vie qui ne concourent à me rendre heureux de voir votre retour devenir un signal et un gage du bonheur et de la liberté publique. Profondément uni à cette satisfaction nationale, j'ai besoin d'offrir à *Monsieur* l'hommage de mon attachement personnel et du respect avec lequel je suis, etc.

» Paris, ce 13 avril 1814. »

(*Mémoires* de M. de Lafayette, t. v.)

démarche, a dit M. de Lafayette; il parla de nos temps de proscription, de la *communauté* de nos opinions, de sa considération pour moi, pour mes principes, pour mon caractère, et tout cela en termes trop supérieurs aux préjugés de sa famille pour ne pas reconnaître en lui *le seul* Bourbon compatible avec une constitution libre (1) ».

La restauration avait conservé le corps législatif impérial. M. de Lafayette ne faisait point partie de cette assemblée. Obligé de rentrer dans son rôle de simple spectateur, il revint à son château de La Grange, mécontent des événemens et des hommes, impatient de sortir enfin de l'irritant oubli où les colères de la république et la profonde indifférence de l'empire l'avaient fait tomber. C'est là que vint le trouver la nouvelle du débarquement de l'île d'Elbe. Elle lui fut donnée par son fils; il accourut à Paris. « Il n'apportait de sa retraite que des vœux contraires à Napoléon, a dit Benjamin Constant; sa disposition fut bientôt connue; on lui demanda si dans la ligne de ses opinions, on pouvait compter sur lui; il se dévoua sans hésitation (2). » Des réunions chez M. Lainé, président de la Chambre des députés, et dans lesquelles se rencontraient des hommes appartenant à toutes les nuances de l'opinion monarchique constitutionnelle, MM. de Lally-Tolendal, de Pradel, de Châteaubriand, Flaugergues, de Bro-

---

(1) *Mémoires*, t. v, pages 308 et 309.

(2) Benjamin-Constant. *Mémoires sur les Cent-Jours*. — On lit à cette occasion dans les *Mémoires* de M. de Lafayette : « Je ne croyais pas à sa conversion (Napoléon) et trouvais de meilleures chances dans la maladroite et pusillanime malveillance des Bourbons que dans la vigoureuse et profonde perversité de leur adversaire... On aurait dit qu'avec lui (Napoléon) ce qu'il y avait de république sentait le terroriste, comme la monarchie sentait le tyran. » T. v.

glie, d'Argenson et Benjamin-Constant, étaient déjà organisées pour aviser aux moyens de sauver la monarchie. M. de Lafayette y fut appelé. Un de ses amis, la première fois qu'il s'y présenta, proposa, comme un moyen infaillible de salut, de rendre au général le commandement en chef de la garde nationale alors confié au comte d'Artois. M. de Pradel qui assistait à cette réunion, moins pour son compte personnel que comme représentant de la cour et de M. de Blacas, se leva et déclara « qu'il était impossible de faire cette violence aux affections personnelles du roi. » La proposition n'eut point de suite ; on demanda à M. de Lafayette quel serait son remède. « Je conseillai un appel immédiat des membres de toutes les assemblées nationales, depuis 1789, qui se trouvaient à Paris, a dit M. de Lafayette, dont la pensée, malgré les vingt-six ans qui venaient de s'écouler, restait aux jours où il avait eu le commandement en chef des gardes nationales du royaume ; je voulais opposer une grande force morale à la force physique déjà décidée pour Bonaparte. J'ajoutai qu'il serait prudent d'écarter les neveux du roi et de n'employer que son cousin M. le duc d'Orléans, le seul prince populaire. Mon avis n'excita que de l'effroi et du soupçon. M. de Châteaubriand proposa de nous ranger tous autour du roi pour y être égorgés, afin que notre sang devînt une semence d'où renaîtrait un jour la monarchie. Benjamin-Constant se mit à rire du dédommagement qu'on nous offrait (1). » Dans les réunions qui suivirent, on parvint pourtant à se mettre d'accord sur ces points : le roi serait invité à renvoyer MM. de Montesquiou, Dambray et Ferrand (2) ; il introduirait dans la Chambre des pairs qua-

---

(1) *Mémoires*, t. v, pages 372 et 373.
(2) On avait surtout insisté sur le renvoi du maréchal Soult dont

rante membres nouveaux pris exclusivement dans les rangs des royalistes constitutionnels et dont les noms avaient été convenus dans la réunion ; Benjamin-Constant serait nommé commissaire royal près la Chambre des députés ; enfin cette dernière assemblée comblerait les vides nombreux existant sur ses bancs, en élisant elle-même des députés, au nombre desquels devaient se trouver MM. de Lafayette et Voyer-d'Argenson. Ce dernier refusa d'abord d'accepter cette élection étrange ; mais ses scrupules finirent par céder devant les instances de M. de Lafayette, qui voyait dans cette mesure « l'avantage de faire entendre enfin au pays la voix des vieux amis de la liberté. » La marche rapide de l'empereur ne laissa pas aux royalistes constitutionnels le temps de faire accepter leur programme par Louis XVIII ; l'entrée de Napoléon aux Tuileries emporta cette impuissante négociation.

Les royalistes constitutionnels, au reste, ne négligeaient rien pour se rendre *possibles* ; Benjamin-Constant publiait et signait la veille du 20 mars, dans le journal de la cour, un article où il disait : « Du côté du roi sont la liberté constitutionnelle, la sûreté et la paix ; du côté de Buonaparte, la servitude, l'anarchie et la guerre ; nous subirions sous lui un gouvernement de Mameloucks ; son glaive seul nous gouvernerait..... Ses proclamations sont celles d'un chef armé qui fait briller son sabre pour exciter l'avidité de ses satellites et les lancer sur les citoyens comme sur une proie. C'est Attila, c'est Gengis-Kan, plus terrible, plus odieux parce que les ressources de la civilisation sont à son usage ; on voit qu'il les prépare pour régulariser le *massacre* et pour administrer

---

l'exagération royaliste, entée sur ses habitudes de commandement militaire, paraissait à l'assemblée plus dangereuse encore que les préjugés des trois autres ; mais ce ministre venait d'être disgracié.

le *pillage*..... Il reparaît sur l'extrémité de notre territoire, il reparaît cet homme teint de notre sang et poursuivi naguère par nos malédictions unanimes..... » (1). Si le parti constitutionnel, en 1815, emporté par sa juste aversion pour l'ancienne dictature impériale, sacrifia les intérêts les plus chers du pays à ce souvenir; s'il fut, après Waterloo, sans lumières, sans intelligence patriotique et sans courage; s'il se rendit, comme on le verra, le complice de l'étranger, on ne saurait suspecter, du moins, la sincérité de son attachement au principe de la restauration, et ce n'est pas lui, encore une fois, qui aida au retour de l'île d'Elbe.

Les royalistes purs, de leur côté, avaient défendu le gouvernement royal dans la mesure de leur intelligence et de leurs forces. Livrés aux plus incroyables illusions, le débarquement de l'empereur, on l'a vu, leur sembla d'abord un coup de fortune; ils devaient y trouver l'occasion de se débarrasser à la fois de Napoléon, de ses partisans et de toutes les institutions sorties de la révolution; car, dans leur logique, l'Empire et la République étaient une même chose, et ils confondaient, sous la dénomination commune de *jacobins*, les admirateurs de Napoléon, ainsi que les partisans les plus

---

(1) Un journal royaliste, *la Quotidienne*, ayant dit en termes généraux que les *patriotes* avaient conspiré pour rappeler Napoléon, les rédacteurs du *Censeur européen*, journal d'opposition constitutionnelle, qui faisait à la cour et au ministère une guerre assez rude, se regardèrent comme personnellement insultés et assignèrent *la Quotidienne* en calomnie. L'injure, disaient-ils, était atroce; le roi n'avait pas de sujets plus dévoués, et Bonaparte d'ennemis plus décidés que les *patriotes*. La cause fut appelée le 19 mars, le jour même où Benjamin-Constant publiait, dans le *Journal des Débats*, l'article dont nous venons de reproduire quelques passages; le tribunal, incertain des événemens du lendemain, n'osa prononcer; malgré les efforts des rédacteurs du *Censeur*, il remit l'affaire à quinzaine.

timides comme les plus énergiques des principes ou des faits consacrés depuis 1789. La reddition de Grenoble ne les effraya pas. Les généraux juraient d'être fidèles; l'armée, dès lors, appartenait au roi : or, que pouvaient, disaient-ils, les 900 soldats de l'usurpateur contre 200,000 hommes? Les événemens de Lyon les surprirent sans les décourager; ils eurent foi dans l'enthousiasme menteur du public officiel et dans leur propre énergie; ils crurent surtout à l'efficacité des châtimens dont le gouvernement menaçait tous les traîtres, et des récompenses promises à tous les fidèles. A mesure que Napoléon approchait, ils s'étourdissaient avec leurs cris, et à l'aide de l'agitation qu'ils s'efforçaient de produire autour d'eux. Le jour même du départ du roi, ils encombraient les Tuileries, les ministères et les lieux publics, proposant ou promettant à grand bruit d'en finir pour le lendemain; puis, le jour suivant, quand Napoléon se présenta seul, sans qu'une seule épée eût quitté son fourreau, tous avaient disparu.

Le gouvernement royal ne rencontra de défenseurs effectifs, lors du 20 mars, que dans quelques départemens éloignés. Bordeaux, Marseille, entre autres, s'armant moins pour soutenir un principe que pour défendre des intérêts matériels, essayèrent de résister. Ce fut la crainte d'un nouveau blocus et d'une interruption dans les affaires commerciales, résultat probable d'une lutte contre l'Europe, qui les souleva. Les Bourbons, pour ces populations, n'étaient qu'un drapeau. Leur opposition, du reste, ne devait être ni longue ni bien décidée; elle devait céder devant l'envoi de deux ou trois généraux et de quelques centaines de soldats. Avant de raconter les incidens essentiels de cette courte résistance, nous suivrons Louis XVIII depuis son départ des Tuileries jusqu'à son installation à Gand.

Le roi, le jour même de son départ, arriva à Abbeville vers cinq heures du soir; il s'y arrêta dans l'intention d'attendre sa maison militaire, ainsi que plusieurs détachemens de volontaires qui, partis du Champ-de-Mars à l'heure où lui-même quittait les Tuileries, devaient le rejoindre sous la conduite du comte d'Artois, du duc de Berry et du duc de Raguse. Le lendemain 21, le maréchal Macdonald, précédant les princes et les corps qu'ils conduisaient, entra dans Abbeville, et fit observer au roi qu'il y avait péril à rester plus long-temps dans le département de la Somme. La retraite sur Lille, disait-il, pourrait être coupée par les garnisons du Pas-de-Calais, qui n'attendaient sans doute que la nouvelle de l'entrée de Napoléon à Paris pour se prononcer. Il ajouta que l'armée en masse faisait défection, et que les ducs de Bellune et de Reggio ayant, à leur tour, voulu retenir dans le devoir les troupes de la 5e division militaire, ainsi que les garnisons de Metz et de Nancy, avaient vu les soldats repousser leurs exhortations et leurs ordres et fouler aux pieds la cocarde blanche. Louis XVIII transmit immédiatement à son frère et à son neveu l'ordre de quitter la route de Beauvais, et de se porter par Amiens sur Lille, où lui-même allait se rendre. Le lendemain 22, il fit son entrée dans cette ville aux acclamations de la garde nationale et de la population. L'attitude de la garnison, que commandait le maréchal Mortier, sous les ordres du duc d'Orléans, fut, en revanche, silencieuse. Louis XVIII avait l'intention de tenir dans cette place forte; mais, dès le soir même, le duc de Trévise vint lui déclarer que des symptômes de révolte se manifestaient parmi les soldats, et qu'il ne croyait pas pouvoir les maîtriser. « Eh bien! si la troupe veut aller rejoindre Bonaparte, lui répondit le roi, qu'on ouvre les portes, elle peut sortir; la garde nationale et ma maison suffiront à ma défense. » Le lendemain 23, de bonne heure, le maréchal revint à la charge; et, s'adressant particulièrement à M. de Blacas, il lui apprit que, sur la nouvelle, répandue dans les casernes, de la prochaine arrivée du duc de Berry avec deux régimens suisses, la garnison menaçait de prendre les armes et de se soulever. Le roi, averti, consulta le prince de Wagram, le duc de Tarente et le duc d'Orléans; tous trois opinèrent pour la retraite. Louis XVIII dut céder. Il avait annoncé, dans sa proclamation du 19, qu'il ne quitterait pas le territoire, et que les Chambres seraient prochainement convoquées dans une des villes du royaume; cette pensée ne l'abandonna pas. Décidé à rester en France, il choisit Dunkerque pour sa nouvelle place de refuge, et s'empressa d'expédier à son frère et à son neveu l'ordre de changer encore une fois de route et de se diriger sur cette ville. Lui-même se mit en devoir de s'y rendre par les routes de la Belgique. Il sortit de Lille, dans la journée même du 23, avec une faible escorte, et accompagné par le duc d'Orléans, par les maréchaux Mortier, Macdonald et Berthier. Les deux premiers quittèrent le roi au pied des glacis de la place; le duc de Tarente s'arrêta à l'extrême frontière; le prince de Wagram, seul, entra en Belgique. Le 24, Louis XVIII était à Ostende. Le 25, il se disposait à gagner Dunkerque lorsqu'il apprit que les princes, loin d'avoir pu se porter sur cette place et l'occuper avec la maison militaire, venaient de se réfugier à leur tour sur le territoire belge; il dut renoncer à son projet. Cette circonstance le servit; il n'aurait pu rester à Dunkerque, et se serait nécessairement embarqué pour l'Angleterre. Or, qui pourrait dire le sort réservé à sa cause s'il se fût trouvé à Londres au moment où les alliés, trois mois plus tard, entraient à Paris? L'empereur, certes, était loin de prévoir l'avenir. Cependant, averti par une sorte de révélation du génie, il enjoignit aux généraux à qui la poursuite de Louis XVIII fut confiée, de manœuvrer de manière à ce que le roi fût obligé de mettre la mer entre la France et sa personne. On ajoute que son déplaisir fut extrême quand il apprit qu'au lieu de se réfugier encore une fois sur le sol britannique, Louis XVIII restait en observation sur la frontière belge.

Les princes et Marmont n'avaient point reçu les dépêches qui leur ordonnaient d'aller occuper le port où le roi croyait pouvoir maintenir le drapeau de la restauration. Arrivés à Béthune, le 23 au matin, ils y séjournèrent, comptant entrer le lendemain dans Lille. Le départ du roi pour la Belgique leur fut annoncé dans la soirée. La cause royale, à cette nouvelle, leur sembla perdue; ils ne songèrent qu'à gagner au plus vite le territoire des Pays-Bas. Ypres était la place belge la plus voisine; ils s'y portèrent, en toute hâte, par la traverse, et avec la moitié seulement des forces qui jusqu'alors les avaient accompagnés. Les chemins qu'ils suivirent étaient détestables : on les en avait avertis; mais, pressés d'échapper à toute poursuite, ils n'avaient voulu rien entendre. « Je ne vous demande pas quel est le chemin le meilleur, avait répondu le général Lauriston à un habitant qu'il consultait et qui lui détaillait les difficultés de la route; je vous demande quel est le plus court. » Bien qu'ils eussent choisi pour escorte les cavaliers les mieux montés, une partie resta en route. Le comte d'Artois et le duc de Berry arrivèrent à peu près seuls à la frontière. Une fois en sûreté, ils transmirent aux détachemens qui s'efforçaient de les suivre, l'ordre de retourner à Béthune; ces détachemens y rentrèrent le 26; le même jour, un ordre de l'empereur les licencia. Le comte et son fils, après être restés quelques jours à Ypres, se rendirent à Gand, que le roi des Pays-Bas venait d'assigner pour résidence à Louis XVIII et aux princes de sa maison. Au moment où ce souverain recevait son frère et son neveu dans ce nouvel asile, un autre membre de sa famille s'embarquait à l'embouchure de la Loire et faisait voile pour l'Espagne.

Lorsque le comte d'Artois était parti de Paris pour Lyon, le duc de Bourbon, nous l'avons dit, avait reçu l'ordre d'aller prendre le commandement militaire des provinces de l'Ouest. Ce fut seulement, le 14 mars, que ce prince arriva à Angers. Il était parti, sans instructions, sans officiers et sans argent. Le duc, dans la pensée de la cour, n'avait besoin que de son nom pour trouver dans la fidélité des autorités, dans l'enthousiasme et le dévoûment des populations, les ressources les plus abondantes. De bruyantes démonstrations accueillirent en effet sa présence; les adresses, les protestations les plus ardentes arrivèrent de tous côtés; les fonctionnaires civils de tous les ordres vinrent mettre à ses pieds leur fortune et leur vie; les officiers généraux, les officiers supérieurs lui garantirent la fidélité de leurs soldats; des volontaires s'offrirent en grand nombre, demandant à marcher et à combattre; enfin, les municipalités, ainsi que le commerce de Saumur, d'Angers, de Nantes et de La Rochelle, proposèrent d'ouvrir au duc des crédits considérables pour couvrir les premiers frais d'armement : tristes mensonges, qui ne manquent jamais aux gouvernemens, et dont tous sont les incurables dupes! La population officielle des départemens de l'Ouest, lorsqu'elle offrait à si grand bruit aux Bourbons son bras et sa bourse, en était encore aux nouvelles des journaux sur la victoire remportée par le duc d'Orléans sous les murs de Bourgoin. La vérité ne tarda pas à se faire jour; l'enthousiasme se refroidit; on le vit faiblir à mesure que l'empereur avançait. Bientôt les fonctionnaires civils se montrèrent moins dans les salons du prince ; les chefs militaires ne furent plus aussi prodigues de promesses ; enfin, le duc ayant eu besoin de fonds pour solder quelques dépenses urgentes, le receveur général de Maine-et-Loire refusa de les lui avancer. Angers échappait à son tour à la restauration. « Allons en Vendée ! s'écrièrent les anciens chefs insurgés qui s'étaient groupés autour du duc ; sa valeureuse population ne nous manquera pas ! » Le prince partit pour Beaupréau ; mais ce fut à peine si, pour sa route, il put obtenir des chevaux de poste. Une fois au centre de la Vendée angevine, son entourage assura que des armées allaient sortir du sol. Tous se partagèrent aussitôt les commandemens : au comte de La Rosière échut le département de Maine-et-Loire ; au général Canuel, celui de la Vienne ; à MM. de Suzannet, de Sapineau et Auguste de La Rochejaquelein, des divisions non moins importantes. Le prince, de son côté, publia une proclamation où il appelait le peuple aux armes. Quelques détachemens de troupes l'avaient rejoint ou suivi ; le lendemain, tous les soldats l'avaient abandonné. Bientôt il apprit qu'Angers avait reconnu le gouvernement impérial ; que toutes les autres villes du bassin de la Loire avaient également arboré le drapeau tricolore ; que des troupes se dirigeaient contre lui, et qu'une partie des habitans des villes et des bourgs, formés en gardes nationales et guidés par les officiers à demi-solde, marchaient avec la troupe de ligne. Il s'irrita, ne songeant pas que les générations qu'il était venu chercher avaient en partie disparu, et que des hommes nouveaux, ayant des idées différentes, des intérêts opposés à ceux de sa cause, les avaient remplacées. Forcé de reconnaître que, pris ainsi à l'improviste, toute résistance était impossible, il accueillit les ouvertures du colonel de gendarmerie Noiteau, qui lui proposait, pour épargner une inutile effusion de sang, d'assurer sa retraite et celle de tous les officiers qui désireraient se retirer avec lui. Le duc accepta pour ses compagnons, non pour lui ; et, quand il eut distribué aux siens quarante passeports mis à sa disposition, il se jeta dans la campagne, se fit guider durant six jours, de ferme en ferme, arriva le 30 au dessous de Nantes, près de la fonderie d'Indret, et, le 31, monta dans une barque qui le conduisit en rade de Paimbœuf, où un bâtiment, frêté par des royalistes de la province, l'attendait. A peu de jours de là il débarquait en Espagne.

Le duc de Bourbon avait mieux aimé courir le risque d'être fait prisonnier, que d'accepter la moindre grâce d'un gouvernement dont le chef avait ordonné l'exécution de son fils (le duc d'Enghien). La fierté de ce vieillard forme un remarquable contraste avec la conduite d'un homme à qui la restauration avait donné le commandement militaire de la Normandie et sur lequel le gouvernement comptait pour appuyer l'effort du duc de Bourbon dans les départemens de l'ouest, le maréchal Augereau.

Chargé de la défense de Lyon en 1814, Augereau avait odieusement trahi. Annonçant ensuite à son armée l'abdication de l'empereur, il avait dit : *le lâche n'a pas su mourir en soldat!* On ajoute que, rencontré peu de jours après par Napoléon à quelque distance de Valence (Drôme), quand ce dernier se rendait à l'île d'Elbe, salué et interrogé par lui sur les motifs de sa défection, Augereau, gardant sur sa tête sa casquette de voyage, tutoya Napoléon et lui reprocha en termes grossiers, son ambition et sa défaite. L'empereur ne garda souvenir que de la trahison. Dans ses proclamations du golfe Juan, il disait : «Deux hommes sortis de nos » rangs, ont trahi nos lauriers, leur pays, leur prince, leur » bienfaiteur... la défection du duc de Castiglione livra Lyon

» sans défense à nos ennemis... » Le lendemain du jour où ces deux adresses remplissaient les colonnes de tous les journaux, le maréchal osa publier dans le chef-lieu de la quatorzième division militaire, une proclamation où il disait : « Soldats ! l'empereur est dans la capitale ; ce nom, si long-
» temps le gage de la victoire, a suffi pour dissiper devant
» lui tous ses ennemis ; un moment la fortune lui fut in-
» fidèle ; nous fîmes alors serment de défendre d'autres
» droits que les siens ; ses droits sont imprescriptibles.
» Soldats! dans son absence vos regards cherchaient en
» vain sur vos drapeaux blancs quelques souvenirs honora-
» bles ; jetez les yeux sur l'empereur ; à ses côtés brillent
» d'un nouvel éclat ses aigles immortelles ; rallions-nous
» sous leurs ailes ; oui, elles seules conduisent à l'honneur
» et à la victoire : arborons donc les couleurs de la nation. »

Le maréchal, à l'exemple de l'immense majorité des fonctionnaires de cette époque, avait insulté l'empereur déchu ; comme eux, maintenant, il insultait la restauration tombée (1). Si de tels faits aident à comprendre le profond dé-

---

(1) Le *Moniteur* du mois de mars 1815 présente à ce sujet de curieux et tristes enseignemens. Ses colonnes, du 10 au 20, sont absorbées par de nombreuses adresses dont les signataires, généraux ou officiers, administrateurs ou employés, magistrats ou membres de corporations judiciaires, injurient Napoléon et promettent aux Bourbons un amour et une fidélité éternels. Du 20 au 31, d'autres adresses, émanées des mêmes autorités, signées des mêmes hommes, maudissent les Bourbons et proclament Napoléon le dieu tutélaire de la France ; il en est qui ne présentent pas deux jours d'intervalle. Bien mieux : le voyage de Napoléon avait été si rapide; qu'un grand nombre d'adresses à Louis XVIII n'arrivèrent à Paris qu'après son départ et furent remises à l'empereur en même temps que de nouvelles adresses votées à ce dernier par les mêmes corps constitués, les mêmes généraux, les mêmes officiers et les mêmes

goût de Napoléon pour les hommes, ils ne justifient pourtant pas le mépris qu'il affectait, assure-t-on, pour l'espèce humaine. Etaient-ils donc vils et lâches ces Bourguignons, ces Champenois et ces Lorrains, ouvriers ou paysans, qui se levèrent en 1814 contre l'invasion; ces héroïques soldats qui, se battant chaque jour un contre dix, tant que dura la campagne de France, devaient bientôt se précipiter encore au devant de l'ennemi et tomber, martyrs ignorés, aux champs de Ligny et de Waterloo?

Deux jours après l'embarquement du duc de Bourbon à Paimbœuf, la duchesse d'Angoulême s'embarquait à son tour à l'embouchure de la Gironde.

La duchesse et le prince son mari avaient quitté Paris l'avant-veille du débarquement de l'empereur, le 27 février pour visiter le midi. Leur voyage, jusqu'à Bordeaux, fut une longue ovation; ils traversèrent Orléans, Bourges, Châteauroux, Limoges et Perrigueux sous des arcs de triomphe. Arrivés le 5 mars aux portes du chef-lieu de la Gironde, le prince fit son entrée à cheval, au milieu d'un nombreux état-major, et la princesse dans une calèche découverte que traînait une troupe de jeunes filles toutes vêtues de blanc et ceintes d'écharpes aux couleurs de la ville, tandis que d'autres groupes, ayant le même costume, jetaient des fleurs sur son passage. Les rues étaient garnies des plus riches tentures. L'enthousiasme bordelais se maintint à ce niveau jusqu'au 9; ce jour là le commerce devait donner une fête splendide à la duchesse; elle y parut le front calme, le visage serein. Le duc, vers la fin du bal, quitta la salle, monta en chaise de poste et partit pour

---

fonctionnaires. Le secrétaire du cabinet, chargé du dépouillement, en fit la remarque à Napoléon qui lui répondit avec un sourire de pitié : *voilà les hommes!*

Nismes. La nouvelle du débarquement de l'empereur, apportée la nuit précédente par le courrier que M. de Vitrolles avait expédié dans la nuit du 5 au 6, venait de décider ce brusque départ.

Le duc d'Angoulême, on le sait, devait prendre le commandement des cinq divisions militaires du midi. « Maintenez le Languedoc et la Provence dans le devoir, avait dit la duchesse à son mari ; je me charge de garder Bordeaux et tous les départemens voisins. » Le caractère et la décision de a duchesse d'Angoulême n'étaient point au dessous de cette tâche. Sa fermeté, dans les jours qui suivirent, fit dire à l'empereur « qu'elle était le seul homme de sa famille. » Mais que peut la volonté, même la plus énergique, contre l'entraînement de tout un peuple ! Le débarquement de l'île d'Elbe, annoncé le lendemain aux autorités, causa plus de surprise que d'inquiétude. Des enrôlemens de volontaires cependant furent ordonnés ; on appela des troupes, on réunit des approvisionnemens, des munitions, moins pour défendre la ville que pour fournir aux besoins du duc auquel des renforts furent effectivement envoyés. La duchesse ne redoutait rien pour Bordeaux. La garde nationale n'était-elle pas dévouée ? Un des deux régimens d'infanterie composant la garnison, ne portait-il pas le nom de *régiment d'Angoulême* ? et le colonel ne s'était-il pas écrié en apprenant le retour de l'empereur : « Ah ! tant mieux, nous allons être enfin débarrassés de cet homme ! » Durant plusieurs jours les visites de la princesse dans les casernes, les revues, les banquets donnés par la garde nationale à la troupe de ligne, laissèrent encore place à l'illusion. L'enthousiasme était toujours aussi bruyant, les sermens de fidélité aussi fréquens et aussi nombreux. Vers le 20, l'attitude de la troupe et d'une partie de la garde nationale elle-même devint cependant plus réservée. On connaissait les progrès de l'empereur. Vers le 24, la tiédeur et l'hésitation augmentèrent. Le général Donnadieu, chassé de Tours par ses troupes, et M. de Vitrolles, parti de Paris avec le titre de commissaire extraordinaire du roi pour le midi, venaient d'arriver. On apprit par ce dernier le départ de Louis XVIII pour Lille. Le lendemain, MM. de Sèze et Lainé, fuyant de Paris, annoncèrent l'entrée de Napoléon dans cette capitale.

M. de Vitrolles arrivait avec la pensée de réaliser dans le Midi le plan de résistance qu'il avait vainement proposé pour l'Ouest (1). Il ne voulait rien moins que maintenir sous le drapeau blanc tous les départemens compris entre les Pyrénées, l'Océan et la Méditerranée, depuis l'embouchure de la Gironde jusqu'aux Alpes. Dans son projet, la duchesse d'Angoulême devait tenir, à l'aide de Bordeaux, les départemens voisins de l'Océan ; le duc, à l'aide de Marseille et des garnisons de Montpellier, de Nîmes, d'Avignon, de Toulon et d'Antibes, devait garantir la fidélité du littoral méditerranéen ; M. de Vitrolles se chargeait personnellement de contenir les départemens intermédiaires. Après avoir communiqué son plan à la duchesse, M. de Vitrolles partit pour Toulouse où il voulait établir le centre et le siége de son autorité. La duchesse resta, décidée à la plus énergique résistance.

Ses efforts prirent une activité nouvelle ; la nuit elle écrivait des dépêches et lisait des rapports ; le jour elle parcourait le port et la ville, pressant l'enrôlement des volontaires, excitant le zèle des autorités. Quelques symptômes de fâcheux augure ayant été signalés parmi la troupe, elle ordonna le 26 une revue de toute la garnison. Les soldats y paru-

---

(1) Voir le chapitre précédent, page 274.

rent, mais froids, silencieux, et l'on put remarquer que presque tous avaient enlevé la plaque à fleurs de lys placée au dessus de la visière de leurs shakos. Deux nouvelles, reçues ce jour-là même, vinrent ajouter aux embarras de la position : le commandant de Blaye, dont on se défiait déjà, avait refusé les portes de la forteresse à un détachement de la garde nationale bordelaise envoyé par la duchesse pour relever la garnison ; et le général Clausel, nommé par l'empereur commandant de la 11e division militaire, s'avançait sur Bordeaux. L'approche de ce dernier, il est vrai, ne devait pas sembler inquiétante ; non seulement Bordeaux était défendu par la double barrière de la Dordogne et de la Garonne, mais on savait que le général avait quitté Angoulême le 28 mars, avec deux aides-de-camp pour toute escorte. Ce qu'on ignorait, en revanche, c'est que, la veille, Clausel avait expédié au commandant militaire de Blaye un officier supérieur porteur d'ordres qui devaient lui donner les soldats dont il manquait.

Le général Clausel, arrivé à Montlieu, y avait rencontré trente gendarmes chargés précisément par la duchesse d'éclairer la route et d'arrêter tout ce qui viendrait de Paris. Ces gendarmes, au lieu de s'opposer à la marche du lieutenant de Napoléon, se mirent sous ses ordres, et ce fut avec cette escorte qu'il entra le 31 à Saint-André de Cubzac, sur la rive droite de la Dordogne où l'avaient précédé de quelques heures, ainsi qu'il s'y attendait, cent cinquante fantassins du 62e de ligne, envoyés par le commandant de Blaye, pour s'emparer de la ville et de son pont. Trois cents volontaires bordelais ayant deux pièces d'artillerie, défendaient Saint-André. Ils n'avaient point tenu et s'étaient enfuis laissant au pouvoir du détachement de Blaye bon nombre de prisonniers et leurs deux pièces de canon. Mais le pont volant, établi en face de la ville, se trouvait coupé, et sur l'autre rive étaient postés cinq cents hommes de la garde nationale de Bordeaux avec trois pièces de campagne.

Le général Clausel n'avait obtenu qu'un demi-succès. Il ne fit pas moins mettre en liberté tous les volontaires prisonniers, leur imposant pour seule condition la promesse de se présenter devant la duchesse et de lui demander, en son nom, l'envoi d'un parlementaire chargé de discuter les moyens d'empêcher une inutile effusion de sang : « Bordeaux est à moi, disait le général ; je peux y entrer dès demain. » Ces paroles, rapportées à la duchesse, lui semblèrent une forfanterie indigne d'une réponse. Ses conseillers furent d'un avis opposé. L'envoi d'un parlementaire n'engageait à rien, disaient-ils ; on pourrait, du moins, sonder le général Clausel et se mettre sur la voie des intelligences qu'il paraissait entretenir avec la ville. La mission fut confiée à M. de Martignac, jeune avocat, ardent royaliste, que la seconde restauration réservait à un rôle politique influent. Arrivé à Saint-André, et admis devant le lieutenant de Napoléon, M. de Martignac trouva chez ce dernier une confiance dans le succès et une sécurité qui formaient le contraste le plus étrange avec sa position au delà de deux fleuves qu'il lui fallait d'abord franchir et le petit nombre de soldats dont il pouvait disposer. « Mes mesures sont prises pour occuper Bordeaux sans tirer un coup de fusil, lui dit le général, et j'y serais déjà entré si je ne désirais faciliter à la nièce du roi une retraite qui ne sera peut-être pas sans embarras et sans danger lorsque le drapeau tricolore flottera sur la ville. » Il parla ensuite en termes reconnaissans du duc d'Angoulême qu'il avait reçu l'un des premiers à Toulouse, l'année précédente (1), et après avoir ajouté que les habitans de

---

(1) Le général Clausel avait successivement obtenu des Bour-

Bordeaux n'avaient rien à craindre, que Napoléon avait tout oublié, et qu'il avait reçu l'ordre de ne rien savoir, il termina en remettant à M. de Martignac, pour les autorités civiles et militaires de la ville, une dépêche dans laquelle il sommait celles-ci de reconnaître le lendemain l'autorité du gouvernement impérial. Ses sommations restèrent sans réponse. Le lendemain matin 1er avril, vers dix heures, la duchesse, impatiente de son attitude défensive, discutait avec quelques personnes de son intimité un plan d'attaque contre les 30 gendarmes et les 150 fantassins du lieutenant de l'empereur, quand plusieurs des gardes nationaux chargés de défendre le passage de Cubzac se présentent devant elle, en désordre, et lui annoncent que, surpris à la pointe du jour, par un détachement de troupes impériales qui avait passé la Dordogne à Saint-Vincent, ils n'ont eu que le temps de fuir, laissant aux mains de l'*ennemi* leurs canons et bon nombre de prisonniers ; le général Clausel, ajoutaient-ils, arrivait derrière eux. A midi, une partie de la population de Bordeaux, groupée sur les quais, put effectivement voir le drapeau tricolore se déployer sur la rive droite de la Garonne. Quelques soldats parurent en même temps au bord du fleuve. « Il faut aller à eux ! s'écria la duchesse, quand on lui annonça cette nouvelle. — C'est impossible, Madame, lui répondit le général Decaen,

---

bons, la croix de Saint-Louis, le 1er juin 1814 ; la croix de grand officier de la Légion-d'Honneur, le 25 août suivant ; le grand-cordon du même ordre, le 14 février 1815 ; puis les fonctions d'inspecteur-général d'infanterie. Nous donnons ce détail, non comme un reproche au général Clausel, dont la conduite fut parfaitement honorable en 1814 et en 1815 ; mais comme une preuve des faveurs accordées sous la première restauration aux hommes de l'Empire, et pour aider à comprendre ce que nous avons dit plus haut sur l'attitude de la plupart des généraux lors du retour de l'île d'Elbe.

auquel elle s'adressait. — Et pourquoi? — Parce que nous laisserions derrière nous la garnison, et que nous serions alors entre les coups de fusil du général Clausel et ceux des troupes de ligne qui gardent la ville. »

La duchesse releva vivement la tête : « Je ne voudrais pas exposer Bordeaux, dit-elle ; mais cette garnison dont les dispositions, selon vous, sont si menaçantes, me jurait fidélité il y a quelques jours. Est-il donc impossible de la maintenir dans le devoir? — Je le crois impossible, répondit le général Decaen. — Sur une question aussi importante, permettez que je ne croie que moi... Donnez aux troupes l'ordre de se rassembler dans leurs casernes. — Je demanderai à V. A. R. la permission de ne pas lui obéir ; les conséquences d'une pareille démarche peuvent être funestes. — Je les prends toutes sur moi. — Mais Madame connaît-elle les bruits qui courent ce matin sur une distribution de cartouches? ajouta un des généraux présents. — Pas un mot de plus, répliqua la duchesse ; je ne force personne à me suivre.... Qu'on exécute mes ordres. »

A deux heures la princesse partit pour cette inspection ; elle était en calèche découverte ; le général Decaen se tenait à cheval à la portière. Arrivée à la caserne Saint-Raphaël, elle mit pied à terre et passa deux fois dans les rangs sans qu'un mot, un seul cri vinssent rompre le profond silence que gardait cette masse d'hommes armés. Se plaçant alors sur le front de bataille, elle annonça l'intention de parler aux officiers ; tous s'avancèrent et formèrent le cercle autour d'elle : « Bordeaux est menacé, leur dit la duchesse ; la garde nationale est déterminée à défendre la ville : êtes-vous décidés à la seconder? » Aucune voix ne répondit. « Je vous demande, reprit la duchesse en élevant la voix et avec un accent impérieux, si l'on peut compter sur vous ? —

V. A. R., dit alors un chef de bataillon, peut compter sur nous pour veiller à sa sûreté et à la défense de sa personne. — Il ne s'agit pas de moi, mais du service du roi, répliqua la princesse avec véhémence; voulez-vous, ou non, le servir? — Nous obéirons à nos chefs dans tout ce qu'ils nous commanderont pour la patrie; mais nous ne voulons pas de guerre civile; jamais nous ne nous battrons contre nos frères, dirent quelques officiers. — Vos frères, des révoltés!...... » s'écria la duchesse emportée par ces tristes préjugés qui font que les personnes de race royale voient dans la guerre civile, une lutte louable et sainte quand il s'agit de défendre leur prérogative. « Vous avez bien vite oublié vos sermens, ajouta-t-elle avec quelque hauteur. S'il existe encore parmi vous des hommes qui s'en souviennent, qu'ils sortent des rangs, qu'ils se montrent! »

Quelques épées furent levées. « Vous êtes en bien petit nombre, dit la duchesse; n'importe, on sait du moins sur qui compter. »

Sa visite à la seconde caserne fut encore plus pénible. Là, le silence fit place au tumulte; les officiers furent impuissans pour retenir leurs soldats. Aux premiers mots prononcés par la duchesse, des cris frénétiques de *vive l'empereur!* éclatèrent dans tous les rangs; elle fut obligée de se retirer. Le Château-Trompette, forteresse de la ville, restait encore à visiter; la duchesse ordonna de l'y conduire. Vainement les généraux qui l'entouraient essayèrent de la détourner de ce projet; elle ne voulut rien entendre. Arrivée à la première porte, les sentinelles arrêtèrent sa voiture. Le commandant, averti, fit dire à la duchesse qu'elle pourrait entrer, mais sans escorte et accompagnée seulement de son premier écuyer, M. de Lur-Saluces et de deux officiers-généraux. Elle dut se soumettre, et laisser sur le glacis extérieur le détachement assez nombreux de volontaires et de gardes nationaux à cheval qui l'accompagnait. Le commandant l'attendait aux dernières voûtes; son attitude était respectueuse, mais ferme. « Pour quel motif avez-vous refusé de laisser entrer dans cette forteresse les personnes qui me conviennent et mon escorte? lui dit la duchesse d'une voix sévère. — Je tiens mon commandement du roi, lui répondit cet officier, et je ne dois prendre d'ordres, pour ce qui y est relatif, que du roi. — Vous êtes un insolent.... je vous ferai casser ! »

Il y avait du courage dans cette parole. Les humides et sombres voûtes que venait de traverser la duchesse l'isolaient au milieu d'une garnison alors rangée sous les armes et dont l'attitude était inquiétante. Les soldats se tenaient silencieux ; leurs visages étaient presque menaçans : tous appartenaient au *régiment d'Angoulême*. Cette circonstance inspira à la duchesse quelques mots pleins de chaleur. Pas une voix ne lui répondit. Durant quelques instants elle se tut; ses regards parcouraient les rangs. « Eh quoi ! s'écriat-elle, ne me reconnaissez-vous pas? Est-ce au régiment d'Angoulême que je parle? Avez-vous oublié celui que vous nommiez votre *prince*?... Et moi, ne m'appeliez-vous pas votre princesse ? » Elle attendit vainement une réponse. Des larmes coulèrent alors de ses yeux. Quelques officiers parurent émus ; elle se tourna vers eux : « Eh bien! leur dit-elle, ne me reconnaissez-vous pas ? » La même immobilité et le même silence continuèrent à régner dans les rangs. Elle ne put retenir ses sanglots. « Oh ! Dieu ! s'écriat-elle, il est bien cruel, après vingt ans d'exil et de malheurs, de s'expatrier encore. Je n'ai pourtant jamais cessé de faire des vœux pour la France ; car je suis Française, moi ! et vous, vous n'êtes plus Français. Allez, retirez-vous ! »

Etrange puissance de l'éducation des cours! La duchesse, au milieu des murs du Château-Trompette, parlait comme elle aurait pu le faire dans les salons de Versailles ou des Tuileries, en s'adressant aux membres de quelque députation mal apprise ; elle ordonnait de *se retirer* à tout un bataillon enfermé avec elle dans la cour intérieure d'une infranchissable forteresse. Les soldats et les officiers respectèrent sa douleur; on entendit à peine un murmure. Enfin, elle donna le signal du départ. Quand elle sortit, les tambours firent un long roulement qui durait encore lorsqu'elle passa sous les canons du château. Sa conviction était formée ; elle devait quitter Bordeaux.

La garde nationale avait reçu, en même temps que la troupe de ligne, l'ordre de se rassembler. La duchesse trouva cette milice rangée le long des quais qui bordent la Garonne. Sa présence fit éclater les transports accoutumés; ils redoublèrent à la vue de l'émotion dont ses traits portaient l'empreinte, et des larmes dont on voyait encore la trace dans ses yeux. Vainement faisait-elle signe qu'elle voulait parler; les cris ne discontinuaient pas; elle prit le parti de monter sur les coussins de sa calèche. En l'apercevant ainsi debout et dominant tous les rangs, les plus animés firent silence ; la duchesse put se faire entendre.

« Je viens, s'écria-t-elle d'une voix forte, vous demander un nouveau sacrifice, un nouveau serment! Jurez-vous de m'obéir dans tout ce que je vous commanderai? — Nous le jurons!! — Eh bien! je vous commande de ne plus songer à combattre. D'après ce que je viens de voir, toute résistance est inutile... Conservez au roi des sujets fidèles pour des temps plus heureux... »

Des cris de *non! non!* partirent alors de tous les rangs.

La calèche fut entourée; on conjura la duchesse de laisser la garde nationale combattre; et, comme il arrive toujours quand il y a certitude que pas une arme ne sortira du fourreau, les plus pacifiques étaient les plus bruyans; les plus timides se montraient inflexibles. Cette exaltation, factice chez le plus grand nombre, était sérieuse toutefois chez les volontaires de quelques compagnies *soldées* qui, accusant de trahison le général Decaen et ses collègues, demandaient qu'ils leur fussent livrés pour en faire justice. On essaya de les calmer; leur exaspération s'accrut; un conflit s'engagea entre eux et les compagnies sédentaires les plus voisines; des coups de fusil partirent au milieu du tumulte; plusieurs gardes nationaux furent blessés; le capitaine d'une compagnie, qui passait pour *tiède*, fut tué.

Rentrée au palais, la duchesse chargea M. Lainé de faire annoncer au général Clausel qu'elle était décidée à quitter Bordeaux. Ce fut encore à M. de Martignac que l'on confia cette mission. Au moment où il quitta la salle, la duchesse, se tournant vers les généraux qui l'avaient suivie depuis le matin, leur dit qu'elle comptait sur eux pour garantir les habitans contre toute réaction. « Nous le jurons! s'écrièrent les généraux en levant la main. — Je ne vous demande pas de sermens, répliqua-t-elle avec un geste de pitié dédaigneuse; on m'en a fait assez, *je n'en veux plus*. C'est un ordre que vous donne la nièce de votre roi: obéissez! » Les généraux s'inclinèrent.

Pendant ce temps, M. de Martignac traversait la Garonne et arrivait chez le lieutenant de l'empereur. Du haut de la terrasse de la maison qu'il occupait sur la rive droite du fleuve, le général Clausel n'avait perdu aucun détail des scènes qui venait de se passer sur les quais opposés. Il répondit à l'envoyé bordelais que, non seulement il consentait à remettre l'occupation de la ville au lendemain, mais que, dans le cas où la duchesse craindrait pour sa sûreté, il offrait d'entrer le jour même dans Bordeaux avec un seul aide-de-camp, et d'accompagner la nièce du roi jusqu'au bâtiment dont elle ferait choix pour s'embarquer. « Je comprendrais cette proposition si vous étiez maître de Bordeaux, répliqua en souriant M. de Martignac, qui n'avait aperçu autour de la demeure du général que vingt-cinq ou trente soldats se promenant sans armes. — Je le suis depuis deux jours, lui dit le général en souriant à son tour; en voulez-vous la preuve? » Tous deux montèrent sur la terrasse de la maison. Le général fit couper, par un sapeur, une longue branche de saule à laquelle on attacha un foulard à vives couleurs. La branche, ainsi armée, fut agitée à deux ou trois reprises : au même instant un drapeau tricolore se déploya sur la pointe la plus élevée du Château-Trompette.

M. de Martignac ignorait qu'un officier d'ordonnance de l'empereur, arrivé depuis deux jours à Bordeaux, chargé des ordres de Napoléon et du ministre de la guerre pour les principaux chefs de la place et de la garnison, s'était mis en rapport avec ces derniers, et qu'il se trouvait dans l'enceinte du Château-Trompette, lorsque, plusieurs heures auparavant, la duchesse d'Angoulême était entrée dans la forteresse.

Le soir même du 1ᵉʳ avril, la duchesse quitta Bordeaux. Le lendemain 2, à huit heures du matin, au même moment où le général Clausel prenait possession de son gouvernement, à la tête de ses trente gendarmes et de ses cent cinquante fantassins, la nièce de Louis XVIII arriva à Pouillac, où elle s'embarqua à bord du sloop anglais le *Wanderer*, qui la transporta d'abord au port espagnol du Passage, puis à Plymouth.

La lutte que le duc d'Angoulême était allé soutenir dans la vallée du Rhône dura quelques jours de plus; son issue fut encore moins heureuse : le prince devait sortir du territoire, non par une retraite volontaire, mais par capitulation.

Parti de Bordeaux, dans la nuit du 9 au 10 mars, le duc d'Angoulême avait pris la route de Nîmes, où commandait le général Gilly. Ce général était suspect aux royalistes de la localité ; le duc lui ôta son commandement, et, après une assez courte halte, il continua son voyage. Ce fut le 15 qu'il fit son entrée dans Marseille aux acclamations d'une foule exaltée, furieuse, qui lui dénonçait, dans les termes les plus violens, la *trahison* du maréchal Masséna, gouverneur de la division (1). Le vainqueur de Zurich gênait le prince ; les généraux de cour composant l'entourage de ce dernier supportaient surtout impatiemment la présence d'un homme dont le renom ne laissait place, dans l'esprit des soldats, à aucune autre influence. Les services, la gloire de Masséna, d'ailleurs, n'étaient pas des titres à la confiance. Le maréchal dut partir pour Toulon. Cette circonstance sauva cette place maritime. Si Masséna ne s'y fût pas retiré, Toulon, ses vaisseaux, ses arsenaux, ses magasins eus-

---

(1) Le maréchal Masséna commandait la 8ᵉ division militaire (Marseille), qui comprend les deux premiers départemens que Napoléon traversa. Masséna fut accusé de trahison comme tous les autres généraux. Voici ce que l'empereur, à Sainte-Hélène, racontait à cette occasion : « J'étais si loin de compter en aucune manière sur Masséna, que je me crus obligé de le sauter à pieds joints; et le questionnant plus tard, à Paris, sur ce qu'il aurait fait si je ne me fusse éloigné si rapidement de la Provence, il eut la franchise de répondre qu'il serait bien embarrassé de me le dire, mais que le plus sûr, dans tous les cas, avait été d'agir ainsi que je l'avais fait; que de la sorte le tout avait été pour le mieux. »

(*Mémorial de Sainte-Hélène.*)

sent probablement été livrés une seconde fois à l'Angleterre. Le neveu de Louis XVIII, fidèle aux déplorables traditions de sa famille, ne se bornait pas à prier son cousin le roi d'Espagne de *faire entrer ses troupes dans le royaume* comme auxiliaires du roi de France, et à donner des ordres pour qu'elles fussent reçues comme alliées à Bayonne, à Perpignan et dans les autres places fortes du Midi (1), il voulait encore faire de Toulon et de ses richesses le gage de secours pécuniaires qu'aurait fournis au roi son oncle le cabinet britannique (2).

Avant de raconter la courte campagne de ce prince dans la vallée du Rhône, nous dirons le résultat des efforts du baron de Vitrolles pour l'installation, dans le midi, d'un gouvernement royal destiné à soutenir la double résistance du duc et de la duchesse d'Angoulême à Marseille et à Bordeaux.

M. de Vitrolles, arrivé à Toulouse le 28 mars, s'était immédiatement emparé de tous les pouvoirs. Seuls, les généraux commandant la division et les troupes, s'ils ne contestaient ni ses pouvoirs, ni son titre, osaient discuter ses ordres. Informé que le maréchal Pérignon, un de ces digni-

---

(1) Lettre du duc d'Angoulême au roi d'Espagne. (*Moniteur* du 8 avril 1815.)

(2) « Le duc d'Angoulême, qui déjà m'avait enlevé trois régimens, voulait encore prendre ceux qui étaient à Toulon, et il m'a fait dire par M. de Rivierre, que son intention était de donner ce port en dépôt aux Anglais, qui fourniraient, en retour, de l'argent au roi de France. Dans une situation aussi difficile, je me déterminai, après avoir mis Antibes en état de siége, afin de la soustraire à l'autorité du préfet du Var, à me rendre à Toulon, afin de conserver à Votre Majesté cette place et sa marine. »

(*Rapport* du maréchal Masséna à l'empereur. — *Moniteur* du 19 avril.)

taires de l'armée dont le caractère et la capacité expliquent difficilement l'élévation, résidait à quelques lieues de Toulouse, il le fit venir et l'investit, au nom du roi, de la plénitude de l'autorité militaire. Toute opposition, dès lors, disparut. Une fois maître de la force armée et de l'administration, M. de Vitrolles se mit en correspondance avec les préfets de vingt-sept départemens, créa un *Moniteur* (1), éloigna de sa capitale improvisée les officiers et les détachemens dont il suspectait la fidélité, et organisa à l'aide de nombreux volontaires une sorte d'armée royale qu'il dirigea sur Alby. Le préfet de cette ville venait d'y faire arborer le drapeau tricolore; le receveur général refusait de solder des dépenses ordonnancées par le représentant du roi. Les volontaires, au nombre de près de 4,000, avaient l'ordre de rétablir le drapeau blanc et de s'emparer du receveur général et du préfet, sur lesquels M. de Vitrolles entendait faire un exemple.

Ces soins, œuvre de quelques jours, conduisirent le représentant de Louis XVIII jusqu'au 3 avril. La veille, un ancien émigré, M. de Damas-Crux, que le duc d'Angoulême venait de lui donner pour collègue, lui apprit qu'un bataillon d'artillerie, renvoyé de Montpellier à cause de son *mauvais esprit*, allait arriver à Toulouse. M. de Vitrolles, confinant M. de Damas-Crux dans quelques détails secondaires d'administration, ordonna à son généralissime de faire rebrousser chemin au bataillon d'artillerie. Le maréchal Pérignon, toujours docile, transmit cet ordre, pour l'exécution, au commandant de la division, le général Laborde.

Ce dernier était en communication, depuis vingt-quatre heures, avec le général Chartran, arrivé de Paris, porteur

---

(1) Il en parut quatre numéros.

d'ordres de l'empereur et du ministre de la guerre pour les autorités militaires de la division. Au lieu d'obéir, le général Laborde dépêcha au devant du bataillon quelques officiers chargés de hâter sa venue; le bataillon entra dans la nuit. Le lendemain 4, au matin, MM. de Vitrolles et de Damas étaient arrêtés, et le maréchal Pérignon, n'osant encore se prononcer pour l'empereur, retournait à sa terre. Il n'y eut de résistance chez personne et nulle part; le drapeau tricolore fut arboré sur tous les édifices de la ville aux acclamations de la population. Le général Laborde fit une part différente à ses deux prisonniers: M. de Damas-Crux, dont la *capacité* lui paraissait *peu dangereuse* (1), fut libre de se retirer en Espagne; M. de Vitrolles, *en raison du caractère qu'il avait déployé* (2), fut gardé et dirigé ensuite sur Paris.

Suivant le plan que M. de Vitrolles avait conçu pour conserver aux Bourbons le midi de la France et qu'il avait communiqué à la duchesse d'Angoulême, le mari de cette princesse, abandonnant l'offensive pour l'attaque, devait s'efforcer d'enlever Lyon et Grenoble à la cause impériale.

La réussite avait semblé au duc d'Angoulême ne pas devoir offrir des difficultés sérieuses. Lyon, Grenoble et toutes les places voisines, dépourvues de leurs garnisons que l'empereur avait entraînées dans sa marche sur Paris, n'avaient pas un soldat, tandis que le duc pouvait emmener, non seulement tous les régimens chargés de garder les ports ainsi que les places du littoral méditerranéen et restés intacts, mais pouvait encore disposer de nombreux volontaires royalistes fournis par toutes les villes de cette zone. Marseille, à elle seule, en donna cinq mille. Ces forces s'élevaient en-

---

(1) Expressions du rapport du général Laborde à l'empereur.
(2) *Idem.*

semble à douze ou treize mille hommes; elles furent divisées en deux corps ayant leur point de réunion, à Sisteron pour les troupes destinées à opérer sur Grenoble, au Pont-Saint-Esprit pour celles destinées à agir contre Lyon. Le premier corps fut placé sous le commandement du général Ernouf, ayant sous lui les généraux Gardanne et Loverdo; le duc d'Angoulême, qui avait pour chef d'état-major le général de division d'Aultanne, se réserva la direction du second.

Les troupes réunies à Sisteron purent se mettre en mouvement dès le 27 mars; elles se composaient des 58e et 83e de ligne, formant une brigade commandée par le général Gardanne, et de trois mille volontaires marseillais conduits par le général Loverdo. L'artillerie comptait six bouches à feu. La marche de ce corps, durant les deux premiers jours, ne fut pas inquiétée; mais une fois qu'il eut dépassé Gap, des détachemens de gardes nationaux formant l'avant-garde de forces assez nombreuses, l'arrêtèrent. Aux premières nouvelles de la présence des troupes royales à Sisteron, les habitans de Grenoble, de Vizille, de La Mure, de Corps, s'étaient levés comme un seul homme; le reste du Dauphiné n'avait pas tardé à suivre leur exemple; les gardes nationaux, pourvus de fusils, se dirigeaient tous sur Gap; ceux qui manquaient d'armes, postés sur les hauteurs à l'entrée de chaque défilé, s'apprêtaient à faire rouler des pierres et des quartiers de roche sur les troupes royales. Cette levée en masse arrêta court les opérations du général Ernouf. Le 58e et le 83e, ainsi que le général Gardanne, se joignirent aux gardes nationaux dès qu'ils purent parlementer avec ceux-ci, et, traversant Corps et La Mure qui leur firent don de deux drapeaux tricolores, ils se retirèrent sur Grenoble. Quant aux volontaires marseillais, arrêtés au défilé de La Saulce, à trois lieues en avant de Gap, et attaqués à la baïonnette par trois ou quatre cents gardes nationaux qu'appuyait une compagnie d'artillerie, ils furent obligés de se disperser dans toutes les directions après avoir perdu cent cinquante hommes, tués ou jetés dans la Durance, et laissé aux mains des montagnards dauphinois leurs canons ainsi qu'un magnifique drapeau blanc, sur lequel était brodée cette devise : *les Bourbons ou la mort.* Les généraux Ernouf et Loverdo se retirèrent vers Marseille.

Le duc d'Angoulême, pendant ce temps, avait remonté la vallée du Rhône jusqu'au Pont-Saint-Esprit sans rencontrer la moindre résistance. Le 29, son avant-garde, commandée par le vicomte d'Escars, entra dans Montélimart que pas un soldat ne défendait. Le lendemain 30, elle y fut attaquée par le général Debelle, ayant avec lui quatre ou cinq cents gardes nationaux réunis au son du tocsin. Le vicomte se maintint dans sa position ; mais le soir même, plusieurs pelotons d'infanterie et cinquante chasseurs à cheval du 14e régiment passèrent au général Debelle. La crainte d'une défection plus considérable retint M. d'Escars dans cette ville durant la journée du 31. Le 1er avril, le duc d'Angoulême y fit son entrée à la tête du gros de ses forces.

L'insuccès de l'attaque du général Debelle contre Montélimart avait enflé, outre mesure, les espérances des royalistes; leurs illusions devinrent sans bornes ; ils se voyaient déjà maîtres de Lyon (1). La petite armée royale poursuivit im-

---

(1) « Le général Debelle n'avait pas de troupes de ligne, écrivait le lendemain le duc d'Angoulême à la duchesse sa femme; mais il avait rassemblé tous les *mauvais sujets* du pays. Je suis persuadé que nous n'en entendrons plus parler. Je vais travailler à *désorganiser* tous les régimens... Fais faire un petit bulletin exagéré de l'affaire (attaque du 30) et répands-le, je te prie, le plus que tu pourras. » — « Bonaparte n'a laissé de troupes nulle

médiatement sa marche et arriva dans la soirée sur la Drôme dont le pont se trouvait défendu par sept à huit compagnies de garde nationale, plusieurs pelotons du 39e de ligne, quelques artilleurs du 8e, un petit nombre de cavaliers du dépôt du 4e de hussards et par quelques jeunes gens de Valence qui, formés en volontaires quelque temps auparavant, à l'occasion du passage du comte d'Artois, venaient combattre son fils, tant sont sérieuses ces démonstrations de zèle officiel qui entraînent cependant à tant de fautes les princes et les gouvernans. Attaqués le soir même du 1er avril par des forces décuples, les détachemens impériaux durent se retirer après un combat de quelques instans. C'est à cet engagement du pont de la Drôme que se rapporte un bruit qui souleva à cette époque l'indignation de l'armée. On racontait qu'au début de l'attaque, les soldats du 10e de ligne, l'un des régimens qui marchaient avec le duc, s'étaient présentés à l'entrée du pont en arborant le drapeau tricolore; qu'après avoir franchi le passage sans obstacle à l'aide de ce signe d'alliance, ils avaient traîtreusement tiré sur les soldats du 39e, qui s'approchaient croyant embrasser des frères

---

part, écrivait, de son côté, le comte de Guiche à sa mère; les maréchaux sont fidèles, à l'exception d'un seul que nous pendrons incessamment (Ney). Nous *entrerons sans coup-férir à Lyon où l'on nous appelle.....* Très bonne mère, je me sens inspiré; voici mon pressentiment: dans un mois le roi de France sera dans sa capitale. Je crois qu'il nous en faudra pendre et fusiller plusieurs. Dans ce moment tous les Français sont passés au creuset, et la main de Dieu a désigné la séparation à faire entre le bon grain et l'ivraie; c'est au feu que l'ivraie doit être jetée: alors nous serons tous purs et dignes du gouvernement paternel de notre roi..... Je ne pense pas que nous restions long-temps ici. Lyon est dans l'attente de notre vengeance et n'a pas un soldat. »

(*Moniteur* du 8 avril 1815.)

d'armes. Ce bruit n'avait rien de fondé. Le 10ᵉ de ligne, à quelques jours de là, rentra dans les rangs de l'armée impériale : une enquête sévère, confiée au maréchal Suchet, établit d'une manière irrécusable que si, dans cette triste rencontre, le sang français avait coulé, répandu par des mains françaises, l'honneur militaire, du moins, était resté sauf et qu'il n'y avait eu trahison d'aucun côté (1).

Le 3 avril, le duc d'Angoulême entra dans Valence, que le général Debelle avait évacuée dès la veille pour se replier au delà de l'Isère. Les forces du duc s'élevaient à ce moment à 5 ou 6,000 hommes, composés du 10ᵉ de ligne commandé par le comte d'Ambrugeac, du 1ᵉʳ régiment étranger, de volontaires appartenant aux trois départemens de l'Hérault, du Gard et de Vaucluse, et de huit pièces d'artillerie. Le 4, le prince, après avoir destitué les principales autorités et nommé de nouveaux fontionnaires, se porta sur Romans et s'empara du pont de l'Isère. Ce fut son dernier succès. Il dut s'arrêter devant les forces qui, de Lyon, accouraient à sa rencontre.

Ces forces se composaient exclusivement de gardes nationaux. Lyon, où les royalistes croyaient entrer sans coup férir et qui n'attendait, disaient-ils, que le moment de leur ouvrir ses portes, fournit à lui seul 9,000 volontaires. Les adolescens de son lycée et les élèves de son école vétérinaire étaient partis les premiers. La Bourgogne, de son côté, s'était mise en mouvement; ses gardes nationaux arrivèrent bientôt en nombre si considérable, que le général Grouchy, nommé au commandement de toutes les troupes opposées au duc d'Angoulême, fut obligé d'envoyer des courriers pour ar-

---

(1) Les résultats de cette enquête furent publiés dans le *Moniteur* du 25 avril.

rêter le départ et la marche de ces bataillons. En même temps que ces volontaires s'apprêtaient à attaquer de front les troupes royales, le 58ᵉ et le 83ᵉ de ligne, partis de Grenoble, descendaient l'Isère et menaçaient de prendre en flanc la colonne du duc d'Angoulême. Ce prince, pour ne pas se trouver entre deux feux, dut rétrograder ; le 5, son avant-garde quitta Romans après avoir mis le feu au pont ; et le duc lui-même, dans la nuit du 6 au 7, évacua Valence, laissant encore affichée sur les murs de cette ville une espèce de dépêche du comte d'Osmont, ambassadeur de Louis XVIII à la cour de Turin, et dans laquelle ce diplomate annonçait, d'après une lettre de Vienne, que trois armées étaient en marche pour rétablir les Bourbons ; la première par les Pays-Bas, sous les ordres du duc de Wellington ; la seconde, par le grand-duché de Luxembourg, sous les ordres du feld-maréchal prussien Blücher, et la troisième par la Suisse, sous les ordres du prince autrichien Schwartzenberg. Le 7, dans la journée, le duc d'Angoulême repassa la Drôme et traversa Montélimart ; et, le 8, il continua sa retraite sur Pont-Saint-Esprit où il avait laissé six pièces de canon, un bataillon du régiment Royal-Étranger, et huit cents Marseillais qui venaient de rendre les armes lorsque l'avant-garde du duc se présenta pour entrer dans la ville ; accueillie par une vive fusillade, cette avant-garde se replia sur le corps principal. Le duc aussitôt s'arrêta et prit position à deux lieues en arrière de Pont-Saint-Esprit, au bourg de La Palud.

Le neveu de Louis XVIII, on l'a vu, avait destitué, lors de son passage à Nîmes, le général Gilly. Ce général connut, le 2 avril, le mouvement du duc sur Lyon ; le 3, il fit soulever le 10ᵉ régiment de chasseurs à cheval, le 63ᵉ de ligne, ainsi que la gendarmerie, et formant une partie de ces troupes en colonne mobile, il se porta sur les derrières de l'armée royale.

Le 8, à six heures du matin, cette colonne arriva devant Pont-Saint-Esprit par la rive droite du Rhône au même moment où l'avant-garde du duc d'Angoulême, rétrogradant depuis Romans, s'en approchait par la rive gauche. Une charge vigoureuse du 10ᵉ chasseurs rendit le général Gilly maître de la ville et de son pont ; son infanterie prit position sur la route de Montélimart ; nous venons de dire l'accueil qu'elle fit aux troupes royales. Cette manœuvre coupait la route de Valence à Marseille et enfermait le duc d'Angoulême entre les généraux Gilly et Grouchy, le Rhône et la levée en masse du Dauphiné. Chaque heure devait augmenter le nombre des adversaires de ce prince et rétrécir le cercle qu'ils formaient autour de lui ; durant toute sa retraite, le tocsin n'avait cessé d'appeler aux armes la population des deux rives du fleuve, et il avait pu voir descendre des montagnes ou prendre position au débouché de toutes les routes, de nombreux détachemens de gardes nationaux conduits par les officiers à demi-solde de la contrée. Toute résistance devait donc cesser. Le soir même du 8, M. de Damas se rendit auprès du général Gilly et conclut, au nom du duc, une capitulation qui obligeait ce dernier à poser sur-le-champ les armes, à licencier ses volontaires et à s'embarquer au port de Cette. Le lendemain 9, le prince se mit en route ; mais arrivé à Pont-Saint-Esprit, il y fut arrêté par le général Grouchy qui, embarqué durant la nuit sur le Rhône, l'avait devancé de quelques heures dans cette ville. Ce général avait le commandement en chef de toutes les troupes opérant dans cette partie du midi ; soit qu'il enviât au général Gilly l'honneur de terminer cette échauffourée, soit excès de zèle, il refusait de ratifier la capitulation. On retint le duc prisonnier ; un courrier fut expédié à l'empereur ; Napoléon transmit, le 11, à son lieutenant, la réponse suivante :

« Monsieur le comte Grouchy, l'ordonnance du roi en date du 6 mars (1) et la convention signée le 13, à Vienne, par ses ministres (2), pouvaient m'autoriser à traiter le duc d'Angoulême comme cette ordonnance et cette déclaration voulaient qu'on me traitât moi et ma famille. Mais, constant dans les dispositions qui m'avaient porté à ordonner que les membres de la famille des Bourbons pussent sortir librement de France, mon intention est que vous donniez des ordres pour que le duc d'Angoulême soit conduit à Cette où il sera embarqué, et que vous veilliez à sa sûreté et à écarter de lui tout mauvais traitement. Vous aurez soin seulement de retirer les fonds qui ont été enlevés aux caisses publiques, et de demander au duc d'Angoulême qu'il s'oblige à la restitution des diamans de la Couronne qui sont une propriété de la nation.

» Vous remercierez en mon nom les gardes nationales, du patriotisme et du zèle qu'elles ont fait éclater, et de l'attachement qu'elles m'ont montré dans ces circonstances importantes.

» Au palais des Tuileries, le 11 avril 1815.

» NAPOLÉON. »

Les adversaires de Napoléon ont constamment accusé sa violence et sa cruauté. Cependant les exemples sont nombreux chez lui, d'une indulgence poussée jusqu'à la faiblesse. Cette disposition de caractère fut surtout remarquable aux derniers jours de son règne. Quelques faits pris au hasard donneront la mesure de la tolérance peu commune que devait montrer le gouvernement impérial des Cent-Jours.

Le général d'Aultanne, chef d'état-major du duc d'Angoulême, était aux côtés de ce prince lorsqu'il capitula ; ce général, vingt jours après l'entrée de l'empereur à Paris, dirigeait encore les corps des volontaires marseillais contre les troupes impériales. Rappelé à Paris, après la convention de

---

(1) V. cette ordonnance dans le chapitre précédent, page 195.
(2) Cette convention, que nous reproduisons plus loin, page 341, mettait Napoléon *hors la loi des nations* et le livrait à *la vindicte publique*.

La Palud, par le ministre de la guerre, quinze jours d'arrêts forcés dans son hôtel furent la seule punition qu'on lui infligea. Au moment où la duchesse d'Angoulême s'était éloignée de Bordeaux, M. Lainé avait publié, comme président de la Chambre des députés, une proclamation aux Français, où il leur défendait d'obéir à l'autorité nouvelle, et dans laquelle il poursuivait l'empereur des plus violentes invectives (1). M. Lainé ne quitta pas la France; il demeura, sans être inquiété, dans sa maison de campagne près de Bordeaux. M. Ferrand, l'instrument le plus compromis de la restauration, put rester fort paisible dans sa terre, près d'Orléans, jusqu'au moment où la marche de toutes les armées de l'Europe vers nos frontières, donnant quelque probabilité au retour de ses maîtres, il jugea utile à ses intérêts d'aller rejoindre Louis XVIII. M. Guizot, l'*alter ego* de M. de Montesquiou, le rédacteur du projet de loi sur la censure, ne devait être renvoyé du ministère de l'intérieur qu'au bout de deux mois, le 13 mai, peu de jours précisément après qu'il eut accepté et signé l'acte additionnel dont l'article final excluait à perpétuité les Bourbons du trône et du territoire (2). La plupart des

---

(1) « Au nom de la nation française et comme président de la Chambre des représentans, je déclare protester contre tous décrets par lesquels l'oppresseur de la France prétend prononcer la dissolution des Chambres. En conséquence, je déclare que tous les propriétaires sont dispensés de payer des contributions aux agens de Napoléon Bonaparte, et que toutes les familles doivent se garder de fournir, par voie de conscription ou de recrutement quelconque, des hommes pour sa force armée... La présente protestation sera déposée dans des archives à l'abri des atteintes du tyran, pour y avoir recours au besoin.

» Bordeaux, ce 28 mars 1815.

» Signé Lainé. »

(2) Note ministérielle. — *Moniteur* du 14 mai 1815.

hommes qui avaient le plus odieusement abandonné Napoléon, généraux ou fonctionnaires civils, devaient être pardonnés et employés par lui; ce fut même une de ses fautes (1). Enfin, il consentit même à recevoir les membres de l'ancien sénat; pas un reproche ne sortit de sa bouche; et on l'entendit, à l'occasion des actes de cette assemblée qui avaient décidé son exil, adresser ces seules paroles aux anciens sénateurs : « Je laisse ces faits à l'histoire; quant à moi, » j'oublie tout ce qui s'est passé. »

Lorsque le 11 avril, Napoléon ordonnait la mise en liberté du duc d'Angoulême, l'étendard royal avait complètement disparu de la surface de l'Empire, et le 16 le neveu de Louis XVIII s'embarquait à Cette. Il y avait alors vingt-cinq jours que le gouvernement impérial se trouvait constitué.

Napoléon avait composé son ministère le soir même du 20 mars. Le *Moniteur* du lendemain 21, annonça la nomination de Cambacérès au ministère de la *justice*; celles du duc de Gaëte (Gaudin) au ministère des *finances*, du comte Mollien au ministère du *trésor*, du prince d'Eckmühl à la *guerre*, du duc Decrès à la *marine*, et du duc d'Otrante à la *police*.

Tous ces noms, moins celui de Davoust, appartenaient à l'ancienne administration impériale : les quatre premiers furent accueillis sans défaveur; les hommes qui les portaient,

---

(1) L'empereur, dans son intimité, se plaignait surtout de Berthier. « Il me doit tout, disait-il; sans moi il tracerait encore des cartes et des plans dans quelque bureau; et je l'ai fait maréchal, prince souverain. Aussi, ajoutait-il en riant, s'il se présente, je ferai sur lui un exemple : je le ferai dîner un jour avec nous revêtu de son habit de garde-du-corps. » — Le maréchal était capitaine de l'une des six compagnies.

hommes spéciaux, étaient convenablement placés. Les deux dernières nominations, en revanche, soulevèrent un blâme universel. Le cynisme et les formes grossières du duc Decrès avaient attaché à son nom une impopularité que ne compensaient ni le talent ni les services rendus. L'immoralité du duc d'Otrante et son improbité étaient proverbiales; on ne comprenait pas comment l'empereur, après l'avoir déjà chassé de son conseil, consentait à le reprendre. Cette nomination tenait à deux causes : le nom de Fouché n'avait pas été mêlé aux trahisons qui suivirent la prise de Paris; l'ancien ministre de la police impériale, à cette époque, se trouvait en Italie; en second lieu, de tous les anciens dignitaires de l'Empire accourus aux Tuileries le soir du 20 mars, il était celui qui avait prodigué à Napoléon les plus vives protestations de dévoûment et de fidélité; Fouché semblait ivre de bonheur et d'espérance; et faisant allusion à une maladroite tentative d'arrestation opérée contre lui au milieu du désordre et du trouble des dernières heures du gouvernement royal, on l'entendait répéter à l'empereur que son retour lui rendait la liberté et peut-être la vie. Il alla plus loin : devançant les révélations qui pourraient venir à Napoléon sur les intrigues orléanistes auxquelles il venait de prendre une part si active, il eût l'art de se faire un mérite auprès de ce souverain du mouvement avorté des garnisons du nord; il lui dit : « Je craignais que Votre Majesté n'éprouvât des difficultés en chemin, et j'avais fait mettre quelques troupes en mouvement pour déterminer le roi à quitter Paris. Mon intention, si ce départ n'avait pas eu lieu, était d'aller à la rencontre de Votre Majesté. » L'empereur, déjà ébranlé par les flatteries et par les protestations du duc d'Otrante, ne sut pas résister à cette dernière preuve d'habileté et de dévoûment. Il devait apprendre, à moins de six semaines de là, que la moralité, même en politique, ne se supplée pas, et que les souverains, comme les autres hommes, n'acceptent jamais avec impunité les services des malhonnêtes gens.

Ces nominations laissaient sans titulaires les deux départemens des affaires étrangères et de l'intérieur. Ce dernier portefeuille, proposé d'abord à M. Molé, fut donné, sur les conseils du duc de Bassano, à un homme dont le nom se rattachait aux souvenirs de nos premières luttes contre l'Europe, à Carnot. Sa nomination, annoncée dans le *Moniteur* du 22, fut accueillie comme le symbole d'une sincère alliance entre le nouveau gouvernement et les hommes restés fidèles aux principes et aux intérêts de la révolution.

Ce fut seulement le 23 que la feuille officielle enregistra la nomination du duc de Vicence au ministère des relations extérieures. Caulincourt ne croyait pas au succès du nouvel effort que Napoléon était venu tenter : convaincu que décidés à maintenir l'arrêt de proscription prononcé par eux en 1814, les alliés repousseraient toute relation diplomatique avec le nouveau gouvernement, il avait opposé, durant deux jours, les refus les plus opiniâtres aux instances de Napoléon et des ministres déjà nommés. Il ne voulait, disait-il, qu'un emploi de son grade dans l'armée ; là, du moins, il pourrait trouver l'occasion de servir utilement la France et l'empereur. Sa résistance, à la fin, fut vaincue; il consentit à se dévouer.

Le duc de Bassano rentra à la secrétairie d'Etat; M. Molé sollicita et obtint la direction générale des ponts et chaussées qu'il occupait en 1813 avant d'être appelé au ministère de la justice; le comte Réal fut nommé à la Préfecture de police.

Une fois son conseil complété, Napoléon, le 26 mars

inaugura officiellement sa réintégration dans la puissance impériale par des réceptions où parurent à tour de rôle tous les grands pouvoirs de l'Etat. Les ministres se présentèrent les premiers. Le conseil d'Etat vint ensuite. M. Defermon, doyen des présidens de section, lut, au nom de ses collègues, un exposé de faits et de principes qui était une critique habile et vraie du gouvernement des Bourbons, ainsi que la justification du mouvement qui venait de replacer Napoléon sur le trône. Cet exposé, fort étendu, se terminait ainsi :

« L'empereur, en remontant sur le trône où le peuple l'avait élevé, rétablit donc le peuple dans ses droits les plus sacrés. Il ne fait que rappeler à leur exécution les décrets des assemblées représentatives, sanctionnés par la nation ; il revient régner par le seul principe de *légitimité* que la France ait reconnu et consacré depuis vingt-cinq ans, et auquel toutes les autorités s'étaient liées par des sermens dont la volonté du peuple aurait pu seule les dégager.

» L'empereur est appelé à garantir de nouveau par des institutions (et il en a pris l'engagement dans ses proclamations au peuple et à l'armée) tous les principes libéraux, la liberté individuelle et l'égalité des droits, la liberté de la presse et l'abolition de la censure, la liberté des cultes, le vote des contributions et des lois par les représentans de la nation légalement élus, les propriétés nationales de toute origine, l'indépendance et l'inamovibilité des tribunaux, la responsabilité des ministres et de tous les agens du pouvoir.

» Pour mieux consacrer les droits et les obligations du peuple et du monarque, les institutions nationales doivent être revues dans une grande assemblée des représentans, déjà annoncée par l'empereur.

» Jusqu'à la réunion de cette grande assemblée représentative, l'empereur doit exercer et faire exercer, conformément aux constitutions et aux lois existantes, le pouvoir qu'elles lui ont délégué, qui n'a pu lui être enlevé, qu'il n'a pu abdiquer sans l'assentiment de la nation, et que le vœu et l'intérêt général du peuple français lui font un devoir de reprendre. »

L'empereur répondit :

« Les princes sont les premiers citoyens de l'Etat; leur autorité est plus ou moins étendue selon l'intérêt des nations qu'ils gouvernent. La souveraineté elle-même n'est héréditaire que parce que l'intérêt des peuples l'exige. Hors de ces principes, je ne connais pas de légitimité.

» J'ai renoncé aux idées du grand empire dont, depuis quinze ans, je n'avais encore que posé les bases; désormais le bonheur et la consolidation de l'empire français seront l'objet de toutes mes pensées. »

L'adresse du conseil d'État, communiquée à l'avance à l'empereur, qui n'avait fait aucune observation, était signée par tous les conseillers, moins trois, MM. Molé, d'Hauterive et de Gérando. Ces trois fonctionnaires, plus susceptibles que Napoléon, et convaincus, sans doute, que, loin de lui déplaire, ils flattaient ses secrètes faiblesses, avaient refusé d'approuver cette déclaration comme entachée de républicanisme, et remplie de maximes destructives de tous les droits du trône (1).

Les conseillers d'État, comme les ministres, réclamaient l'établissement d'un gouvernement libre. Dès l'avant-veille,

---

(1) Benjamin-Constant, dans ses *Mémoires sur les Cent-Jours*, en parlant de ce refus de signature, ne mentionne qu'un seul conseiller d'Etat, mais sans le nommer. « Il écrivit à l'empereur, dit-il, et motiva son refus sur sa haine pour la souveraineté du peuple et son dévoûment à l'empereur; et trois mois après, le même homme, se glorifiant de ce refus près des Bourbons, le motivait sur sa haine pour l'usurpation et son dévoûment à la légitimité. — M. de Lafayette dit également à cette occasion : « La déclaration fut signée par tous les conseillers d'Etat, à l'exception de M. Molé, qui imagina de faire appel aux véritables sentimens de l'empereur, en prétendant que sa conscience ne lui permettait pas de reconnaître la souveraineté du peuple; scrupule dont il a fait usage depuis en faveur de la légitimité du roi. » (*Mémoires*, t. v, page 403.)

l'empereur avait donné des gages de la sincérité de ses déclarations ; un décret du 24 venait de rendre à la presse la liberté la plus absolue. Ce décret, publié quatre jours après la rentrée de Napoléon aux Tuileries, alors qu'il exerçait une dictature dont la durée devait encore se prolonger au delà de deux mois et demi; son respect, durant tout ce temps, pour cette liberté, malgré le déplorable usage que devaient en faire les partis hostiles à son pouvoir et à sa personne; la nomination des maires et des municipalités rendue au peuple par un autre décret postérieur de six jours (30 mars), témoignent combien était positive, au retour de l'île d'Elbe, la volonté de l'empereur de restituer à la France les conquêtes morales et politiques de la révolution. Il n'était pas sincère, a-t-on dit, et ce n'était pas sans arrière-pensée qu'il passait ainsi de l'exercice d'un absolu pouvoir à une autorité contenue. L'hypocrisie ne se suppose pas chez un tel homme : en admettant que, dans sa pensée, ce retour à des principes qu'il avait repoussés durant quinze ans ne fût qu'un essai, toujours est-il que l'épreuve fut sans réserve. Quels motifs avaient pu changer aussi complètement ses convictions? Ces motifs, lui-même les a dits dans une conversation avec Benjamin-Constant, l'un des hommes qui avaient le plus énergiquement combattu son retour, et qu'il venait de charger de rédiger la nouvelle constitution; nous reproduirons ses explications :

« La nation, dit-il à Benjamin-Constant, s'est reposée
» douze ans de toute agitation politique, et, depuis une
» année, elle se repose de la guerre. Ce double repos lui a
» rendu un besoin d'activité. Elle veut ou croit vouloir une
» tribune et des assemblées. Elle ne les a pas toujours vou-
» lues. Elle s'est jetée à mes pieds quand je suis arrivé au
» gouvernement. Vous devez vous en souvenir, vous qui es-

» sayâtes de l'opposition (1). Où était votre appui, votre
» force? Nulle part. J'ai pris moins d'autorité qu'on ne m'in-
» vitait à en prendre..... Aujourd'hui tout est changé. Un
» gouvernement faible, contraire aux intérêts nationaux, a
» donné à ces intérêts l'habitude d'être en défense et de
» chicanner l'autorité. Le goût des constitutions, des dé-
» bats, des harangues paraît revenu... Cependant ce n'est
» que la minorité qui les veut, ne vous y trompez pas. Le
» peuple, ou, si vous l'aimez mieux, la multitude ne veut
» que de moi. Vous ne l'avez pas vue cette multitude, se
» pressant sur mes pas, se précipitant du haut des monta-
» gnes, m'appelant, me cherchant, me saluant ! De Cannes
» ici je n'ai pas conquis, j'ai administré... Je ne suis pas seu-
» lement, comme on l'a dit, l'empereur des soldats, je suis
» celui des paysans, des plébéiens de la France... Aussi,
» malgré tout le passé, vous voyez le peuple revenir à moi.
» Il y a sympathie entre nous. Ce n'est pas comme avec les
» privilégiés. La noblesse m'a servi, elle s'est lancée en
» foule dans mes antichambres. Il n'y a pas de place qu'elle
» n'ait acceptée, demandée, sollicitée. J'ai eu des Montmo-
» rency, des Noailles, des Rohan, des Beauvau, des Mor-
» temart; mais il n'y a jamais eu analogie. Le cheval faisait
» des courbettes; il était bien dressé, mais je le sentais fré-
» mir. Avec le peuple, c'est autre chose. La fibre populaire
» répond à la mienne. Je suis sorti des rangs du peuple : ma
» voix agit sur lui. Voyez ces conscrits, ces fils de paysans;
» je ne les flattais pas; je les traitais rudement; ils ne m'en-
» touraient pas moins; ils ne criaient pas moins *vive l'empe-*
» *reur !* C'est qu'entre eux et moi il y a même nature. Ils

---

(1) Benjamin-Constant, sous le gouvernement consulaire, était un des membres les plus ardens de l'opposition dans le Tribunat.

» me regardent comme leur soutien, leur sauveur contre
» les nobles... Je n'ai qu'à faire un signe, ou plutôt à dé-
» tourner les yeux, les nobles seront massacrés dans toutes
» les provinces. Ils ont si bien manœuvré depuis dix mois!...
» Mais je ne veux pas être le roi d'une jacquerie. S'il y a
» des moyens de gouverner avec une constitution, à la
» bonne heure!... J'ai voulu l'empire du monde, et, pour
» me l'assurer, un pouvoir sans bornes m'était nécessaire.
» Pour gouverner la France seule, il se peut qu'une consti-
» tution vaille mieux... J'ai voulu l'empire du monde, et
» qui ne l'aurait pas voulu à ma place? Le monde m'invitait
» à le régir. Souverains et sujets se précipitaient à l'envi
» sous mon sceptre. J'ai rarement trouvé de la résistance en
» France; mais j'en ai pourtant rencontré davantage dans
» quelques Français obscurs et désarmés, que dans tous ces
» rois si fiers aujourd'hui de n'avoir pas un homme popu-
» laire pour égal... Voyez donc ce qui vous semble possible;
» apportez-moi vos idées. Des discussions publiques, des
» élections libres, des ministres responsables, la liberté de
» la presse, je veux tout cela... La liberté de la presse,
» surtout; l'étouffer est absurde. Je suis convaincu sur cet
» article... Je suis l'homme du peuple; si le peuple veut la
» liberté, je la lui dois. J'ai reconnu sa souveraineté; il faut
» que je prête l'oreille à ses volontés, même à ses caprices.
» Je n'ai jamais voulu l'opprimer pour mon plaisir. J'avais
» de grands desseins; le sort en a décidé. Je ne suis plus
» un conquérant; je ne puis plus l'être. Je sais ce qui est
» possible et ce qui ne l'est pas. Je n'ai plus qu'une mission,
» relever la France et lui donner un gouvernement qui lui
» convienne... Je ne hais point la liberté. Je l'ai écartée
» lorsqu'elle obstruait ma route; mais je la comprends, j'ai
» été nourri dans ses pensées... Aussi bien, l'ouvrage de

» quinze années est détruit; il ne peut se recommencer. Il
» faudrait vingt ans et deux millions d'hommes à sacrifier...
» D'ailleurs, je désire la paix, et je ne l'obtiendrai qu'à
» force de victoires. Je ne veux pas vous donner de fausses
» espérances; je laisse dire qu'il y a des négociations : il n'y
» en a point. Je prévois une lutte difficile, une guerre lon-
» gue. Pour la soutenir, il faut que la nation m'appuie; mais
» en récompense, je le crois, elle exigera de la liberté. Elle
» en aura... La situation est neuve. Je ne demande pas
» mieux que d'être éclairé. Je vieillis. On n'est plus à qua-
» rante-cinq ans ce qu'on était à trente. Le repos d'un roi
» constitutionnel peut me convenir. Il conviendra plus sû-
» rement encore à mon fils (1). »

Je veux la liberté de la presse, disait l'empereur à Benjamin-Constant. Les faits confirmèrent cette parole. A aucune époque, la faculté de tout dire, de tout écrire, de tout imprimer ne fut plus absolue. Les Cent-Jours furent, pour la presse, une période de liberté illimitée. La veille de la bataille de Waterloo, comme au lendemain du 20 mars, les provocations au renversement ou à l'assassinat de Napoléon s'imprimaient et circulaient librement avec les noms des auteurs et des libraires. La légalité de son titre au trône était chaque matin discutée et contestée dans les feuilles royalistes, mais surtout dans certaines publications dont les rédacteurs affectaient un libéralisme intraitable (2). Toutes les proclamations de Gand, tous les manifestes des alliés étaient scru-

---

(1) Benjamin-Constant. *Mémoires sur les Cent-Jours.*

(2) On lisait dans le numéro publié par le *Censeur européen*, le 20 avril, un mois après le retour de l'île d'Elbe : « Le gouvernement n'est qu'un gouvernement *provisoire*. Peu importe que Napoléon ait été proclamé empereur par l'armée et par les habitans des pays où il a passé; peu importe que les puissances coalisées aient ou non

puleusement reproduits dans les journaux de toutes les opinions. Quelques uns poussaient l'abus jusqu'à répandre les nouvelles les plus alarmantes et les plus fausses. Malgré ce dévergondage que l'état de guerre civile et étrangère où se trouvait la France rendait encore plus dangereux, on ne pourrait pas citer un seul exemple d'un ouvrage supprimé, d'un libelliste arrêté pendant quatre jours. Ces faits ne devaient pas empêcher les royalistes constitutionnels, comme les royalistes exclusifs, durant les quinze années qui suivirent, de présenter les Cent-Jours comme une époque d'intolérable oppression.

Je ne veux pas vous donner de fausses espérances ; il n'y a point de négociations, avait encore dit l'empereur. Les négociations étaient inutiles : la guerre, si elle n'avait pas encore éclaté, était positivement déclarée.

Nous avons raconté l'effet produit au congrès de Vienne par la nouvelle du débarquement de Napoléon sur la côte de Provence. « Cet événement, objet d'effroi pour le plus grand nombre, fit passer M. de Talleyrand d'une hauteur insultante à la plus honteuse pusillanimité, » a dit un des membres du congrès. Vainement M. Pozzo di Borgo, qui arrivait de Paris, affirmait que *Bonaparte serait accroché au premier arbre*, les souverains et leurs ministres regardaient la cause des Bourbons comme perdue. Le premier moment de stupeur passé, on se réunit, on discuta. Après deux jours de délibération, M. de Metternich proposa de venir au secours de Louis XVIII, en jetant dans la lutte entre le gouvernement royal et Napoléon, le poids d'une menace de guerre générale. Cette proposition, vivement appuyée par la

---

tenu les conventions qu'elles avaient faites avec lui, la France n'appartient ni aux soldats, ni aux habitans qui se sont trouvés sur la route de Cannes à Paris. »

légation anglaise, ne trouva pas de contradicteurs ; la déclaration suivante fut adoptée :

DÉCLARATION.

« Les puissances qui ont signé le traité de Paris, réunies en congrès à Vienne, informées de l'évasion de Napoléon Bonaparte et de son entrée à main armée en France, doivent à leur propre dignité et à l'intérêt de l'ordre social, une déclaration solennelle des sentimens que cet événement leur a fait éprouver.

» En rompant ainsi la convention qui l'avait établi à l'île d'Elbe, Bonaparte a détruit le seul titre légal auquel son existence se trouvait attachée. En reparaissant en France avec des projets de troubles et de bouleversemens, il s'est privé lui-même de la protection des lois et a manifesté, à la face de l'univers, qu'il ne saurait y avoir ni paix, ni trêve avec lui.

» Les puissances déclarent, en conséquence, que Napoléon Bonaparte s'est placé *hors les relations civiles et sociales*, et que, comme ennemi et perturbateur de la paix du monde, il s'est livré à la *vindicte publique*.

» Elles déclarent en même temps qu'elles emploieront tous les moyens et réuniront tous leurs efforts pour garantir l'Europe de tout attentat qui menacerait de replonger les peuples dans les désordres et les malheurs des révolutions.

» Et quoiqu'intimement persuadés que la France entière, se ralliant autour de son souverain légitime, fera incessamment tomber dans le néant cette dernière tentative d'un *délire criminel et impuissant*, tous les souverains de l'Europe, animés des mêmes sentimens et guidés par les mêmes principes, déclarent que si, contre tout calcul, il pouvait résulter de cet événement un danger réel quelconque, ils seraient prêts à donner au roi de France et à la nation française, ou à tout autre gouvernement attaqué, dès que la demande en serait formée, les secours nécessaires pour rétablir la tranquillité publique, et à faire cause commune contre tous ceux qui entreprendraient de la compromettre.

» Fait et certifié véritable par les plénipotentiaires des huit puissances signataires du traité de Paris.

» Vienne, le 13 mars 1815. (*Suivent les signatures.*) (1) »

---

(1) Ces signataires sont ceux désignés page 164 du présent vol.

Ce n'était plus, comme en 1813, contre le conquérant, maître d'un puissant empire, chef de troupes vaillantes, encore nombreuses et appuyées sur une population de près de quarante millions d'âmes, que les représentans de l'Europe armée annonçaient devoir réunir tous leurs efforts, employer toutes leurs forces ; c'était contre un proscrit abordant le rivage de France à la tête de neuf cents soldats. Il est vrai que le proscrit dont le pied, en se posant sur le continent, imprimait au monde une secousse assez forte pour que tous les rois sentissent leurs trônes ébranlés et s'apprêtassent à courir aux armes, s'appelait Napoléon. Mesurant son langage à sa peur, l'Europe ne se bornait pas à annoncer à cet exilé une guerre à outrance, sans trêve ni merci ; elle le mettait au ban des nations, elle le proclamait hors les lois civiles et sociales ! Ces sauvages provocations à l'assassinat, monstruosité unique peut-être dans l'histoire, ne furent, on l'a vu, d'aucun secours aux Bourbons.

La fuite de ces princes en Belgique et l'entrée de l'empereur à Paris ne tardèrent pas à transformer les menaces de la déclaration du 13 mars en une démonstration effective. La nouvelle de ces deux événemens parvint à Vienne le 24 mars: le lendemain 25, l'Angleterre, l'Autriche, la Prusse et la Russie signèrent un traité qui, rappelant les dispositions de celui de Chaumont (1), stipulait « que les alliés réuniraient toutes les forces de leurs états respectifs pour maintenir les dispositions du traité de Paris du 30 mai, ainsi que celles arrêtées par le congrès de Vienne, dans le but de les garantir contre toute atteinte, particulièrement contre les desseins de Napoléon Bonaparte ; à cet effet, elles s'engageaient à diriger tous leurs efforts contre lui et contre tous ceux qui se

---

(1) V. les dispositions de ce traité, page 214 du premier volume.

seraient déjà ralliés à sa faction ou qui s'y réuniraient dans la suite, afin de la mettre hors d'état de troubler à l'avenir la tranquillité et la paix générales (Art. 1er). Elles s'obligeaient à tenir constamment en campagne, chacune cent cinquante mille hommes au complet, y compris, pour le moins, un dixième de cavalerie et une juste proportion d'artillerie (Art. 2). Elles ne devaient poser les armes que d'un commun accord, et seulement lorsque l'objet de la guerre désigné en l'article 1er aurait été atteint (Art. 3)...... Toutes les puissances devaient être invitées à accéder au traité (Art. 7). S. M. T. C. serait spécialement engagée à y donner son adhésion (Art. 8) (1). »

Six jours après la conclusion de ce traité, le 31 mars, une convention militaire conclue entre les mêmes États, arrêtait la formation de trois armées : la première, de trois cent quarante-quatre mille hommes, sous le commandement du prince de Schwartzenberg ; la seconde, de deux cent cinquante mille hommes, commandée par le duc de Wellington et par le feld-maréchal Blücher ; la troisième, de deux cent mille hommes fournis par la Russie et commandée par Alexandre en personne. C'étaient sept cent quatre-vingt-quatorze mille soldats qui devaient se mettre une seconde fois en marche sur Paris.

---

(1) Cet article 8, auquel se rapportent deux déclarations de l'Angleterre et de l'Autriche que nous avons à citer plus loin, était ainsi conçu :

« Le présent traité étant uniquement dirigé dans le but de soutenir la France ou tout autre pays envahi contre les entreprises de Napoléon Bonaparte et de ses adhérens, S. M. très chrétienne sera spécialement invitée à y donner son adhésion et à faire connaître, dans le cas où elle devrait *requérir* les forces stipulées dans l'article 2, quels secours les circonstances lui permettront d'apporter à l'objet du présent traité. »

Les quatre puissances, aux termes du traité du 25 mars, poursuivaient officiellement un double but : la destruction de Napoléon, puis le rétablissement des Bourbons. Cette dernière stipulation pouvait devenir une source d'embarras pour le cabinet britannique : les empereurs d'Autriche et de Russie, ainsi que le roi de Prusse, souverains absolus tous trois, disposaient en maîtres de toutes les ressources et de toutes les forces de leurs Etats ; mais la cour de Londres, placée en face d'une presse libre et de deux Chambres, devait compte au parlement et à l'opinion publique des nouveaux efforts et des nouveaux sacrifices imposés par elle au peuple du Royaume-Uni. D'un autre côté, si le retour de l'île d'Elbe, en ravivant parmi la population anglaise les terreurs causées par le blocus continental et par les menaces d'une descente, devait rendre à la guerre contre Napoléon son ancienne popularité, la lutte ne pouvait conserver son caractère national qu'à la condition de se trouver dégagée, au moins ostensiblement, des intérêts personnels aux princes de la maison de Bourbon. Déjà, dans les séances de la Chambre des communes des 7 et 8 avril, M. Weathbread, à l'occasion de quelques détails du traité du 25, qui avaient transpiré, s'était exprimé avec la plus grande véhémence. Napoléon, disait-il, paraissait animé de dispositions pacifiques ; la France n'avait déclaré la guerre à aucune puissance ; elle voulait, elle demandait la paix ; il lui semblait dès lors impossible que le gouvernement consentît à sacrifier les trésors de l'Angleterre et le sang de ses soldats, uniquement pour obliger un peuple étranger à subir le joug de princes qu'il avait chassés, et dont la querelle n'intéressait qu'eux-mêmes et leurs partisans. La ratification du traité fut, pour le cabinet anglais, une occasion d'enlever à ses adversaires dans les deux Chambres et au dehors ce prétexte d'opposition. Lord Clancarthy, l'un des plénipotentiaires de la cour de Londres à Vienne, reçut mission d'expliquer en ces termes l'adhésion de son gouvernement :

DÉCLARATION.

« Le soussigné, en échangeant les ratifications du traité du 25 mars dernier, de la part de sa cour, en a reçu l'ordre de déclarer que l'article 8 dudit traité, par lequel S. M. T. C. est invitée d'y accéder, doit être entendu comme liant les puissances contractantes sous des principes de sécurité mutuelle, à un commun effort contre la puissance de Napoléon Bonaparte, en exécution de l'article 3 dudit traité ; mais qu'il ne doit pas être entendu comme obligeant S. M. B. à poursuivre la guerre dans le but d'*imposer à la France* AUCUN GOUVERNEMENT PARTICULIER. Quelque sollicitude que le prince-régent doive apporter à S. M. T. C. rendue au trône, et quelque désir qu'elle ait de contribuer conjointement avec ses alliés à un événement aussi heureux, il se croit néanmoins appelé à faire cette déclaration au moment de l'échange des ratifications, tant par considération de ce qui est dû aux intérêts de S. M. T. C. en France, que conformément aux principes sur lesquels le gouvernement anglais a réglé invariablement sa conduite. »

Cette déclaration, œuvre de duplicité, mensonge impudent qui devait abuser les classes officielles de la France bien plus qu'elle ne trompa le public britannique, fut notifiée aux autres puissances. D'abord, aucune d'elles n'y répondit ; mais, le 9 mai, lorsqu'une négociation, dont nous dirons plus loin les détails, était entamée entre M. de Metternich et Fouché, pour amener l'abdication ou la déchéance de Napoléon, quand l'avènement du fils de Marie-Louise et l'établissement d'une régence étaient des chances discutées, par intermédiaires, entre le chef de la chancellerie autrichienne et le ministre de la police impériale, le cabinet de Vienne, à qui ces éventualités faisaient une position spéciale, crut devoir, lui aussi, séparer sa cause de celle des Bourbons. Sa ratification avait été donnée sans réserve ;

M. de Metternich, après un silence de trois semaines, n'en adhéra pas moins en ces termes à la déclaration du ministre britannique :

« Le soussigné, ayant informé son auguste maître des communications à lui faites par lord Castlereagh, concernant l'article 8 du traité du 25 mars dernier, a reçu l'ordre de déclarer que l'interprétation donnée à cet article par le gouvernement britannique, est entièrement conforme aux principes sur lesquels Sa Majesté impériale se propose de régler sa politique dans la guerre actuelle.... et que le devoir qui lui est imposé par l'intérêt de ses sujets et par ses propres principes, ne lui permettra pas de poursuivre la guerre pour *imposer à la France un gouvernement quelconque*....

» Vienne, ce 9 mai 1815.
» Signé METTERNICH. »

Le 30 avril, peu de jours après que la déclaration à laquelle accédait M. de Metternich, eût été rendue publique, l'Angleterre, par une convention additionnelle au traité du 25, s'était engagée à fournir, par portions égales, aux trois cours de Saint-Pétersbourg, Vienne et Berlin, un subside annuel de cinq millions sterlings (125 millions de francs). Le paiement de ce subside devait s'effectuer par mois, à compter du 1er mai; il ne devait cesser qu'à la paix. Cette convention impliquait l'état de guerre. Les faits, au reste, parlaient encore plus haut que toutes ces stipulations : le jour même de la signature du traité de subside, la frégate française la *Melpomène* était attaquée et capturée près de l'île d'Ischia, par le vaisseau anglais le *Rivoli*; et, dès les 3, 5 et 6 avril, plusieurs de nos bâtimens de commerce, capturés par la marine militaire britannique, avaient été emmenés dans les ports d'Angleterre. Il n'y avait pas de malentendu possible sur ces agressions. Le ministère anglais, interpellé dans la chambre des communes sur la portée réelle du traité du 25 mars, avait répondu, par l'organe de lord Castlereagh, que ce traité *constituait un état d'hostilités positives entre l'Angleterre et la France.* Enfin, tous les membres du corps diplomatique avaient quitté Paris en même temps que Louis XVIII, moins les deux chargés d'affaires d'Autriche et de Russie, MM. de Vincent et Boudiakin, que le manque de passeports avait seul empêchés de partir. Napoléon s'était empressé de charger Caulaincourt de les voir et de les assurer de ses dispositions pacifiques.

Le baron de Vincent, après avoir d'abord refusé toute espèce de communications avec le duc de Vicence, consentit pourtant à le rencontrer chez Mme de Souza. Le ministre autrichien ne dissimula pas la résolution des alliés de s'opposer à ce que Napoléon gardât la couronne ; mais il laissa entrevoir que la souveraineté du roi de Rome ne rencontrerait peut-être pas chez les souverains la même répugnance. Il promit néanmoins de faire connaître à l'empereur d'Autriche les sentimens de Napoléon, et ne fit nulle difficulté de se charger d'une lettre pour Marie-Louise (1).

M. Boudiakin opposa, dans le premier moment, les mêmes refus que le ministre autrichien ; puis, à l'exemple de ce dernier, il finit par consentir à se trouver avec Caulaincourt chez Mme Cochelet, dame du Palais de la reine Hortense. On avait remis le matin même à l'empereur un double du traité secret du 3 janvier, laissé par M. de Jaucourt dans les cartons du ministère des affaires étrangères. Le duc de Vicence mit ce traité sous les yeux du chargé d'affaires russe, ainsi que la correspondance adressée de Vienne à Louis XVIII

---

(1) « M. de Vincent partit avant que cette lettre ne fût rédigée ; on la confia à son secrétaire. L'empereur d'Autriche se la fit remettre et se contenta d'annoncer à Marie-Louise qu'on avait reçu des nouvelles de son époux et qu'il se portait bien. »
(*Mémoires* de Fleury de Chaboulon.)

par M. de Talleyrand, et dans laquelle ce dernier, exagérant le ridicule de certaines habitudes privées d'Alexandre, s'exprimait fort cavalièrement sur ce souverain. La lecture de ces pièces indigna M. Boudiakin; elles devaient, à plus juste titre, irriter son maître; la révélation de la convention du 3 janvier suffisait à elle seule pour détacher violemment Alexandre de la coalition; tous ces documens lui furent immédiatement transmis; mais les signataires du traité secret avaient prévenu le danger, en précipitant la conclusion du traité du 25 mars; il y eut à peine un jour d'intervalle entre l'annonce de l'entrée de l'empereur à Paris et la signature de cette convention. Alexandre avait déjà ratifié cet acte, et il venait de transmettre à ses troupes l'ordre de se mettre en marche, lorsque lui parvinrent les documens remis à son ambassadeur à Paris. Le moment d'une rupture était passé; le courrier de M. Boudiakin arriva trop tard.

Napoléon, dans toutes ses proclamations, dans tous ses discours aux députations ou aux corps constitués, témoignait sa ferme intention de maintenir la paix, telle que l'avaient subie les Bourbons; il avait refusé cette paix, à la vérité, au congrès de Châtillon; mais alors la fortune l'abandonnait; l'Europe était maîtresse d'une partie de nos provinces; l'étranger dictait ses conditions. Au retour de l'Ile d'Elbe, au contraire, l'empereur ne recevait aucune loi; il acceptait, pour la France, une position que d'autres avaient faite, et dont la responsabilité ne pouvait peser sur lui. Dès son passage à Lyon, il s'était empressé d'envoyer à son frère Joseph, alors en Suisse, l'ordre de déclarer aux ministres d'Autriche et de Russie, près de la diète helvétique, qu'il était prêt à ratifier le traité de Paris; même après le départ de MM. Boudiakin et de Vincent, il chargea la reine Hortense, le prince Eugène et la grande-duchesse Stéphanie de

Bade, de confirmer ces dispositions à Alexandre (1). Enfin, voulant donner à la manifestation de ses intentions pacifiques un caractère plus authentique et plus solennel, sa fierté se plia à une démarche qu'avant 1814 on aurait vainement attendue de lui; il prit l'initiative des ouvertures aux autres souverains, et adressa à chacun d'eux la lettre suivante :

« Monsieur mon frère, vous avez appris, dans le cours du mois dernier, mon retour sur les côtes de France, mon entrée à Paris et la retraite des Bourbons. La véritable nature de ces événemens doit être connue maintenant de V. M. Ils sont l'ouvrage d'une irrésistible puissance, l'ouvrage de la volonté unanime d'une grande nation qui connaît ses devoirs et ses droits. La dynastie que la force avait rendue au peuple français n'était plus faite pour lui : les Bourbons n'ont voulu s'associer ni à ses sentimens, ni à ses mœurs ; la France a dû se séparer d'eux. Sa voix appelait un libérateur : l'attente qui m'avait décidé au plus grand des sacrifices avait été trompée. Je suis venu, et du point où j'ai touché le rivage, l'amour de mes peuples m'a porté jusqu'au sein de ma capitale.

» Le premier besoin de mon cœur est de payer tant d'affection par le maintien d'une honorable tranquillité. Le rétablissement du trône impérial était nécessaire au bonheur des Français. Ma plus douce pensée est de le rendre en même temps utile à l'affermissement du repos de l'Europe.

» Assez de gloire a illustré tour à tour les drapeaux des diverses

---

(1) La reine Hortense reçut d'Alexandre cette réponse laconique : « Point de paix, point de trêve avec Napoléon ; tout, excepté lui. » Nous avons dit, dans une note précédente, que le tzar, dans les premiers jours de 1815, avait repoussé la proposition de déporter Napoléon de l'île d'Elbe et de le transférer soit à Malte, soit à Sainte-Hélène. C'est à ce refus, que ses alliés lui reprochaient comme la cause du retour de l'empereur, qu'il faut surtout attribuer, assure-t-on, l'inflexible résistance d'Alexandre à toutes les ouvertures pacifiques de Napoléon. Alexandre se considérait comme responsable envers les autres souverains, du trouble et de l'épouvante que jetait en Europe la présence de Napoléon à Paris, maître encore une fois de toutes les forces françaises.

nations ; les vicissitudes du sort ont assez fait succéder de grands revers à de grands succès. Une plus belle arène est aujourd'hui ouverte aux souverains, et je suis le premier à y descendre. Après avoir présenté au monde le spectacle de grands combats, il sera plus doux de ne connaître désormais d'autre rivalité que celle des avantages de la paix, d'autre lutte que la lutte sainte de la félicité des peuples.

» La France se plaît à proclamer avec franchise ce noble but de tous ses vœux. Jalouse de son indépendance, le principe invariable de sa politique sera le respect le plus absolu pour l'indépendance des autres nations. Si tels sont, comme j'en ai l'heureuse confiance, les sentimens personnels de V. M., le calme général est assuré pour long-temps ; et la justice, assise aux confins des divers États, suffira seule pour en garder les frontières.

» Paris, ce 4 avril 1815.   » NAPOLÉON. »

Appels vains! Les peuples auraient entendu cette éloquente prière; les rois ne la lurent même pas. Un rapport du duc de Vicence à l'empereur, publié, le 14 avril, dans le *Moniteur*, dix jours après l'envoi de cette lettre, annonça qu'elle ne put parvenir. Tableau curieux de la position étrange, unique peut-être dans l'histoire de l'Europe, faite au gouvernement impérial par les terreurs et par les colères de la coalition, ce rapport trace en ces termes l'espèce de blocus qui isolait alors la France du reste du continent :

« Des symptômes alarmans se manifestent de tous les côtés à la fois. Un inconcevable système menace de prévaloir chez les puissances, celui de se disposer au combat sans admettre d'explication préliminaire avec la nation qu'elles paraissent vouloir combattre.

» Il était réservé à l'époque actuelle de voir une société de monarques s'interdire simultanément tout rapport avec un grand Etat et fermer l'accès à ses amicales assurances. Les courriers expédiés de Paris pour les différentes cours n'ont pu arriver à leur destination. L'un n'a pu dépasser Strasbourg; un autre, expédié en Italie, a été obligé de revenir de Turin; un troisième, destiné pour Berlin et le Nord, a été arrêté à Mayence et maltraité par le commandant prussien. Ses dépêches ont été saisies.

» Lorsqu'une barrière presqu'impénétrable s'élève ainsi entre le ministère français et ses agens au dehors, entre le cabinet de V. M. et celui des autres souverains, ce n'est plus, Sire, que par les actes publics des gouvernemens étrangers qu'il est permis à votre ministère de juger leurs intentions.

» En Angleterre, des ordres sont donnés pour augmenter les forces britanniques, tant sur terre que sur mer. Ainsi la nation française doit être de tous côtés sur ses gardes : elle peut craindre une agression continentale et en même temps elle doit surveiller toute l'étendue de ses côtes contre la possibilité d'un débarquement.

» En Autriche, en Russie, en Prusse, dans toutes les parties de l'Allemagne et en Italie, partout, enfin, on voit un armement général.

» Dans les Pays-Bas, un convoi de 120 hommes et de 12 officiers, prisonniers français revenant de Russie, a été arrêté du côté de Tirlemont.

» ..... Sur tous les points de l'Europe à la fois, on se dispose, on s'arme, on marche, ou bien on est prêt à marcher. »

Voilà les faits publiés par le gouvernement impérial, le 14 avril, vingt-quatre jours après la rentrée de Napoléon aux Tuileries. Bien des voix ont cependant accusé l'empereur d'avoir trompé la France jusqu'à la bataille de Waterloo, d'avoir laissé croire à des négociations qui rendaient la paix non seulement possible, mais probable. Sans doute, aux premières heures de son retour, il laissa échapper quelques unes des espérances qu'il avait apportées (1) ; mais

---

(1) Il existait des chances de paix positives. La révélation du traité secret du 3 janvier, arrivée à temps à Alexandre, pouvait le séparer de ses alliés. En second lieu, des négociations furent entamées avec l'Autriche. Malheureusement, dans les premiers jours d'avril, au moment où le cabinet de Vienne semblait disposé à traiter, Murat, ce fatal produit du vertige dynastique de Napoléon, attaqua l'Autriche. Cette puissance, convaincue que la folle agression du roi de Naples était concertée avec l'empereur, rompit immédiatement toute négociation en disant : *Comment pouvons-nous traiter avec Napoléon quand il nous fait attaquer par Murat?*
(*Campagne de 1815*, du général GOURGAUD, écrite à Sainte-Hélène.)

lors même que la presse, dans sa liberté absolue, n'aurait pas fait connaître tous les faits, la France n'aurait rien ignoré. Les révélations de la feuille officielle ne s'arrêtèrent point au rapport de Caulincourt. Le 1⁽ᵉʳ⁾ mai, le *Moniteur* publia la déclaration du plénipotentiaire anglais sur l'art. 8 du traité du 25 mars. Le 3, il donna le texte de cette dernière convention, ainsi que celui du traité de Chaumont ; le 29, il publia le traité des subsides. Le gouvernement impérial ne céla rien ; tous les actes, tous les préparatifs de ses ennemis furent mis au jour.

Disons-le bien haut: la France, considérée dans la généralité de ses citoyens, ne resta pas au dessous de la tâche que lui imposaient son honneur, les souvenirs de son ancienne gloire et les intérêts de son indépendance ; elle répondit aux menaces de l'Europe en courant aux armes. Tous les soldats congédiés, tous les prisonniers de guerre revenus depuis une année des pontons d'Angleterre ou des déserts de la Russie, s'empressèrent de remplir les cadres vides des régimens de ligne ; tous les hommes inscrits sur les contrôles de la garde nationale et âgés de moins de quarante ans, formés en bataillons mobiles, allèrent se renfermer dans les places frontières [1]. Les élèves de l'École polytechnique, des Écoles de droit et de médecine, des Lycées, des Écoles vétérinaires et d'arts et de métiers, s'organisant en compagnies de volontaires, se chargèrent du service de l'artillerie des forteresses de l'intérieur ; il n'y eut pas jusqu'aux adolescens des colléges

---

[1] Le fait suivant donnera la mesure de l'élan qui présida à la formation de ces bataillons. On lit dans le *Moniteur* du 25 mai : « La commune des Riceys (arrondissement de Bar-sur-Seine) devait fournir 39 hommes pour la garde nationale active ; elle en a fourni 60, et les femmes ont accompagné ces militaires à leur départ, en arborant elles-mêmes la cocarde tricolore. »

et des pensions particulières qui ne s'offrissent à l'empereur, se chargeant, s'ils étaient trop faibles pour un autre service, de mettre le feu aux pièces (1). L'élan ne s'arrêta pas à la partie jeune ou énergique de la population. Des fédérations provinciales, provoquées par les hommes de la génération révolutionnaire, unirent, dans les liens d'un pacte de défense commune, les citoyens que leur âge, leur position ou leurs occupations retenaient dans leurs foyers. La Bretagne donna l'exemple. Le 24 avril, les fédérés bretons, réunis à Rennes, proclamèrent leur résolution « de s'armer pour défendre la liberté et l'empereur, s'obligeant, à la première réquisition de l'autorité publique, à porter un secours prompt et effectif partout où besoin serait, et à se prêter mutuellement assistance et protection. » La fédération devait cesser le jour où l'empereur ferait connaître que la patrie *n'était plus en danger*.

La Bourgogne, la Champagne, la Lorraine suivirent ; pas une province, même celles du Midi, ne resta en arrière. Paris se distingua entre toutes les villes de l'Empire ; les seuls fédérés des deux faubourgs Saint-Antoine et Saint-Marceau, composés en presque totalité d'ouvriers, s'élevaient à près de vingt-cinq mille. Passés en revue par Napoléon, le 14 mai, dans la cour des Tuileries, les fédérés parisiens lui présentèrent une adresse remarquable à plus d'un titre, et qui était l'expression fidèle des sentimens de l'immense majorité de la classe moyenne et des classes ouvrières ; ils disaient :

---

(1) Le nombre de ces canonniers volontaires s'éleva à vingt-cinq mille, y compris les dix-huit compagnies fournies par les seules écoles de Paris ; ils étaient commandés par des officiers et des sous-officiers d'artillerie. (Rapport de Carnot aux Chambres, 14 juin 1815.)

« Nous vous avons accueilli avec enthousiasme, parce que vous êtes l'homme de la nation, le défenseur de la patrie, et que nous attendons de vous une glorieuse indépendance et une sage liberté.... Ah ! Sire, que n'avions-nous des armes au moment où les rois étrangers, enhardis par la trahison, s'avancèrent jusque sous les murs de Paris (30 mars 1814) ; avec quelle ardeur nous aurions imité cette brave garde nationale, réduite à *prendre conseil d'elle-même* et à courir, *sans direction*, au devant du péril ! Notre commune résistance vous aurait donné le temps d'arriver pour délivrer la capitale et détruire l'ennemi. Nous *sentions cette vérité*, nous vous appelions de tous nos vœux, nous versions des larmes de rage en voyant nos bras inutiles à la défense commune.... La plupart d'entre nous ont fait, sous vos ordres, la guerre de la *liberté* et celle de la *gloire*; nous sommes presque tous d'anciens défenseurs de la patrie ; la patrie doit remettre avec confiance des armes à ceux qui ont versé leur sang pour elle. Donnez-nous des armes, Sire, en son nom ; nous jurons entre vos mains de ne combattre que pour sa cause et la vôtre. Nous ne sommes les instrumens d'aucun parti, les agens d'aucune faction.... *Vive la nation ! vive la liberté ! vive l'empereur !* »

Les fédérés venaient de rappeler des fautes dont le souvenir devait blesser Napoléon. Cependant le langage de ces braves ouvriers respirait un amour de la patrie et de la liberté si élevé, si énergique et si pur, que l'empereur en fut ému. Oubliant les ménagemens que, dans les communications publiques, il gardait toujours envers les classes élevées, il répondit :

«Soldats fédérés des faubourgs Saint-Antoine et Saint-Marceau ! je suis revenu seul, parce que je comptais sur le peuple des villes, sur les habitans des campagnes et les soldats de l'armée, dont je connaissais l'attachement à l'honneur national. Vous avez justifié ma confiance ; j'accepte votre offre ; je vous donnerai des armes... Vos bras robustes et faits aux plus pénibles travaux sont plus propres que les autres au maniement des armes. Quant au courage, vous êtes Français.... Soldats fédérés ! s'il est des hommes nés dans les hautes classes de la société qui aient déshonoré le nom français, l'amour de la patrie et le sentiment de l'honneur national se sont conservés tout entiers dans le peuple des villes, les habitans des campagnes et les soldats de l'armée. Je suis bien aise de vous voir. J'ai confiance en vous. *Vive la nation!* »

Cette revue fut marquée par un incident. Au moment où l'empereur passait dans les rangs, une femme sortit de la foule, un rouleau de papier à la main. L'empereur s'avança, reçut le rouleau, et, croyant qu'il renfermait une pétition, le garda pour en prendre lecture quand il serait rentré. La parade achevée, et remonté dans l'intérieur des appartemens, Napoléon remit le rouleau au ministre de l'intérieur, qui l'ouvrit, et trouva, au lieu d'une requête, vingt-cinq billets de banque de 1,000 francs chacun. Aucune indication ne donnait le nom de la donatrice; les recherches pour la découvrir furent vaines. Cet argent fut versé dans la caisse destinée à solder les frais de l'habillement des gardes nationales.

Le mouvement national des Cent-Jours a été méconnu. A aucune époque de notre histoire, sans même excepter 1792, la France ne déploya plus d'enthousiasme et plus de patriotisme. Enfans, jeunes gens, hommes faits, tout ce qui avait du cœur et de l'énergie se tint debout; l'élan fut spontané. Le gouvernement ne le provoquait pas; loin de là, il s'efforçait de le modérer et de le contenir. L'empereur acceptait les volontaires qui couraient se ranger sous l'inexorable discipline des régimens de l'armée; mais il redoutait tout autre secours. Telle était sa répugnance pour une intervention populaire que, malgré ses promesses aux fédérés parisiens, ces braves ouvriers ne purent obtenir d'être armés. On les organisa, mais sans leur donner de fusils; on laissait quelques armes dans chaque corps-de-garde affecté à cette classe de volontaires; ces armes passaient de main en main, et ne demeuraient, en définitive, en la possession de personne (1). La fédération bretonne avait d'abord été *dénoncée* à Napoléon comme la résurrection de l'anarchie ; cette démonstration l'irrita. Peu d'heures après on mit sous ses yeux le pacte fédératif : « Ce n'est peut-être pas bon pour moi, dit-il après l'avoir lu avec attention ; mais c'est bon pour la France. » Cet éloignement pour un recours aux masses, déjà fatal en 1814, était encore plus regrettable en 1815. Des intérêts et des opinions qui n'existaient pas à la première de ces deux époques, divisaient alors le pays, et plaçaient le gouvernement impérial dans la position où se trouvait le pouvoir conventionnel en 1792 : le péril était le même ; c'était également l'indépendance nationale qui était en danger. Napoléon devait donc se servir, sinon des mêmes armes, du moins des mêmes forces. Ces forces s'offraient à lui ; il parut d'abord les accueillir ; puis, quand vint le moment suprême, il les refusa.

Ce qui a contribué surtout à tromper l'opinion sur le véritable caractère de l'effort des Cent-Jours, c'est l'attitude, non pas de la classe moyenne proprement dite, laquelle, en 1815, fit cause commune avec le peuple et avec l'armée et prit une part active au mouvement, soit dans les rangs des fédérés, soit dans ceux de la garde nationale active dont elle occupait presque tous les grades, mais d'une autre classe que nous voyons se substituer à l'ancienne aristocratie de naissance, et qui, maîtresse dans chaque localité, de la richesse ou de

---

(1) On lit à ce sujet dans Fleury de Chaboulon : « L'empereur voulait conserver à la garde nationale une supériorité qu'elle aurait perdue si tous les fédérés eussent été armés ; il craignait ensuite que les républicains, qu'il regardait toujours comme ses ennemis implacables, ne s'emparassent de l'esprit des fédérés…. Prévention funeste qui lui fit placer sa force autre part que dans le peuple et lui ravit par conséquent son plus ferme soutien. (*Mémoires*, t. II.)

l'influence, forme ce que l'on appelle aujourd'hui l'aristocratie bourgeoise.

Cette aristocratie d'origine toute récente, qui n'existe que depuis la révolution et par la révolution, à laquelle ont surtout profité les bienfaits matériels et moraux des luttes de cette grande époque, n'avait aucune sympathie pour Napoléon ; la grandeur et le génie de ce souverain blessaient ses instincts étroits et vulgaires ; il n'était pas jusqu'à l'éclat jeté par la guerre sur les lieutenans et les généraux de l'empereur qui ne fût pour elle un objet d'humeur et d'envie. Elle peut tolérer les supériorités, les distinctions, mais à la condition qu'elles seront à sa taille et qu'il n'en existera ni en dehors, ni au dessus d'elle : c'est là son égalité. Après la chute du gouvernement impérial, elle s'était donnée sans réserve aux Bourbons. Les maladresses de ces princes la trouvèrent d'abord fort indulgente ; la paix, condition de leur rétablissement, couvrait toutes les fautes. Mais lorsque le discours de M. Ferrand la menaça dans sa fortune, quand les prétentions et les impertinences chaque jour croissantes de l'ancienne noblesse vinrent la blesser dans ses intérêts de position et dans sa vanité, elle s'irrita et grossit le nombre des mécontens. Le débarquement de l'empereur la trouva en pleine opposition. Si un certain nombre de ses membres, mêlés à la politique, se joignirent aux royalistes pour essayer d'arrêter la marche de Napoléon, la masse se tint à l'écart. Cet événement la vengeait. Toutefois, le rapport du duc de Vicence ne tarda pas à donner un autre cours à ses rancunes et à ses peurs. Les menaces de l'Europe lui apparurent comme l'annonce d'incalculables orages ; un mois après le retour de l'île d'Elbe, tous les griefs de cette classe contre la restauration et les Bourbons étaient oubliés ; un seul sentiment la dominait, l'effroi.

Telle était la disposition des esprits dans la banque, dans le haut commerce, dans la magistrature, dans le barreau et parmi les chefs et la plupart des employés des administrations, lorsque les journaux rendirent publics le commentaire du gouvernement anglais sur l'article 8 du traité du 25 mars, ainsi que l'adhésion que l'Autriche y donna ensuite. La bourgeoisie entrevit dans ces déclarations un moyen inespéré de salut. « Nous ne voulons imposer à la France *aucun gouvernement particulier*; nous armons uniquement *contre la puissance de Napoléon*, » disaient les coalisés. La personne de l'empereur sembla dès lors le seul obstacle au maintien de la paix avec l'Europe; bientôt quelques banquiers et quelques avocats proclamèrent qu'une nation ne devait pas hésiter entre la paix et un homme; puis les plus hardis finirent par prononcer les mots de déchéance ou d'abdication.

Le projet de jeter Napoléon en sacrifice à l'Europe irritée, n'avait d'abord germé que dans quelques esprits; cette pensée ne devait pas tarder à s'étendre. Une circonstance en apparence assez futile, vint la généraliser.

Un grand nombre de citoyens dont les noms étaient mêlés au souvenir des luttes de 1792 et de 1793, s'étaient levés lors du débarquement de l'île d'Elbe et après le 20 mars, pour aider encore une fois au triomphe de l'intérêt révolutionnaire contre les prétentions des poursuivans d'ancien régime et contre les menaces de l'étranger. D'un autre côté, les nombreux volontaires incorporés dans les bataillons de garde nationale mobile, et les fédérés, faisaient entendre à leur passage ou dans les revues, les chants les plus fameux des premiers jours de la révolution. Ces hommes qu'on avait oubliés, ces chants que l'on n'entendait plus depuis quinze ans, jetèrent la classe officielle et les classes bourgeoises dans une véritable épouvante. Tremblantes, éperdues, le spectre de la révolution et celui de la guerre se dressaient devant elles; et personnifiant ce double fantôme dans Napoléon, l'idole du peuple et des soldats, elles virent dans le maintien de ce souverain sur le trône, l'unique péril qu'elles dussent conjurer, dans sa personne un ennemi plus redoutable pour elles que les Prussiens et les Russes. La résolution fut prise de saisir la première occasion pour le renverser.

S'inquiétait-on du successeur? la plupart des hommes de l'aristocratie bourgeoise dans les Cent-Jours, ne voyaient rien au delà du renversement de Napoléon. Il leur semblait qu'une fois ce souverain abattu, les alliés cesseraient leurs armemens et s'arrêteraient, et que la paix se trouvant assurée, les choses, à l'intérieur, s'arrangeraient d'elles-mêmes. Ils ne formaient pas d'ailleurs une opinion, dans le sens politique du mot, encore moins un parti; c'était une agglomération d'égoïsmes isolés qu'unissaient la passion de l'intérêt matériel et une peur commune. Toutefois les esprits actifs, les meneurs songeaient au lendemain. Rappeler Louis XVIII leur semblait impossible. Si vingt-cinq ans d'exil n'avaient rien appris à ce prince, à son frère ni à ses neveux, quelques semaines de séjour en Belgique ne les instruiraient pas : ils reviendraient, le roi avec ses préjugés de prérogative omnipotente, le comte d'Artois, avec son aversion pour la révolution et ses résultats, ses fils avec leur ignorance, tous avec leur entourage de gens de cour et d'émigrés. Qui donc choisir? Ils tournèrent leurs espérances vers le prince qui se trouvait déjà l'objet des vœux d'une fraction du parti royaliste constitutionnel dès la mort de Louis XVI; auquel songeaient également plusieurs chefs royalistes de l'intérieur, fatigués de l'aveuglement des frères et des neveux du dernier roi, de l'impuissance et des folies de l'émigration (1); et dont le nom, prononcé tout haut, avant le retour de l'île d'Elbe, par les adversaires du gouvernement de cour, avait servi de ralliement aux chefs du complot militaire avorté le 11 mars; en un mot, leur pensée s'arrêta sur le duc d'Orléans.

Quelques écrivains, amis du merveilleux et des choses cachées, ont fait du duc d'Orléans, en 1815, un conspirateur et un chef de parti. Ce rôle ne fut pas le sien. Caractère craintif, esprit hésitant, ayant sans doute, comme le disait Mirabeau de son père, le désir toujours tendu vers un résultat qu'il n'osait réaliser (2), ce prince, alors réfugié en Angleterre, se laissait apercevoir sans pourtant se montrer. Il pouvait épier, du fond de sa retraite, le mouvement de l'opinion et la marche des événemens; mais attentif à toute démarche compromettante, il laissait dire et laissait faire ceux qui songeaient à lui donner une couronne, évitant tout à la fois de les enhardir et de les décourager, et s'enfonçant davantage dans la solitude à mesure que les regards qu'il semblait fuir, venaient en plus grand nombre l'y chercher. Ni les trames ni la personne du duc d'Orléans ne furent mêlées aux faits des Cent-Jours; son nom, en revanche, y joua positivement un grand rôle; il était dans la bouche de tous les hommes auxquels la révolution avait donné la fortune et l'influence, et qui repoussaient Napoléon, par amour du repos et de l'immobilité, Louis XVIII par peur de la contre-révolution et par haine contre l'ancienne noblesse. Il n'a pas dépendu de la bourgeoisie de réaliser, lors du retour de l'île d'Elbe comme après Waterloo, la substitution de

---

(1) Mémoires de Puisaye, sur l'insurrection de la Bretagne.
(2) Nous ne donnons que le sens très affaibli du mot de Mirabeau; ses expressions ont une énergie qui rend toute reproduction impossible.

la branche cadette de Bourbon à la branche aînée, et d'introduire dans la politique du gouvernement ce système de paix à tout prix qui était, en 1815, une réaction aveugle contre les longues guerres de la république et de l'empire.

Cependant l'hostilité de cette classe contre l'empereur serait peut-être restée stérile si, emporté par cette fatalité qui s'attache aux hommes dont l'heure est sonnée, Napoléon, après deux mois de dictature, n'avait pas donné à ses adversaires la force qu'ils devaient tourner contre lui, s'il ne leur avait pas mis aux mains l'arme dont ils devaient le frapper. On aurait dit que, fatigué de ces adresses et de ces acclamations populaires qui s'adressaient au chef militaire de la révolution plutôt qu'au monarque, impatient d'échanger ce rôle de généralissime contre celui de souverain, il ne pouvait quitter Paris et entrer en lutte avec les rois de l'Europe, sans avoir vu rangés autour de lui, au moins durant quelques heures, cette foule officielle, ces pouvoirs légaux qu'il avait toujours trouvés si dociles et qui font si bien cortége à la monarchie. La cérémonie du Champ-de-Mai était destinée à les réunir; c'est là que proclamant l'acceptation de l'*acte additionnel* par le peuple et par lui, il devait préluder à la mise en action de la constitution qu'il avait promis de substituer à la charte.

La rédaction de cette constitution, on l'a vu, avait été confiée à Benjamin Constant. Son travail, soumis à l'empereur, fut l'objet de quelques discussions. Napoléon ne disputa pas sur les principes, sur le fond même des choses; toutes les garanties nécessaires dans une constitution représentative furent acceptées par lui sans opposition. Il ne résista que sur deux points (1).

---

(1) Benjamin Constant, *Mémoires sur les Cent-Jours*.

Benjamin Constant avait dégagé la loi nouvelle de tout vestige des constitutions impériales, de ces sénatus-consultes organiques qui avaient fait peser sur la France, pendant douze années, le plus intolérable despotisme ; il avait évité même de faire mention de l'Empire comme antécédent du gouvernement nouveau. « Ce n'est point là ce que j'en- » tends, » dit l'empereur à Benjamin Constant et aux autres membres du conseil d'État réunis sous sa présidence pour délibérer sur le projet de constitution ; « vous m'ôtez tout » mon passé ; je veux le conserver. Que faites-vous donc de » mes onze ans de règne ? J'y ai quelques droits, je pense ; » l'Europe le sait. Il faut que la nouvelle constitution se » rattache à l'ancienne ; elle aura la sanction de plusieurs » années de gloire et de succès. » Napoléon ajoutait quelques autres argumens de *fait*, très plausibles et indépendans de tout intérêt personnel. Les lois civiles et criminelles, l'organisation de l'administration intérieure, la hiérarchie et les attributions de tous les pouvoirs, se rattachaient de près ou de loin aux institutions imposées à la France depuis 1800 jusqu'en 1812. Déclarer toutes ces institutions abrogées, sans rien mettre à leur place, était impraticable ; il n'était guère moins impossible de les remplacer dans un moment où la guerre à soutenir contre l'Europe entière devait remplir tous les instans et absorber toutes les forces. La nouvelle loi, comme le voulait l'empereur, demeura un acte *additionnel* aux constitutions impériales.

Dans son projet, Benjamin Constant avait reproduit l'article de la charte de 1814 qui déclarait la confiscation abolie. L'empereur en exigea la suppression. La discussion fut vive. Napoléon, à qui le mouvement de l'opinion dans la bourgeoisie n'échappait pas, se montra presqu'irrité. « On me » pousse dans une voie qui n'est pas la mienne, s'écria-t-il,

» on m'affaiblit, on m'enchaîne. La France me cherche et
» ne me trouve plus. L'opinion était *excellente*, elle est *exé-*
» *crable*. La France se demande ce qu'est devenu le vieux
» bras de l'empereur, ce bras dont elle a besoin pour domp-
» ter l'Europe. Que me parle-t-on de bonté, de justice
» abstraite, de lois naturelles? La première loi, c'est la néces-
» sité; la première justice, c'est le salut public. On veut que
» des hommes que j'ai comblés de biens s'en servent pour
» conspirer contre moi dans l'étranger. Cela ne peut être,
» cela ne sera pas; chaque Français, chaque soldat, chaque
» patriote aurait droit de me demander compte des richesses
» laissées à ses ennemis. Quand la paix sera faite, nous ver-
» rons. A chaque jour sa peine, à chaque circonstance sa
» loi, à chacun sa nature. La mienne n'est pas d'être un
» ange. Messieurs, je le répète, il faut qu'on retrouve, il
» faut qu'on revoie le vieux bras de l'empereur (1).» Toutes
les observations des conseillers de Napoléon furent vaines;
il demeura inflexible; on dut céder: l'article fut supprimé.

Malgré le maintien de la confiscation, mesure temporaire, arme de guerre dans la pensée de l'empereur; malgré la liaison du nouvel acte avec les constitutions si réprouvées de l'Empire, liaison logique au reste et obligée; malgré les limites que semblait apporter à la souveraineté nationale l'article 67, article inutile et impuissant (2), la constitution impériale des

---

(1) Benjamin Constant, *Mémoires sur les Cent-Jours.* — M. de Lafayette, dans ses *Mémoires,* ajoute ce détail aux observations présentées par l'empereur : « .... Vous l'aurez voulu, disait-il avec colère; on ne reconnaît plus le vieux bras de l'empereur, mais vous le sentirez.... ajoutait-il entre ses dents. »

(2) Cet article contenait l'interdiction absolue du rétablissement des Bourbons et d'*aucun autre prince de cette famille.* On voit percer sous ces derniers mots la préoccupation sérieuse que donnait

Cent-Jours était supérieure en beaucoup de points à la charte et donnait à la liberté de plus larges et de plus sûres garanties. La liberté religieuse était clairement reconnue ; la liberté individuelle était parfaitement assurée ; la liberté de la presse obtenait, pour la première fois, la sauve-garde du jury, même pour les délits n'entraînant qu'une peine correctionnelle ; le pouvoir judiciaire était revêtu d'une réelle inviolabilité ; deux articles soigneusement rédigés écartaient toute possibilité de tribunaux militaires ; aucune levée d'hommes ne pouvait avoir lieu sans le concours du pouvoir législatif ; l'interprétation des lois était enlevée à la puissance exécutive ; enfin, une responsabilité forte et claire était organisée pour tous les agens du pouvoir, et l'article de la constitution consulaire de l'an VIII qui soumet la poursuite de tous les fonctionnaires au bon plaisir du conseil d'État, devait être révisé. La publication de l'*acte additionnel* ne souleva pas moins une immense clameur ; on ne s'inquiéta pas de ses dispositions vraiment libérales, on n'en fit ressortir que les imperfections. Les partisans des Bourbons, absolutistes ou monarchistes constitutionnels, les ennemis de la liberté, quelque forme qu'elle pût revêtir, tous les hommes hostiles à l'Empire ou à l'empereur, se réunirent pour le déchirer. Jamais blâme ne fut plus amer, censure plus unanime. Chaque article fut signalé comme un piége, comme une pierre d'attente pour une future dictature. La grande majorité des critiques proclamaient tout haut Napoléon un despote incurable ; d'autres, et c'étaient précisément

---

à l'empereur la candidature alors publiquement proposée du duc d'Orléans. Benjamin Constant dit, à l'occasion de cet article : « Il fut introduit subitement dans la dernière lecture qui eut lieu avant la promulgation de l'ensemble. Je l'ai toujours attribué à Napoléon lui-même. »

les hommes élevés à son école, lui reprochant de transiger avec l'anarchie, disaient tout bas qu'il était perdu. Ce tumulte d'accusations haineuses ou injustes ne s'étendit pas toutefois au delà de la classe bourgeoise et des régions officielles ; la classe moyenne, le peuple des villes et des campagnes ainsi que les soldats acceptèrent l'acte additionnel sans le commenter, même sans le lire. Que leur importait ? Les destinées, le salut de la France, pour eux, n'étaient point là : ils n'avaient qu'un sentiment, qu'une pensée, sauver l'indépendance nationale ; et les regards tournés vers la frontière, la main sur leurs armes, ils songeaient uniquement à repousser l'Europe qui s'avançait.

L'acte additionnel fut soumis à la sanction du peuple et de l'armée. Des registres ouverts dans les secrétariats de toutes les administrations et de toutes les municipalités, dans les greffes de tous les tribunaux, chez tous les juges de paix et chez tous les notaires, reçurent le vote de chaque citoyen (1). La proclamation du résultat des votes devait se faire au *Champ-de-Mai ;* un premier décret avait indiqué cette solennité pour le 26 mai ; un second la remit au 1er juin ; elle eut lieu ce jour là. Cette assemblée, composée des membres des colléges électoraux de chaque département et

---

(1) La liberté la plus absolue présida à l'expression de chaque vote ; en voici un frappant exemple : Un registre était ouvert au secrétariat de la préfecture de police ; ce fut précisément ce registre qu'un ardent royaliste, M. de Kergorlay, choisit pour y déposer le vote suivant : « Je crois devoir à mes concitoyens, et certainement je me dois à moi-même, d'exposer les motifs qui m'engagent à voter contre l'acceptation de l'acte intitulé : *Acte additionnel aux constitutions de l'empire.* Ces motifs sont que le 67e article de cet acte viole la liberté des citoyens français, en ce qu'il prétend les empêcher d'exercer le droit qu'ils ont de proposer le rétablissement de la dynastie des Bourbons sur le trône. Je suis forcé de protester

de députations de tous les régimens de l'armée et des gardes nationales de toutes les villes, fut brillante. Napoléon retrouva dans cette fête populaire l'enthousiasme et les acclamations des plus beaux jours de l'Empire. La foule était énorme; tout Paris s'était transporté au Champ-de-Mars. Trente mille gardes nationaux de Paris et des départemens dans la plus magnifique tenue, vingt mille hommes de la garde impériale et de la ligne étaient en outre rangés dans l'enceinte intérieure. Les électeurs des départemens se trouvaient placés, au nombre de plusieurs milliers, près de la plate-forme où devait s'accomplir la double formalité de la proclamation du résultat des votes et de la prestation de serment par l'empereur. Lorsque Napoléon parut au pied de l'estrade, trois cents officiers rangés sur le bord extérieur et ayant à la main des drapeaux surmontés de l'aigle impériale et destinés à la garde nationale et à l'armée, saluèrent sa venue en agitant ces glorieux étendards. Un immense cri de *vive l'empereur!* répondit à ce signal. Le cardinal Cambacérès célébra immédiatement la messe; quand elle fut achevée, un des électeurs lut, au nom de ses collègues, une adresse qui fut suivie de la proclamation du résultat des votes. Les votes négatifs ne s'élevaient qu'à quatre mille deux cent six. L'acceptation de l'*acte addition-*

---

contre cet article, parce que je suis convaincu que le rétablissement de cette dynastie sur le trône est le seul moyen de rendre le bonheur aux Français.

» Paris, le 28 avril 1815.

» L.-F.-P. DE KERGORLAY. »

M. de Kergorlay ne se borna pas à écrire son refus; il en fit imprimer les motifs, tels que nous venons de les reproduire, et les distribua partout. Le gouvernement laissa circuler librement cette protestation, et ne songea point à inquiéter son auteur.

nel fut aussitôt proclamée en ces termes par le chef des hérauts d'armes :

« Au nom de l'empereur, je déclare que l'acte addition-
» nel aux constitutions de l'Empire a été accepté par le
» peuple français. »

Les tambours battirent un ban ; Napoléon prit la parole et dit d'une voix forte :

« Empereur, consul, soldat, je tiens tout du peuple. Dans la prospérité, dans l'adversité, sur le champ de bataille, au conseil, sur le trône, dans l'exil, la France a été l'objet unique et constant de mes pensées et de mes actions....

» Français ! en traversant, au milieu de l'allégresse publique, les diverses provinces de l'Empire, j'ai dû compter sur une longue paix.... Ma pensée se portait alors tout entière sur les moyens de fonder notre liberté par une constitution conforme à la volonté et à l'intérêt du peuple. J'ai convoqué le Champ-de-Mai.

» Je n'ai pas tardé à apprendre que les princes qui ont méconnu tous les principes, froissé l'opinion et les plus chers intérêts de tant de peuples, veulent nous faire la guerre. Ils méditent d'accroître le royaume des Pays-Bas, de lui donner pour barrières toutes nos places frontières du Nord et de concilier les différens qui les divisent encore, en se partageant la Lorraine et l'Alsace.

» Il a fallu se préparer à la guerre.

» Cependant, devant courir personnellement les hasards des combats, ma première sollicitude a dû être de constituer sans retard la nation. Le peuple a accepté l'acte constitutionnel que je lui ai présenté...

» Français ! vous allez retourner dans vos départemens. Dites aux citoyens que les circonstances sont grandes ! Qu'avec de l'union, de l'énergie, de la persévérance, nous sortirons victorieux de cette lutte d'un grand peuple contre ses oppresseurs ; que les générations à venir *scruteront sévèrement notre conduite*; qu'une nation a tout perdu quand elle a perdu l'indépendance. Dites-leur que les rois étrangers, que j'ai élevés sur le trône ou qui me doivent la conservation de leur couronne, qui tous, au temps de ma prospérité, ont brigué mon alliance et la protection du peuple français, dirigent aujourd'hui leurs coups contre ma personne. Si je ne voyais que c'est à la patrie qu'ils en veulent, je mettrais à leur merci cette existence contre laquelle ils se montrent si acharnés. Mais dites aussi aux citoyens que tant que les Français me conserveront les sentimens d'amour dont ils me donnent tant de preuves, cette rage de nos ennemis sera impuissante.

» Français! ma volonté est celle du peuple; mes droits sont les siens; mon honneur, ma gloire, mon bonheur, ne peuvent être autres que l'honneur, la gloire et le bonheur de la France. »

Après ce discours qui souleva les acclamations de tous les électeurs réunis près de l'estrade, de tous ceux des spectateurs à qui pouvaient arriver les paroles de Napoléon, l'archevêque de Bourges s'approcha de l'empereur, tenant ouvert le livre des évangiles. Napoléon, la main étendue, prononça ce serment : *Je jure d'observer et de faire observer les constitutions de l'Empire.* Cette formalité remplie, les trois ministres de l'intérieur, de la guerre et de la marine, tenant à la main l'aigle destinée à la 1re légion de la garde nationale parisienne, au 1er régiment de l'armée et au 1er corps de marine, s'avancèrent sur le bord de l'estrade. Napoléon, quittant son manteau impérial, vint se placer près d'eux et, debout sur la première marche, il adressa les paroles suivantes à la foule armée qui remplissait l'enceinte :

« Soldats de la garde nationale de l'Empire, soldats des troupes de terre et de mer! je vous confie l'aigle impériale aux couleurs nationales! Vous jurez de la défendre au prix de votre sang contre les ennemis de la patrie! Vous jurez qu'elle sera toujours votre signe de ralliement! vous le jurez! »

Des cris prolongés, formidables de *nous le jurons!* furent poussés par les gardes nationaux et par les soldats; cent mille voix vinrent y joindre le cri de *vive l'empereur!* On raconte qu'entraîné par cet élan, Napoléon s'écria : «Ah! » je puis reconquérir le monde avec un tel peuple! »

Au centre du Champ-de-Mars s'élevait une construction quadrangulaire, garnie de gradins sur ses quatre faces. L'empereur, après le serment des troupes, monta sur la plate-forme supérieure et s'assit sur un trône découvert d'où ses regards pouvaient embrasser toute l'enceinte. Les gradins furent immédiatement occupés par les maréchaux, par leurs états-majors et par toutes les personnes attachées à la cour. Quand chacun fut placé, cette construction prit la forme d'une immense pyramide où éclataient depuis la base jusqu'au faîte, des aigles, des armes, des plumes et de riches uniformes; au sommet l'empereur; tout autour une plaine de soldats; puis, au delà, une multitude si compacte que les talus formant ceinture ne présentaient qu'un immense tapis de têtes. Bientôt, les baïonnettes, les casques, les cuirasses, les fers et les flammes des lances s'agitèrent et se mirent en mouvement; cent musiques sonnant des airs de guerre retentirent sur tous les points; le défilé commença.

A mesure que les différens corps passaient au pied de la pyramide, Napoléon leur jetait quelques paroles ardentes; il disait aux gardes nationaux de Paris : « Vous jurez de ne jamais souffrir que l'étranger souille de nouveau la capitale de la grande nation! c'est à votre bravoure que je la confierai. » A la députation des Vosges : « Vous êtes mes anciens compagnons! » A celles du Haut et du Bas-Rhin : « Vous avez été les premiers et les plus courageux dans nos désastres! » A celle de la Drôme : « J'ai été élevé au milieu de vous! » A d'autres : « Vos phalanges étaient à Rivoli, à Arcole, à Marengo, à Austerlitz, aux Pyramides! » Enfin, la garde parut : long-temps les acclamations de cette troupe d'élite couvrirent sa voix; il put enfin se faire entendre : « Soldats de la garde impériale, leur cria-t-il, vous jurez de vous surpasser vous-mêmes dans la campagne qui va s'ouvrir; vous jurez de périr tous plutôt que de souffrir que l'étranger vienne dicter des lois à la patrie ! » Tous juraient de mourir pour la France, tous juraient de la sauver. Protestations vaines! enthousiasme stérile! pendant que l'empereur, dans cette solennité, la dernière de son règne, échangeait avec le peuple, avec l'armée, la promesse de défendre le sol national et d'écraser l'ennemi, pendant que les régimens de la garde et de la ligne qui venaient de jurer de se faire tuer, quittaient le Champ-de-Mars pour aller tenir leurs sermens, à quelques pas de là, dans les salles déjà ouvertes du palais législatif, on pouvait voir arriver les hommes qui devaient précipiter la France encore plus bas qu'elle n'était tombée en 1814... Les membres de la chambre des représentans étaient convoqués pour le surlendemain 3 juin (1).

---

(1) Cette journée offrit un exemple de ces vagues pressentimens que l'on trouve à quelques unes des grandes époques de l'histoire. La plupart des contemporains qui ont parlé de cette cérémonie, racontent qu'en entendant les acclamations des troupes, lors du défilé, ils ne purent se défendre d'une profonde impression de tristesse, et que ces cris, poussés dans le Cirque devant les empereurs, leur vinrent involontairement à la mémoire : *Cesar, morituri te salutant!* (César, ceux qui vont mourir te saluent!)

CHAPITRE VII.

Etat militaire de la France au 20 mars 1815; réorganisation des troupes et de tous les services de l'armée; situation du trésor; nos forces au 1er juin. — Formation de sept corps d'armée et de cinq corps d'observation. — Conseils de généraux aux Tuileries; systèmes de guerre proposés plan adopté par l'empereur; ses motifs. — Louis XVIII à Gand; le *journal universel*; démenti à l'occasion du duc d'Orléans; lettre de ce prince en quittant la France; sa famille et Napoléon. — Les journaux *libéraux* de Paris. — Intrigues autour de Louis XVIII; *rapport* de M. de Châteaubriand; tous les ministres de Louis XVIII offrent leur démission. — Intrigues royalistes avec Paris. — Fouché; ses entrevues avec le roi et le comte d'Artois, avant le 20 mars; il reçoit un agent de M. de Metternich; conférences à Bâle entre M. Fleury de Chaboulon et le baron de Werner; proposition pour l'établissement d'une régence au nom du roi de Rome. — Mot de Napoléon; instances auprès de l'empereur pour une seconde abdication. — Marie-Louise. — Déclaration du baron de Gagern; proclamation de Justus Grünner. — Ouverture des deux Chambres à Paris; premières séances; proposition pour refuser le serment. — Séance impériale; discours de Napoléon. — Adresses des deux Chambres; réponses de l'empereur. — Formation d'un conseil du gouvernement. — Napoléon part pour l'armée.

On a dit: Napoléon, au 20 mars, n'aurait pas dû s'arrêter à Paris. Profitant de l'élan qui emportait le peuple et l'armée, il devait marcher droit au Rhin et ne s'arrêter qu'après avoir mis cette barrière entre lui et les coalisés ; alors le théâtre de la guerre se trouvait reporté loin des nouvelles frontières de la France, loin de Paris surtout, et l'empereur ajoutait à ses forces, les forces que lui auraient fournies la Belgique, impatiente de son union avec la Hollande, et les provinces de la rive gauche du Rhin, restées fidèles au souvenir de notre domination.

La pensée d'une invasion immédiate de la Belgique était venue à Napoléon ; trois motifs le décidèrent à y renoncer. Ce fut, en premier lieu, le besoin de prouver à la France et à l'Europe que ses assurances pacifiques étaient sincères, et qu'il n'était plus l'homme de la guerre ni de la conquête. L'état de l'opinion, les fautes sous lesquelles il était tombé, les reproches qui l'avaient poursuivi jusques dans son exil, l'obligeaient à ne tenter le sort des armes qu'après avoir épuisé toutes les chances de conserver la paix. D'un autre côté, si les ordonnances organiques du 12 mai 1814 portaient l'effectif de l'armée à deux cent mille sept cent seize officiers, sous-officiers et soldats, les non valeurs ordinaires dans la troupe, c'est à dire les malades, les détenus, les déserteurs réduisaient ce chiffre à moins de cent soixante-quinze mille hommes, cavalerie et artillerie comprises. Or, en déduisant de ces cent soixante-quinze mille baïonnettes ou sabres, 1° les régimens indispensables à la garde des frontières et au service des places ; 2° les corps nécessaires pour comprimer les efforts insurrectionnels du duc de Bourbon, de M. de Vitrolles, et de la duchesse d'Angoulême dans l'ouest et dans le midi, ainsi que pour arrêter la marche du duc d'Angoulême sur Grenoble et sur Lyon, débuts d'une guerre civile que Napoléon, dans ce cas, laissait derrière lui ; on voit que l'empereur pouvait difficilement entrer en Belgique avec plus de trente-cinq à quarante mille hommes, force évidemment insuffisante, même pour occuper les villes et les territoires envahis. Enfin, la possession de Maëstricht, de Coblentz et de Mayence, donnait aux alliés les principaux passages de la Meuse et du Rhin; ce dernier fleuve, dès lors, avait cessé d'être une barrière entre la France et les coalisés; il fallait reconquérir son cours ainsi que les places qui le maîtrisaient avant de songer à s'abriter derrière lui. Ce n'est point tout : si la France n'était pas préparée à l'attaque, elle ne l'était pas davantage à la défense; tous les élémens d'une résistance, même de quelques semaines, lui manquaient.

Les régimens de cavalerie et d'artillerie ne présentaient guère que des cadres : ces deux armes étaient sans chevaux, l'artillerie sans canons, les arsenaux sans fusils; la presque totalité des bouches à feu, des armes et des approvisionnemens renfermés dans les cinquante-trois places fortes que M. de Talleyrand avait livrées par la convention du 23 avril, étaient devenus la propriété de l'ennemi. Ce qui existait dans plusieurs places de l'intérieur, à La Fère, à Béfort, à Avesnes, par exemple, où les alliés étaient entrés sans coup férir, avait été effrontément enlevé par eux au mépris même des stipulations de l'armistice. Le vide n'avait pas été comble par la restauration; le manque de fonds avait fait abandonner les travaux des arsenaux, suspendre ceux des forges et des poudrières, et réduire à moitié les commandes des manufactures d'armes. D'un autre côté, l'Empire, en étendant ses frontières jusqu'à l'Elbe et jusqu'au Tibre, avait fait de nos anciennes forteresses de première et de seconde ligne, des places pour ainsi dire intérieures; il avait cessé de les entretenir. La restauration, bien que ramenée aux limites de 1790, ne s'en était pas davantage occupée; non seulement elle avait laissé vendre les approvisionnemens de siège et jusqu'aux bois des palissades dont on les avait pourvues à la hâte aux mois de février et de mars 1814, mais elle n'avait pas même songé à retenir les anciennes enceintes ; les murs tombaient. En d'autres termes, la France, au 20 mars, était désarmée et démantelée.

L'Europe n'en était point là. Les discussions du congrès de Vienne, sur la double question de la Pologne et de la Saxe, avaient fait rester les puissances alliées en armes et au grand complet de guerre ; leurs troupes avaient mèche allumée ; quatre dépêches expédiées de Vienne suffisaient pour mettre immédiatement en marche un million de soldats.

La république, en 1792 et en 1793, avait été attaquée dans des conditions bien moins défavorables. La lutte, alors, n'était pas engagée avec toute l'Europe ; la France avait seulement à se défendre contre l'Autriche et contre la Prusse, dont les troupes, peu nombreuses d'ailleurs, et conduites par de vieux théoriciens marchant à pas comptés, s'arrêtaient des mois entiers devant de petites places comme Condé, le Quesnoy, Landrecies et Longwy. A cette époque, d'un autre côté, la France n'était pas épuisée par vingt-cinq ans de guerre. Napoléon mesura le péril : il ne le trouva ni supérieur à ses forces, ni au-dessus des ressources et du courage de la nation ; d'immenses préparatifs étaient nécessaires ; dès le lendemain de son entrée aux Tuileries il s'était mis à l'œuvre.

L'armée, nous l'avons dit, présentait à peine un effectif de cent soixante-quinze mille hommes de toutes armes : vingt mille enrôlés volontaires ; quatre-vingt mille anciens militaires rappelés sous les drapeaux ; vingt-cinq mille vieux soldats entrés dans les cadres des bataillons de garde nationale mobile; trente mille militaires retraités, formant cinquante-cinq bataillons; trois mille anciens canonniers, composant trente-six compagnies; vingt mille soldats de l'ancienne jeune garde, réorganisés sous ce titre; cinq mille grenadiers et chasseurs de la vieille garde, fantassins ou cavaliers, rentrés sous leurs aigles; six mille anciens canonniers gardes-côtes, réorganisés en cinquante compagnies; six mille chasseurs des Pyrénées et des Alpes; douze mille soldats étrangers restés ou accourus en France, et composant huit régimens; en tout, deux cent mille nouveaux soldats, devaient porter le chiffre des troupes à trois cent soixante-quinze mille combattans.

La population virile de la France fut, en outre, divisée en deux classes : les hommes de vingt à quarante ans; ceux de quarante à soixante. Les premiers, formés en garde nationale mobile, devaient fournir quatre cent dix-sept bataillons destinés aux garnisons des places fortes, et à la formation de corps de réserve chargés de concourir à la défense des frontières; c'était une force active de plus de trois cent mille hommes. Les seconds, classés comme gardes nationaux sédentaires, durent former trois mille bataillons, réservés pour la garde et la défense de chaque commune; ils s'élevaient à près de deux millions d'hommes.

Les besoins de la cavalerie étaient immenses. Le temps, en outre, manquait pour dresser les nouveaux chevaux; on démonta les gendarmes, on leur prit douze mille chevaux, qui furent remplacés dès le lendemain.

Toutes les branches du service de l'artillerie furent en même temps réorganisées; vingt mille chevaux, achetés par l'État, pourvurent aux besoins des équipages et du train, dont les escadrons furent quintuplés; les forges, les fonderies furent en activité jour et nuit.

Il fallait immédiatement armer les deux cent mille volontaires ou vieux soldats entrés dans les régimens de ligne, ainsi que les quatre cent dix-sept bataillons de garde nationale mobile ; les manufactures d'armes triplèrent leurs produits, et dix grands ateliers organisés à Paris et employant de six à sept mille ouvriers ébénistes, ouvriers en cuivre, garçons horlogers ou ciseleurs, purent fabriquer ou réparer jusqu'à trois mille fusils par jour. Il y eut alors, dans la capitale, plus d'activité sous ce rapport qu'en 1793. Des ateliers d'habillement, de sellerie et de charronage furent, en outre, ouverts sur tous les points du territoire.

Tout ce travail d'armement et d'organisation était calculé de manière à donner à l'empereur, vers le milieu de juillet, outre les régimens de ligne et les bataillons de garde nationale mobile destinés aux garnisons des places fortes, un effectif de trois cent mille hommes en état de tenir campagne. A la fin de mai, l'artillerie comptait déjà cent batteries attelées ; deux cent cinquante mille fusils avaient été fabriqués ou réparés, et deux cent quarante bataillons de garde nationale, présentant un effectif de cent cinquante mille hommes, complètement armés et organisés, étaient arrivés à leur destination. Cent cinquante places ou forts furent réparés, armés ou approvisionnés en munitions de guerre ; on poussa avec une extrême activité la mise en état de défense ainsi que l'armement et l'approvisionnement de vingt places ouvertes de l'intérieur, de Paris et de Lyon entr'autres ; les côtes furent également armées, et l'on fortifia les passages ainsi que les positions les plus importantes de nos frontières.

Ce prodigieux effort fut l'œuvre d'environ *cinquante jours*. Napoléon travaillait seize heures sur vingt-quatre. Chaque matin il se faisait rendre compte du nombre et de la nature des ouvriers employés ainsi que du produit de leur travail. Il savait combien de temps il fallait à un tailleur pour confectionner un habillement, à un charron pour construire un affût, à un armurier pour monter un fusil ; il connaissait la quantité des armes en bon ou en mauvais état de chaque arsenal. « Vous trouverez, écrivait-il au ministre de la » guerre, dans *tel* arsenal, *tant* de vieux fusils, *tant* de dé- » molitions ; mettez y cent ouvriers, et dans huit jours ar- » mez cinq cents hommes. » Malgré son activité, ces merveilleux résultats n'auraient cependant pas été possibles si l'élan populaire ne l'avait point secondé. L'enthousiasme et le patriotisme du peuple et de l'armée firent la moitié du travail. On a vu dans le précédent chapitre avec quel entraînement la population virile des villes et des campagnes courait remplir les vides des régimens de ligne et les cadres des bataillons de garde nationale mobile (1) ; la population sédentaire ne mettait pas moins de zèle à élever les ouvrages ordonnés par l'empereur pour la défense du territoire. A Paris, chaque jour de nombreux détachemens de gardes nationaux et de fédérés travaillaient à tour de rôle aux fortifications élevées au nord de la ville. Dans les Vosges, dans le Jura et dans l'Argonne, c'étaient les habitans eux-mêmes qui fortifiaient, sous la conduite d'officiers du génie, les rampes et les défilés de ces contrées.

---

(1) On lisait le 26 mai, dans le *Moniteur*, sous la rubrique d'Auxerre, 20 mai : « Aujourd'hui le second bataillon des gardes nationales, formé à Auxerre, s'est mis en marche par Auxonne. Le dernier des sept bataillons de ce département part de Joigny ; ainsi, les dispositions du décret du 1er mai se trouvent exécutées : en *dix jours* plus de cinq mille hommes, appelés des différens points de ce département, ont été organisés en bataillons et mis en route. »

La facilité avec laquelle le ministre des finances et le ministre du trésor pourvoyaient à ces dépenses énormes, était l'objet de l'étonnement général. Tous les services se faisaient argent comptant; la plupart des fournisseurs et des entrepreneurs obtenaient même des avances; la dette publique et les pensions, en outre, étaient servies avec la plus grande exactitude. Cependant toutes les dépenses de l'intérieur, loin d'être diminuées, se trouvaient augmentées, et le grand système des travaux publics avait repris dans tout l'Empire. « On voit bien, disaient les ouvriers, que le grand » entrepreneur est de retour; tout était mort, tout renaît; » nous étions oisifs, aujourd'hui nous sommes tous occu- » pés. » On croyait généralement que l'empereur avait retrouvé cent millions en or de son trésor des Tuileries; le seul trésor qu'il avait retrouvé était l'affection et le patriotisme du peuple, ainsi que la bonne volonté non seulement de la masse de la nation, mais aussi de quelques capitalistes français et hollandais. Le trésor public négocia quatre millions de rentes de la caisse d'amortissement à cinquante pour cent, qu'il remplaça en crédits de bois nationaux; cela lui produisit, net de tous escomptes, quarante millions, argent comptant, qui rentrèrent avec une incroyable rapidité. Louis XVIII avait quitté Paris avec une telle précipitation qu'il n'avait pu emporter ni l'argenterie de la couronne estimée six millions, ni les fonds des nombreuses caisses publiques répandues dans toute la France; il s'y trouvait cinquante millions. Grâce à ce secours, *les contributions ne furent point augmentées;* de son côté, le peuple, sur tous les points, s'empressait d'en accélérer le paiement. Enfin, les dons gratuits étaient nombreux; il est des départemens où ils dépassèrent un million. A toutes les parades, des citoyens inconnus s'approchaient de l'empereur et lui remettaient des paquets de billets de banque. Plusieurs fois, à sa rentrée dans les appartemens des Tuileries, il put donner au ministre du trésor quatre-vingts ou cent mille francs reçus ainsi. Ces offrandes, dont nous avons rapporté un exemple, ne pouvaient produire des sommes bien considérables ; mais elles sont un témoignage du patriotique élan qui animait la masse de la nation.

L'empereur comptait sur un état militaire de huit à neuf cent mille hommes complètement armés, habillés et organisés, pour le 1er octobre. Le problème de l'indépendance française consistait donc à pouvoir éloigner les hostilités jusqu'à cette date. Les mois de mai, de juin, de juillet, d'août et de septembre étaient nécessaires, mais ils suffisaient. « A cette époque, les frontières de l'Empire, a dit Napoléon, eussent été des frontières d'airain qu'aucune puissance humaine n'aurait pu entamer. »

Malheureusement l'Europe, restée sous les armes, était prête depuis long-temps, et, dès le 1er avril, ses forces s'étaient mises en marche. Vers le milieu du mois de mai, deux de ses armées, commandées par Blücher et par Wellington, campaient déjà sur la Meuse et sur l'Escaut, et les dernières troupes russes, parties de la Pologne, étaient attendues sur le Rhin dans les derniers jours de juin. Un tableau présenté par lord Castlereagh à la chambre des communes d'Angleterre, portait à *douze cent mille* le nombre des soldats que la coalition s'apprêtait à lancer une seconde fois contre nous. La France, à la date du 1er juin, ne pouvait encore opposer à cette formidable masse d'envahisseurs, que le sixième environ de combattans. Cinq cent cinquante mille hommes de troupes de ligne et de garde nationale mobile se trouvaient, à la vérité, dans les rangs de l'armée active, dans les places fortes et dans les dépôts ;

mais, sur ce chiffre de soldats, *deux cent dix-sept mille* seulement étaient complètement armés, habillés et instruits, et *disponibles* pour entrer en campagne.

Si la France, du moins, n'avait eu à faire face que sur un seul point de ses frontières ! mais toutes étaient menacées ; et en même temps que les Anglais, les Hollandais et les Prussiens se préparaient à entrer par la Belgique ; les Russes, les soldats de la Confédération germanique, les Autrichiens, les Piémontais et les Espagnols devaient pénétrer à leur tour par les provinces du Rhin, par la Suisse et la Savoie, par les Alpes maritimes et par les Pyrénées.

L'empereur, dans le cours du mois de mai, avait divisé les troupes alors disponibles en sept *corps d'armée* et en cinq *corps d'observation.* Cinq des sept corps d'armée (les 1er, 2e, 3e, 4e et 6e) étaient destinés, avec la garde impériale, à agir sous les ordres directs de Napoléon et à former la *Grande-Armée* proprement dite ; les deux autres corps d'armée (les 5e et 7e), ainsi que les quatre premiers corps d'observation placés sous les ordres des généraux Rapp et Lecourbe, des maréchaux Suchet et Brune, des généraux Clausel et Decaen, ayant leurs quartiers-généraux à Strasbourg, à Béfort, à Chambéry, à Toulon, à Bordeaux et à Toulouse, étaient destinés à soutenir, dans ces directions, le premier effort de l'ennemi, à entraver sa marche, à servir de point de ralliement et de point d'appui aux bataillons mobilisés de la garde nationale et à l'insurrection des campagnes. Le cinquième corps d'observation devait maintenir dans l'obéissance les provinces royalistes de l'Ouest. Ces sept corps, pris isolément, étaient peu considérables ; mais ils diminuaient dans une notable proportion le chiffre des troupes dont l'empereur pouvait personnellement disposer. La Vendée vint encore réduire ce nombre. Des soulèvemens fomentés par les Anglais, dans les premiers jours de mai, obligèrent Napoléon de changer le corps d'observation de l'Ouest en *armée de la Vendée*, et d'envoyer dans cette partie de la France, sous les ordres du général Lamarque, quinze mille hommes d'excellentes troupes, dont le secours, on le verra, aurait suffi pour changer les destins de la campagne qui allait s'ouvrir (1).

Si l'on déduit de l'effectif que présentait déjà l'armée au

---

(1) La force des deux corps d'armée (5ᵉ et 7ᵉ) et des cinq corps d'observation chargés de couvrir nos différentes frontières autres que celles de la Belgique, et de contenir les royalistes de l'ouest, s'élevait, dans les premiers jours de juin, à 85,000 hommes. En voici le détail :

5ᵉ *corps*, dit *armée du Rhin*. (Strasbourg.) — Comte *Rapp* : 15,000 h. d'infanterie et 1,800 h. de cavalerie. Total . 16,800 h.

7ᵉ *corps*, dit *armée des Alpes*. (Chambery.) — Maréchal *Suchet* : 19,000 h. d'infanterie et 1,600 h. de cavalerie. Total................................. 20,600

Corps d'observation du Jura. (Béfort.) — Comte *Lecourbe* : 9,500 h. d'infanterie et 1,200 h. de cavalerie. Total................................. 10,700

Corps d'observation du Var. (Toulon.) — Maréchal *Brune* : 6,800 h. d'infanterie et 500 h. de cavalerie. 7,300

Corps d'observation des Pyrénées. (Toulouse.) Comte *Decaen* : 2,000 h. d'infanterie et 500 h. de cavalerie. Total................................. 2,500

Corps d'observation du Midi. (Bordeaux.) — Comte *Clausel* : 2,000 h. d'infanterie et 500 h. de cavalerie. Total................................. 2,500

Armée de la Vendée. — Comte *Lamarque* : 21,200 h. d'infanterie, et 3,500 h. de cavalerie. Total......... 24,500

Récapitulation : Infanterie, 75,500 h. et 9,400 h. de cavalerie. Total................................. 84,900 h.

1ᵉʳ juin (217,000 hommes), les deux corps d'armée et les cinq corps d'observation dont nous venons de dire la destination, on voit qu'à cette date l'empereur pouvait difficilement réunir sous sa main plus de cent vingt-cinq mille combattans. Dans cette position, fallait-il ne rien entreprendre avant que l'armement de la France fût complet, et se résoudre à attendre la coalition sous les murs de Paris; ou bien, prenant l'avance sur les alliés et prévenant la jonction de toutes leurs masses, l'empereur devait-il se jeter avec ces cent vingt-cinq mille hommes, sur les Anglais et sur les Prussiens déjà réunis à Bruxelles et à Namur? La question fut discutée dans plusieurs conseils de généraux.

Les uns proposaient de rester sur la défensive; ils voulaient que toutes les places fortes fussent bien armées et approvisionnées pour six mois; que de nombreux bataillons de garde nationale y tinssent garnison, et qu'en cas d'invasion, toutes les troupes de ligne, formées en corps d'armée, eussent l'ordre de se retirer lentement devant l'ennemi et de se concentrer sous Paris et sous Lyon, où d'immenses magasins de toute espèce se trouvaient déjà disposés. Ils disaient : en supposant que les alliés commencent les hostilités le 15 juillet, ils ne pourront arriver dans le rayon de Paris que le 15 août. Nos régimens, dans ce cas, auront deux mois de plus pour augmenter leurs forces; le soulèvement de la Vendée sera étouffé; les fortifications de Paris et de Lyon seront terminées, et les différens corps destinés à couvrir Paris, au lieu de cent vingt mille hommes

---

Nous donnons, dans le chapitre suivant, la composition et la force des 1ᵉʳ, 2ᵉ, 3ᵉ, 4ᵉ et 6ᵉ corps d'armée, ainsi que de la garde impériale.

disponibles qu'ils présenteront au 15 juin, en auront deux cent mille. Ces deux cent mille hommes de troupes de ligne, manœuvrant autour de la capitale alors couverte par de bonnes fortifications, défendue par une artillerie nombreuse et gardée par 60,000 gardes nationaux mobilisés ou anciens militaires organisés en bataillons de tirailleurs, empêcheront les alliés d'approcher des murs de Paris, sous peine de s'exposer à une perte certaine. Le même système serait suivi pour Lyon, où l'on réunirait cinquante mille hommes de toutes armes. En admettant, d'ailleurs, que l'ennemi ose s'avancer sur ces deux grands centres de résistance, même au nombre de cinq à six cent mille hommes, la nécessité où il se trouverait de masquer cinquante places fortes, de laisser derrière lui des détachemens assez forts pour contenir nos corps de partisans ainsi que l'insurrection des campagnes, et pour garder ses communications, ne lui permettrait pas d'arriver avec des moyens suffisans. Sa marche dans l'intérieur, en outre, aurait pour résultat de soulever tous les départemens envahis ou menacés, c'est à dire la France entière, plusieurs millions d'hommes. Placés en face de tant de périls, les chefs coalisés deviendront nécessairement hésitans et finiront par traiter.

D'autres généraux disaient : les armées alliées ne peuvent agir simultanément que dans le courant de juillet ; l'empereur, en envahissant la Belgique vers le 15 juin, n'aura donc devant lui que les seules troupes de Blücher et de Wellington ; en réunissant la masse de ses forces de ce côté, il peut espérer de disperser les Anglais et de rejeter les Prussiens au delà du Rhin. Ce succès nous donne cause gagnée : à Londres, le ministère est immédiatement renversé ; sur le continent, les Belges se lèvent en masse, leurs troupes reviennent sous leur ancien étendard, et celles de la rive gauche du Rhin, de la Saxe, de la Bavière et du Wurtemberg se tournent également de notre côté. Pendant ce temps, tous les détachemens qui s'organisent dans les dépôts, tous les bataillons de garde nationale soldée qui complètent leur armement et leur instruction dans les places fortes, deviendront disponibles, et l'armée active pourra présenter sur le Rhin un chiffre de soldats presque égal à celui des armées russe et autrichienne. Alors, forts de notre nombre, maîtres déjà de la Belgique et de la barrière du Rhin, nous pourrons obtenir, avec une paix solide, ces frontières naturelles de la France que l'empereur n'a jamais voulu céder.

Napoléon ne choisit pas entre ces deux systèmes ; il les adopta l'un et l'autre, mais en combinant leurs dispositions de manière à ce que le plan défensif devînt la suite du plan d'attaque. Il résolut de compléter les préparatifs destinés à faire de Paris et de Lyon les deux grands pivots de la résistance nationale, et de réunir sur la frontière belge les troupes avec lesquelles il prendrait l'offensive. Dans le cas où l'attaque n'aurait pas le succès espéré, rien ne se trouvait compromis ; l'armée se repliait sur Paris et sur Lyon, et l'on mettait à exécution toutes les dispositions faites pour la défense ; on recourait au second plan. Sans doute il y avait désavantage à revenir au système de résistance après avoir échoué en prenant l'offensive ; mais ce désavantage ne pouvait être mis en balance avec l'espoir de détruire l'armée anglaise, d'établir sur nos frontières une guerre réglée et d'ébranler la coalition par un coup de tonnerre.

Deux motifs paraissent avoir exercé une grande influence sur la détermination de l'empereur à prendre l'initiative : l'attaque lui semblait plus conforme que la défense au caractère et au génie de la nation ; en second lieu, il lui répugnait d'abandonner sans défense aux ravages de l'ennemi, dès le début de la campagne, les provinces les plus dévouées à la cause nationale, l'Alsace, la Lorraine, la Bourgogne, la Franche-Comté, les départemens de la Meuse, le Dauphiné, la Picardie et les environs de Paris (1).

Au moment où l'empereur prenait le parti de tourner son premier effort contre Blücher et Wellington, le premier de ces généraux, à Namur, était occupé à réprimer la mutinerie de plusieurs régimens saxons incorporés dans son armée, et dont l'irritation contre les décisions du congrès de Vienne et contre la domination des Prussiens, se traduisait en cris de *vive Napoléon!* et le second, à Bruxelles, s'efforçait de ramener le calme dans la petite cour de Gand, alors agitée par la discorde et par l'intrigue.

Louis XVIII, nous l'avons dit, avait été rejoint à Gand par le comte d'Artois et par le duc de Berry ; ces deux princes s'établirent dans un hôtel garni de la place Royale; le roi prit sa demeure dans un hôtel particulier. Le duc d'Angoulême et le duc de Bourbon ne devaient pas quitter l'Espagne. La duchesse d'Angoulême partageait son temps entre Londres et la Belgique. Le vieux prince de Condé, descendu lors de son arrivée à Bruxelles, dans un hôtel garni, y demeura. Le duc d'Orléans dut rester confiné en Angleterre.

MM. de Blacas et de Jaucourt composèrent à eux seuls, durant les premiers jours, le ministère de la royauté exilée. M. de Jaucourt fut chargé par *intérim* des portefeuilles des relations extérieures et de la guerre ; M. de Blacas réunit dans ses mains tous les autres départemens. Cependant lorsque le duc de Feltre, le baron Louis, le général Beurnonville, et MM. de Châteaubriand, de Lally-Tolendal et

---

(1) Général Gourgaud, *Campagne de 1815*, écrite à Sainte-Hélène.

Beugnot, arrivés successivement, se trouvèrent réunis, Louis XVIII composa un conseil où les titres furent ainsi distribués : M. de Blacas garda le portefeuille de la maison du roi ; M. de Jaucourt conserva l'*intérim* des affaires étrangères dont le prince de Bénévent restait titulaire ; MM. Clarke, Louis et Beugnot reprirent leurs titres de ministres de la guerre, des finances et de la marine ; M. de Châteaubriand, à qui l'on donna le titre d'ambassadeur de Suède pour lui faire une position officielle, eut l'*intérim* de l'intérieur dont le titulaire, l'abbé de Montesquiou, resté en France, se réfugia plus tard en Angleterre ; MM. de Lally-Tolendal et Beurnonville furent ministres d'état ; enfin la police fut confiée à M. Anglès.

Il peut sembler étrange que Louis XVIII, roi sans royaume, souverain sans sujets, constituât tout ce simulacre d'administration. On comprend les charges de cour, même dans l'exil ; le service de la personne est indépendant de l'exercice d'une effective royauté. Mais Louis XVIII entendait ne pas interrompre son règne ; il tenait à prouver que la monarchie restait entière et que la présence de Napoléon aux Tuileries ne pouvait suspendre un seul instant l'existence de son gouvernement. Les titres de ses ministres ne leur donnaient pas de fonctions ; l'envie leur vint de se livrer à un travail politique : ils créèrent un journal.

Ce journal avait quatre ministres pour principaux rédacteurs (1) ; il parut le 14 avril, sous le titre de *Moniteur universel*. Ce titre souleva les réclamations de M. de Fagel,

---

(1) MM. de Châteaubriand, de Lally-Tolendal, de Jaucourt et Beugnot. MM. Bertin, propriétaires du *Journal des Débats* et réfugiés à Gand, en étaient également les collaborateurs fort actifs ; ils dirigeaient la partie matérielle. Le *Journal universel* ne paraissait que les *mardi* et *vendredi* de chaque semaine.

qui représentait le roi des Pays-Bas auprès de Louis XVIII et qui composait, avec le général Pozzo di Borgo, envoyé de Russie, lord Stewart, envoyé d'Angleterre, et le baron de Vincent, envoyé d'Autriche, le personnel diplomatique réuni près de la cour exilée. La publication d'un *Moniteur*, organe d'un pouvoir autre que celui de son maître, tendait à constituer, disait M. de Fagel, un gouvernement dans un gouvernement. Les ministres de Louis XVIII se soumirent; le titre fut immédiatement changé; la feuille bourbonienne, dès son second numéro, devint *Journal universel*.

Ce journal avait débuté par la publication de deux ordonnances datées de Lille, le 23 mars. La première défendait à tous les Français de payer au gouvernement *dit* impérial aucune espèce d'impôt direct ou indirect, déclarant nulles toutes quittances ou reçus délivrés par les agens de ce gouvernement. La deuxième portait également défense à tous les Français d'obéir à aucune loi de conscription ou de recrutement, et les autorisait à s'y soustraire, même *à main armée*. Cette dernière prescription n'était rien moins qu'un ordre de guerre civile. Deux pièces émanées de M. Lainé venaient ensuite : l'une était la protestation que nous avons reproduite dans le précédent chapitre (1); la seconde était une déclaration dont voici le début et la conclusion :

« Comme le duc d'Otrante, se disant ministre de la police, m'outrage assez pour me faire dire que je peux rester en sûreté à Bordeaux et vaquer aux travaux de ma profession, je déclare que si son maître et ses odieux agens ne me respectent pas assez pour me faire mourir pour mon pays, je les méprise trop pour recevoir leurs outrageans avis... Non ! je ne serai jamais soumis à Napoléon Bonaparte; et celui qui a été honoré de la qualité de chef des représentans de

---

(1) Voyez page 330 de ce volume.

la France, aspire à l'honneur d'être, en son pays, la première victime de l'ennemi du roi, de la patrie et de la liberté. »

Les aspirations de M. Lainé au rôle de victime ne furent pas entendues ; le gouvernement des Cent-Jours lui refusa obstinément les honneurs du martyre ; il dut se résoudre à rester à Bordeaux sans être inquiété et à exercer paisiblement sa profession d'avocat.

On lisait dans le second numéro :

« Parmi les impostures auxquelles Bonaparte est contraint d'avoir recours, il en est une dont l'infamie égale l'absurdité, et que nous devons démentir ; il a fait répandre dans Paris et dans les départemens qu'avant de sortir de France, M. le duc d'Orléans, s'acquittant d'un ordre du roi, avait délié les troupes françaises de leur serment de fidélité. Ce mensonge grossier ne peut, il est vrai, soutenir le plus léger examen, puisque le roi n'a passé la frontière que peu d'heures avant M. le duc d'Orléans, et qu'en supposant à S. M. une pensée aussi contraire à son honneur et à ses intérêts, elle n'aurait point eu besoin d'intermédiaire pour faire cette étrange déclaration. Mais c'est une nouvelle preuve des craintes que donnent à Buonaparte les remords que commencent à éprouver les soldats qui, tôt ou tard, apercevront la honte d'une criminelle défection. »

Le bruit auquel le *Journal universel* donnait un si bruyant démenti, reposait sur une lettre écrite par le duc d'Orléans au maréchal Mortier, et qui caractérise le rôle distinct que ce prince continuait à garder au milieu des siens. Rentré comme eux à la suite de l'invasion, obligé de s'éloigner avec eux, il lui en coûtait sans doute de quitter encore la France sans laisser aux hommes politiques ou d'affaires qui désiraient lui réserver le trône, un nouveau motif de séparer sa personne de celle des autres membres de la famille de Bourbon. Il lui était difficile d'atteindre ce but et de ne pas exciter les colères de Louis XVIII ; il y parvint cependant, en adressant, lors de son départ de Lille, les lignes suivantes au maréchal Mortier :

« Je vous remets en entier, mon cher maréchal, le commandement que j'avais été si heureux d'exercer avec vous dans le département du Nord. Je suis trop bon Français pour sacrifier les intérêts de la France, parce que de nouveaux malheurs me forcent à la quitter ; je pars pour m'ensevelir dans la retraite et l'oubli. Le roi n'étant plus en France, je n'ai plus d'ordres à vous transmettre en son nom, et il ne me reste qu'à vous dégager de l'observation de tous les ordres que je vous avais transmis, en vous recommandant de faire tout ce que votre excellent jugement et votre patriotisme si pur vous suggèreront de mieux pour les intérêts de la France, et de plus convenable à tous les devoirs que vous avez à remplir. »

Cette lettre, simple adieu dans sa forme, laissait percer sous chacune de ses expressions des sentimens qui devaient causer de l'humeur à Gand, sans que Louis XVIII cependant pût y trouver la matière d'une publique accusation. En France, elle produisit l'effet que son auteur pouvait en attendre. Napoléon lui-même, à cette occasion, servit activement les intérêts du prince. « Cette lettre fait honneur au duc d'Orléans, dit-il au duc de Bassano après l'avoir lue ; *celui-là a toujours eu l'âme française.* » Cette parole fut recueillie ; les royalistes constitutionnels la répétèrent avec complaisance ; elle devint bientôt le mot de ralliement de tous les hommes que le rétablissement de l'Empire ainsi que le retour de l'ancien régime comptaient pour communs adversaires. On ajouta de nombreux détails au fait qui l'avait produite ; on parla de sermens remis ; on citait ces mots adressés, disait-on, par le même personnage au colonel Athalin : « Allez, Monsieur, reprendre la cocarde nationale : je m'honore de l'avoir portée, et je voudrais pouvoir la porter encore. » Ces propos furent connus à Gand. L'aigreur et la violence du démenti du *Journal Universel* disent assez le mécontentement qu'ils y avaient causé (1).

Napoléon, au reste, ne s'était pas borné à des complimens stériles pour le duc d'Orléans. Il avait traité la famille de ce prince avec des égards tout particuliers : non seulement la mère du duc (veuve de Philippe-Égalité) et sa tante (la duchesse de Bourbon) reçurent l'autorisation de rester à Paris, mais la première obtint du gouvernement impérial une indemnité annuelle de 300,000 fr., et la seconde une in-

---

(1) On lit dans les *Mémoires* du duc de Rovigo (t. VII) : « En même temps que l'on apprit le départ du roi, de Lille, on sut qu'un individu qui s'y trouvait avait tenu ce langage au duc d'Orléans : « Voilà la branche aînée qui a fini ; Bonaparte s'usera vite :
» ce sera naturellement vous qu'on appellera. N'allez point dans
» les armées qui vont faire la guerre à la France ; retirez-vous
» paisiblement en Angleterre, et laissez faire le temps.
» Cette conversation avait été rapportée à Paris par quelqu'un qui disait l'avoir entendue. »
Le duc d'Orléans, peu de temps après son arrivée en Angleterre, se mit en correspondance avec lord Wellington ; il donnait, dans une de ses lettres, son opinion sur la ligne de conduite que devait suivre Louis XVIII, et s'efforçait de faire approuver par le généralissime anglais les motifs qui le tenaient éloigné de la petite cour de Gand ; ce dernier lui adressa de Bruxelles, le 6 juin 1815, une réponse où on lit : « .... Je diffère grandement avec Votre Altesse dans mon opinion relative à la manière dont le roi doit se conduire.... Le roi doit se mettre *lui-même* en avant.... Quant à Votre Altesse, j'avoue que je ne sais pas comment elle aurait pu agir différemment jusqu'à ce moment. Il n'est pas nécessaire d'énumérer les différentes raisons que vous avez eues de vous tenir éloigné de la cour depuis qu'elle est à Gand ; je les comprends toutes. Mais si, comme il faut l'espérer, l'entrée et les premiers succès des alliés en France engageaient le peuple à se montrer, assurément Votre Altesse regarderait comme un devoir de se mettre au service de Sa Majesté... »
(*Recueil des dépêches du duc de Wellington.*)

demnité également annuelle de 50,000 écus. L'empereur, à la vérité, ne connaissait pas encore à cette date (derniers jours de mars), le but réel du mouvement militaire qui, lors de son retour, avait éclaté dans les garnisons du Nord. Trompé, on l'a vu, par Fouché le soir même de son arrivée, il avait regardé cette levée de boucliers comme une diversion tentée pour faciliter sa marche. Les généraux compromis dans cette échauffourée n'avaient garde de démentir le duc d'Otrante. Ce fut seulement à quelques semaines de là que Napoléon sut la vérité. Cette découverte lui causa une impression pénible. On pouvait donc, lui vivant, songer à renverser les Bourbons, à leur donner un successeur, et laisser dans l'oubli ses droits, ses titres et sa personne! L'article 67 de l'*acte additionnel* témoignait, ainsi qu'on a pu le remarquer, des sérieuses préoccupations que lui donnait la candidature du duc d'Orléans, et on l'entendit répondre avec un accent de reproche à plusieurs généraux qui lui disaient que le retour de l'île d'Elbe était espéré et attendu : *ce n'est pourtant pas Louis XVIII que je suis venu détrôner* (1)!

---

(1) Malgré cette conviction, l'empereur persista long-temps à penser que quelques uns des généraux compromis dans l'échauffourée du 9 mars, avaient été *trompés* sur le but réel de cette tentative, et que ceux là, du moins, agissaient pour lui. L'un d'eux, après Waterloo, lorsque Napoléon s'apprêtait à quitter la France, lui écrivit pour lui demander de l'accompagner et chargea de sa lettre le général Lallemand, qui voulait aussi sortir de France par cette voie. On lit, à ce sujet, dans les *Mémoires* du duc de Rovigo : « Lallemand nous rejoignit à Niort, lorsqu'il n'y avait plus rien à espérer ni pour le fils de l'empereur, ni pour le duc d'Orléans; parti avec n'importe lequel il avait une position toute faite. L'empereur daigna me donner communication de la lettre qu'il avait apportée; je lui dis ce que j'en pensais. Mon opinion lui

Les nouvelles étrangères tenaient la plus grande place dans le *Journal Universel*. Traités, notes diplomatiques, *memorendum*, armemens, marches de troupes, tous les actes, tous les faits qui témoignaient de l'ardeur et de l'activité des puissances alliées à envahir une seconde fois la France, étaient enregistrés dans ce journal avec le plus grand luxe de publicité. Ses emprunts aux journaux de Paris étaient rares et peu étendus. Ce n'étaient pas les feuilles royalistes qui venaient en aide à la polémique des ministres inoccupés de Louis XVIII, mais quelques journaux organes de la classe bourgeoise. Le *Censeur Européen*, entre autres, rédigé par des légistes et par quelques professeurs en droit politique, avait surtout les honneurs de la reproduction. Au moment où l'Europe en armes s'apprêtait à fondre sur la France, lorsque nos soldats et nos gardes nationaux couraient à la frontière, ce journal n'avait pas honte de publier les lignes suivantes, que le *Journal Universel* citait comme une preuve de l'irritation causée dans toutes les classes par « l'intolérable tyrannie de la soldatesque de l'usurpateur : »

« L'ordre de l'*Eteignoir* étant tombé, ne serait-il pas possible

---

déplut, il me le témoigna et me dit que je ne voyais qu'à travers les passions auxquelles je me laissais aller. Je lui répliquai : « Fort
» bien, Sire, ne me croyez pas ; mais pour votre satisfaction per-
» sonnelle, avant peut-être de nous quitter pour jamais, deman-
» dez à Lallemand, qui était dans tout cela, pour qui l'on travaillait
» lorsque vous êtes revenu. » L'empereur me prit au mot et me dit d'appeler Lallemand ; je le fis et assistai à la conversation. L'empereur demanda au général pour qui on travaillait avant qu'il revînt. *Pour le duc d'Orléans*, lui répondit Lallemand. L'empereur nous renvoya l'un à l'autre et mit en lambeaux la réponse qu'il avait faite à la dépêche que ce général lui avait apportée. T. VIII, p. 254.

de le remplacer par un autre qui, sans être moins avantageux au progrès des ténèbres, serait cependant plus analogue aux circonstances? Il nous semble que l'ordre du *Sabre* aurait évidemment ce double résultat.

» — Un des rédacteurs du *Mercure* s'occupe, dit-on, d'un ouvrage qui, vu les circonstances, ne pourra manquer de faire une grande sensation; il a pour titre : *De l'influence de la moustache sur le raisonnement et de la nécessité du sabre dans l'administration.*

» — Qu'est-ce que la gloire? Un lion qui fait trembler tous les animaux de la contrée a-t-il de la gloire?

» — La bravoure, considérée en elle-même, est-elle une qualité estimable? Mérite-t-il l'estime des hommes, celui qui brave les voyageurs pour leur enlever leur bourse? Celui qui brave les mers pour enlever des esclaves ou qui brave des armées pour mettre des peuples en servitude? Nous abandonnons ces questions à la méditation des journalistes, qui ne cessent de nous parler de *braves* et de *bravoure.* »

Les hommes qui, peu de jours avant la bataille de Waterloo, profitaient de la liberté illimitée de la presse pour tenir ce langage, ceux qui applaudissaient en France à ces lâches pauvretés, prenaient alors le titre de *libéraux* et devaient le conserver sous la seconde restauration (1).

---

(1) Le *Journal universel* avait cependant ses nouvelles particulières de Paris; on lui écrivait de cette capitale :

« M. de Montron, en arrivant de Vienne, a reçu des coups de bâton par ordre du commandant prussien près de la frontière de France. » — « J'apporte la nouvelle du commencement des hostilités, » a dit M. de Montron dans la maison où il dînait le jour de son arrivée.

» — Les maréchaux Saint-Cyr et Oudinot sont gardés à vue.

» L'infâme Ney, lui-même, pour s'être avisé de faire le républicain dans sa tournée militaire, est exilé à sa terre des Coudreaux près de Châteaudun. »

M. de Montron, dont parle le *Journal universel*, était un de ces effrontés entremetteurs d'intrigues politiques, qui, prenant de toutes mains, vendant toutes choses et tout le monde, ont l'art de louer très

La rédaction et la lecture du *Journal universel* pouvaient difficilement remplir les loisirs donnés à la petite cour de Gand, par l'isolement où la tenait sa profonde impuissance. Simple spectatrice du duel qui allait s'engager entre la France et l'Europe; réduite, pour toute force, à deux ou trois mille volontaires royaux ou gardes-du-corps réunis à Alost, sous le commandement du duc de Berry; sa part d'action, dans le mouvement politique qui agitait alors l'Europe, se réduisait à quelques correspondances et à des intrigues sans portée, et aux signatures apposées par M. de Talleyrand au bas des protocoles du congrès de Vienne. Ainsi désoccupés, mécontens de leur position et d'eux-mêmes, M. de Blacas,

---

cher à tous les gouvernemens leur audace et leur immoralité. Il était fort lié avec M. de Talleyrand; l'empereur, dans le courant d'avril, le chargea d'une mission secrète pour Vienne. Napoléon dit, à ce sujet, dans ses *Mémoires*: « La mission de Montron avait plusieurs buts : gagner Talleyrand; porter des lettres à l'impératrice et rapporter des réponses; fournir à Talleyrand l'occasion d'écrire en France et de pouvoir saisir les fils des trames qu'il y avait ourdies. Tous ces buts furent remplis. Au retour du sieur Montron, on délibéra de l'arrêter à la frontière; mais on sentit qu'il aurait caché ses dépêches : on se contenta d'observer ses démarches à son arrivée, et l'on eut le premier fil des intrigues de Fouché. » T. IV.

Voici, en outre, en quels termes le journal de la cour de Gand rendait compte de l'assemblée du *Champ-de-Mai* :

« Le drame est joué..... Buonaparte entasse à son bivouac du Champ-de-Mai une tourbe de soldats, de matelots, de meurtriers, de juges prévaricateurs, de prêtres parjures, qui, par son ordre, usurpent le titre de nation, comme, sans daigner même attendre leurs suffrages, il avait déjà usurpé pour lui le titre auguste d'empereur.

» Vingt mille nationaux qu'ombragent cinquante mille fusilliers, sont impatiens de proclamer librement l'élection libre de l'empereur qui leur a donné congé de l'élire.

» Déjà sur le théâtre préparé pour le nouveau trône, se montrent

ses collègues et les courtisans usaient le temps comme le font tous les exilés désœuvrés; ils s'accusaient mutuellement du malheur commun, et, se laissant aller aux plus amères récriminations, tous se déchiraient et se disputaient avec acharnement la chimérique direction du gouvernement nominal institué par Louis XVIII.

M. de Blacas était jaloux de l'importance qu'empruntait le prince de Bénévent à son titre de chef du ministère et à sa position officielle au congrès. Dans la situation faite au parti royaliste par les événemens, M. de Talleyrand jouait le premier rôle après le roi. Mêlé aux conseils de l'Europe,

---

les princes et les grands du nouvel empire. Le plus éminent d'entre eux est le maréchal Ney. Près de lui est cet autre maréchal (Soult) qui, pendant la succession de ses différens rôles, aura fondé le monument de Quiberon et fait dévaster les habitations de la Vendée; aura célébré les obsèques du roi Louis XVI et la résurrection de Napoléon; aura été le ministre de Louis XVIII quand Buonaparte conspirait, et le major-général de Buonaparte quand Louis XVIII était trahi.

» Buonaparte a paru. Il s'est assis sur son trône. Son grand-maître des cérémonies lui amène la commission centrale des colléges électoraux. Un des commissaires est chargé de lire à l'usurpateur une adresse.

» L'adresse est lue. L'assemblée nationale des vingt mille hommes s'est levée pour applaudir. Cambacérès a proclamé le résultat des votes et en a été cru sur sa parole. Napoléon ordonne à un héraut d'armes de proclamer que l'acte additionnel de Napoléon a été accepté par le peuple français; il va prêter son serment et recevoir celui de ses sujets; il veut que cet acte soit précédé d'un discours; il parle. Un de ses prélats est ensuite venu lui présenter à genoux le livre des Evangiles sur lequel il a déposé un parjure de plus. Il a exigé un serment de ceux qui en avaient violé mille. Il a donné et distribué le signal de la guerre avec le monde. Il a fait défiler devant son trône les pères de famille, les époux, les enfans qu'il va envoyer à la boucherie pour soutenir son usurpation. »

son nom seul était prononcé par les souverains et par leurs ministres, et, pour ceux-ci, M. de Blacas et ses collègues n'existaient pas. Le rappel du prince de Bénévent fut décidé par le favori. Toutefois, n'osant précipiter la mesure, il se contenta, comme acheminement à une plus complète disgrâce, de solliciter Louis XVIII pour qu'il retirât à M. de Talleyrand le titre de ministre des affaires étrangères. Sa demande fut vivement appuyée par le comte d'Artois, qui reprochait amèrement à l'ancien chef du gouvernement provisoire les concessions contenues dans la charte, cause unique, aux yeux du frère de Louis XVIII, du retour de Napoléon et des malheurs de la monarchie. M. de Talleyrand, averti, fit immédiatement agir le petit nombre de représentans étrangers réunis à Gand, ainsi que le duc de Wellington, récemment arrivé à Bruxelles pour prendre le commandement des troupes que son gouvernement concentrait en Belgique. Les résidens d'Autriche et de Russie firent observer à Louis XVIII que, dans un moment où toutes les relations extérieures des Bourbons se trouvaient à Vienne, il serait singulièrement impolitique de retirer à M. de Talleyrand son titre de ministre des affaires étrangères; que cette disgrâce diminuerait son crédit et affaiblirait sa position, quand l'intérêt de la cause royale exigeait, au contraire, qu'on la fortifiât. Le duc de Wellington, à son tour, fit entendre que le gouvernement anglais accueillerait fort mal cette destitution. M. de Talleyrand, disait-il, était signataire du traité secret du 3 janvier; à ce titre, sa présence dans le cabinet de Louis XVIII était une garantie nécessaire pour les intérêts britanniques. M. de Blacas et le comte d'Artois durent céder.

Ce dernier alors se tourna contre les autres membres du cabinet, et, prétextant la nécessité de contrebalancer du moins le maintien de M. de Talleyrand dans le conseil, il voulut y avoir entrée et y introduire quelques royalistes de son entourage. Ces changemens, selon lui, étaient indispensables, non pour réparer les fautes passées, elles étaient irréparables, mais pour faire sortir la royauté de cette voie de concessions et de faiblesse qui l'avait seule perdue. Le dévoûment à la charte était assurément le moindre défaut des ministres; mais, attaqués sur ce terrain, ils durent s'y défendre. M. de Châteaubriand se rendit l'organe de ses collègues dans un *Rapport au roi*, qui eut alors un grand retentissement, que les Bourbons firent distribuer à toutes les cours et dans toute la France, et qui serait plus digne du génie de son auteur si, moins préoccupé de sa cause, il n'eût plié la plupart des faits aux besoins de sa défense et de ses attaques; si, par un malheur de sa position, il n'eût été condamné à parler de la patrie en se trouvant au milieu de l'ennemi. Sa pensée, comme toujours, était vigoureuse, son style plein d'éclat; mais une exagération passionnée y prenait trop souvent la place de la vérité. M. de Châteaubriand, il est vrai, était en plein combat, et se croyait sans doute obligé de frapper fort pour frapper juste. Après un brillant et poétique exorde (1), il se livrait à un examen comparatif du

---

(1) Voici le début du *Rapport au roi* :

« Bonaparte, placé par une fatalité étrange, entre les côtes de France et de l'Italie, est descendu, comme Genseric, là où l'appelait la colère de Dieu. Espoir de tout ce qui avait commis et de tout ce qui méditait un crime, il est venu; il a réussi. Des hommes accablés de vos dons, le sein décoré de vos ordres, ont baisé le matin la main que le soir ils ont trahie. Sujets rebelles, mauvais Français, faux chevaliers, les sermens qu'ils venaient de vous faire, à peine expirés sur leurs lèvres, ils sont allés, le lis sur la poitrine, jurer pour ainsi dire le parjure à celui qui se déclara si souvent lui-même traître, félon et déloyal.

gouvernement des Bourbons avec celui de Napoléon ; il passait successivement en revue les *décrets et les actes pour l'intérieur, à l'extérieur ;* puis, arrivé aux *reproches faits au gouvernement royal*, il plaçait au premier rang des calomnies contre la restauration, la pensée de détruire la charte ; et, s'indignant contre cet odieux mensonge, il s'écriait :

« Oui, Sire ! et c'est ici l'occasion d'en faire la déclaration solennelle : tous vos ministres, tous les membres de votre conseil sont inviolablement attachés aux principes d'une sage liberté ! Qu'il nous soit permis de le proclamer avec le respect profond et sans bornes que nous portons à votre couronne et à vos vertus ; nous sommes prêts à verser pour vous la dernière goutte de notre sang, à vous suivre au bout de la terre, à partager avec vous toutes les tribulations qu'il plaira au Tout-Puissant de vous envoyer, parce que nous croyons, devant Dieu, que vous maintiendrez la constitution que vous avez donnée à votre peuple ; que le vœu le plus sincère de votre âme royale est la liberté des Français. S'il en était

---

» Au reste, Sire, le dernier triomphe qui couronne et qui va terminer la carrière de Bonaparte, n'a rien de merveilleux : ce n'est point une révolution véritable, c'est une invasion passagère.

» Ces bouleversemens subits sont fréquens chez tous les peuples qui ont eu l'affreux malheur de tomber sous le despotisme militaire. L'histoire du Bas-Empire, celle de l'Empire ottoman, celle de l'Egypte moderne et des Régences barbaresques en sont remplies. Tous les jours, au Kaire, à Alger, à Tunis, un bey proscrit reparaît sur la frontière du désert ; quelques mameluks se joignent à lui, le proclament leur chef et leur maître. Pour réussir dans son entreprise, il n'a besoin ni d'un courage extraordinaire, ni de combinaisons savantes, ni de talens supérieurs ; il peut être le plus commun de tous les hommes, pourvu qu'il en soit le plus méchant. Animés par l'espoir du pillage, quelques autres bandes de la milice se déclarent ; le peuple consterné, tremblant, regarde, pleure et se tait ; une poignée de soldats armés en impose à la foule sans armes. Le despote s'avance au bruit des chaînes, entre dans la capitale de son empire, triomphe et meurt. »

autrement, Sire, nous serions toujours morts à vos pieds pour la défense de votre personne sacrée, parce que vous êtes notre seigneur et maître, le roi de nos aïeux, notre souverain légitime ; mais, Sire, nous n'aurions plus été que vos soldats, nous aurions cessé d'être vos conseillers et vos ministres. »

Cette manifestation de principes, la plus ferme, la plus éclatante qu'eût jamais faite le conseil de Louis XVIII, souleva une véritable tempête. La charte ! s'écriait-on autour du comte d'Artois, mais n'est-ce pas elle qui a fait tout le mal? Le roi, les princes l'ont tous jurée le 16 mars; Bonaparte, quatre jours après, en est-il moins entré aux Tuileries? Impuissante pour repousser l'usurpation, comment pourra-t-elle aplanir le retour de l'autorité légitime? Ce n'est pas, d'ailleurs, vers une constitution que se portent les sympathies de la France ! Elle ne désire que la monarchie, elle n'aspire qu'au gouvernement paternel de ses princes.

La clameur fut si forte que les ministres se décidèrent à une retraite en masse. Ils offrirent leur démission au roi dans un *Mémoire*, peinture curieuse de la lutte engagée entre les ambitions qui s'agitaient au milieu du vide de cette cour logée en garni dans une ville étrangère (1). Louis XVIII

---

(1) Voici les passages essentiels de ce *Mémoire*, dont la rédaction appartenait à M. Beugnot :

« Deux opinions partagent les serviteurs de V. M. Les uns sont les partisans des institutions créées par la Charte, les autres des institutions anciennes. Ces derniers sont *les princes de votre famille et leur entourage*. Ce parti a déjà attiré sur le pays et sur V. M. de funestes tempêtes. Nous nous jetons aux pieds de V. M., nous la supplions de rejeter loin d'elle ces funestes compositions et ces arrières-pensées qui n'en imposent plus à personne.

» Si V. M. se décide pour la conservation et le triomphe de la Charte constitutionnelle, tout le cabinet doit être composé dans ce sens, c'est à dire uniquement de serviteurs qui aient traversé la ré-

aurait vainement voulu donner satisfaction aux plaintes de son frère et aux prétentions des émigrés de son intimité. Le ministère, dans sa chute, entraînait M.. de Talleyrand son chef nominal ; les motifs qui avaient déjà conservé le portefeuille à ce dernier, maintinrent ses collègues dans leur position officielle ; les démissions furent refusées.

Ces discussions conduisirent la cour exilée jusqu'aux jours qui précédèrent Waterloo. Elles pouvaient difficilement préjudicier aux relations de Louis XVIII et de ses ministres avec l'intérieur de la France; car ces relations n'avaient ni l'étendue ni l'importance qu'on leur a données. Des envois de proclamations, de brochures ou de journaux, quelques correspondances insignifiantes adressées de Paris à plusieurs ministres du roi, voilà les seules communications qui eussent lieu entre Gand, Paris et quelques villes de l'Em-

---

volution sans reproches, et de qui cette révolution ait reçu tous les gages. Le nombre n'en est pas circonscrit autant qu'on le dit autour de V. M.

» Le principe de l'autorité concentrée est un principe essentiel à la monarchie française en particulier. Louis XIV avait là dessus une telle susceptibilité, qu'il aurait cru n'être plus roi le jour où le prince le plus rapproché de sa personne se serait permis de donner un ordre ou de distribuer une faveur dans ses Etats.

» Le grave danger de la présence des princes au conseil, de leur action sur l'administration, a été justement reproché à vos ministres, parce que leur premier devoir était de l'écarter, et qu'ils n'y pouvaient rencontrer d'obstacles sous un roi qui a toujours eu les vertus de sa position.

» Quel que soit le parti que V. M. embrasse, nous la supplions de tout coordonner autour d'elle au système qu'elle aura adopté, et de vouloir, comme un de ses plus illustres prédécesseurs, que dans sa famille, dans sa cour, dans sa maison, tout ce qui a l'honneur d'approcher du roi porte *la couleur du roi*.

» Il nous reste à mettre à vos pieds, Sire, la démission de nos places. »

pire (1). Quels faits d'ailleurs les lettres de ses partisans au raient-elles pu faire connaître à Louis XVIII? Les journaux de Paris ne lui laissaient rien ignorer (2). On a dit que le roi en-

---

(1) Le baron Louis recevait quelques lettres de M. Decazes, alors très lié avec mademoiselle de Rigny, nièce de ce ministre. D'autres lettres étaient adressées à M. Beugnot par M. Royer-Collard. Une de celles-ci fut confiée à M. Guizot; c'est le transport de cette correspondance, sa remise aux mains de M. Beugnot, et quelques audiences obtenues de ce ministre, qui constituent ce que, depuis, M. Guizot a appelé sa *mission à Gand*.

(2) M. Morin, dont nous avons déjà cité le nom et le livre à l'occasion du travail royaliste de 1814, était un des hommes employés à Paris en 1815 par la petite cour de Gand. Les *révélations* qu'il a publiées peu de mois avant la chute de Charles X, donnent la mesure de l'effort royaliste pendant les Cent-Jours. Tout se réduisait à des démarches et à des entrevues ayant pour unique résultat de ridicules promesses ou de vaines protestations. Toutes ces menées étaient fort innocentes; leur seul côté sérieux était la ruine de M. Morin, qui prenait sur sa fortune personnelle les dépenses de sa mission ainsi que les frais du royalisme qu'il essayait de soulever autour de lui. La restauration a donné une immense fortune à bien des gens qui n'ont jamais rien fait pour elle ; M. de Blacas reçut à lui seul de six à sept millions ; voici en quels termes, quinze ans après le retour de Gand, M. Morin exposait dans une supplique au ministre de la maison de Charles X, quel avait été le salaire de ses sacrifices pour la cause royale : « En 1814 et en 1815, j'avais deux propriétés à Paris, une existence honorable; j'étais électeur..... tout a été aliéné, dévoré, perdu.... je recevrais une pension avec reconnaissance, surtout pour ma femme qui m'a laissé sacrifier sa dot à payer une partie des dettes qui n'étaient point les miennes, mais bien celles contractées pour la *légitimité*..... Ma famille et moi sommes dans le dénûment le plus absolu, et si une main filiale, peu riche et qui s'épuise chaque jour, n'avait pas soutenu jusqu'ici notre pénible existence, sachez que la Seine aurait pu devenir notre tombeau commun..... Dans mes foyers tout est livré au désespoir : la mère gémit, les frères s'indignent, et moi je reconnais que j'ai trop vécu. » M. Morin, lorsque la révolution de juillet éclata, n'avait encore rien obtenu.

tretenait une correspondance avec Fouché. Il n'en est rien ; Fouché écrivit une ou deux fois à ce prince, mais ce fut après Waterloo. Avant le 20 mars, au milieu du désordre et de l'épouvante des derniers jours; lorsque les Bourbons, sentant le sol s'enfoncer sous eux, cherchaient partout où s'appuyer, Fouché, il est vrai, avait obtenu deux audiences, l'une de Louis XVIII, bien secrètement, à une heure du matin; la seconde du comte d'Artois, en plein jour et sans mystère; mais on n'y avait abordé que les moyens de salut qui pouvaient rester à la monarchie. Fouché était sorti mécontent de la première; la seconde lui avait laissé une impression plus favorable. « Le comte d'Artois, disait-il, m'a semblé loyal et franc; il me déteste; peut-être a-t-il raison, mais au moins il ne flatte pas. Quant à son frère, avec son Horace, ses éternelles citations en grec, en latin, et ses finesses très peu fines, c'est une véritable commère. » En rapprochant ces deux visites du rôle du duc d'Otrante après Waterloo, on en a conclu que Louis XVIII et lui, durant les Cent-Jours, furent en correspondance très active. Le duc d'Otrante ne pouvait prévoir Waterloo. Tromper, comploter, était sans aucun doute un besoin de sa nature : organisation usée et flétrie, esprit blasé, le repos le fatiguait; il recherchait l'agitation et le mouvement, et trouvait dans l'intrigue et dans ses périls ces fortes émotions que le joueur poursuit avec tant de passion dans les chances aléatoires des cartes et des dés. Il conspirait dans les Cent-Jours, mais ce n'était pas avec Gand.

Fouché, on se le rappelle, se trouvait en Italie lors des événemens d'avril 1814. Revenu en France lorsque les souverains et leurs principaux ministres étaient encore à Paris, son intelligence exercée, son esprit souple et fin, sa profonde connaissance des hommes et des choses, l'avaient mis en grand crédit auprès d'Alexandre et de MM. de Metternich et de Nesselrode. Bien que la restauration ne fût qu'à ses débuts, le duc d'Otrante pouvait facilement apercevoir les fautes où elle devait se laisser emporter ; et, prévoyant leur résultat, il annonçait tout haut que l'œuvre des alliés n'aurait pas une longue durée. Resté en dehors des mesures prises par les souverains et par le gouvernement provisoire, il les critiquait toutes ; il reprochait surtout aux coalisés de n'avoir pas fait enfermer Napoléon dans un château-fort et prédisait qu'on le verrait sortir de l'île d'Elbe pour ravager de nouveau l'Europe. On se rappela cette prédiction à Vienne lorsqu'y arriva la nouvelle du débarquement de l'île d'Elbe. On s'y souvint en même temps de la haine invétérée dont le duc d'Otrante faisait profession pour son ancien souverain. Lors donc qu'on le vit accepter le portefeuille de la police dans le cabinet du 21 mars, on ne put croire à la sincérité de sa conversion, et l'on ne douta pas qu'un tel homme ne fût disposé à profiter de sa position et de son influence pour seconder les alliés dans le renversement de Napoléon. Le premier ministre autrichien fut chargé de le sonder.

Le 1er mai le duc de Vicence apprit à l'empereur qu'un agent secret de M. de Metternich, récemment arrivé de Vienne, avait eu plusieurs entrevues avec le duc d'Otrante. Napoléon donna au préfet de police l'ordre de faire arrêter cet envoyé ; on s'en empara, et il fut conduit dans un petit pavillon situé à l'extrémité du jardin de l'Élysée. Là, menacé d'être immédiatement passé par les armes, l'agent confessa, devant l'empereur, avoir remis à Fouché une lettre du premier ministre de François II, ainsi que des signes de reconnaissance destinés au baron de Werner, homme de confiance du ministre autrichien et qui devait attendre à Bâle, le 1er mai, l'intermédiaire chargé de la réponse écrite ou verbale du duc d'Otrante. Ce dernier, mandé sur-le-champ, sous prétexte d'affaires de service, garda le plus profond silence sur la lettre et les visites qu'il avait reçues. Le premier mouvement de l'empereur fut de faire saisir les papiers de l'infidèle ministre; mais, se ravisant, il jugea préférable d'envoyer à Bâle un agent qui, en se présentant à M. de Werner au nom de Fouché, obtiendrait ainsi d'exacts renseignemens sur le but de cette nouvelle intrigue. Cette délicate mission fut confiée à M. Fleury de Chaboulon, qui mit une telle célérité dans son voyage que, le lendemain de son départ, il entrait sur le territoire suisse. L'envoyé autrichien avait été exact au rendez-vous; il attendait depuis trois jours. Convaincu, par les signes de reconnaissance envoyés à Fouché et dont M. de Chaboulon possédait des doubles (1), qu'il recevait un agent réel du duc d'Otrante, M. de Werner s'ouvrit sans réserve (2). Le renversement de Napoléon était le résultat qu'attendaient les alliés de la coopération de Fouché. Ils faisaient, au reste, assez bon marché des Bourbons. « Les souverains, disait M. de Werner, tiennent moins au retour de Louis XVIII qu'à la chute de Napoléon, dont l'existence sur le trône est inconciliable avec le repos et la sécurité de l'Europe; je suis même fondé à penser que l'empereur une fois renversé, on laisserait les Français maî-

---

(1) Ces doubles avaient été fournis par l'agent de M. de Metternich.

(2) « La famille de M. de Werner avait été de tout temps attachée aux Metternich; le baron de Werner, le père, élevé en Autriche à des places de haute magistrature, avait été auparavant administrateur général de l'abbaye d'Oxenhausen, échue, à titre d'indemnité, au prince de Metternich par les arrangemens de l'Allemagne. Les Werner étaient dans tous les secrets des affaires de cette maison.»
(*Mémoires de* NAPOLÉON.)

tres de choisir le gouvernement et le souverain qui leur conviendraient le mieux. » Ce souverain quel pourrait-il être ? Les noms du duc d'Orléans et du roi de Rome furent prononcés, mais en courant, et sans que l'une ou l'autre de ces candidatures fût l'objet d'une discussion sérieuse. L'entretien dura plusieurs heures. M. de Chaboulon put se convaincre que rien n'avait encore été arrêté entre M. de Metternich et Fouché, et que M. de Werner, ainsi que le ministre qu'il représentait, n'attendaient de cette entrevue que des renseignemens généraux ; elle était pour eux un simple préliminaire. En se séparant pour aller rendre compte à Vienne et à Paris du résultat de leur conversation, l'agent autrichien et l'agent français convinrent de se retrouver à Bâle au bout de huit jours (1).

Pendant que l'on communiquait sous son nom avec un envoyé de M. de Metternich, Fouché, que le préfet de police Réal avait fait prévenir par madame Lacuée, sa fille, allait au devant des explications.

« Sire, dit-il un soir à Napoléon, négligemment, et à la fin d'un travail, comme s'il réparait un oubli, voilà plusieurs jours que je remets à vous parler d'une lettre que m'a écrite M. de Metternich ; j'ai toujours attendu de pouvoir la lire avant de vous la communiquer. Son agent ne m'avait pas remis la poudre nécessaire pour faire reparaître l'écriture ; les procédés chimiques auxquels on a dû recourir ont demandé du temps ; la voici : elle ne dit absolument rien. »

---

(1) Il n'est pas sans intérêt de faire remarquer que ce fut six jours après cette première entrevue, le 9 mai, que M. de Metternich, bien qu'il eût ratifié depuis long-temps le traité du 25 mars, déclara aux autres puissances signataires, que l'Autriche entendait ne pas poursuivre la guerre *pour imposer les Bourbons à la France.* (Voir le précédent chapitre, page 346.)

Les termes de cette lettre rentraient effectivement dans les informations apportées par M. de Chaboulon. « Fouché est venu me raconter l'affaire, dit l'empereur à son envoyé lorsque ce dernier eut rendu compte de sa mission ; son intérêt n'est point de me tromper ; il a toujours aimé à intriguer ; il faut le laisser faire. Allez le voir, et dites-lui tout ce qui s'est passé avec M. de Werner. »

M. de Chaboulon vit Fouché, qui lui remit deux lettres pour M. de Metternich. La première, destinée à être rendue publique, établissait que le trône de Napoléon, soutenu par l'amour et la confiance des Français, n'avait rien à redouter des attaques de la coalition. Dans la seconde, Fouché discutait les avantages ainsi que les inconvéniens pour la France comme pour l'Europe, de la république, de la royauté du duc d'Orléans, ou d'une régence au nom du jeune prince impérial, et concluait en faveur du maintien de Napoléon qu'il comblait d'éloges démesurés. « Néanmoins, a dit M. de Chaboulon, il avait su contourner ses expressions avec tant d'art et de finesse qu'il était impossible de ne pas s'apercevoir qu'il penchait pour le duc d'Orléans. Je mis cette lettre sous les yeux de l'empereur et cherchai vainement à lui en démontrer la perfidie ; il ne vit que les éloges donnés à son génie ; le reste lui échappa. »

M. de Werner fut exact au rendez-vous. « J'ai rapporté notre conversation au prince de Metternich, dit-il à M. de Chaboulon, dans leur seconde entrevue ; il s'est empressé d'en rendre compte aux souverains alliés, et les souverains ont pensé qu'ils ne devaient rien changer à leur résolution de ne jamais reconnaître Napoléon comme souverain de la France ; de n'entrer avec lui dans aucune négociation. Mais, en même temps, *je suis autorisé à vous déclarer formellement qu'ils renoncent à réta-*

blir les *Bourbons sur le trône et qu'ils consentent à vous accorder le jeune Napoléon.* — Mais que ferons-nous de l'empereur? — Commencez par le déposer ; les alliés prendront ensuite et selon les événemens la détermination convenable. Ils sont grands, généreux, humains, et vous pouvez compter qu'on aura pour Napoléon les égards dus à son rang, à son alliance et à son malheur (1). »

« Je leur épargnerai la peine de délibérer pour savoir où ils me mettront, s'était écrié l'empereur, lorsque M. de Chaboulon, au retour de son premier voyage, lui avait dit le silence déjà gardé par M. de Werner sur ce point. S'ils l'osaient, ils me jetteraient dans une cage de fer et me feraient voir à leurs badauds comme une bête féroce ; mais ils ne m'auront pas ; ils apprendront que le lion vit encore et qu'il ne se laisse point enchaîner. » Le récit de la seconde entrevue le trouva toutefois plus calme ; le consentement des alliés à l'établissement d'une régence pour son fils lui fit même concevoir des espérances que son imagination grandit outre mesure. « Ces messieurs, dit-il, commencent à s'adoucir, puisqu'ils m'offrent la régence ; mon attitude leur impose : qu'ils me laissent encore un mois et je ne les craindrai plus. »

M. de Werner, dans ce second entretien, avait annoncé à M. de Chaboulon que MM. Bresson et de Montron, partis récemment de Vienne, avaient dû voir Fouché de la part de M. de Metternich. « Il ne m'en a pas ouvert la bouche, dit l'empereur en parlant de Fouché lorsque M. de Chaboulon lui rapporta ce détail ; je suis persuadé maintenant qu'il me trahit. Je regrette de ne l'avoir pas chassé avant qu'il fût venu me découvrir l'intrigue de Metternich; maintenant l'occasion est manquée. »

---

(1) *Mémoires* de Fleury de Chaboulon, tome II, pages 26 et 27.

MM. de Werner et de Chaboulon devaient se retrouver à Bâle le 1ᵉʳ juin. Lorsque ce dernier demanda à l'empereur ses ordres pour cette troisième entrevue, Napoléon lui répondit que le voyage serait en pure perte. « Fouché, lui dit-il, aura fait prévenir Metternich ; son agent ne reparaîtra plus. » M. de Chaboulon repartit à tout hasard ; mais de Werner ne parut pas.

Eh bien, Messieurs, on m'offre déjà la régence; il ne tiendrait qu'à moi de l'accepter! s'était écrié l'empereur à son lever, le lendemain du jour où M. de Chaboulon lui avait rapporté la déclaration de M. de Werner. Cette nouvelle produisit, autour de Napoléon, le même effet que la *déclaration* de l'Angleterre et l'adhésion de l'Autriche sur les classes bourgeoisie. Si la bourgeoisie, dupe des mensongères assurances de ces deux cours, était décidée à renverser l'empereur, espérant conjurer ainsi le double fléau de la révolution et de la guerre; de leur côté, inquiets de cette disposition hostile des classes officielles et des chances d'une nouvelle lutte, les principaux, parmi les serviteurs et les partisans de Napoléon, à ce mot de RÉGENCE, se prirent à désirer l'abdication comme un moyen d'assurer la fortune politique ou les positions que la journée du 20 mars leur avaient rendues. On vit alors se renouveler dans l'intérieur des Tuileries les clameurs et le mouvement qui avaient agité, les 3 et 4 avril de l'année précédente, le palais de Fontainebleau. Bon nombre de gens sincères, des membres même de la famille impériale, inspirés, excités par Fouché, sollicitèrent instamment Napoléon de se livrer en sacrifice aux colères et aux peurs des souverains coalisés (1). Il y avait eu

---

(1) M. de Lafayette raconte, dans ses *Mémoires*, que Joseph le fit alors sonder sur le concours et l'appui que trouverait en lui l'établissement d'une régence.

plus de haine contre les Bourbons, dans le mouvement du 20 mars, lui disaient-ils, que d'affection pour sa personne ; la guerre, par cela seul qu'elle paraîtrait dirigée uniquement contre lui, ne serait point nationale; l'inégalité de la lutte la rendrait malheureuse; et l'abdication en faveur du roi de Rome restait le seul moyen de salut.

« Quoi! leur répondait Napoléon, vous accepteriez une autrichienne pour régente, vous voudriez réduire la France à cet état d'abaissement? Je n'y consentirai jamais, ni comme père, ni comme époux, ni comme citoyen. Ma femme serait le jouet de tous les partis, mon fils malheureux et la France humiliée sous le joug de l'étranger. »

Lui opposait-on les propositions que lui-même avait faites sur cette base, en 1814, il coupait court aux observations par ces mots: « Il y a des raisons de famille que je ne peux pas dire (1). »

Cette résistance irritait. On fermait les yeux ; on accusait son intraitable ambition ; on s'obstinait à ne voir que sa personne entre la France et l'Europe. L'illusion, en 1814, était

---

(1) *Histoire de Napoléon*, par le comte Thibaudeau.—La Marie-Louise des Cent-jours n'était plus l'honnête et timide impératrice d'avril 1814. Napoléon, en opposant à la régence de la fille de François II, des *raisons de famille qu'il ne pouvait pas dire*, faisait allusion au changement survenu dans le caractère et dans les mœurs de la femme qu'il avait élevée jusqu'à lui et à laquelle il avait donné son nom. Cette fille des Césars, dont l'éducation morale avait été sévère à ce point que, jusqu'au jour de son mariage, elle était restée sans connaître, pour ainsi dire, d'autres hommes que les membres les plus proches de sa famille, sans avoir aperçu un seul animal mâle, venait alors d'entrer dans cette vie de faiblesses dégradantes qui, après une nombreuse succession de chutes, toutes publiques, l'ont fait tomber, assure-t-on, des mains du comte de Neiperg, avec lequel elle vivait déjà en 1815, aux bras d'un employé de ses écuries.

possible; mais, en 1815, une fois le 20 mars accompli, et lorsque le peuple et l'armée, bravant les menaces de toutes les puissances, avaient confié de nouveau à Napoléon la direction des forces françaises, l'erreur pouvait difficilement se comprendre ; on avait l'expérience de l'année précédente. Après les mensonges de la première invasion, des hommes, frappés du plus incroyable aveuglement ou poussés par les plus mauvaises passions, pouvaient seuls croire ou affecter de penser que l'exilé de l'île d'Elbe, non l'indépendance nationale, se trouvait en cause, et que l'Europe armée s'arrêterait devant une seconde abdication. La vérité, d'ailleurs, éclatait par toutes les voies.

Les quatre grandes puissances avaient invité les États secondaires de l'Allemagne à entrer dans la nouvelle coalition contre la France. Le baron de Gagern, plénipotentiaire de Nassau au congrès, en donnant l'accession de sa cour, avait présenté des observations que tous les journaux français et étrangers rapportaient en ces termes :

« La France est entourée d'un triple rang de places fortes quelle n'a acquises ni conquises par des moyens légitimes, mais que ses intrigues lui ont données dans le cours du dernier siècle ; l'Alsace particulièrement se trouve dans cette catégorie. La paix de Paris, en 1814, a été rédigée en des termes préjudiciables à l'Allemagne. Si les armées françaises sont défaites une seconde fois, *il ne peut plus être question d'une paix comme celle de Paris.* »

Ce langage n'était point l'expression d'une colère ou d'une opinion isolées. Le plénipotentiaire de Nassau était l'interprète d'un sentiment général chez les coalisés. Le 15 avril, le gouverneur général des provinces prussiennes du Rhin, Justus Grünner, avait publié la proclamation suivante :

« Braves camarades !

» Cette nation si long-temps fière de ses triomphes, et dont nous avons courbé le front orgueilleux devant les aigles germaniques, menace de troubler encore le repos de l'Europe. Elle ose oublier que, maîtres de sa capitale et de ses provinces, nous devions nous *indemniser*, il y a un an, par un PARTAGE que tous les sacrifices que nous avons faits pour affranchir l'Allemagne, rendaient nécessaire et légitime. Elle a laissé pénétrer sans résistance jusqu'au trône de France ce guerrier turbulent que notre prudence avait relégué sur le rocher brûlant de l'île d'Elbe ; elle a accueilli cet homme.

» Braves Teutons ! un pays ainsi livré au désordre de l'anarchie menacerait l'Europe d'une honteuse dissolution si tous les braves Teutons ne s'armaient contre lui. Ce n'est pas *pour lui rendre des princes* dont il ne veut pas ; ce n'est pas dans l'intention de chasser encore ce guerrier dangereux qui s'est mis à leur place que nous armons aujourd'hui ; c'est pour DIVISER cette terre impie que la politique des princes ne peut laisser subsister ; c'est pour nous *indemniser* par UN JUSTE PARTAGE de ses provinces de tous les sacrifices que nous avons faits depuis vingt-cinq ans pour résister à ses désordres.

» Guerriers ! cette fois vous ne combattrez pas à vos dépens. La France, dans sa fureur démagogique, a vendu à vil prix des *biens immenses* pour rattacher le peuple à sa cause. Ces biens, qu'on ose appeler *nationaux*, sont illégitimement acquis. Une *sage administration* en *ressaisira la masse*, et cette masse fournira enfin de *nobles dotations* à tous nos braves de tous les rangs et de tous les mérites.

» Ainsi, les princes et les sujets allemands trouveront à la fois dans le fruit de cette guerre contre la tyrannie, les premiers des *vassaux*, que nos lois feront courber sous la discipline, et les seconds des *biens fertiles* dans un pays que nos baïonnettes maintiendront dans une *terreur nécessaire*.

» Ainsi marchez, braves Teutons ! Fiers vainqueurs des Romains, marchez ! la voix des souverains, la voix de l'intérêt particulier, tout vous appelle contre un ennemi que vous avez déjà vaincu et que vous vaincrez encore.

» *Le gouverneur-général*, JUSTUS GRUNNER. »

Enfin, le *Mercure du Rhin*, journal rédigé sous l'influence du baron de Stein, l'un des principaux ministres de la coalition, et qui affectait une certaine gravité politique, publiait ces lignes :

« Il faut exterminer cette bande de cinq cent mille brigands (l'armée française); il faut faire plus, il faut déclarer la guerre à toute la nation et mettre *hors la loi* tout ce peuple sans caractère, pour qui la guerre est un besoin..... La France partagée ou les chaînes de la France, voilà notre alternative..... Si nous avons de justes motifs pour vouloir que Napoléon disparaisse de la scène politique comme prince, nous n'en avons pas de moins grands pour ANÉANTIR les Français *comme peuple*. Il n'est pas besoin pour cela qu'on les *égorge*, il suffira de leur donner *beaucoup de princes* au lieu d'un empereur et de les organiser à *l'instar du peuple allemand*..... Le monde ne peut rester en paix *tant qu'il existera un peuple français;* qu'on le change donc en peuples de Bourgogne, de Neustrie, d'Aquitaine, etc.; ils se déchireront entre eux, mais le monde sera tranquille pour des siècles..... »

Témoignage éclatant de la grandeur des vues qui inspiraient l'Assemblée constituante et la Convention lorsqu'elles organisaient et maintenaient l'unité territoriale ainsi que la centralisation politique de la France, ces derniers et remarquables passages devaient prouver aux plus incrédules que la lutte n'était pas et ne pouvait pas être une lutte entre les gouvernemens étrangers et le gouvernement impérial, mais une guerre dont le résultat intéressait le plus cher, le plus sacré des biens d'une nation, l'indépendance. Le peuple, avec son admirable instinct, ne s'y était point trompé; il se tenait debout, nous l'avons dit, dans les camps, dans les villes et dans les campagnes, prêt à tous les efforts et à tous les sacrifices. Les gardes nationaux qui, le 1er juin, au Champ-de-Mars, promettaient de défendre Paris, les soldats qui juraient de périr ou de vaincre dans la prochaine campagne, les ouvriers et les hommes de la classe moyenne qui accueillaient par des cris d'enthousiasme l'annonce des hostilités, savaient que les Anglais, les Prussiens et les Autrichiens étaient déjà en ligne. Le jour même où devait se tenir la première réunion préparatoire des pairs et des représentans, convoqués pour le surlendemain de l'assemblée du *Champ-de-Mai*, on apprit que les Russes approchaient; que la tête de leur première colonne, arrivée à Nuremberg quatorze jours auparavant, le 19 mai, devait, en ce moment, se trouver sur le Rhin; et que l'empereur de Russie et le roi de Prusse, partis de Vienne le 26 mai, pour se porter sur notre frontière, avaient été suivis le lendemain par l'empereur d'Autriche. Ce fut sous l'impression de ces nouvelles que, le 3 juin, les deux assemblées ouvrirent leurs séances.

Les trois premiers jours furent employés par la Chambre des représentans à la formation de ses bureaux et à la nomination de son président, qui fut M. Lanjuinais (1). M. Lanjuinais, pair de la restauration, et sénateur opposant tant qu'avait duré l'empire, était un des membres de cette triste assemblée qui, le 2 avril 1814, avaient provoqué et décidé le décret de déchéance. Sa nomination, aux termes de *l'acte additionnel*, devait être confirmée par Napoléon. L'empe-

---

(1) Les suffrages de la Chambre s'éparpillèrent, au premier tour de scrutin, sur dix-sept candidats; ceux qui obtinrent le plus de voix furent : M. Lanjuinais, 277; M. Flaugergues, 78; M. de Lafayette, 73.—Les membres de la Chambre des représentans étaient au nombre de six cent vingt-neuf. L'âge de vingt-cinq ans et la qualité de citoyen français étaient les seules conditions d'éligibilité. L'industrie et la propriété manufacturière et commerciale avaient une représentation spéciale dans cette assemblée.

reur ne se borna pas à l'approuver ; il dit à M. Lanjuinais quand le nouveau président vint le remercier : « Quelques » uns affirment, M. Lanjuinais, que vous êtes bourboniste ; » d'autres, que vous êtes mon ennemi personnel ; et d'au- » tres, que vous aimez véritablement la patrie. Vous jugerez » quels sont ceux que je crois, lorsque je vous félicite, ainsi » que la Chambre, du choix qui vous a fait son président. » Ce compliment, adressé à la personne privée, ne pouvait rien ôter du caractère hostile de cette nomination comme manifestation politique de la Chambre. Un incident, début de sa quatrième séance, devait caractériser encore mieux les passions qui animaient une partie de ses membres.

Pouvoir nouveau, la Chambre était sans règlement : un décret du 26 mai avait dû provisoirement établir les dispositions à suivre pour ses premières opérations. Aux termes de l'article 8 de ce décret, chaque membre, lors de la séance impériale, laquelle ne devait avoir lieu qu'après la constitution de l'assemblée, était tenu de prêter serment d'obéissance à la constitution et de fidélité à l'empereur. Le 6 juin, un jeune avocat, dont le nom figurait pour la première fois sur la scène politique, M. Dupin, de la Nièvre, s'appuya de cet article pour demander qu'aucun serment ne pût être exigé de l'assemblée qu'en vertu d'une *loi*. « La Chambre, disait-il, ne pouvait pas prêter serment en vertu d'un décret qui ne renfermait que la volonté *unilatérale* du prince. » C'était vouloir que les représentans ne fissent pas de serment, puisque la loi n'existait pas. La proposition, appuyée par un autre avocat, M. Roy (de la Seine), fut combattue en ces termes par M. Boulay, de la Meurthe : « Il faut parler avec franchise et dire la vérité. Il existe en France deux partis : l'un qui est le *parti national*, car il comprend la grande masse du peuple et ne stipule que pour l'honneur et l'indépendance de la France; l'autre, qu'on peut appeler la *faction de l'étranger*. Oui, Messieurs, il existe des Français assez vils, assez corrompus pour appeler les Anglais, les Russes et les Prussiens. Ce sont les Bourbons qui sont les chefs de cette faction; ce sont eux qui, à l'aide des baïonnettes étrangères, veulent nous imposer de nouveau un joug humiliant. Il faut donc nous prononcer fortement; il faut le faire avec unanimité. Pour moi, je le déclare, demain, en présence de l'empereur et des deux Chambres, c'est à dire en présence de la nation, je ferai serment *d'obéissance aux constitutions de l'Empire et de fidélité à l'empereur.* » Les membres de la Chambre ne se connaissaient pas; la majorité n'avait pas encore eu l'occasion de se prononcer; chacun craignait de se compromettre. La motion fut rejetée (1).

Ce fut le lendemain de cette attaque dirigée à la fois contre son pouvoir et sa personne, que l'empereur ouvrit la session. Il ne prononça que quelques mots; sa parole fut mâle et patriotique, comme toujours; il dit:

« Depuis trois mois, les circonstances et la confiance du peuple m'ont revêtu d'un pouvoir illimité. Aujourd'hui s'accomplit le devoir le plus pressant de mon cœur; *je viens commencer la monarchie constitutionnelle.*

» Les hommes sont trop impuissans pour assurer l'avenir; les institutions seules fixent les destinées des nations.... Nos constitu-

---

(1) On lit dans les *Mémoires* de M. de Lafayette, à l'occasion de cet incident: « Nous avions élevé une difficulté sur le serment. Je savais bien qu'il n'y avait que quinze à vingt personnes tout-à-fait de mon avis, et je m'étais assez bien entendu avec cette petite opposition.... Mais le lendemain, Regnault (de Saint-Jean-d'Angély) a profité, à l'ouverture de la séance, de ce qu'un député de notre parti, M. Dupin, a fait la proposition de ne pas prêter le serment, ce qui a produit une discussion et un décret tel que je l'avais bien prévu.... »

tions sont éparses ; une de nos plus importantes occupations sera de les réunir dans un seul cadre et de les coordonner dans une seule pensée. Ce travail recommandera l'époque actuelle aux générations futures....

» Une coalition formidable de rois en veut à notre indépendance ; ses armées arrivent sur nos frontières.

» La frégate *la Melpomène* a été attaquée et prise dans la Méditerranée, après un combat sanglant contre un vaisseau anglais de 74. Le sang a coulé en pleine paix.

» Il est possible que le premier devoir du prince m'appelle bientôt à la tête des enfans de la nation pour combattre pour la patrie. *L'armée et moi nous ferons notre devoir.*

» Vous, pairs et représentans, donnez à la nation l'exemple de la confiance, de l'énergie et du patriotisme ; et, comme le sénat du grand peuple de l'antiquité, soyez décidés à mourir plutôt que de survivre au déshonneur et à la dégradation de la France. La cause sainte de la patrie triomphera ! (1) »

---

(1) L'empereur, à son arrivée au Palais-Législatif et à sa sortie, avait été reçu, puis reconduit par une grande députation, à la tête de laquelle se trouvaient le président et les quatre vice-présidens. Il n'avait pas revu M. de Lafayette, l'un de ceux-ci, depuis l'époque où, premier consul, il recevait les visites de ce général, venant solliciter pour les siens et pour ses amis des faveurs qui lui étaient toujours accordées. M. de Lafayette, dans une lettre adressée à l'un de ses amis, raconte en ces termes les détails de leur rencontre : « Pendant la grande séance, j'étais resté à ma place, oubliant que le bureau était de la députation, lorsqu'on est venu me chercher pour recevoir l'empereur. C'est dans le salon où il s'arrêta que nous avons renouvelé connaissance. « Il y a douze ans que je n'ai » eu le plaisir de vous voir, » me dit-il. Je répondis assez sèchement : « Oui, Sire, il y a ce temps-là. » Nous sommes entrés dans la salle où l'ennuyeuse cérémonie du serment par appel nominal a eu lieu. Vous serez content de son discours. Je ne l'ai pas été de sa figure, qui m'a paru celle d'un vieux despote irrité du rôle que sa position le forçait à jouer (le rôle de souverain constitutionnel). Nous sommes restés long-temps près de lui, Flaugergues et moi, pendant qu'on montait en voiture (à la sortie). « Je vous trouve rajeuni, m'a-t-il dit ; l'air de la campagne vous a fait du bien. — Il m'a fait

1815.

Ainsi Napoléon, au moment d'aller à l'ennemi, abdiquait la dictature. Les premiers débats sur l'adresse en réponse à ce discours, révélèrent les dispositions de la Chambre. La minorité, composée d'anciens conventionnels ou de patriotes mêlés aux luttes de 92, demanda, par l'organe de Garnier (de Saintes) et de Félix Lepelletier, que l'adresse témoignât de la résolution de l'assemblée à soutenir l'œuvre du 20 mars et la personne de Napoléon. « Il importe, disait Garnier, que l'Europe sache qu'il n'y a aucun dissentiment parmi nous quand il s'agit de sauver la France ; que, dans ce but glorieux, nous ne faisons qu'un avec l'empereur, comme l'empereur ne fait qu'un avec nous ; et que lui-même, devenu l'homme de la nation, ne peut plus être séparé d'elle. » — « En vain la coalition des rois prétend nous faire changer de sentiment et prescrire à la France quel chef doit la gouverner, ajoutait Félix Lepelletier. Dans notre adresse, nous devons promettre à l'empereur, au nom du peuple français, les sacrifices nécessaires à la cause commune. Il faut qu'en partant pour diriger la défense du territoire, il emporte la certitude que tous les efforts de la nation se joindront à l'action de sa pensée. » Napoléon, aux jours de sa puissance et de son enivrement, s'était montré injuste, cruel même avec ces hommes ; mais, dans leur profond dévoûment au pays, ils n'hésitaient pas à sacrifier à la grande cause nationale le souvenir des persécutions et des maux que le chef de l'Empire leur avait fait endurer (1). Un mem-

---

beaucoup de bien, » ai-je répondu. Je ne pouvais lui rendre son compliment, car je le trouvais bien changé. Comme ni l'un ni l'autre ne voulaient baisser les yeux, nous y avons lu ce que chacun pensait. » (*Mémoires*, tome V, pages 504 et 505.)

(1) Félix Lepelletier de Saint-Fargeau, frère du conventionnel Michel Lepelletier de Saint-Fargeau, assassiné par Pâris, avait été

bre de la majorité répondit au dernier orateur, « que la Chambre devait se garder des inconvéniens de cette adulation qui n'avait que trop égaré les précédentes assemblées ; que *le peuple* n'avait pas envoyé ses représentans pour flatter l'empereur, mais pour l'aider de leurs conseils et de leur coopération légitime. » L'adresse de la Chambre se ressentait de cette hostile défiance ; elle insistait principalement sur la révision et le perfectionnement de la constitution. La Chambre des pairs, dans la sienne, invitait le gouvernement à ne pas se laisser entraîner « par la séduction de la victoire. » Ces deux adresses furent présentées à Napoléon.

« L'entraînement de la prospérité n'est pas ce qui nous
» menace aujourd'hui, répondit l'empereur, avec une pro-
» phétique tristesse, à la députation de la pairie ; c'est sous
» *les fourches caudines* que les étrangers veulent nous faire
» passer. » — « Je partirai *cette nuit* pour me rendre à l'ar-
» mée, dit-il ensuite à la députation de la Chambre des re-
» présentans ; les mouvemens des différens corps ennemis y
» rendent ma présence indispensable..... La constitution

---

compris parmi les cent trente républicains que Bonaparte, premier consul, fit si injustement déporter à l'occasion du complot royaliste de la machine infernale. (Voir 1er volume, page 57.) Il est mort, en 1836, des suites d'une affection qui mettait chaque hiver sa vie en danger et qu'il avait contractée dans les prisons de l'île de Rhé, lieu de sa déportation. C'était une noble nature ; peu d'hommes ont porté plus loin l'amour du pays, le désintéressement politique et la fidélité à ses convictions. Il n'y avait pas contradiction entre ses principes de 1792 et de 1800, et son langage à la Chambre des représentans ; il disait à l'auteur de ce livre, en 1832 : « Au 15 vendémiaire, j'étais à côté de Bonaparte en volontaire, un fusil à la
» main, parce que derrière les sections soulevées je voyais l'étran-
» ger ; en 1815, je l'ai encore soutenu, parce que devant lui et de-
» vant nous étaient les Anglais, les Prussiens et les Russes. »

» est notre point de ralliement; elle doit être notre étoile
» polaire dans ces momens d'orage. Toute discussion publi-
» que qui tendrait à diminuer directement ou indirectement
» la confiance qu'on doit avoir dans ses dispositions, serait
» un malheur pour l'Etat..... N'imitons pas, ajoutait-il en
» prophétisant encore, l'exemple du Bas-Empire qui, pressé
» de tous les côtés par les barbares, se rendit la risée de la
» postérité en s'occupant de discussions abstraites au mo-
» ment où le bélier brisait les portes de la ville..... Aidez-
» moi à sauver la patrie ! »

C'était le 11 juin que Napoléon tenait ce langage aux députations des deux Chambres. A quelques heures de là il
chargeait du gouvernement, pendant son absence, un conseil composé de Joseph, président; de Lucien; des huit ministres, Cambacérès, Carnot, Caulincourt, Davoust, Decrès,
Fouché, Gaudin et Mollien, et des quatre ministres d'état,
Boulay (de la Meurthe), Defermon, Merlin (de Douay) et
Regnault (de Saint-Jean-d'Angély). Caulincourt ne voulait
pas rester; il suppliait l'empereur de lui permettre d'aller
prendre rang dans l'armée. « Si je ne vous laissais pas à
Paris, sur qui pourrais-je compter? » lui répondit Napoléon
en faisant allusion à une récente et nouvelle preuve des intrigues de Fouché (1). Vers minuit il réunit tous les mem-

---

(1) Quelques jours auparavant, le préfet de police avait appris à l'empereur qu'un des affidés de Fouché, ancien employé supérieur de la police, venait de partir pour la Suisse avec un passeport signé du ministre. Le télégraphe transmit immédiatement aux autorités d'Huningue l'ordre d'arrêter cet émissaire; mais il venait de franchir la frontière lorsque la dépêche arriva. L'empereur, cette fois, résolut de punir. La formation d'un conseil de guerre fut arrêtée; le général Darricau en fut nommé président. Puis, au moment de donner les derniers ordres pour l'arrestation et la mise en jugement de son ministre, Napoléon hésita. Les Chambres venaient

bres du conseil : « Je vais quitter les Tuileries, leur dit-il : faites votre devoir; l'armée et moi nous allons faire le nôtre. Je vous recommande de l'union, du zèle et de l'énergie. » A trois heures et demie du matin il partait pour le le champ de bataille de Waterloo.

de s'assembler; leur hostilité perçait déjà; il dit aux personnes qui attendaient ses ordres : « Je vais partir pour l'armée. Si je perds la partie, à quoi bon le sang de cet homme? Son exécution devient sans but. Si je la gagne, le courrier qui en donnera la nouvelle apportera en même temps l'ordre de son arrestation et de sa mise en jugement; et les crieurs, en annonçant le lendemain dans les rues le triomphe de nos armes, apprendront en même temps au public la condamnation et l'exécution de Fouché, comme *traître à la France*. La nouvelle se perdra au milieu des cris de victoire; personne ne réclamera. » Le conseil de guerre resta formé, mais la mise en jugement fut suspendue.

On lit dans les *Mémoires* du comte Lavalette, à l'occasion de ces intrigues : « Un soir, l'empereur avait beaucoup de personnes à l'Élysée; il me dit qu'il avait à me parler et que j'attendisse. Quand tout le monde fut parti, l'empereur passa dans la pièce voisine de celle où j'étais avec Fouché; la porte était restée entr'ouverte; tous deux se promenaient, causant *tranquillement*. Je fus fort étonné d'entendre, au bout d'un quart d'heure, l'empereur lui dire posément : « Vous êtes un traître; pourquoi » rester ministre de la police si vous voulez me trahir? Il ne » tiendrait qu'à moi de vous faire pendre, et tout le monde ap» plaudirait. » Je n'entendis pas ce que lui répondit Fouché; mais la conversation continua encore une grande demi-heure, et toujours en se promenant. Enfin Fouché sortit et me souhaita le bonsoir avec gaîté, en me disant que l'empereur était rentré dans ses appartemens. Effectivement je ne le trouvai plus. »

CHAPITRE VIII.

CAMPAGNE DE 1815. — 14 *juin* : Concentration de l'armée entre Maubeuge et Philippeville ; sa force et sa composition. Proclamation de l'empereur. Esprit des troupes ; les généraux et les soldats. Position des deux armées anglo-hollandaise et prussienne. Plan de l'empereur. — *Journée du* 15 : L'armée franchit la frontière. Désertion du général Bourmont et de cinq officiers. Passage de la Sambre. L'empereur entre à Charleroi. Arrivée du maréchal Ney. Combat de Gilly. — *Journée du* 16 : L'empereur quitte Charleroi ; il marche vers Bruxelles. Lettre et ordres au maréchal Ney. Napoléon est arrêté au delà de Fleurus par l'armée prussienne. Nouvelles dispositions. Bataille de Ligny contre les Prussiens. Affaire des Quatre-Bras contre les Anglais. Double mouvement de contre-marche du premier corps (Drouet d'Erlon). Incidens. — *Journée du* 17 : L'empereur marche contre les Anglais ; il s'arrête en avant de Mont-Saint-Jean. Le maréchal Grouchy est détaché à la poursuite des Prussiens ; il s'arrête à Gembloux. — *Journée du* 18 : Premières dispositions. Ordres envoyés au maréchal Grouchy. Apparition d'une tête de colonne prussienne à la droite de l'armée ; nouvelles dispositions. Attaque d'Hougoumont. Grande attaque sur le centre des Anglais ; panique dans leurs réserves. Intervention d'une première armée prussienne (Bulow) sur les derrières de l'armée, à Planchenoit. Nouvelle attaque sur le centre des Anglais. Prise de la Haie-Sainte ; occupation d'une partie du plateau de Mont-Saint-Jean. Seconde panique dans l'armée anglaise. Charge de 7,000 cavaliers sur le plateau. Les Prussiens sont battus à Planchenoit ; ils se retirent. La garde impériale se porte contre les Anglais. — Le maréchal Grouchy et son corps d'armée ; sa marche sur Wavres ; incidens. — Intervention d'une deuxième armée prussienne (Blücher) sur le champ de bataille de l'empereur. Désordre ; défaite.

L'empereur était parti le 12 juin de Paris, à trois heures et demie du matin ; il visita dans la journée les fortifications de Soissons et vint coucher le soir à Laon, dont il inspecta également les ouvrages. Le 13, il arriva à Avesnes. Toutes les troupes destinées à faire la campagne achevaient alors de se concentrer en avant de cette dernière place, sur la partie de l'extrême frontière comprise entre Maubeuge et Philippeville. L'armée se composait des 1er, 2e, 3e, 4e et 6e corps, commandés par les généraux Drouet-d'Erlon, Reille, Vandamme, Gérard et comte de Lobau. Elle comprenait, en outre, les troupes de la garde impériale, ainsi qu'une nombreuse réserve de cavalerie placée sous le commandement en chef du maréchal Grouchy, et composée d'un corps de hussards et de chasseurs sous les ordres du général Pajol, d'un corps de dragons sous les ordres du général Excelmans, et de deux corps de cuirassiers sous les ordres des généraux Kellermann et Milhaut. Le 13 au soir, la garde, qui était partie de Paris le 5 juin, se trouvait réunie autour d'Avesnes; le 4e corps, parti de Metz le 6, était également arrivé à Philippeville; les 1er et 2e corps partis, à quelques jours de là, des environs de Lille et de Valenciennes, prenaient position entre Avesnes et Maubeuge; enfin, le 6e, parti de Laon, arrivait également sous la première de ces deux villes. Tous ces mouvemens ordonnés secrètement et exécutés sans bruit, avaient été masqués par des détachemens de garnisons des places fortes et par des bataillons d'élite de gardes nationales. Le 14, au matin, la concentration de toutes ces forces était terminée, et l'armée campait sur les trois directions de Philippeville, Beaumont et Maubeuge. Les camps étaient établis derrière des monticules et des bois, à une lieue de la frontière, de manière à ce que leurs feux ne fussent pas aperçus de l'ennemi qui, effectivement, n'en eut aucune connaissance. Le quartier-général fut placé au centre, à Beaumont. Le soir, les appels constatèrent que le nombre des soldats présens sous les armes était de *cent quinze mille cinq cents hommes.* L'artillerie se composait de trois cent cinquante bouches à feu. Voici la composition de cette armée :

1ᵉʳ Corps. — Comte d'Erlon. — 4 divisions d'infanterie : 1ʳᵉ division, général *Alix*, 4,120 hommes; 2ᵉ, général *Donzelot*, 4,100 h.; 3ᵉ, général *Marcognet*, 4,000 h.; 4ᵉ, général *Durutte*, 4,000 h.; total .... 16,220 h.
1ʳᵉ Division de cavalerie, général *Jacquinot* 1.500
Artillerie, 46 pièces; artilleurs.................. 920

              Total du corps..... 18,640 h.

2ᵉ Corps. — Comte Reille. — 4 divisions d'infanterie : 5ᵉ division, général *Bachelu*, 5,000 hommes; 6ᵉ, Prince *Jérôme* (conduite par le général *Guilleminot*), 6,100 h.; 7ᵉ, général *Girard*, 5,000 h.; 9ᵉ, général *Foy*, 5,000 h., total. .... 21,100 h.
2ᵉ division de cavalerie, général *Piré*............. 1,500
Artillerie : 46 pièces; artilleurs.................. 930

              Total du corps...... 23,530 h.

3ᵉ Corps. — Comte Vandamme. — 3 divisions d'infanterie : 8ᵉ division, général *Lefol*, 4,300 h.; 10ᵉ, général *Hubert*, 4,450 h.; 11ᵉ, général *Berthezène*, 4,300 hommes; total.......... 13,050 h.
3ᵉ division de cavalerie, général *Domont*.......... 1,500
Artillerie : 38 pièces; artilleurs................. 760

              Total du corps...... 15,290 h.

4ᵉ Corps. — Comte Gérard. — 3 divisions d'infanterie : 12ᵉ division, général *Pécheux*, 4,000 h.; 13ᵉ, général *Vichery*, 4,000 h.; 14ᵉ, général *Bourmont*, ensuite le général *Hulot*, 4,000 h., total.................................. 12,000 h.
6ᵉ division de cavalerie, général *Maurin*.......... 1,500
Artillerie : 38 pièces; artilleurs................. 760

              Total du corps...... 14,260 h.

6ᵉ Corps. — Comte de Lobau. — 3 divisions d'infanterie : 19ᵉ division, général *Simmer*, 3,500 h.; 20ᵉ, général *Jeannin*, 3,500 h.; 21ᵉ, général *Teste*, 4,000 h.; total................. 11,000 h.
Artillerie : 38 pièces; artilleurs................. 770 h.

              Total du corps...... 11,770 h.

Garde impériale. — Infanterie. — Jeune garde, général *Duhesme*, 3,800 h.; chasseurs ou moyenne garde, général *Morand*, 4,250 h.; grenadiers, général *Friant*, 4,420 h.; total de l'infanterie.. 12,420

Division de cavalerie légère, général *Lefebvre-Desnouettes*, 2,120 hommes; division de grosse cavalerie, général *Guyot*, 2,010 h.; total de la cavalerie........ 4,130

Artillerie, général *Devaux*; 96 pièces; artilleurs.. 1,920

Total de la garde... 18,520 h.

Réserve de cavalerie, maréchal GROUCHY :

1ᵉʳ Corps. — Comte PAJOL. — 4ᵉ division, général *Soult* (frère du major-général) 1,280 h.; 5ᵉ division, général *Subervie*, 1,240 h.; ensemble............. 2,520 h.

2ᵉ Corps. — Comte EXCELMANS. — 9ᵉ division, général *Strolz*, 1,300 h.; 10ᵉ, général *Chastel*, 1,300 h.; ensemble................................... 2,600

3ᵉ Corps. — Comte KELLERMANN. — 11ᵉ division, général *Lhéritier*, 1,310 h.; 12ᵉ, général *Roussel*, 1,300 h.; ensemble.............................. 2,610

4ᵉ Corps. — Comte MILHAUD. — 13ᵉ division, général *Wathier*, 1,300 h.; 14ᵉ, général *Delort*, 1,300 h.; ensemble................................... 2,600

Artillerie : 48 pièces; artilleurs 960

Total de la réserve de cavalerie. 11,290 h.

Récapitulation.

	Infanterie.	Cavalerie.	Artilleurs.	Canons.
1ᵉʳ Corps......	16.220 h..	1,500 h..	920 h..	46
2ᵉ —	21,050 .	1,500 .	930 .	46
3ᵉ —	13,030 .	1,500 .	760 .	38
4ᵉ —	12,000 .	1,500 .	760 .	38
6ᵉ —	11,000 .	» .	770 .	38
Garde impériale.	12,470 .	4,130 .	1,920 .	96
Réserve de caval.	» .	10,350 .	960 .	48

Totaux : des canons............................ 350

de l'infanterie, 85,820 h..
de la cavalerie,........... 20,460 h. } 113,300 h.
des artilleurs,................ 7,020 h.

Equipages de pont, sapeurs, etc........... 2,200

Total général....... 115,500 h.

Des écrivains étrangers, dans le but de rehausser la valeur de leurs compatriotes et la gloire de leurs généraux, ont avancé que les troupes dont nous venons de dire l'organisation se composaient des vieilles bandes de l'Empire. Tout le monde sait qu'après les désastres de Russie, la grande armée impériale, celle qui gagna en 1813 les batailles de Lutzen, de Bautzen et de Dresde, était formée en presque totalité de conscrits. Les conscrits étaient également fort nombreux, on l'a vu, parmi les troupes qui firent l'héroïque campagne de 1814. L'armée qui allait combattre ne renfermait pas un nombre moins considérable d'hommes n'ayant jamais vu le feu; ces hommes entraient dans sa composition pour environ moitié; le reste n'avait guère fait son apprentissage qu'en 1813 et en 1814. La garde elle-même, sur les dix-huit mille cinq cents hommes qui la composaient, comptait quatre ou cinq mille conscrits; là seulement se trouvaient un certain nombre de vieux soldats; encore le chiffre de ces vétérans était-il moins élevé qu'on ne pourrait le croire. Nous ne donnons pas ce détail pour grandir les efforts que nous avons à raconter; c'est un fait que nous constatons. Quand une nation que la coalition de tous les peuples a seule vaincue, attend, comme la France, le jour où elle se relèvera enfin de sa défaite, il est des exemples dont ses jeunes générations doivent garder la pieuse et fidèle mémoire.

L'empereur, le matin du 14, avait fait mettre à l'ordre du jour de l'armée la proclamation suivante :

« Avesnes, le 14 juin 1815.

» Soldats ! c'est aujourd'hui l'anniversaire de Marengo et de Friedland, qui décida deux fois du destin de l'Europe. Alors, comme après Austerlitz, comme après Wagram, nous fûmes trop généreux ! Nous crûmes aux protestations et aux sermens des princes que nous laissâmes sur le trône ! Aujourd'hui, cependant, coalisés entre eux, ils en veulent à l'indépendance et aux droits les plus sacrés de la France. Ils ont commencé la plus injuste des agressions. Marchons donc à leur rencontre ! Eux et nous, ne sommes-nous plus les mêmes hommes ?

» Soldats ! à Iéna contre ces mêmes Prussiens, aujourd'hui si arrogans, vous étiez un contre trois, à Montmirail un contre six.

» Que ceux d'entre vous qui ont été prisonniers des Anglais vous fassent le récit de leurs pontons et des maux affreux qu'ils ont soufferts !

» Les Saxons, les Belges, les Hanovriens, les soldats de la confédération du Rhin gémissent d'être obligés de prêter leurs bras à la cause de princes ennemis de la justice et des droits de tous les peuples ; ils savent que cette coalition est insatiable ! après avoir dévoré douze millions de Polonais, douze millions d'Italiens, un million de Saxons, six millions de Belges, elle devra dévorer les Etats de deuxième ordre de l'Allemagne.

» Les insensés ! un moment de prospérité les aveugle. L'oppression et l'humiliation du peuple français sont hors de leur pouvoir. S'ils entrent en France, ils y trouveront leur tombeau.

» Soldats ! nous avons des marches forcées à faire, des batailles à livrer, des périls à courir ; mais avec de la constance, la victoire sera à nous ; les droits, l'honneur et le bonheur de la patrie seront reconquis !

» Pour tout Français qui a du cœur le moment est arrivé de vaincre ou de périr !

» NAPOLÉON. »

Vaincre ou périr ! disait l'empereur à son armée. Ce langage fut entendu des soldats ; tous avaient dans le cœur les sentimens exprimés par leur chef ; tous, impatiens de batailles, brûlaient d'en venir aux mains. Sauver l'indépendance nationale n'était pas, toutefois, l'unique tâche que cette armée entendait accomplir : dominés par le souvenir des malheurs de 1814, les hommes qui la composaient, vieux soldats comme soldats de la veille, avaient, en outre, dans la dernière invasion, une mortelle injure à venger, et des offenseurs détestés à punir.

Un grand nombre de chefs ne partageaient pas cet élan : leur caractère avait été détrempé par les événemens de 1814, et ils reprochaient à l'empereur d'être venu déranger leur existence, troubler leur repos. Alourdis, en outre, par l'inactivité d'une année de profonde paix, ils avaient perdu de cette résolution et de cette audace qui leur avaient valu tant de gloire et qui avaient contribué pour une si grande part au succès des campagnes de la république et de l'Empire. Ces dispositions au mécontentement et ce changement n'existaient pas seulement dans les hauts rangs de l'armée, on les retrouvait chez un certain nombre d'officiers de grades inférieurs. Nous avons dit combien les Bourbons avaient été prodigues de grades et de décorations : au moment de quitter Paris, Louis XVIII avait encore jeté dans l'armée deux ou trois mille croix de Saint-Louis et de la Légion-d'Honneur (1). Ces nominations, toutes de faveur, le retour de l'empereur les avait annulées, soit qu'elles eussent été faites la veille du départ du roi ou le lendemain de l'abdication de Fontainebleau. On les regrettait ; on regrettait

---

(1) Cinq ordonnances insérées dans le *Moniteur* des 18 et 19 mars, et portant la date des 17 et 18, contenaient trente-huit nominations de Saint-Louis et cent quatre-vingt-dix nominations aux grades de commandans, d'officiers et de chevaliers de la Légion-d'Honneur. Une sixième ordonnance, dont la publication remplit les colonnes des numéros des 18 et 19 mars, contenait à elle seule le chiffre des nominations suivantes dans la Légion-d'Honneur : *Moniteur* du 18, cent dix-neuf officiers et deux cent cinquante-sept chevaliers; *Moniteur* du 19, huit cent dix chevaliers, avec cette mention après le dernier nom, qui est celui de M. Chancel de Buesdenos (Jean-Louis-César), sous-lieutenant au 12e de cuirassiers : *la suite à demain*. Le lendemain était le 20 mars. Si le gouvernement royal n'eut pas le temps de compléter la publication de cette liste, il put du moins aviser tous ces titulaires de leur nomination.

surtout les tranquilles loisirs donnés par le gouvernement que la journée du 20 mars avait renversé. L'empereur ne pouvait apercevoir les germes d'opposition cachés dans les rangs des régimens. Le mauvais vouloir des principaux de l'armée, en revanche, ne lui avait pas échappé. « Je dois » mon retour au peuple des villes et des campagnes, aux » soldats et aux sous-lieutenans ; je ne peux compter que » sur eux, » disait-il souvent. Durant quelques'semaines, il parut décidé à réaliser enfin une pensée conçue dès 1813 et qu'il n'avait pas eu la force d'exécuter en 1814, c'est à dire de laisser tous ses anciens lieutenans goûter les douceurs d'une retraite splendide et de ne confier le commandement des troupes placées sous ses ordres directs qu'à de simples généraux de division dont l'audace et l'énergie seraient excitées par l'espoir d'arriver à leur tour au faîte des honneurs militaires, le maréchalat (1). Cette résolution, s'il avait pu la maintenir, aurait peut-être changé les destins de la campagne de 1815 ; mais il faiblit à mesure qu'approchait l'heure de la lutte. Dans le courant de mai, il avait nommé le ma-

---

(1) Un ancien général de division de la grande-armée nous a raconté le détail suivant. Il se trouvait près de l'empereur, le 16 octobre 1813, le matin de la première journée de Leipsick. Un groupe nombreux parut à quelque distance, se dirigeant vers un des points du champ de bataille. « Qui passe là ? demanda Napoléon. — Sire, c'est le maréchal.... — Comment ! il n'est pas encore à son poste ? Ses troupes pourtant doivent être engagées depuis plusieurs heures. Mais les voilà bien, ces maréchaux ! il leur faut maintenant de longues nuits, des lits moelleux ; les fatigues de la guerre sont trop fortes pour ces corps amollis. Ils en ont assez ; *ils n'en veulent plus.* Désormais ils pourront se reposer, car je suis bien décidé à les remplacer par des généraux jeunes, ayant encore des grades à gagner et de la gloire à acquérir. Il y a longtemps que j'aurais dû prendre ce parti. »

réchal Soult son major-général. Ce choix étonna le public et excita les murmures de l'armée. Le rôle malheureux du duc de Dalmatie, sous la restauration, l'exagération de son royalisme et les rigueurs de son ministère étaient encore présens à tous les esprits. Le 11 juin, la veille du départ de Napoléon pour la frontière, une dépêche télégraphique avait ordonné au maréchal Ney, alors retiré à sa terre des Coudreaux, de rejoindre en toute hâte le quartier impérial. Enfin, l'empereur venait de confier au maréchal Mortier le commandement des troupes de la garde impériale destinées à faire la campagne, et de placer sous les ordres du marquis de Grouchy, créé maréchal à la suite de la capitulation du duc d'Angoulême, toute la réserve de cavalerie. La plupart de ses anciens généraux avaient, en outre, reçu de l'emploi. Les soldats, les sous-officiers et les officiers inférieurs étaient jeunes, ardens, avides de batailles ; les chefs, en grand nombre, étaient vieux d'ans ou fatigués de services.

Nous avons dit les positions occupées par l'armée française dans la soirée du 14 ; voici quelle était, au même moment, la position de l'ennemi :

Les troupes alliées, alors campées en Belgique, formaient deux armées distinctes, commandées par le duc de Wellington, et par le feld-maréchal prussien Blücher.

La première se composait de vingt-quatre brigades d'infanterie, dont neuf anglaises, dix allemandes, cinq hollandaises et belges ; de onze brigades de cavalerie, comprenant seize régimens anglais, neuf allemands et six hollandais. Sa force était de *cent deux mille cinq cents hommes*, non compris huit régimens anglais, venant d'Amérique et débarqués à Ostende, ainsi que cinq autres régimens anglais enfermés dans les places de la Belgique. Le prince d'Orange, lord Hill et lord Uxbridge commandaient les principaux corps. Disséminée depuis Nivelles jusqu'à la mer, cette armée anglo-hollandaise avait son quartier-général à Bruxelles; le point de concentration indiqué à toutes ses divisions était les Quatre-Bras (1).

Les troupes prussiennes étaient divisées en quatre corps de trente à trente-cinq mille hommes chacun, cantonnés autour de Charleroi, de Namur, de Ciney et de Liége, et commandés par les généraux Ziéthen, Pirch, Thielmann et Bu-

---

(1) Composition de l'armée anglo-hollandaise :
1er *corps*. — *Prince d'Orange*. — 11 brigades d'infanterie, formant 5 divisions, dont 2 anglaises, commandées par le major-général Cooke (4,000 h.) et par le lieutenant-général Alten (9,800 h.), et 3 divisions hollandaises commandées par les lieutenans-généraux Chassé (7,400 h.), Perponcher (8,000 h.), et Collaert (7,200 h.). Total.................................... 36,400 h.
2e *corps*. — *Lord Hill*. — 13 brigades d'infanterie, composant 5 divisions, dont 4 anglaises, commandées par les lieutenans-généraux Clinton (9,390 h.), Colville (9,500 h.), Picton (9,700 h.), et Cole (8,800 h.), et une 5e division étrangère, commandée par le duc de Brunswick (5,500 h.). Total.................... 43,000
Cavalerie. — *Lord Uxbridge*. — 11 brigades, dont 7 brigades anglaises, commandées par les majors-généraux Sommerset, Ponsonby, Domeberg, Vandeleur, Grant, Vivian et par le colonel Arcuschild (ensemble, 10,400 h.); une brigade hanovrienne (1,200 h.), 2 brigades hollandaises (3,100 h.) et une brigade brunswickoise (900 h.). Total........................... 15,600
Artillerie et génie. — 30 brigades anglaises, comptant 180 canons et 4,500 artilleurs, et 13 brigades hollando-belges, comptant 78 canons et 2,000 artilleurs. — Sapeurs mineurs, 1,000 h. Total............... 7,500
Récapitulation. — Infanterie, 79,400 h.; cavalerie, 15,600 h.; artillerie et génie, 7,500 h.
     Total général............ 102,500 h.
    et 253 pièces de canon.

low. Cette armée, forte de *cent trente-trois mille quatre cents hommes*, et de trois cents bouches à feu, avait son quartier-général à Namur; son point de concentration était indiqué en arrière de Fleurus (1).

Ces deux armées réunies présentaient un effectif double du nôtre; il s'élevait à *deux cent trente-cinq mille neuf cents hommes*, tandis que nous n'avions que *cent quinze mille cinq cents* combattans; seize lieues séparaient leurs deux quartiers-généraux; on comptait la même distance entre le quartier-général de Blücher, le plus rapproché de notre ligne, et Beaumont, quartier-général de l'empereur.

Toutes les nouvelles arrivées au quartier impérial, dans la journée du 14, annonçaient que les troupes prussiennes ne faisaient aucun mouvement. Dans la nuit du 14 au 15, des affidés, venus de différens points de la Belgique, confirmèrent la profonde sécurité où était l'ennemi; la tranquillité la plus absolue régnait à Bruxelles, à Namur et à Charleroi. Fait unique peut-être dans l'histoire de la guerre! Napo-

---

(1) Composition de l'armée prussienne :

1er corps. — Général *Ziethen* : 4 divisions d'infanterie, comprenant 34 bataillons (27,200 h.) et une division de cavalerie de 32 escadrons (4,800 h.). Total...................... 32,000 h.

2e corps. — Général *Pirch* : 4 divisions d'infanterie, comprenant 36 bataillons (28,800 h.) et une division de cavalerie de 36 escadrons (5,400 h.). Total.... 34,200

3e corps. — Général *Thielmann* : 4 divisions d'infanterie, comprenant 33 bataillons (26,400 h.) et une division de cavalerie de 32 escadrons (4,800 h.). Total.... 31,200

4e corps. — Général *Bulow* : 4 divisions d'infanterie, comprenant 36 bataillons (28,800 h.) et une division de cavalerie de 48 escadrons (7,200 h.). Total.......... 36,000

Récapitulation. — Infanterie, 111,200 h.; cavalerie, 22,200 h.

Total général............ 133,400 h.

léon venait de réunir une armée de cent quinze mille hommes, sur une frontière ouverte, en face de deux armées ennemies ; lui-même venait de quitter la capitale de l'Empire et de se mettre à la tête des troupes, sans que nulle part, même à une lieue de nos lignes, on soupçonnât les mouvemens de nos soldats et de leur chef depuis deux jours.

L'empereur, pour attaquer les deux armées alliées, avait à choisir entre ces trois plans d'opération : déborder la droite ou la gauche de ces armées ou bien percer leur centre. Dans les deux premiers cas, les armées de Wellington et de Blücher resteraient réunies, puisqu'elles se trouveraient pressées l'une sur l'autre, de la gauche sur la droite ou de la droite sur la gauche, selon le côté par lequel l'empereur attaquerait. La disproportion des forces de Napoléon avec celles de ses deux adversaires, dans cette double hypothèse, lui fit adopter le parti de percer leur ligne à son point de jonction, à Charleroi, afin d'isoler chaque armée et de rester maître d'appuyer sur l'une ou sur l'autre. Une fois placé entre les Prussiens et les Anglais, devait-il faire tomber son effort sur ceux-ci ou sur les premiers ? Cette deuxième question fut résolue par la connaissance qu'il avait du caractère des deux généraux alliés.

Blücher avait conservé, de ses débuts dans la profession des armes, des habitudes de hussard : caractère actif, décidé, son armée évidemment serait la première réunie. Son concours, si on ne l'attaquait pas le premier, serait prompt, énergique ; et ce général, n'eût-il sous la main que deux bataillons, n'hésiterait pas à les amener au soutien de son allié. Wellington, au contraire, caractère circonspect, esprit lent, méthodique, attendrait la réunion de tous ses régimens, quelque compromise que fût la position des Prussiens, avant de faire un seul pas pour dégager ceux-ci. L'empereur résolut d'attaquer d'abord Blücher. Il fallait une demi-journée pour le rassemblement de chaque corps prussien ; deux jours étaient nécessaires pour la concentration de toutes ces forces. Napoléon, en franchissant la frontière le 15 au matin, espérait donc que l'armée prussienne ne pourrait pas se présenter en ligne avant le 17. Il y a plus : en surprenant cette armée dans ses cantonnemens, comme il allait le faire, il était possible d'empêcher le ralliement des différens corps qui la composaient et de les écraser en détail. Les 11,000 chevaux du maréchal Grouchy, destinés à des manœuvres rapides au milieu de toutes ces troupes en mouvement, avaient été précisément réunis sous une seule main afin d'assurer ce double résultat.

Peu d'heures après l'arrivée de l'empereur à Avesnes, un ordre du jour du major-général, daté de cette ville, le 13, et dit *ordre de position*, avait assigné à chaque corps le lieu où il devait se réunir et camper. Le 14, un second ordre du jour, dit *ordre de mouvement*, daté de Beaumont, où le quartier-impérial venait d'être transporté, vint indiquer à chaque général l'heure et l'ordre de sa mise en marche pour franchir la frontière le lendemain, ainsi que la route qu'il devait suivre et le point sur lequel il devait se porter. Le 4ᵉ corps entr'autres, commandé par le comte Gérard et posté en avant de Philippeville, le point de notre ligne le plus éloigné du quartier-impérial et le plus rapproché du quartier-général de Blücher, devait se mettre en mouvement à trois heures du matin, et, faisant éclairer sa droite, ainsi que tous les débouchés qui vont sur Namur, il devait marcher, serré en ordre de bataille, sur Charleroi. La 3ᵉ division de ce corps était commandée par le général Bourmont.

Ancien chef de bandes royalistes dans l'Ouest, M. de Bourmont, après la pacification de ces provinces, avait obtenu la faveur d'entrer avec le grade d'adjudant-commandant dans les armées impériales. Un talent incontestable, plusieurs actions d'éclat, l'avaient successivement élevé au grade d'officier-général. Lors du retour de l'île d'Elbe, il faisait partie, comme général de division, du petit corps d'armée réuni par le gouvernement à Besançon, sous les ordres du maréchal Ney, dans le but d'opérer sur le flanc de l'empereur. Nous avons réservé pour le procès du maréchal le détail du rôle de M. de Bourmont dans l'épisode de Lons-le-Saulnier. Nous dirons seulement qu'invité, à quelques jours de là, par le préfet du Doubs, M. Capelle, à aller rejoindre avec lui les Bourbons en Belgique, M. de Bourmont refusa, retenu qu'il était, disait-il, par l'espoir de conserver Besançon au roi. Besançon reconnut le pouvoir impérial; et, bien que M. de Bourmont eût déclaré à M. Capelle que les étrangers étaient la seule ressource sur laquelle la cause royale pût compter et qu'on ne devait pas hésiter à les rappeler (1), ce général ne tarda pas à solliciter un emploi de son grade dans l'armée que l'empereur organisait pour repousser l'invasion. Davoust, dont le dévoûment à Napoléon était alors sans réserve, rejeta durement sa demande. M. de Bourmont recourut à son ancien chef, le général Gérard, dont l'intervention fut également sans succès. Du ministre, Gérard en appela directement à l'empereur, et ses instances, secondées par les prières de Labédoyère, du comte de Flahaut et du maréchal Ney lui-même, triomphèrent à la fin des répugnances que puisait Napoléon dans les observations de son ministre de la guerre. Le général Gérard venait d'être nommé au commandement du 4e corps qui se formait alors à Metz; son protégé fut placé sous ses ordres et obtint une division.

---

(1) Procès du maréchal Ney, déposition de M. Capelle.

Le 6 juin, cette division quitta Metz avec le reste du corps pour prendre position sur la frontière de Belgique.

Le 14 au soir, le général Bourmont, dont les régimens formaient tête de colonne, avait son quartier-général à Florenne, village à deux lieues en avant de Philippeville, dans la direction de Namur. Lorsqu'il eut pris communication, comme tous les autres chefs, de l'*ordre de mouvement*, il fit la reconnaissance du terrain dans le plus grand détail et donna ses ordres pour la marche du lendemain. Le 15 au matin, à l'heure indiquée par l'ordre de mouvement, toutes les troupes du 4e corps prirent les armes. Le général Bourmont monta à cheval à cinq heures et demie et se porta en avant de sa division comme pour reconnaître la route. Il était accompagné de son chef d'état-major, l'adjudant-commandant Clouet, d'un autre officier d'état-major le chef d'escadron Villoutreys et de trois aides-de-camp. Six chasseurs à cheval et un brigadier lui servaient d'escorte. Après avoir marché l'espace d'une demi-lieue, il renvoya deux des chasseurs, sous prétexte de transmettre un ordre verbal au général Hulot, commandant de sa première brigade. Une fois ces deux cavaliers hors de vue, leurs camarades se trouvaient en minorité, cinq contre six ; le général défendit alors à ceux-ci de le suivre plus loin ; il les congédia en remettant au brigadier deux lettres pour le général Gérard, et, piquant des deux, il s'élança au galop vers les avant-postes de l'ennemi. Les cinq officiers qui l'accompagnaient le suivirent. Les chasseurs, étonnés, s'arrêtèrent ; ils purent voir M. de Bourmont parlementer un instant avec les sentinelles prussiennes, passer outre, puis disparaître.

Cette désertion, accomplie au milieu du mouvement d'une armée en pleine marche pour surprendre l'ennemi, devait exercer une grande influence sur toute cette campagne :

nous dirons plus loin son effet moral sur un grand nombre de généraux et sur les soldats ; comme résultat matériel, elle annulait en partie le succès des dispositions de l'empereur pour dérober sa marche au général en chef prussien. Sept à huit lieues au plus, trajet de deux ou trois heures, séparaient le point de la frontière où M. de Bourmont venait de disparaître, de Namur, quartier-général de Blücher. Une escorte le conduisit devant ce dernier. L'*ordre de mouvement* dont il avait reçu communication la veille, par cela seul qu'il indiquait Charleroi comme le point où devaient se diriger tous les corps de l'armée, donnait le secret de la campagne. Ce secret fut-il livré? Nous ne l'affirmerons pas. Mais en supposant que, gardant le silence sur les dispositions de cet ordre, le général Bourmont se soit contenté de dire au feld-maréchal prussien : *Je quitte l'armée française ; elle est en marche pour franchir la frontière, j'étais là ;* même dans cette hypothèse difficilement admissible, il aurait encore porté un coup funeste à notre armée. Blücher, au lieu de connaître seulement dans la nuit du 15 au 16, après l'attaque de Charleroi, l'entrée des Français dans ses cantonnemens, se trouvait averti dès le 15 au matin ; il gagnait une journée et une nuit. Or, tout était là. La victoire comme la défaite, dans cette guerre de quatre jours, devaient tenir à des retards ou à des avances de quelques heures ; et la voix publique ne s'est pas égarée en unissant dans un lien fatal les deux noms de Bourmont et de Waterloo (1).

---

(1) Voici en quels termes cette désertion est constatée dans les états officiels déposés aux archives de la guerre.

« *État nominatif de MM. les officiers-généraux et officiers d'état-major composant le 4ᵉ corps de la grande armée, avec les mutations pendant le mois de juin jusqu'au 4 juillet* (inclus.) 1815.

» 14ᵉ division. BOURMONT, lieutenant-général ; *Dandigné*, de

Lorsque le général Gérard connut l'événement, il se porta au galop sur le front de la 14e division ; les soldats étaient furieux. Quelques paroles énergiques, indignées, satisfaction stérile, parvinrent pourtant à les calmer. L'empereur, averti, changea quelques unes de ses dispositions ; le corps du comte Gérard (4e), au lieu de continuer sa marche sur Charleroi, reçut l'ordre de passer la Sambre au Châtelet ; il prit cette direction. Tous les autres corps de l'armée se trouvaient déjà en mouvement ; la campagne était commencée.

Journée du 15. — Passage de la Sambre. — Le but de l'empereur, dans cette première journée que venait d'ouvrir la désertion d'un de ses généraux, était d'occuper en arrière de Fleurus, le plateau indiqué comme point de concentration aux quatre corps prussiens, d'embarrasser la jonction de ceux-ci et de se placer entre eux et l'armée anglaise. Nos troupes s'élançaient vers la Sambre dans trois directions : elles se portaient sur les ponts de Marchiennes, Charleroi et le Châtelet. Le général Ziethen ayant son quartier-général à Charleroi, gardait avec son corps ces trois passages. Sa sécurité, on l'a vu, était profonde. Ses premiers postes surpris en avant de Thuin et de Lobbes, par l'avant-garde du deuxième corps (comte Reille), n'eurent pas le

---

Trélon, capitaines aides-de-camp. (Le général et les deux aides-de-camp passés à l'ennemi le 15 juin.)

» CLOUET, adjudant-commandant, chef d'état-major, passé à l'ennemi le 15 juin.

» VILLOUTREYS, chef d'escadron adjudant, *idem*.

» SOURDAT, capitaine adjudant, *idem*. »

Le général G. de Vaudoncourt, dans son *Histoire des campagnes de 1814 et de 1815*, dit « que le colonel Gordon, chef d'état-major de la division Durutte (1er corps), passa également à l'ennemi, le lendemain 16 juin, pendant la marche du 1er corps de Marchiennes à Gosselies. »

temps de se mettre en défense ; ils furent culbutés et rejetés sur Marchiennes. Quelques bataillons se formant en carré en avant de ce bourg, essayèrent de tenir. Rompus de nouveau, ils durent franchir le pont en désordre et se retirer sur Charleroi. Le passage, à notre gauche, était forcé ; le deuxième corps, puis le premier (comte Drouet-d'Erlon), entrèrent successivement dans Marchiennes.

Pendant ce temps la cavalerie légère du centre, aux ordres du général Pajol, s'avançait sur Charleroi, enlevant ou balayant tous les postes placés entre la frontière française et cette ville. L'ennemi s'y rallia et prit position pour défendre le pont. Les sapeurs et les marins de la garde, chargés de rétablir ce passage dans le cas où les Prussiens le feraient sauter, avaient accompagné la cavalerie de Pajol au pas de course et en se battant en tirailleurs. Entrés dans Charleroi avec les détachemens de Ziethen, et ne voulant pas laisser à ceux-ci le temps de couper le pont, ils s'élancèrent pour l'occuper. Leur attaque, accueillie par un feu nourri de mousqueterie, fut repoussée. Bientôt pourtant Pajol et sa cavalerie parurent ; ce général ordonna la charge ; le pont fut enlevé.

La Sambre, à Charleroi, coule au pied d'une ligne de hauteurs assez considérables que gravit la route de Fleurus. Chacune des rampes de cette route fut vivement disputée par l'ennemi, dont le nombre était incessamment augmenté par des détachemens accourus de tous les cantonnemens voisins. Les Prussiens ne purent tenir sur aucun point ; chaque fois qu'ils essayaient de se former, nos soldats, s'élançant sur eux avec une audace et une impétuosité sans égale, les culbutaient à la baïonnette. Rejetées au delà des hauteurs, les troupes de Ziethen s'arrêtèrent à une demi-lieue plus loin, au village de Gilly, point d'intersection des deux chemins qui vont à Gosselies et à Fleurus. Quelques régimens de cavalerie, des détachemens d'infanterie peu nombreux étaient seuls attachés à leur poursuite. Le général prussien, favorisé par la position, réunit sur ce point huit ou dix mille hommes qu'il fit appuyer par un corps de cavalerie et par plusieurs batteries d'artillerie. Nos soldats, obligés de s'arrêter, attendirent l'arrivée du corps qui, d'après les dispositions prises la veille pour le mouvement de toute l'armée, devait les soutenir; ce corps était celui de Vandamme (3e). Ce général avait dû quitter ses cantonnemens à trois heures du matin; sa marche avait été calculée pour qu'il pût déboucher à Charleroi à neuf heures. De faux mouvemens lui firent perdre quatre heures, et ce fut seulement vers une heure et demie de l'après-midi qu'il se présenta devant Charleroi. L'empereur y était entré à onze heures avec sa garde. Vandamme reçut l'ordre de traverser la ville sans s'arrêter, de se porter sur Gilly, d'en chasser les Prussiens et de les rejeter au delà de Fleurus. Dans le même moment, Napoléon apprenait l'arrivée du deuxième corps à Marchiennes. Un officier fut aussitôt dépêché sur ce point pour ordonner au général Reille de se porter directement sur Gosselies par la traverse, et de pousser vigoureusement sur la route de Bruxelles tous les détachemens qu'il rencontrerait devant lui. Le comte d'Erlon (1er corps), reçut les mêmes instructions; mais soit qu'une partie des détachemens de ce dernier fût encore en arrière de la Sambre, soit un autre motif que nous n'avons pu pénétrer, d'Erlon devait laisser le deuxième corps s'avancer seul sur Gosselies et ne point quitter Marchiennes. Ces différens ordres venaient d'être expédiés quand le maréchal Ney parut.

Le 11 juin, nous l'avons dit, une dépêche télégraphique avait appelé ce maréchal au quartier impérial. Pris au dépourvu, parti sans équipages, avec un seul aide-de-camp, Ney était arrivé le matin même du 15 à Beaumont, où il avait trouvé le maréchal Mortier, retenu dans ce bourg, en deçà de la frontière, par un subit accès de sciatique; puis, continuant sa route, le prince de la Moskowa venait de rejoindre l'empereur à Charleroi. Après les premiers complimens, Napoléon lui dit : « Eh bien ! M. le ma» réchal, votre protégé Bourmont, dont vous me répondiez » sur votre honneur, que je n'ai employé qu'à votre sollici» tation, a passé à l'ennemi! » le maréchal, confus, essaya de s'excuser, en disant que M. de Bourmont lui avait semblé si dévoué à S. M. que nul autre à sa place n'aurait hésité à se faire son garant. *Allez, M. le maréchal*, lui répliqua l'empereur en l'interrompant, *ceux qui sont bleus sont bleus, ceux qui sont blancs sont blancs* (1). Puis il lui ordonna d'aller prendre le commandement des deux corps de Reille et d'Erlon, de donner tête baissée sur tout ce qu'il rencontrerait et de prendre position, avec les 49,000 hommes mis sous ses ordres, au delà des Quatre-Bras en tenant de fortes avant-gardes sur les deux routes de Bruxelles et de Namur. Ces ordres expliqués, l'empereur ajouta : « Monsieur le ma» réchal, vous connaissez bien la position des Quatre-Bras? » — Oui, Sire, répondit Ney ; comment ne la connaîtrais-je » pas? Il y a vingt ans, j'ai fait la guerre dans ce pays ; cette

---

(1) M. de Bourmont avait fait ses premières armes parmi les insurgés royalistes de l'Ouest. Dans ces provinces, la population armée, comme la population civile, se divisait en *blancs* et en *bleus*. Les partisans de l'ancien régime avaient pris le nom de *blancs* de la couleur des uniformes de l'ancienne monarchie et de son drapeau. La république avait donné à ses volontaires et à ses soldats des uniformes de couleur bleue ; le bleu était, en outre, une des trois couleurs de son étendard : tous les partisans de la révolution furent désignés par leurs adversaires sous le nom de *bleus*.

» position est la clé de tout. — Eh bien! ralliez-y vos deux
» corps et, s'il est nécessaire, élevez-y quelques redoutes;
» pressez la marche de d'Erlon, et qu'il rappelle tous les dé-
» tachemens qu'il aura laissés sur la Sambre. Tout doit être
» rallié avant minuit. — Fiez-vous à moi, Sire; dans deux
» heures nous serons aux Quatre-Bras, à moins que toute
» l'armée anglaise ne s'y trouve. » Le maréchal partit (1).

Lorsqu'à moins de deux heures de là l'empereur apprit que Ney était arrivé à Gosselies, et que, se dirigeant sur les Quatre-Bras, ce maréchal se trouvait en mesure d'occuper le point de concentration indiqué à tous les corps de l'armée anglaise, lui-même se porta sur la route de Fleurus vers le point de concentration assigné aux différens corps de l'armée prussienne. Vandamme et le maréchal Grouchy étaient encore en arrière de Gilly. Depuis plusieurs heures, ces deux généraux, croyant que tout le corps de Ziethen était devant eux, se tenaient immobiles. L'empereur, de sa personne, alla reconnaître l'ennemi; il put se convaincre qu'une partie du corps prussien essayait seule de barrer la route. L'attaque fut immédiatement commandée. Les Prussiens ne l'attendirent pas; ils se mirent en retraite, protégés par plusieurs carrés d'infanterie et par le feu de deux batteries d'artillerie. Irrité du temps perdu, mécontent de voir l'ennemi lui échapper, Napoléon se tourne vers un de ses aides-de-camp et lui montrant de la main les quatre escadrons, dits *escadrons de service*, qui formaient son escorte habituelle, il lui crie : « Letort, prenez mes escadrons; chargez et enfoncez tout cela! » Le général Letort et les quatre escadrons partent; ils se jettent sur

---

(1) *Campagne de* 1815, écrite à Sainte-Hélène par le général GOURGAUD.

les carrés, les sabrent et les disloquent. Les Prussiens fuient, mais en vendant cher leur défaite. Le général Letort venait d'être mortellement blessé.

Il était six heures du soir; Napoléon, impatient de s'assurer si tous les corps de l'armée avaient franchi la Sambre, revint à Charleroi; les soldats qu'il quittait prirent aussitôt leurs bivouacs entre Fleurus et Gilly. Le mouvement, dans cette direction, se trouvait arrêté.

Ney, sur la route de Bruxelles, s'était avancé sur Frasnes avec le deuxième corps (Reille), qu'il avait rencontré à Gosselies. Frasnes, quelques heures auparavant, n'était encore occupé que par un seul bataillon belge de la brigade du prince Bernard de Saxe-Weimar; mais ce général venait d'y accourir avec le reste de ses forces. Cette brigade comptait environ quatre mille hommes; son artillerie se composait de six pièces de canon. La présence d'une division de cavalerie légère de la garde, que le maréchal conduisait avec lui, suffit toutefois pour obliger le prince Bernard à la retraite; il se retira sur les Quatre-Bras. Ney, en suivant l'ennemi pouvait s'emparer de cette position, distante de Frasnes d'environ cinq quarts de lieue; il l'aurait immédiatement occupée sans avoir probablement à tirer un coup de fusil. Le bruit de l'artillerie qui grondait en arrière de son flanc droit, à Gilly, arrêta sa marche. Ignorant l'importance réelle de cet engagement, craignant que ce combat, en modifiant les projets de l'empereur, n'obligeât Napoléon à le rappeler, il crut faire acte de prudence en se tenant à la hauteur du canon, et laissant à Frasnes une simple avant-garde, il revint à Gosselies où il établit son quartier-général. Les rapports de quelques officiers de cavalerie légère ne tardèrent cependant pas à faire connaître au maréchal l'insignifiance de la canonnade de Gilly ainsi que la retraite des Prussiens; il pouvait reprendre son mouvement; mais la nuit venait, ses soldats établissaient leurs bivouacs. Convaincu, d'ailleurs, qu'il enlèverait les Quatre-Bras dès qu'il voudrait s'y porter, Ney jugea inutile d'imposer de nouvelles fatigues à ses régimens et crut pouvoir annoncer à l'empereur la complète exécution de ses ordres. Le maréchal fit dire à Napoléon « qu'il occupait les Quatre-Bras avec une avant-garde et que ses masses campaient en arrière (1). »

Pendant ce temps, le 4e corps, commandé par le comte Gérard, achevait à son tour de passer la Sambre et de s'éta-

---

(1) Général GOURGAUD, *Campagne de* 1815. — L'ordre donné le 15 par l'empereur au prince de la Moskowa pour l'occupation *immédiate* des Quatre-Bras, ainsi que l'avis transmis par ce maréchal pour annoncer qu'il se trouvait sur la position, sont deux faits qui ont donné lieu à des controverses animées. Comme ces communications ont l'une et l'autre été verbales, il était difficile d'apporter dans la discussion autre chose que de simples dires. Cependant il est une circonstance qui nous semble décisive en faveur de l'assertion du général Gourgaud et des détails si précis dont il l'appuie. La dépêche, expédiée *le* 15 *juin au soir* de Charleroi pour Paris, et qui parut dans le *Moniteur* du 18, contient ce passage : « L'em- » pereur a donné le commandement de la gauche au prince de » la Moscowa qui *a eu le soir* son quartier-général *aux Quatre-* » *Chemins* sur la route de Bruxelles. » Cette dépêche, il ne faut pas l'oublier, publiée à Paris le 18 juin, fut écrite à Charleroi par le major-général, le 15 au soir; donc, ce soir-là, on avait su au quartier-impérial que le maréchal Ney avait son quartier-général aux Quatre-Chemins (Quatre-Bras), sur la route de Bruxelles, direction que le maréchal évidemment n'aurait point prise, mouvement qu'il n'aurait point fait, si Napoléon ne le lui avait positivement ordonné.

La relation du général Gourgaud, d'ailleurs, a été écrite à Sainte-Hélène sous les yeux de l'empereur; or, Napoléon, on le sait, quand il ne taisait pas les fautes de ses lieutenans, les amoindrissait au lieu de les exagérer.

blir en avant de Châtelet. Ce corps avait rencontré de mauvais chemins ; son avant-garde avait surpris d'assez bonne heure les détachemens prussiens chargés de garder le pont; mais il était presque nuit close lorsque le corps entier se trouva réuni sur la position.

La perte des Prussiens, dans cette première journée, fut de deux mille hommes tués ou faits prisonniers et de cinq pièces de canon ; la nôtre ne dépassa pas quatre-vingts blessés et un moindre nombre de morts. Ces résultats étaient peu considérables ; mais ils ouvraient heureusement la campagne. Napoléon, d'ailleurs, avait à peu près atteint son but. Par une des plus belles et des plus hardies manœuvres dont les annales militaires fassent mention, il venait, à la tête de cent quinze mille soldats, de surprendre deux armées ennemies; la barrière de la Sambre, en outre, se trouvait franchie ; et campé avec sa garde, les 3ᵉ et 6ᵉ corps entre Charleroi et Fleurus, à la gauche de Namur, ayant le 1ᵉʳ et le 2ᵉ corps entre Marchiennes et les Quatre-Bras, sur la route de Bruxelles, il venait de se placer entre les quartiers-généraux de Blücher et de Wellington, et de percer leur ligne à son point de jonction.

Journée du 16. — BATAILLE DE LIGNY. AFFAIRE DES QUATRE-BRAS. — Les différens corps de l'armée avaient éprouvé la veille, dans leur marche, des retards que doit expliquer en partie le defilé de cent quinze mille hommes, infanterie, cavalerie, artillerie, par trois ponts d'un passage resserré et difficile. Ces retards et la nécessité où était l'empereur de ne pas prendre un parti avant d'avoir reçu les rapports de ses différens généraux sur la position et sur la force des troupes ennemies placées devant eux, le retinrent durant toute la matinée à Charleroi et ne lui permirent pas d'arrêter toutes ses dispositions d'aussi bonne heure que

1815.

l'intérêt de nos armes aurait pu le demander. Ainsi, le 4ᵉ corps, sous les ordres du comte Gérard, et le corps de dragons du général Excelmans, cantonnés tous deux soit à Châtelet, soit dans les villages voisins et qui se tenaient prêts à marcher depuis deux heures du matin, ne reçurent leur ordre de mouvement qu'à neuf heures et demie (1). Les autres corps ne furent également mis en marche que très tard, et il était dix heures quand l'empereur lui-même quitta Charleroi pour se rendre à Fleurus que les Prussiens avaient abandonné dans la nuit.

Le séjour de l'empereur à Charleroi fut marqué par une mesure qui devait exercer une grande influence sur le sort de la campagne.

Jusque là chaque chef de corps recevait directement les ordres de l'empereur; à la vérité, les efforts de l'armée étaient pour ainsi dire concentriques et tous les corps restaient sous la main de Napoléon, tandis que le lendemain l'intervention probable de Wellington pouvait obliger l'empereur d'opérer simultanément dans deux directions et contre deux armées différentes. Dans cette prévision, il crut nécessaire de placer sous les ordres d'un seul chef les troupes chargées de contenir ou de combattre celle des deux armées ennemies qu'il n'aurait point devant lui; et, dans la nuit du 15 au 16, il

---

(1) « Dans la matinée (entre huit et neuf heures), le général Excelmans vint me voir à Châtelet; il avait ses troupes campées près des miennes. Je lui témoignai combien j'étais contrarié de ne pas avoir encore mon *ordre de mouvement*. J'ajoutai que j'augurais mal de ces retards; que, d'après ma manière de voir, ce n'était que par des mouvemens rapides qui nous amèneraient au milieu des cantonnemens ennemis presqu'à leur insu, que nous pourrions espérer de grands résultats. »
(Maréchal GÉRARD. *Documens sur la bataille de Waterloo*, p. 49.)

avait fait de ses cinq corps, de sa garde et de ses réserves, trois parts qu'il composa ainsi :

AILE GAUCHE. — Maréchal NEY.

1ᵉʳ *corps*. — Comte d'*Erlon*. — Infanterie, 16,220 h.; cavalerie, 1,500 h.

2ᵉ *corps*. — Comte *Reille*. — Infanterie, 21,100 h.; cavalerie, 1,500 h..

Cavalerie *Desnouettes* (lanciers et chasseurs de la garde impériale), 2,120 h.; cuirassiers *Kellermann*, 2,610 h.

Artillerie à pied et à cheval, 2,400 h.

Total : 47,450 h. et 116 bouches à feu.

AILE DROITE. — Maréchal GROUCHY.

3ᵉ *corps*. — Comte *Vandamme*. — Infanterie, 13,030 h.; cavalerie, 1,500 h.

4ᵉ *corps*. — Comte *Gérard*. — Infanterie, 12,000 h.; cavalerie, 1,500 h.

Cavalerie *Pajol* (hussards et chasseurs), 2,520 h.; cavalerie *Excelmans* (dragons), 2,600 h.; cuirassiers *Milhaut*, 2,600 h.

Artillerie à pied et à cheval, 2,250 h.

Total : 38,000 h. et 112 bouches à feu.

CENTRE ET RÉSERVE. — L'EMPEREUR.

6ᵉ *corps*. — Comte *Lobau*. — Infanterie, 11,000 h.

Garde impériale. — Grenadiers, 4,420 h.; chasseurs ou moyenne garde, 4,250 h.; jeune garde, 3,800 h.; grenadiers à cheval, 1,000 h.; dragons, 1,010 h.

Artillerie à pied et à cheval, 2,700 h.

Total : 28,180 h. et 122 bouches à feu (1).

Les ordres expédiés de Charleroi le 16 au matin aux commandans des deux *ailes*, expliquent les dispositions arrêtées par l'empereur aux premières heures de cette journée. On lit dans l'ordre adressé au maréchal Grouchy :

---

(1) Les 2,200 hommes des équipages et du génie ne sont point compris dans ces chiffres; ils complètent l'effectif de l'armée tel qu'il était l'avant-veille, moins les quelques hommes tués ou blessés à Charleroi ou à Gilly.

« Monsieur le maréchal, l'empereur ordonne que vous vous mettiez en marche avec les 1er, 2e et 4e corps de cavalerie et que vous les dirigiez sur Sombref *où vous prendrez position*. Je donne pareil ordre à M. le lieutenant-général Vandamme pour le 3e corps d'infanterie, et à M. le lieutenant-général Gérard pour le 4e ; et je préviens ces deux généraux qu'ils sont sous vos ordres, et qu'ils doivent vous envoyer des officiers pour vous instruire de leur marche et prendre des instructions... Je préviens aussi M. le général Gérard pour qu'il marche, bien réuni, à portée du 3e corps, et soit en mesure de concourir à *l'attaque de Sombref* si l'ennemi *fait résistance*.

» J'ai l'honneur de vous prévenir que M. le prince de la Moskowa reçoit ordre de se porter avec le 1er et le 2e corps à l'intersection des chemins dits les Quatre-Bras, sur la route de Bruxelles, et qu'il détachera un fort corps à Marbais pour se lier avec vous sur Sombref et seconder au besoin vos opérations... »

L'empereur avait connu dans la nuit le séjour du prince de la Moskowa à Gosselies. Les retards éprouvés par une partie des troupes du maréchal dans leur marche, pouvaient expliquer cette inaction ; aussi, dans le premier ordre transmis au chef de son *aile gauche*, Napoléon se bornait-il à faire dire au maréchal, après lui avoir annoncé l'envoi, sur Gosselies, du corps de cuirassiers Kellermann, qu'il mettait à sa disposition :

« Veuillez m'instruire si le 1er corps (Drouet-d'Erlon) a opéré son mouvement et quelle est, ce matin, la position exacte des 1er et 2e corps et des deux divisions de cavalerie qui y sont attachées ; en me faisant connaître ce qu'il y a d'ennemis devant vous et ce qu'on a appris. »

Quelques instans après, Ney recevait du major-général un *ordre de mouvement* (1) dont nous citerons les passages suivans :

---

(1) Tous ces ordres et ceux que nous aurons à citer étaient signés du duc de Dalmatie, major-général.

« Monsieur le maréchal, l'empereur ordonne que vous mettiez en marche les 1er et 2e corps d'armée, ainsi que le 3e corps de cavalerie (cuirassiers Kellermann) qui a été mis à votre disposition, pour les diriger sur l'intersection des chemins dits les *Quatre-Bras*, route de Bruxelles, où vous leur ferez prendre position, et vous porterez en même temps des reconnaissances aussi avant que possible sur la route de Bruxelles et sur Nivelles d'où l'ennemi s'est probablement retiré.

» S. M. désire que, s'il n'y a pas d'inconvénient, vous établissiez une division avec de la cavalerie à Genape (1), et elle ordonne que vous portiez une autre division du côté de Marbais pour couvrir l'espace entre Sombref et les Quatre-Bras... Le corps qui sera à Marbais aura aussi pour objet d'appuyer les mouvemens du maréchal Grouchy sur Sombref, et de vous soutenir à la position des Quatre-Bras si cela devenait nécessaire. Vous recommanderez au général qui sera à Marbais, de bien s'éclairer sur toutes les directions, particulièrement sur celles de *Gembloux* et de *Wavres*...

» J'ai l'honneur de vous prévenir que l'empereur va se porter sur Sombref où, d'après les ordres de S. M., M. le maréchal Grouchy doit se diriger avec les 3e et 4e corps d'infanterie et les 1er, 2e et 4e corps de cavalerie. M. le maréchal Grouchy fera occuper Gembloux.

» Je vous prie de me mettre de suite à même de rendre compte à l'empereur de vos dispositions pour exécuter l'ordre que je vous envoie, ainsi que de tout ce que vous aurez appris sur l'ennemi. »

Pendant que le duc de Dalmatie expédiait cet ordre au prince de la Moskowa, Napoléon adressait personnellement à ce maréchal la lettre suivante :

« Charleroi, le 16 juin 1815.

» Mon cousin, je vous envoie mon aide-de-camp le général Flahaut qui vous porte la présente lettre ; le major-général a dû vous donner des ordres. Mais vous recevrez les miens plus tôt, parce que mes officiers vont plus vite que les siens. Vous recevrez l'ordre de

---

(1) A une lieue au delà des Quatre-Bras, sur la route de Bruxelles.

mouvement du jour; mais je veux vous *en écrire en détail*, parce que c'est *de la plus haute importance*.

» Je porte le maréchal Grouchy avec les 3ᵉ et 4ᵉ corps d'infanterie sur Sombref; je porte ma garde sur Fleurus et j'y serai de ma personne avant midi. J'y attaquerai l'ennemi *si* je le rencontre, et j'éclairerai la route jusqu'à Gembloux. Là, d'après ce qui se passera, je prendrai mon parti, peut-être à trois heures après midi, peut-être ce soir. Mon intention est qu'immédiatement après que j'aurai pris mon parti, vous soyez prêt à marcher sur Bruxelles. Je vous appuierai avec la garde qui sera à Fleurus ou à Sombref, et je désirerais arriver à Bruxelles demain matin. Vous vous mettriez en marche ce soir même, si je prends mon parti d'assez bonne heure pour que vous puissiez en être informé de jour, faire ce soir trois ou quatre lieues et être demain à sept heures du matin à Bruxelles.

» Vous pouvez donc disposer vos troupes de la manière suivante : une division à deux lieues en avant des Quatre-Bras, s'il n'y a pas d'inconvénient; six divisions d'infanterie autour des Quatre-Bras, et une division à Marbais, afin que je puisse l'attirer à moi à Sombref si j'en avais besoin ; elle ne retarderait pas d'ailleurs votre marche; le corps du comte de Valmy, qui a 3,000 cuirassiers d'élite à l'intersection de la Chaussée-Romaine et du chemin de Bruxelles, afin que je puisse l'attirer à moi, si j'en ai besoin ; aussitôt que mon parti sera pris, vous lui enverrez l'ordre de venir vous rejoindre.

» Je désirerais avoir avec moi la division de la garde que commande le général Lefebvre-Desnouettes, et je vous envoie les deux divisions du corps du comte de Valmy pour la remplacer. Mais dans mon projet actuel, je préfère placer le comte de Valmy de manière à le rappeler si j'en avais besoin et ne point faire faire de fausses marches au général Lefebvre-Desnouettes, puisqu'il est probable que je me déciderai ce soir à marcher sur Bruxelles avec la garde. Cependant couvrez la division Lefebvre par les deux divisions de cavalerie de D'Erlon et de Reille afin de ménager la garde, car s'il y avait quelqu'échauffourée avec les Anglais, il est préférable que ce soit avec la ligne plutôt qu'avec la garde.

» J'ai adopté pour principe général pendant cette campagne, de diviser mon armée en deux ailes et une réserve.

» Votre aile sera composée des quatre divisions du 1ᵉʳ corps, des quatre divisions du 2ᵐᵉ corps, de deux divisions de cavalerie légère et des deux divisions du corps de Valmy. Cela ne doit pas être loin de 45 à 50,000 hommes. Le maréchal Grouchy aura à peu près la même force et commandera l'aile droite. La garde formera la réserve, et je me porterai sur l'une ou sur l'autre aile suivant les circonstances.

» Le major-général donne les ordres les plus précis pour qu'il n'y ait aucune difficulté sur l'obéissance à vos ordres lorsque vous serez détaché, les commandans des corps devant prendre mes ordres directement quand je me trouve présent. Selon les circonstances, j'affaiblirai l'une ou l'autre aile en augmentant ma réserve.

» Vous sentez assez l'importance attachée à la *prise de Bruxelles*. Cela pourra d'ailleurs donner lieu à des incidens, car un mouvement aussi prompt et aussi brusque isolera l'armée anglaise de Mons, d'Ostende, etc.

» Je désire que vos dispositions soient bien faites pour qu'au premier ordre, vos 8 divisions puissent marcher rapidement et sans obstacle sur Bruxelles.

» Napoléon. »

Nous avons reproduit cette lettre en entier, malgré son étendue, parce qu'elle fait connaître toute la pensée de l'empereur dans les premières heures du 16 juin. La veille, Napoléon avait surpris les deux armées alliées; à l'heure où le général de Flahaut écrivait sous la dictée de l'empereur la lettre que nous venons de transcrire, Wellington et Blucher étaient probablement occupés à concentrer leurs forces. En portant ses deux ailes, fortes chacune de 40 à 45,000 hommes, au milieu de ces troupes en mouvement, en ordonnant aux maréchaux Ney et Grouchy cette double marche presque parallèle, Napoléon pouvait donc espérer de rejeter, sans peine, les Anglais sur Bruxelles, les Prussiens sur Namur, puis la séparation opérée et la capitale Belge tombée en ses mains, d'avoir facilement raison de celui des deux généraux ennemis qu'il lui conviendrait de combattre.

En même temps que M. de Flahaut, parti du quartier impérial à 9 heures du matin, portait cette lettre au prince de la

Moskowa, le duc de Dalmatie adressait à ce maréchal par un officier de l'état-major-général le nouvel ordre suivant :

« Monsieur le maréchal, un officier de lanciers vient de dire à l'Empereur que l'ennemi présentait des masses du côté des Quatre-Bras. Réunissez les corps des comtes Reille et D'Erlon, à celui du comte de Valmy (Kellermann) qui se met à l'instant en route pour vous joindre. Avec ces forces, vous devez *battre et détruire* tous les corps ennemis qui peuvent se présenter. BLUCHER ÉTAIT HIER A NAMUR et il *n'est pas vraisemblable* qu'il ait porté des troupes vers les Quatre-Bras ; ainsi vous n'avez affaire qu'à ce qui vient de Bruxelles.

» Le maréchal Grouchy va faire le mouvement sur Sombref que je vous ai annoncé. L'Empereur *va se rendre à Fleurus*; c'est là où vous adresserez vos nouveaux rapports à sa majesté. »

Ney, durant la première moitié de la journée, ne devait effectivement avoir devant lui, comme on le verra, que les détachemens peu nombreux cantonnés aux Quatre-Bras et dans le voisinage ; mais si Blücher *était la veille à Namur*, en revanche, lorsque Napoléon n'avait pas encore quitté Charleroi, le feld-maréchal prussien se trouvait déjà en avant de Sombref avec la presque totalité de son armée. Blücher, on l'a vu, avait pu se trouver averti par la seule présence de M. de Bourmont à son quartier général, *avant même l'attaque des premiers postes de Ziéthen* (1). Des officiers expédiés sur-le-champ dans toutes les directions avaient transmis aux différentes divisions de Pirch, de Thielmann et de Bulow, l'ordre de se porter à marches forcées sur Fleurus. Bulow, cantonné à Liége, était trop éloigné

---

(1) M. de Bourmont, du point où il avait franchi la frontière à six heures du matin, pouvait arriver à Namur en moins de trois heures. Le général Jomini, dans son *Précis de la campyne de 1815*, dit « que ce fut à *dix heures du matin* que le 15 Blücher fut instruit du danger qui menaçait Ziéthen. »

pour arriver à temps ; mais Thielmann et Pirch, en marchant une partie de la nuit, avaient joint, dès le matin du 16, les régimens de Ziéthen. Blücher, lorsque ces deux corps arrivèrent, était déjà sur le terrain.

La surprise de l'empereur fut donc grande lorsqu'entré dans Fleurus que nos soldats occupaient depuis le matin, on lui annonça la présence, entre Bry et Sombref, de masses prussiennes considérables. Dans ses calculs, la réunion de l'armée de Blücher n'était possible que le lendemain 17. Il se porta aussitôt sur la ligne des vedettes et monta dans un moulin à vent qui domine la plaine (1) : ses regards interrogèrent avidement le terrain; il les dirigea sur Bry; on ne l'avait point trompé; d'épais bataillons couvraient la terre en avant de ce village. Toutes les espérances de Napoléon étaient renversées ; tous ses plans de la nuit et du matin étaient annulés ; et lorsque de Fleurus l'empereur comptait marcher sans obstacles sérieux sur Bruxelles avec sa garde, il trouvait sa route barrée par quatre-vingt-quinze mille Prussiens.

En portant sur ce point toutes les forces qu'il avait à sa disposition, le général en chef prussien abandonnait sa ligne d'opérations; on pouvait reconnaître à ce mouvement l'audace accoutumée de Blücher ; ce général, au lieu d'être pris à l'improviste, surprenait l'empereur en pleine marche ; sa manœuvre avait évidemment pour but d'imposer à nos troupes, et de gagner, en les arrêtant, le temps nécessaire pour le ralliement de ses quatre corps d'armée ainsi que pour leur jonction avec l'armée anglaise. Napoléon, jusque là, avait précisément manœuvré dans le but d'empêcher cette réunion; il

---

(1) Ce moulin, où l'empereur resta tant que la bataille ne fut pas commencée, est situé en arrière de Fleurus, sur la gauche de la route qui conduit à Sombref. Il ne travaille plus ; mais la tour est encore debout.

ne voulut point permettre aux généraux ennemis de l'opérer. Sa pensée fut promptement arrêtée ; il résolut de livrer sur-le-champ bataille ; et si tous les ordres pour l'exécution de son nouveau plan, inspiration soudaine du génie, étaient remplis par ses généraux, la conquête de la Belgique devenait le fruit de cet incident inattendu ; l'audace même de Blücher décidait le succès de la campagne. De nouvelles dispositions furent immédiatement ordonnées aux deux corps de Vandamme et de Gérard ; ces corps, au lieu de continuer leur mouvement sur Sombref, durent s'arrêter et faire un changement de front. Puis, lorsque vers deux heures *l'aile droite* eut terminé ses dispositions, l'empereur transmit au chef de son *aile gauche* (Ney) le nouvel ordre suivant :

« En avant de Fleurus, le 16 juin 1815.

» Monsieur le maréchal, l'empereur me charge de vous prévenir que l'ennemi a réuni un corps de troupes entre Sombref et Bry, et qu'à deux heures et demie M. le maréchal Grouchy, avec les 3e et 4e corps, l'attaquera. L'intention de S. M. est que vous attaquiez aussi ce qui est devant vous, et qu'après l'avoir vigoureusement poussé, vous *rabattiez sur nous* pour concourir à *envelopper* le corps dont je viens de vous parler. Si ce corps était enfoncé auparavant, alors S. M. ferait manœuvrer dans votre direction pour hâter également vos opérations.

» Instruisez de suite l'empereur de vos dispositions et de ce qui se passe sur votre front. »

De Fleurus à Frasnes, où le maréchal s'était porté vers dix heures et demie, on compte environ deux lieues et demie. C'était à neuf heures du matin que l'officier, chargé de renouveler au maréchal l'ordre de prendre position sur les Quatre-Bras et d'établir une division avec de la cavalerie à une lieue plus loin, à Genape, avait quitté Fleurus. M. de Flahaut était parti de cette ville à la même heure. En admettant donc que tous deux eussent passé même par Gosselies, ils devaient avoir rejoint le maréchal au plus tard à onze heures. Il était deux heures de l'après-midi, lorsque Napoléon faisait transmettre au prince de la Moskowa l'ordre ci-dessus. A cette heure, le maréchal Ney, dans la pensée de l'empereur, devait se trouver établi sur les Quatre-Bras. Napoléon, avant d'engager la bataille, désirait cependant en recevoir la nouvelle ; il voulait avoir la certitude, avant d'ouvrir le feu, que le chef de son aile gauche, quand lui arriverait l'ordre qu'on vient de lire, était en mesure de *se rabattre sur Bry* et de concourir au succès du plan qu'il avait arrêté. Il attendit donc une heure ; mais pas de nouvelle ; le temps s'écoulait ; un plus long retard pouvait être dangereux ; à trois heures l'attaque fut ordonnée. Un quart d'heure après, l'ordre suivant était encore expédié au prince de la Moskowa :

« En avant de Fleurus, le 16 juin, à trois heures un quart.

» Monsieur le maréchal, je vous ai écrit il y a une heure que l'empereur ferait attaquer l'ennemi à deux heures et demie dans la position qu'il a prise entre Bry et Sombref. En ce moment l'engagement est très prononcé. S. M. me charge de vous dire que vous devez manœuvrer *sur-le-champ* de manière à *envelopper la droite* de l'ennemi et à *tomber à bras raccourcis* sur ses derrières. Cette armée est perdue si vous agissez vigoureusement ; LE SORT DE LA FRANCE EST DANS VOS MAINS. Ainsi, *n'hésitez pas un instant* à faire le mouvement que l'empereur vous ordonne, et dirigez-vous sur les hauteurs de Bry et de Saint-Amand pour concourir à une victoire peut-être décisive. »

Cet ordre fut confié au colonel Forbin-Janson. L'empereur, en le lui remettant, lui répéta ces mots de la dépêche : « Dites bien au maréchal que le sort de la France est dans » ses mains. » — « Il se peut que dans trois heures le sort de la » guerre soit décidé, ajouta Napoléon en s'adressant au comte Gérard, qui venait lui demander ses dernières ins-

tructions; si Ney exécute bien mes ordres, il ne s'échap-
» pera pas un canon de l'armée prussienne ; elle est prise en
» flagrant délit. » La position de Blücher, en effet, était détestable. Devant lui se trouvait Napoléon avec les soixante-
six mille hommes de son *aile gauche* [*droite*] et de son *centre*, puis,
circonstance que le feld-maréchal prussien ignorait, sur ses
derrières, à moins de deux lieues et demie de ses positions,
séparés seulement de son armée par une facile et vaste plaine,
et pouvant le prendre à dos au plus fort de la bataille, étaient
les quarante-sept mille soldats du maréchal Ney. La destruction de l'armée prussienne, en cas d'intervention de l'un
des corps de l'*aile gauche*, était un résultat tellement certain
aux yeux de l'empereur, que peu d'instans après le départ du colonel Forbin, Napoléon, impatient d'assurer cette
intervention, chargea son aide-de-camp, le général Labédoyère, de porter encore au maréchal Ney quelques mots
écrits au crayon et dans lesquels, précisant davantage ses
derniers ordres, il lui disait : « que s'il était trop fortement
engagé pour quitter ses positions, il devait se borner à les
maintenir avec le 2ᵉ corps (Reille), et diriger sans perdre un
instant le corps de Drouet-d'Erlon sur son champ de bataille. » Labédoyère partit.

La plaine de Fleurus, à une demi-lieue au nord de cette
ville, est brusquement terminée par un large et profond ravin
demi-circulaire qui, prenant naissance à l'extrémité occidentale de Saint-Amand, longe ce village et gagne ensuite celui
de Ligny en contournant le pied d'un plateau en amphithéâtre
dont le petit village de Bry occupe le sommet. C'était sur ce
plateau, en arrière du ravin dont les deux extrémités sont
couvertes et défendues par Ligny et Saint-Amand, que Blücher avait pris position. Le terrain entre les deux villages
est complètement découvert et laissait un libre jeu au canon

des deux armées. Les régimens prussiens, massés en avant de Bry, avaient leur front protégé par une nombreuse artillerie battant la plaine de Fleurus; leurs deux ailes, appuyées sur Saint-Amand et Ligny, occupaient en force les jardins et les maisons de ces deux communes. Cette armée, composée des trois corps de Ziéthen, Pirch et Thielmann, s'élevait à *quatre-vingt-quinze mille hommes*, les pertes de la veille défalquées. L'armée française, composée des seules troupes de la *droite* et de la *garde impériale* et de la division Girard du 2ᵉ corps, ne comptait que *cinquante-neuf mille combattans* (1); elle était rangée en avant de Fleurus, faisant face sur tous les points de la ligne aux positions occupées par l'ennemi. Le ravin, avec Saint-Amand et Ligny à chaque extrémité, se trouvait entre deux.

Lorsque Napoléon, las d'attendre des nouvelles de Ney, s'était décidé à donner le signal de l'attaque, il n'avait engagé que les deux corps d'infanterie de son *aile droite*. Le corps de Vandamme (3ᵉ) s'était porté sur Saint-Amand; celui du comte Gérard (4ᵉ) s'était avancé sur Ligny. Saint-Amand, long village assis sur le versant du ravin opposé au plateau de Bry et sur la rive droite d'un petit ruisseau qui coule au fond de la coupure, était le point de la ligne de défense des Prussiens le plus rapproché de Fleurus; il fut abordé le premier (2). Les maisons de Saint-Amand, comme celles

---

(1) Voy. plus haut, page 442, la composition de la *droite* et de la *garde impériale*; leurs forces réunies n'étaient que de 54,000 hommes; mais la division Girard, détachée le matin du 2ᵉ corps, et réunie aux troupes de Vandamme, comptait 5,000 hommes. Le 6ᵉ corps (comte de Lobau), formant avec la garde impériale le *centre* proprement dit, et laissé le matin, par l'empereur, à Charleroi, fut appelé dans la journée à Fleurus; mais il y resta en réserve et ne prit aucune part à la bataille.

(2) Le village de Saint-Amand, bien que la ligne de ses habita-

d'un grand nombre de villages de la Belgique, isolées les unes des autres, sont assises au milieu de jardins et de vergers appelés *pâtures* et que couvrent quantité d'arbres fruitiers ou de haute-futaie. En 1815, la multitude de ces arbres autour de Saint-Amand donnait à l'emplacement qu'il occupe l'aspect du bois le plus épais (1). Seules, l'église et quelques maisons qui l'entourent, placées à l'extrémité qui regarde Ligny, se montraient à nos troupes. Vandamme se porta sur ce point. Ses soldats, impatiens de leur longue inaction, accueillirent avec de longs cris de joie l'ordre d'aller à l'ennemi ; ils s'avancèrent à pas rapides.

Le plus profond silence régnait sur la ligne prussienne, ont dit les habitans de Saint-Amand, quand trois coups de canon, tirés à intervalles égaux, éclatèrent dans la direction de Fleurus. Au même moment, des chants, les sons d'une musique guerrière, de longues acclamations se firent entendre au loin dans la plaine. Les soldats de Blücher, embusqués derrière le rideau de haies et d'arbres placés en avant du village, se tenaient immobiles, la main sur la détente

---

tions soit continue, prend deux noms : une moitié, la plus rapprochée de Fleurus, celle où se trouve l'église, est Saint-Amand proprement dit; l'autre partie, la plus rapprochée de Bry, s'appelle Saint-Amand-la-Haye, du nom du château de *La Haye* qui s'y trouve enclavé, et qui appartenait en 1815 au comte de Croix, ancien sénateur et pair de France. Le ruisseau qui coule au fond du ravin a sa source dans la cour d'une ferme située à l'extrémité de Saint-Amand-la-Haye ; on lui donne le nom de ruisseau de Saint-Amand ou de Ligny, selon qu'il traverse le territoire de ces deux communes.

(1) Quelques narrations parlent du bois de Saint-Amand ; ce bois n'a jamais existé. On a pris pour un bois l'épais *couvert* dont nous parlons. Les arbres qui le formaient ont presque tous été coupés de 1818 à 1822. La plus grande partie de Saint-Amand est aujourd'hui à découvert.

de leurs fusils ; cependant les chants, les airs et les acclamations se rapprochaient ; bientôt ils arrivèrent plus distincts ; on put saisir les paroles ; le cri de *vive l'empereur* dominait ; les Prussiens, alors, devinrent plus attentifs. Tout-à-coup un feu roulant de mousqueterie éclate et couvre toutes les voix : c'était l'ennemi qui tirait à brûle-pourpoint sur nos soldats. Ceux-ci, loin de s'arrêter, s'élancent. L'église, son cimetière, les maisons les plus voisines sont immédiatement emportés. De ce point la lutte s'étend dans les jardins, dans les vergers. Chaque arbre, chaque fossé, chaque clôture sont attaqués et défendus ; on se fusille à bout portant. La rencontre d'une maison sous cet épais fourré où le soleil pénétrait à peine, était une bonne fortune pour les combattans : là, point de retraite possible ; on ne tirait pas, on se poursuivait, on luttait corps à corps, on se tuait à coups de bayonnette dans les chambres, dans les greniers, jusque dans les caves. Les Prussiens, malgré l'énergie de leur résistance, furent à la fin rejetés sur le ruisseau. La possession de ce mince filet d'eau, coulant au fond d'un fossé taillé à pic et dont les bords, sur toute l'étendue du village, n'ont pas moins de deux ou trois pieds d'élévation, devint l'objet d'efforts longs et acharnés. Nos soldats s'en étaient cependant rendus maîtres, et déjà posaient le pied sur le plateau de Bry, lorsque Blücher, accouru de sa personne à la tête de plusieurs bataillons de sa réserve, réussit, par un violent effort, à rejeter nos régimens sur le bord opposé.

Tandis que ces combats se livraient sur la gauche de notre ligne, la lutte, à notre droite, n'était pas moins acharnée. Si la nature du terrain, à Saint-Amand, faisait obstacle à l'intervention de la cavalerie et de l'artillerie et ne laissait aux troupes engagées sur ce point que la ressource d'efforts pour ainsi dire individuels, il n'en était pas de même à

Ligny, grand et fort village, où une large rue, de vastes enclos découverts, des fermes spacieuses, permettaient aux combattans de se mêler par masses nombreuses.

Le comte Gérard, nous l'avons dit, n'avait reçu son ordre de mouvement qu'à neuf heures et demie du matin. Les troupes du 4ᵉ corps que leur chef tenait prêtes depuis l'aube du jour, se mirent aussitôt en marche et arrivèrent rapidement sur le champ de bataille. Gérard profita du moment où elles prenaient quelque repos pour reconnaître le terrain (1). Il apprit, en rentrant dans ses lignes, l'arrivée de l'empereur sur le champ de bataille. Le général se porta aus-

---

(1) Cette reconnaissance faillit coûter au chef du 4ᵉ corps la vie ou la liberté. Il venait de parcourir la plus grande partie de la plaine, accompagné du général Saint-Remy, son chef d'état-major, de plusieurs aides-de-camp et de quelques hussards du 6ᵉ, quand, arrivé à peu de distance des lignes prussiennes, un gros de cavalerie ennemie se dirigea sur lui. Le général et son escorte s'éloignèrent de toute la vitesse de leurs chevaux. Dans cette course rapide, faite sur un terrain coupé de fossés et couvert de blés très élevés et très épais, le cheval du comte Gérard s'abat et désarçonne son cavalier. A cette vue, tout ce qui accompagne le général fait volte-face et met le sabre à la main. L'ennemi arrive sur le groupe français ; on se mêle. L'aide-de-camp Lafontaine, après avoir tué deux lanciers prussiens et brisé son sabre sur un troisième qu'il achève avec le tronçon, reçoit à bout portant une balle de pistolet dans les reins. Le général Saint-Remy, grièvement blessé de plusieurs coups de lance, ainsi que quelques hussards de l'escorte, est mis à son tour hors de combat. Au milieu de la mêlée, un autre aide-de-camp, le capitaine Duperron, emporté par un dévoûment assez rare, descend de cheval et veut faire monter le général à sa place. Mais l'animation des chevaux et des hommes est si grande, on se bat de si près, que Gérard ne peut parvenir à se remettre en selle. Cette lutte inégale aurait eu probablement une issue funeste, si un régiment de chasseurs, placé aux avant-postes et commandé par le fils du maréchal Grouchy, accourant aux coups de feu, ne fût venu dégager le général Gérard et sa petite troupe.

sitôt près de Napoléon, qui se trouvait en ce moment dans la partie supérieure du moulin à vent dont nous avons parlé; le général Gourgaud aperçut le chef du 4ᵉ corps; il avertit l'empereur qui fit immédiatement monter Gérard : « Eh » bien! Gérard, lui dit-il en le voyant, votre fameux Bour- » mont est donc redevenu chouan? Davoust avait bien rai- » son de me dire qu'au moment du danger cet homme nous » abandonnerait! » Le général exprima ses regrets : « Il s'é- » tait si bien conduit jusque là, disait le chef du 4ᵉ corps, » que tout autre à sa place aurait été également trompé. » L'empereur répéta alors le mot qu'il avait dit à ce sujet au maréchal Ney, *les blancs sont blancs, les bleus sont bleus;* puis prenant en souriant le général par un de ses favoris, il le conduisit à la lucarne du moulin, et lui montrant du doigt le clocher de l'église de Ligny, il lui dit : « Mon- » sieur le général en chef du 4ᵉ corps, vous voyez bien ce » clocher, au delà du ravin, voilà votre point de direction. » Partez, et enlevez ce village. »

Le chef du 4ᵉ corps et ses soldats devaient justifier la confiance de l'empereur. Ce corps, on l'a vu, se composait de 12,000 hommes d'infanterie formant trois divisions commandées par les généraux Vichery, Pécheux et Hulot (en remplacement du général Bourmont), et d'une division de cavalerie aux ordres du général Maurin (1).

L'ennemi avait employé toute la matinée à créneler les maisons qui bordent le ravin venant de Saint-Amand et à semer d'obstacles le passage du ruisseau. Il fut attaqué par les

---

(1) L'ancienne division Bourmont portait le n° 14 (V. page 419); elle était composée de quatre régimens d'infanterie : le 9ᵉ léger, colonel Beonne; 44ᵉ de ligne, colonel Paulmi; 50ᵉ de ligne, colonel Lavigne; 111ᵉ de ligne, colonel Sauzet. Le chef d'escadron Bonaffos commandait l'artillerie; le capitaine Blives, le génie.

troupes de Gérard avec une impétuosité qu'exaltait jusqu'à la frénésie la désertion accomplie au milieu d'elles la veille au matin; les Prussiens se défendirent avec fureur. Durant plusieurs heures les deux partis, tantôt vainqueurs, tantôt vaincus, jamais lassés et revenant toujours à la charge, se disputèrent corps à corps, pied à pied la possession de chacune des positions qui couvraient le ruisseau et le ravin. L'artillerie, mêlant les coups de ses obus et de ses boulets à la mousqueterie des fantassins, jeta l'incendie dans plusieurs fermes placées à l'extrémité de Ligny. Les flammes furent impuissantes pour arrêter les efforts des soldats engagés dans ces édifices; on les vit se fusiller, se poursuivre à la baïonnette, se frapper à coups de crosse au milieu des chambres, des granges et des écuries en feu. «Il semblait que chacun d'eux eût rencontré dans son adversaire un ennemi mortel et se réjouît de trouver enfin le moment de la vengeance. Nul ne demandait quartier (1).» Le village fut pris et repris quatre fois. «Ce combat peut être considéré comme » un des plus acharnés dont l'histoire fasse mention, » a dit Blücher dans son rapport sur cette journée. — « Le comte » Gérard s'y couvrit de gloire et y montra autant d'intrépi» dité que de talent, » ajoute Napoléon dans ses mémoires dictés à Sainte-Hélène.

En même temps que les 3e et 4e corps essayaient de forcer le passage aux deux extrémités du ravin, entre ces deux points, au centre de la courbe, l'artillerie des deux armées, au nombre de deux cents pièces de chaque côté, échangeait leur feu, mais avec des résultats différens. Les régimens destinés à protéger nos batteries, masqués par des plis de terrain, n'éprouvaient aucun dommage. Ceux de l'ennemi,

---

(1) *Journal militaire autrichien.* — Vienne, 1819.

au contraire, réunis et disposés en amphithéâtre en avant de Bry, essuyaient des pertes énormes; pas un de nos coups, au milieu de ces masses à découvert, n'était perdu.

Cependant la garde impériale restait immobile. Napoléon, l'attention toujours tendue vers les plaines, à la gauche de Bry, gardait cette troupe d'élite pour concourir, avec les régimens amenés ou envoyés par Ney, à la complète destruction de l'armée prussienne, destruction inévitable si une partie des forces du prince de la Moskowa, comme Napoléon l'espérait, prenait enfin Blücher à dos. A cinq heures, rien ne venait encore, pas une nouvelle, pas le moindre bruit. Il pouvait y avoir péril à laisser plus long-temps les trente mille fantassins de Vandamme et de Gérard aux prises avec des forces trois fois plus nombreuses. Le général Gourgaud, chargé de suivre, comme aide-de-camp de l'empereur, l'attaque de Ligny, venait d'annoncer que les réserves du 4e corps étaient engagées jusqu'au dernier homme. Le jour, d'ailleurs, devait bientôt baisser. Napoléon se décida enfin à intervenir. A cinq heures et demie il donna ses ordres. La garde se mit en mouvement. A cet instant, plusieurs officiers dépêchés, par Vandamme, accourent à l'empereur et lui annoncent la présence, à la gauche du 3e corps, d'une colonne de vingt-cinq à trente mille hommes environ, infanterie, cavalerie, artillerie, qui se dirigeait vers Fleurus. Quel était ce corps d'armée? Ce ne pouvait être le détachement envoyé ou conduit par Ney, car les troupes de ce maréchal, parties des Quatre-Bras, seraient arrivées par une direction différente, et au lieu de descendre vers Fleurus, elles auraient débouché beaucoup plus haut, au delà de Bry, entre ce village et Ligny. Quels soldats composaient donc cette colonne? Ils étaient Anglais, affirmaient les officiers de Vandamme; on les avait positivement reconnus, disaient-ils, pour appartenir à cette nation ; une division s'était déjà retirée devant eux, et si la réserve n'arrivait pas, le 3ᵉ corps serait obligé d'évacuer Saint-Amand et de battre en retraite. La marche de cette armée paraissait inexplicable à Napoléon ; elle avait donc passé entre Ney et Blücher, ou bien entre les Quatre-Bras et Charleroi ? Le mouvement commencé fut immédiatement suspendu ; la garde fit halte et dut se préparer à recevoir ces nouveaux adversaires. Pendant que Napoléon prenait ses dispositions dans ce but, des officiers de l'état-major-général se portèrent au galop dans la direction de la colonne inconnue. Au bout d'une heure ces officiers revinrent. Chose étrange ! cette colonne, qui tenait ainsi en éveil l'empereur et tous les généraux qui l'entouraient, était revenue sur ses pas ; et, après s'être arrêtée quelque temps près du champ de bataille, on l'avait vue s'éloigner, puis disparaître.

La bataille n'avait commencé qu'à trois heures. Une heure et demie venait encore de s'écouler dans l'inaction et dans une vaine attente. Un plus long retard pouvait compromettre le succès de la journée. A sept heures du soir, l'empereur reprit sa manœuvre. L'infanterie de la garde et une partie des cuirassiers Milhaut furent dirigés sur Ligny. Le reste des cuirassiers, les grenadiers à cheval et les dragons durent se porter sur St-Amand afin de gagner, à l'extrémité de ce village, la naissance du ravin et de balayer les masses prussiennes groupées près du moulin de Bry, sommité du plateau. Les troupes de Vandamme durent faire un violent et nouvel effort pour faciliter le passage de cette cavalerie ; ce fut la division du général Girard que l'empereur chargea de cette opération (1). Girard, intrépide et noble cœur, dé-

---

(1) La division Girard formait la 4ᵉ du 2ᵉ corps (Reille). Comme

ployant la brillante bravoure dont il avait donné tant de preuves dans le cours de sa carrière militaire, culbuta à la baïonnette tout ce qui voulut s'opposer à sa marche; il franchissait le ravin et s'élançait sur le plateau lorsqu'il tomba mortellement blessé (1).

Blücher, à la vue des troupes de sa droite se retirant en désordre devant les soldats de Girard, rassemble quelques escadrons pour arrêter ceux-ci. Dans ce moment, la brigade de cuirassiers qui venait de traverser Saint-Amand, débouchait à la naissance du ravin. Ces deux régimens s'élancent sur la cavalerie du feld-maréchal, la désorganisent et la sabrent. Blücher veut rallier ses soldats; il est renversé de cheval. Nos escadrons lui passent sur le corps; ils sont ramenés : une seconde fois Blücher, toujours étendu sous sa monture, est foulé par eux; les cavaliers prussiens qui les poursuivent, et que l'obscurité empêche de reconnaître leur général, le touchent à leur tour du pied de leurs chevaux. Blücher, tout meurtri, et après être resté durant un quart d'heure au pouvoir de nos troupes, peut enfin se dégager quand elles sont éloignées. Mais s'il rejoint les siens, c'est pour voir leur défaite. Les soldats du comte Gérard (4ᵉ corps), soutenus par l'infanterie de la garde, appuyés par des charges de cavalerie que conduisent les généraux Excelmans et Pajol, venaient de forcer tous les passages, d'emporter Ligny et de

---

elle avait campé, durant toute la nuit, à Heppignies, près de Saint-Amand, l'empereur l'avait détachée le matin de *l'aile droite* dans le but de tourner ce dernier village. Cette division tenait l'extrême gauche de Vandamme, et l'infanterie de ce dernier, par cette adjonction, se trouvait portée de 13,000 hommes à 18,000.

(1) Le général Girard, blessé de deux balles dans le corps à Lutzen, n'avait pas voulu se retirer, et était resté avec ses troupes jusqu'à la fin de la bataille.

franchir à leur tour le ravin. Une fois le plateau envahi sur deux points, les Prussiens essayèrent vainement de tenir. Abordés à la baïonnette par l'infanterie, sabrés par la cavalerie, écrasés, ils lâchèrent pied partout, et, à neuf heures du soir, se retirèrent en désordre sur Sombref. Moins de soixante mille hommes venaient d'en battre quatre-vingt-quinze mille. La bataille de Ligny était gagnée (1).

Ney, à moins de trois lieues de là, aux Quatre-Bras, ne devait pas avoir le même succès. Ce fut entre onze heures et demie et midi que ce maréchal reçut, à Frasnes, les ordres envoyés de Fleurus par la voie de l'état-major-général et par M. de Flahaut. Le prince de la Moskowa ignorait le nombre et la force des troupes anglaises placées devant lui. Il ne voulut rien tenter de sérieux avant l'arrivée du premier corps resté la veille au soir et le matin entre Marchienne et Gosselies, et auquel il venait d'envoyer l'ordre de le joindre. Le maréchal se contenta de déployer ses tirailleurs; il avait alors avec lui les trois divisions d'infanterie, Foy, Guilleminot et Bachelu (2), les deux divisions de cavalerie Jacquinot et Piré et

---

(1) Blücher tomba de cheval près d'un moulin à vent, dit le *Moulin de Bry*. Voici en quels termes son major-général Gneizenau raconte cet incident dans son rapport officiel sur la journée du 16 : « Une charge de cavalerie qu'il conduisait (Blücher) ne réussit point, et la cavalerie ennemie le poursuivit vigoureusement. Son cheval, ayant été atteint d'un coup de mousquet, tomba mort. Le feld-maréchal, étourdi de sa chute, resta engagé sous son cheval. Le danger était grand ; mais la Providence veillait sur nous. L'ennemi, continuant sa charge, passa rapidement près du feld-maréchal sans le voir. Un moment après, une seconde charge de cavalerie repoussa l'ennemi, qui passa avec la même rapidité sans remarquer davantage le feld-maréchal. Ce ne fut pas sans difficulté qu'on le releva de dessous son cheval mort ; il s'éloigna sur le cheval d'un dragon. »

(2) La 4ᵉ division d'infanterie du 2ᵉ corps, la division Girard,

le corps de cuirassiers commandé par le général Kellermann; en tout vingt-deux mille hommes environ de toutes armes, et cinquante-six pièces de canon. Ces forces, à ce moment, étaient plus que suffisantes pour culbuter ce que Ney avait devant lui et pour enlever les Quatre-Bras; le moindre effort lui aurait donné cette position.

Les Quatre-Bras, durant toute la nuit, avaient été gardés par la seule brigade du prince de Saxe-Weimar, chassée la veille au soir de Frasnes; vers six heures du matin un bataillon de chasseurs hollandais et un bataillon de milice la renforcèrent; à dix heures, le prince d'Orange amena de Nivelles le reste de la seconde brigade de la division hollandaise Perponcher (1). L'ennemi, à cette heure de la matinée, put compter 8,000 hommes; mais cette force, jusqu'à deux heures et demie de l'après-midi ne devait pas être augmentée d'un seul peloton. Les 8,000 hommes du prince d'Orange, attaqués vers midi, nous venons de le dire, par un simple rideau de tirailleurs, purent se maintenir sans efforts dans la partie de la forêt de Nivelles qui couvrait leur position (2).

---

avait été détachée le matin par l'empereur, comme on l'a vu dans une note précédente, pour tenir à Saint-Amand l'extrême gauche du corps de Vendamme.

(1) La division hollandaise, commandée par le lieutenant-général Perponcher, cantonnée à Nivelles, à Genape, à Frasnes et dans les villages intermédiaires, se composait de deux brigades fortes chacune de 4,000 hommes et d'une batterie d'artillerie. Ces brigades étaient placées sous les ordres du prince Bernard de Saxe-Weimar et du major-général Van-Byland.

(2) La forêt de Nivelles se prolongeait, entre Frasnes et les Quatre-Bras, jusqu'à la chaussée de Namur. Cette forêt, dont douze cents bonniers (trois mille arpens) furent donnés par le roi Guillaume au duc de Wellington, comme une récompense de sa victoire de Waterloo, fut vendue, après 1815, par le gouvernement

1815. 463

L'empereur, en confiant à Ney les troupes de son *aile gauche* et en lui ordonnant de se porter sur les cantonnemens anglais, avait compté sur l'ancienne impétuosité de ce maréchal. Mais, poursuivi par le souvenir de ses emportemens de Fontainebleau et de ses brusques transitions lors du retour de l'île d'Elbe; convaincu que la moindre faute devait emprunter à son passé une gravité exceptionnelle, il avait pris une telle défiance de lui-même que, redoutant de mal faire, il n'osait rien hasarder. Comme tous les caractères faibles, il se tenait dans les extrêmes; et si, comme soldat, il restait le brave des braves, comme chef, et lorsque l'empereur avait précisément calculé sur sa fougue et sur son audace, la circonspection qu'il s'était imposée devenait presque de la timidité (1). Ney d'ailleurs, pour se révéler, avait

des Pays-Bas. Les acquéreurs l'ont défrichée; elle n'existe plus. Il est difficile, lorsqu'on ignore ce détail, de comprendre, à l'aspect actuel de ces lieux, la longue inaction de Ney et même l'impuissance de ses premiers efforts. Une fabrique, deux fermes et une auberge, assises sur le point culminant d'un plateau complètement nu et d'où le regard n'embrasse que des terres labourables, voilà quelle est aujourd'hui la position des Quatre-Bras. — La plupart des narrations donnent à la partie de la forêt de Nivelles, qui s'étendait entre Frasnes et les Quatre-Bras, le nom de *Bois de Bossu*.

(1) Des circonstances toutes matérielles et dont il faut tenir grand compte, ont, en outre, influé sur les tâtonnemens du maréchal. Arrivé en poste de Paris à Charleroi, la veille, sans officiers, sans équipages, même sans chevaux, Ney, ainsi pris à l'improviste, fut obligé de se former un état-major en quelques heures et de le composer au hasard. Jamais, en outre, il n'avait vu les divisions placées sous son commandement; il en connaissait à peine quelques chefs et ne savait rien de l'emplacement qu'elles occupaient. Si le 1er et le 2e corps eussent été sous les ordres du prince de la Moskowa depuis plusieurs jours, s'il eût dirigé leurs mouvemens antérieurs, il est fort probable que ce maréchal aurait occupé les Quatre-Bras dès le 15 au soir.

besoin de l'excitation du feu de la bataille. C'était un de ces rares courages à qui le sang-froid n'arrive, dont les facultés ne s'épanouissent qu'au bruit des détonations de l'artillerie. Aussi, lorsque vers trois heures un quart il entendit sur sa droite la furieuse canonnade de Ligny, il redevint lui-même; son énergie se réveilla, il retrouva de la décision, et, bien que la moitié de ses forces seulement fût sous sa main, il aborda franchement l'ennemi. Ses troupes étaient pleines d'ardeur et d'enthousiasme. Ce fut la division Foy qui commença l'attaque. Les tirailleurs et les avant postes du prince d'Orange, vigoureusement abordés par elle, se replièrent; mais ce qui n'offrait aucun obstacle jusqu'à deux heures et demie, ce qui resta possible depuis deux heures et demie jusqu'à quatre, devint hors du pouvoir du maréchal à partir de ce dernier moment.

La veille au soir, Wellington était encore dans la sécurité la plus profonde. L'armée française manœuvrait depuis trois jours à portée de ses avant-postes; elle avait, depuis vingt-quatre heures, commencé les hostilités, et le quartier-général impérial était depuis douze heures à Charleroi lorsque le général anglais connut l'irruption de Napoléon en Belgique (1). Cette nouvelle le surprit à Bruxelles, la nuit, au

(1) Le jour où Napoléon entrait en Belgique, le duc de Wellington adressait à l'empereur Alexandre une longue dépêche dans laquelle il discutait un plan d'invasion contre la France, proposé par le général Toll. Loin de soupçonner l'attaque que Napoléon, dans ce moment-là même, faisait contre ses avant-postes, le duc paraissait convaincu que la France se tiendrait sur la défensive, et que les alliés, en entrant sur notre territoire, ne rencontreraient de résistance que devant les places fortes et au passage des rivières. Tous les efforts de notre défense du côté de la Belgique lui semblaient devoir être concentrés sur la ligne de l'Aisne. Cette dépêche, datée de *Bruxelles, le 15 juin* 1815, est écrite en français, et

milieu d'une fête donnée par sa compatriote la duchesse de Richemond (1). En un instant les salons de la duchesse sont déserts. Les officiers, encore en costume de bal, courent rejoindre leur corps. Wellington, déployant une rare activité, donne des ordres, expédie des courriers, assignant pour rendez-vous à toutes ses divisions la position des Quatre-Bras. A mesure que chaque brigade ou que chaque régiment est averti, les soldats prennent les armes et se mettent en marche. Chacun se hâte. Le duc lui-même, quand tous ses ordres sont partis, se porte à franc-étrier sur le point de la réunion. Ce fut vers une heure de l'après-midi qu'il arriva aux Quatre-Bras, suivi seulement de quelques aides-de-camp. A l'aspect de la faiblesse des détachemens réunis sur la position, il dit au prince d'Orange, accouru pour le recevoir : « Si l'ennemi a plus d'une division, nous ne pourrons » jamais tenir. » A quelques instans de là, examinant, à l'aide d'une longue-vue, les positions occupées par nos troupes, il dit de nouveau au prince d'Orange : « J'ai fait la » guerre contre les Français en Espagne assez long-temps » pour connaître leurs habitudes et leur organisation. Ce » n'est pas un simple général de division qui commande ; je » vois trop d'officiers d'état-major... C'est un maréchal, un » corps d'armée que nous avons devant nous... S'il attaque,

---

porte le n° 947 dans la Collection des *dépêches et ordres du jour* de Wellington, édition de Bruxelles.

(1) Lord Wellington causait, dans l'embrasure d'une fenêtre, avec le duc de Brunswick, lorsqu'on lui annonça la nouvelle ; il devint très pâle. Le duc de Brunswick (tué le lendemain), soulevé par une sorte de secousse électrique, se leva si précipitamment, qu'il laissa glisser sur le parquet un jeune enfant qui jouait sur ses genoux. L'enfant qui se trouvait en tiers dans cette scène est le prince de Ligne, aujourd'hui (1844) ambassadeur de Belgique à Paris.

» nous sommes perdus! N'importe! ajoute-t-il, il faut tenir
» ici jusqu'au dernier. C'est la clef de la position. » Tous les
officiers montés qui l'entourent, de simples cavaliers même
sont dépêchés dans toutes les directions. « Dites qu'on ar-
» rive! s'écrie-t-il; que pas un corps n'attende l'autre! Il ne
» s'agit pas d'avancer par divisions ou par brigades. Faites
» marcher bataillon par bataillon, compagnie par compa-
» gnie! » Même à ce moment, encore une fois, le moindre
effort donnait à Ney les Quatre-Bras; mais, attendant toujours la venue du 1er corps, les divisions alors réunies autour
de lui restaient déployées sans attaquer. A chaque instant
Wellington croyait les voir s'ébranler; durant plus de deux
heures son anxiété fut cruelle. Enfin, vers deux heures et
demie, ses détachemens les premiers partis le joignirent. Ce
fut la division anglaise du général Picton qui parut la première; les troupes du duc de Brunswick arrivèrent ensuite;
puis le contingent de Nassau. De minute en minute, pour
ainsi dire, les régimens se succédaient. En moins de deux
heures, les troupes anglaises réunies aux Quatre-Bras furent
portées de 8,000 hommes à 50,000.

L'énergie de Ney, une fois la lutte entamée, grandit avec
le nombre de ses adversaires. Après avoir culbuté les régimens de Nassau, il jeta le 1er de chasseurs et le 6e lanciers
sur la division brunswickoise; cette division, enfoncée et
sabrée, fut obligée de se retirer dans le plus affreux désordre; son chef, le duc régnant de Brunswick, fut tué. Les
trois bataillons du 42e écossais, formés en carrés et chargés
par une des brigades des cuirassiers Kellermann, furent enfoncés à leur tour et presque taillés en pièces; le colonel
fut tué, le drapeau pris. Ney, dans ce moment, poussait son
attaque avec furie. Il crut tenir la victoire : son infanterie,
après avoir chassé l'ennemi de la plus grande partie du bois,

touchait à la ferme des Quatre-Bras, lorsque deux nouvelles divisions anglaises, arrivant au pas de course par la route de Nivelles, vinrent soudainement arrêter nos soldats, puis les rejeter sur leurs premières positions.

Le maréchal envoya sur-le-champ au premier corps qu'il croyait enfin arrivé à Frasnes, l'ordre d'avancer. A cette heure de la journée, avec ce renfort de vingt mille hommes et un chef tel que Ney, l'occupation des Quatre-Bras était certaine; mais Drouet-d'Erlon ne devait pas arriver. Le maréchal se tenait debout au milieu du feu croisé des batteries anglaises, attendant avec une impatience fiévreuse l'arrivée du premier corps, lorsque le général Labédoyère, puis le général Delcambre se présentent et lui annoncent que Drouet-d'Erlon et son armée ont quitté la route des Quatre-Bras et que, rétrogradant vers le champ de bataille de l'empereur, ils doivent en ce moment se trouver à plusieurs lieues des positions du maréchal. A cette nouvelle, Ney sembla frappé de stupeur : il se voyait privé de la moitié de ses forces et n'avait plus un seul homme d'infanterie en réserve. Deux régimens de cuirassiers appartenant au corps de Kellermann étaient la seule troupe dont il pût disposer (1). «Voyez-vous ces boulets! s'écria-t-il avec un sombre désespoir, en montrant les projectiles qui volaient autour de lui; je voudrais qu'ils m'entrassent tous dans le corps! » Il court au comte de Valmy (Kellermann) : « Mon
» cher général, lui dit-il, il s'agit ici du salut de la France;
» il faut un effort extraordinaire; prenez votre cavalerie,

---

(1) Le corps des cuirassiers Kellermann se composait de quatre brigades ; une seule était alors près du maréchal ; une seconde se battait sur un point différent du champ de bataille ; les deux autres (division Roussel) avaient été laissées par le maréchal à Frasnes, afin d'y rallier les troupes du 1ᵉʳ corps (Drouet-d'Erlon).

» jetez-vous au milieu de l'armée anglaise et enfoncez-la;
» je vous ferai soutenir par Piré. » Kellermann se tourne sur-le-champ vers ses cuirassiers, leur crie : *chargez!* et se précipite tête baissée avec eux sur les rangs les plus épais de l'ennemi. Le 69ᵉ régiment d'infanterie britannique est immédiatement culbuté ; les batteries sont enlevées et les cuirassiers traversant deux lignes, arrivent jusqu'à la ferme des Quatre-Bras. Mais là, les réserves de l'infanterie anglaise, hollandaise et belge accueillent Kellermann et ses cavaliers avec un feu si meurtrier qu'ils sont obligés de s'arrêter. Le cheval de Kellermann est tué, et ce général, demeuré un moment au milieu des Anglais, ne se dégage qu'à grand' peine.

La charge que les cuirassiers venaient de fournir avait électrisé notre infanterie ; elle s'était élancée à leur suite et avait pénétré aussi loin qu'eux. Elle touchait pour la seconde fois aux Quatre-Bras, lorsque la division des gardes anglaises et celle du général Alten, arrivant à leur tour à marche forcée, donnèrent à Wellington une supériorité de forces si grande que nos fantassins furent encore une fois contraints de se replier.

En même temps que Kellermann avait donné le signal de la charge, Ney avait fait voler le général Delcambre sur les traces du comte d'Erlon, avec ordre de lui enjoindre de rétrograder sur-le-champ quels que fussent les ordres que l'empereur lui eût transmis.

Jusqu'à ce jour, les causes du double mouvement rétrograde du premier corps sont restées fort ignorées. L'empereur lui-même ne les connut jamais. Il supposait à Sainte-Hélène que le comte Drouet-d'Erlon, arrêté dans sa marche sur Frasnes par le bruit de l'artillerie de Ligny, avait marché au canon. Quelques écrivains, d'un autre côté, ont dit que ce général avait été appelé *directement* par Napoléon ; d'autres, adoptant cette opinion, ont ajouté que cet ordre direct avait été porté par le colonel Laurent, de l'état-major-général. Ce colonel a pu se trouver chargé d'un des ordres envoyés par le major-général au chef de l'*aile gauche ;* mais il ne fut pour rien dans le mouvement ; voici en quels termes le comte d'Erlon lui-même a raconté les faits :

« Vers onze heures ou midi, M. le maréchal Ney m'envoya l'ordre de faire prendre les armes à mon corps d'armée et de le diriger sur Frasnes et les Quatre-Bras, où je recevrais des ordres ultérieurs. Mon armée se mit donc immédiatement en marche.

» Après avoir donné l'ordre au général qui commandait la tête de colonne de faire diligence, je pris l'avance pour voir ce qui se passait aux Quatre-Bras où le corps d'armée du général Reille me semblait engagé. Je m'arrêtai au delà de Frasnes avec des généraux de la garde, et j'y fus joint par le général Labédoyère qui me fit voir une note au crayon qu'il portait au maréchal Ney, et qui enjoignait à ce maréchal de diriger mon corps d'armée sur Ligny. Le général Labédoyère me prévint qu'il avait déjà donné l'ordre pour ce mouvement en faisant changer de direction à ma colonne et m'indiqua où je pourrais la rejoindre. Je pris aussitôt cette route et envoyai au maréchal mon chef d'état-major, le général Delcambre, pour le prévenir de ma nouvelle destination. »

La jonction du premier corps avec les autres troupes de Ney, à l'heure tardive où ce corps avait quitté la route de Frasnes, était sans influence possible sur le succès de la campagne. Sans doute, l'absence de ces dix-huit ou vingt mille hommes devait empêcher le prince de la Moskowa d'emporter les Quatre-Bras ; mais, dans la pensée du chef, la conquête de cette position, à ce moment, n'avait plus qu'un but, permettre au prince de la Moskova de faire, sur Ligny, le *détachement*, si vivement sollicité, si impatiemment attendu ; en d'autres termes, l'effort de Ney, à cet instant, était secondaire ; il ne pouvait lui arriver pis, dans tous les cas, que de rester sur ses positions. C'était à Ligny, non aux Quatre-Bras, qu'était le sort de la journée ; en se portant sur le premier de ces deux champs de bataille, le 1er corps devait donc le décider.

Le général Drouet-d'Erlon se trompa d'abord de chemin ; au lieu d'arriver droit sur Bry, il descendit plus bas, et, longeant le champ de bataille, il avait marché sur Fleurus. Le chef du premier corps n'avait pas tardé à reconnaître son erreur de route ; il revint sur ses pas et s'établit enfin derrière Bry, assez près des Prussiens pour que les détachemens formant sa tête de colonne pussent distinctement apercevoir les numéros peints sur les sacs de l'infanterie prussienne placée en position sur ce point. Les pièces furent mises en batterie ; on allait tirer. En ce moment le général Delcambre arrive près du chef du premier corps et lui transmet les ordres si impératifs, si absolus du prince de la Moskowa ; il était alors six heures du soir.

D'Erlon, pour obéir aux injonctions de son chef immédiat, avait trois heures de nouvelle marche à faire et ne pouvait joindre Ney qu'à l'entrée de la nuit, lorsque toute lutte aux Quatre-Bras aurait nécessairement cessé. Placé au contraire, comme il l'était, sur le champ de bataille de Napoléon, derrière les Prussiens qu'il prenait à dos et dont l'infanterie était rangée devant lui, il suffisait à ce général de prononcer le commandement de *feu!* pour intervenir d'une manière décisive. Un instant il hésita ; puis, emporté par un sentiment exagéré de l'obéissance militaire, il fit relever son artillerie, ordonna demi-tour à ses régimens, quitta ses positions et reprit, avec son armée, le chemin qu'il avait déjà suivi. Cette armée était la colonne inconnue, aperçue par Vandamme. Sans cette faute, la plus lourde de toute cette guerre, Blücher se trouvait cerné entre Bry, Saint-Amand et Ligny par l'armée impériale renforcée des vingt mille hommes de d'Erlon et des onze mille soldats du comte de Lobau que Napoléon, dans la prévision de cette manœuvre, tint toute la journée inactifs; les trois corps prussiens, ainsi que l'espérait l'empereur, eussent été, non pas défaits, mais détruits; l'armée prussienne posait les armes.

Il était neuf heures du soir quand le comte d'Erlon se présenta de sa personne sur les positions de Ney, laissant en arrière ses troupes que ces contre-marches avaient fatiguées, et ayant ainsi promené dix-huit ou vingt mille hommes et quarante-six pièces de canon, entre deux champs de bataille, de la gauche à la droite et de la droite à la gauche, sans autre résultat que de retarder d'une heure et demie la défaite des Prussiens et d'empêcher l'empereur de la compléter par une poursuite que la nuit rendit impossible. Le maréchal Ney, ainsi que le chef du 1er corps devait s'y attendre, venait de cesser le combat (1).

---

(1) Le comte Drouet-d'Erlon, dans la lettre déjà citée, complète en ces termes l'explication de sa double contre-marche :

« ..... M. le maréchal Ney me renvoya mon chef d'état-major (le général Delcambre) en me prescrivant impérativement de revenir sur les Quatre-Bras où il s'était fortement engagé, comptant sur la coopération de mon corps d'armée. Je devais donc supposer qu'il y avait urgence, puisque le maréchal prenait sur lui de me rappeler quoiqu'il eût reçu la note dont j'ai parlé plus haut. J'ordonnai en conséquence à la colonne de faire contre-marche ; mais, malgré toute la diligence qu'on a pu mettre dans ce mouvement,

Aux Quatre-Bras, la lutte, comme à Ligny, avait été opiniâtre, furieuse. La route, à travers le bois, disparaissait littéralement sous les corps des hollandais et des écossais, et sous les cadavres de nos braves cuirassiers. Notre perte, sur ce point, fut de trois mille quatre cents hommes; celle des Anglo-Hollandais, officiellement constatée, s'éleva à neuf mille hommes. L'artillerie et la cavalerie de Wellington n'avaient pu marcher aussi vite que son infanterie; elles n'arrivèrent pour ainsi dire qu'après le combat; Ney, au contraire, avait une cavalerie relativement nombreuse, et tirait avec cinquante pièces de canon. De là, la disproportion entre le chiffre des morts des deux partis.

Le même résultat se fit remarquer à Ligny. Notre perte totale sur ce champ de bataille fut de six mille neuf cent cinquante hommes tués ou blessés; celle des Prussiens s'éleva à près de vingt-cinq mille hommes. La position des deux armées et les ravages inégaux de leur artillerie, expliqués plus haut, n'étaient pas la seule cause de cette différence, elle tenait encore à l'espèce de furie qui animait nos soldats; ils ne faisaient pas de prisonniers; ils tuaient. Vers les huit heures, le ravin en face de St-Amand et de Ligny avait pour ainsi dire disparu sous les cadavres qui le comblaient. On y voyait quatre Prussiens pour un Français. Blücher, en parlant de ce combat comme de l'un des plus acharnés dont l'histoire fasse mention, n'exagérait pas. Nos généraux ressen-

---

ma colonne n'a pu paraître en arrière des Quatre-Bras qu'à l'approche de la nuit.

» Le général Labédoyère avait-il mission pour faire changer la direction de ma colonne avant que d'avoir vu le maréchal Ney? Je ne le pense pas. Dans tous les cas, cette circonstance a été cause de toutes les marches et contre-marches qui ont paralysé mon corps d'armée pendant la journée du 16. »

tirent la même impression; l'acharnement avec lequel on se battit fit frémir ceux-là même qui étaient le plus habitués à contempler de sang-froid les horreurs de la guerre. La garde était entrée dans Ligny aux cris de *vive l'empereur! point de quartier!* La division Girard, lorsqu'elle eut épuisé ses munitions dans l'effort où son chef perdit la vie, demandait à grands cris *des cartouches et des Prussiens!*

Quelques incidens étranges, résultat fatal à la fois des souvenirs laissés dans l'armée par la défection du 6e corps (1), et de la désertion de M. de Bourmont, dont la nouvelle avait fait la veille et le matin l'entretien de tous les régimens, marquèrent cette sanglante journée.

Les soldats soupçonnaient le patriotisme et la fidélité de plusieurs généraux; ces chefs pour eux étaient des royalistes qui n'attendaient que le moment de passer à l'ennemi. Dans leur défiance, ils étaient attentifs à tous les mouvemens; toute manœuvre qu'ils ne comprenaient pas les inquiétait et prenait à leurs yeux le caractère d'une trahison. Lorsque les premiers coups de fusil furent tirés à Saint-Amand, un vieux caporal de la garde s'approcha de l'empereur et lui dit: « Sire, méfiez-vous du maréchal Soult; soyez » certain qu'il *nous* trahit. — Sois tranquille, lui répondit l'empereur, j'en réponds comme de moi. » Lorsqu'on vint annoncer à Vandamme la présence de la colonne inconnue qui se montrait sur sa gauche, ce général se porta au galop dans la direction indiquée, afin de reconnaître cette troupe. Un officier accourut vers le maréchal Soult et lui annonça que Vandamme venait de passer à l'ennemi. « Tous les soldats, » ajoutait-il, demandent à grands cris qu'on en instruise » l'empereur. » Sur la fin de la bataille, un dragon, le sabre

---

(1) Le 5 avril 1814. Voir le précédent volume, chapitre VIII.

tout dégouttant de sang, accourut en criant : « Sire ! venez
» vite à la division ! le général Maurin harangue les dragons
» pour passer à l'ennemi. — L'as-tu entendu ? — Non, Sire ;
» mais un officier qui vous cherche l'a vu et m'a chargé de
» vous le dire. » Pendant ce temps, le brave général Maurin, après avoir repoussé une charge ennemie, était grièvement blessé par un boulet de canon. Durant quatre jours, ces malheureuses préoccupations de trahison devaient planer, comme une lueur funèbre, sur toute cette armée et précipiter la dernière heure de Waterloo (1).

Les soldats de tous les corps et de toutes les armes, dans cette double bataille, furent dignes de la cause qu'ils défendaient et de leur ancienne gloire. Mais les généraux, nous parlons des plus élevés, n'étaient plus les hommes des précédentes guerres. On sait les hésitations de Ney et la lourde faute de d'Erlon ; Vandamme ne fut pas à la hauteur de ses troupes ; elles se montrèrent pleines d'enthousiasme et de feu ; il fut mou et indécis. Jetés malgré eux au milieu des hasards de nouveaux champs de bataille, alarmés par la désertion de la veille, indice, à leurs yeux, d'événemens fatals à la cause impériale ; ralliés, du moins quelques uns, à des intérêts différens de ceux pour lesquels combattait l'armée, ces chefs étaient hésitans et semblaient vouloir se hasarder ou se compromettre le moins

---

(1) A Waterloo, comme à Ligny, les soldats, dès qu'ils apercevaient un général ennemi, s'appelaient dans les rangs et se le montraient en criant : « Voilà le général .... » Le nom qu'ils prononçaient était celui du premier général français qui leur venait à la mémoire ; ils le couvraient d'imprécations. Dans leur conviction, ce n'était pas un général, mais dix généraux qui avaient passé à l'ennemi ; on cachait leurs noms à l'armée, disaient-ils, afin de ne pas la décourager.

possible. Parmi les hauts généraux, un seul se montra non pas égal, mais supérieur à sa réputation. Si le 16, le comte Gérard soutint à Ligny le principal effort des Prussiens avec un courage et un talent hors ligne, le 18, on le verra, il ne devait pas dépendre de lui de changer la défaite en un éclatant triomphe. Le nom de ce général, dans l'histoire de cette courte campagne, doit se placer après celui de l'empereur.

La victoire de Ligny laissa Napoléon mécontent. « Si le » maréchal Ney, disait-il, avait attaqué de bonne heure les » Anglais avec toutes ses forces, il les aurait écrasés et serait » venu donner le coup de grâce aux Prussiens ; et si après » cette première faute, il n'en eût pas commis une seconde » en arrêtant le mouvement du 1er corps, l'intervention du » comte d'Erlon aurait abrégé la résistance de Blücher et » rendu sa défaite irréparable ; toute son armée aurait été » prise ou détruite (1). »

Le soir de cette journée, les trois corps de Ziéthen, de Pirch et de Thielmann purent se rallier à une lieue et demie de Ligny, vers Gembloux, derrière le corps de Bülow qui venait d'arriver à marche forcée de ses cantonnemens dans le pays de Liége. L'empereur, avec l'aile droite, sa garde et le 6e corps, campa sur le champ de bataille ; Ney resta dans ses positions de Frasnes.

Journée du 17. — De nouvelles lenteurs devaient succéder, ce jour-là, aux retards des deux journées précédentes.

Le maréchal Ney avait encore reçu dans la nuit l'ordre de renouveler à la pointe du jour l'attaque des Quatre-Bras. Il fut prévenu que le comte de Lobau avec deux divisions d'infanterie de son corps, la cavalerie légère de la garde et les

---

(1) *Mémoires* de Fleury de Chaboulon.

cuirassiers Milhaut, le seconderait en attaquant le flanc gauche des Anglais par la chaussée de Namur. Mais Ney, comme la veille, ne devait s'ébranler que très tard; à onze heures ses soldats étaient encore dans leurs bivouacs. Il en fut de même des différens corps placés sous le commandement direct de l'empereur et sous celui du maréchal Grouchy; tous, moins le corps de Lobau (6°), resté inactif la veille, et qui se porta de bonne heure sur Marbais, n'avaient encore reçu aucun ordre à dix heures. Les soldats murmuraient de ce repos dont ils ignoraient les motifs; ils interrogeaient leurs officiers, interpellaient les généraux : l'énergie et l'activité semblaient s'être réfugiées dans leurs rangs (1). L'empereur, à la vérité, avait eu d'abord le projet de mettre toutes les troupes en marche dès le lever du soleil et d'attaquer vigoureusement les Anglais en même temps qu'il ferait poursuivre, sans lui donner de relâche, l'armée prussienne. L'ordre transmis à Ney était le résultat de cette pensée; mais, placé en présence de deux armées ennemies dont il ignorait la position et les mouvemens, il lui était difficile d'arrêter la moindre disposition avant de connaître avec certitude, soit le point où elles se tenaient arrêtées, soit la direction qu'elles suivaient ou qu'elles semblaient prendre. A neuf heures Napoléon attendait encore des nouvelles du maréchal Ney. Impatient de ces retards, il dirigea un fort détachement de cavalerie sur les Quatre-Bras avec ordre de venir lui rendre compte, sur le plateau de Bry, de ce qu'on aurait

----

(1) Les habitans de Saint-Amand racontent que le matin du 17, un groupe de généraux étant venu à traverser le village, les soldats les poursuivaient de ces cris : «Nous avons fait la soupe à la pointe du jour afin *d'entrer plus tôt en danse*, et voilà quatre heures qu'on nous laisse sans rien faire ! Pourquoi ne se bat-on pas ? Il y a encore quelque chose là-dessous ! »

vu ou appris de ce côté, et envoya différens officiers chercher le rapport des chefs de corps envoyés le matin à la poursuite des Prussiens. Ces soins pris, il quitta Fleurus pour se rendre sur le champ de bataille. Napoléon était en voiture. La difficulté du chemin, les sillons et les fossés qui coupaient la campagne dans toutes les directions, l'obligèrent bientôt de monter à cheval. Arrivé à Saint-Amand, il se fit conduire sur le théâtre des principaux engagemens de la veille, s'arrêtant à chaque pas, faisant relever et encourageant les blessés encore étendus sur le terrain. A mesure qu'il avançait, chaque régiment se formait sans armes sur le terrain où il était bivouaqué et saluait sa venue par les acclamations les plus enthousiastes. L'empereur passait lentement sur le front de tous les détachemens, interrogeait les chefs, complimentait les soldats sur leur élan et sur leur bravoure. Cette revue terminée, Napoléon mit pied à terre et s'entretint avec les généraux qui l'entouraient, attendant le retour du détachement et des officiers que de Fleurus il avait dirigés vers les Quatre-Bras et vers Gembloux. A midi le détachement revint ; les officiers ne tardèrent pas également à arriver. Quand il eut entendu tous les rapports, il put enfin arrêter les mouvemens des différens corps et les dispositions de la journée. Les troupes de la garde se mirent immédiatement en marche pour Marbais où devait déjà se trouver le comte de Lobau ; la division Girard, réduite à près de moitié par les combats de la veille, fut laissée à Saint-Amand et à Ligny, et le maréchal Grouchy, ayant sous ses ordres les deux corps des comtes Vandamme et Gérard (3e et 4e), ainsi que la cavalerie des généraux Excelmans et Pajol, fut chargé de poursuivre les Prussiens et de compléter leur défaite. Lorsque tous les ordres furent expédiés, l'empereur remonta à cheval, et, se dirigeant vers les troupes du 6e corps qu'il joignit à Marbais, il se porta immédiatement sur les Quatre-Bras.

L'armée, par suite de ces dispositions, se trouvait encore une fois divisée en deux parties ainsi composées :

Route de Bruxelles.

AILE GAUCHE, CENTRE ET RÉSERVES. — L'EMPEREUR.

1er *corps*, 18,640 h.; 2e *corps*, 23,550 h.; 6e *corps*, 11,770 h.; *garde impériale*, troupes de toutes armes, 18,520 h.; *cuirassiers* Kellermann et Milhaut (3e et 4e corps de cavalerie), artilleurs compris, 5,690 h.

Total.. 78,150 h.

Mais il faut déduire de ce dernier chiffre, qui représente le total de la force de chaque corps à l'ouverture de la campagne (1) :

1° La division Girard du 2e *corps*, laissée à Saint-Amand et à Ligny, et qui s'élevait l'avant-veille à.................................... 3,000 h.

2° La division Teste, détachée du 6e *corps* et donnée au maréchal Grouchy pour remplacer les pertes faites la veille par les 3e et 4e corps................ 4,000

3° Les pertes du maréchal Ney aux Quatre-Bras...................... 5,400

4° Les pertes de la garde impériale et des cuirassiers Milhaut, à Ligny, environ............................... 200

12,600 h.

Total des troupes conduites par l'empereur contre l'armée anglaise........................... 65,550 h.

Canons......... 242.

Route de Wavres.

AILE DROITE. — Maréchal GROUCHY.

3e *corps*, 15,290 h.; 4e *corps*, 14,260 h.; division *Teste*, détachée

---

(1) Voir, pour le détail des forces de chaque corps, page 419 de ce chapitre.

du 6ᵉ corps, 4,000 h.; *cavalerie* Pajol et Excelmans (1ᵉʳ et 2ᵉ corps), artilleurs compris, 5,600 h.; total.................. 59,150 h.

En déduisant de ce total, qui représente la force de chaque corps l'avant-veille au matin (1), les pertes des 3ᵉ et 4ᵉ corps d'infanterie, des 1ᵉʳ et 2ᵉ corps de cavalerie, à Saint-Amand et à Ligny, environ.... 4,900 (2)

On a pour le total des troupes emmenées par le général Grouchy à la poursuite des Prussiens (3)... 34,250 h.

Canons....... 108.

Wellington n'avait connu que dans les dernières heures de la nuit la défaite des Prussiens; leur retraite l'obligeait à un mouvement parallèle. Dès le point du jour il se replia sur Bruxelles par Genape, laissant pour arrière-garde, aux Quatre-Bras, lord Uxbridge avec un corps de cavalerie et plusieurs batteries d'artillerie légère. Lord Uxbridge, quand il aperçut la tête de colonne du 6ᵉ corps, battit en retraite à son tour. L'empereur occupa la position. Il était près d'une heure.

Cependant Ney ne paraissait pas. Napoléon, irrité, en-

---

(1) Voir page 419 de ce chapitre.

(2) Les pertes de la division Girard, environ 1,800 hommes, et celles de la garde et des cuirassiers Milhaut, comptées plus haut, environ 200 hommes, sont en dehors de ce chiffre.

(3) En additionnant les deux chiffres de 34,250 h. et de 65,550 h., on trouve pour le total des soldats emmenés dans la journée du 17 par l'empereur et le maréchal Grouchy, sur les deux routes de Bruxelles et de Wavres, le chiffre de 99,800 h. Si l'on ajoute à ce dernier nombre les pertes essuyées à Ligny, 6,900 h., aux Quatre-Bras, 5,400 h., la division Girard, laissée à Ligny et réduite à environ 3,200 h., ainsi que les 2,200 h. des équipages de ponts, du génie, etc., répartis à la suite des différens corps, on arrive à un total de 115,500 h., chiffre des hommes présens sous les armes le 15 juin au matin.

voya directement aux chefs de corps du maréchal l'ordre d'avancer. Le comte d'Erlon (1ᵉʳ corps) arriva le premier. Il prit la tête de l'armée et se mit en devoir de pousser vivement l'arrière-garde anglaise. Le comte Reille (2ᵉ corps) déboucha ensuite et suivit. Enfin, après s'être long-temps fait attendre, Ney parut. « L'empereur lui témoigna son mécontentement de tant d'incertitude, de tant de lenteur et de ce qu'il venait de faire perdre trois heures bien précieuses. Le maréchal balbutia et s'excusa sur ce qu'il croyait que Wellington était encore aux Quatre-Bras avec toute son armée (1). »

Le 6ᵉ corps (Lobau) quitta les Quatre-Bras après le 2ᵉ. La garde s'ébranla ensuite. Les cuirassiers Milhaut, éclairés par une division légère, aux ordres du général Subervic, s'avancèrent à leur tour et complétèrent le mouvement de l'armée sur Bruxelles. L'empereur alors se porta en avant, et, après une poursuite où notre avant-garde n'échangea avec l'arrière-garde anglaise que quelques coups de canon, Napoléon, à 6 heures du soir, arriva à peu de distance de la forêt de Soignes. La pluie, en ce moment, tombait par torrens ; le soldat, sur certains points de la chaussée, avait de l'eau à mi-jambe ; dans les terres, il enfonçait jusqu'aux genoux ; l'artillerie ne pouvait y passer ; la cavalerie n'y marchait qu'avec peine. L'ennemi s'était arrêté. Le voisinage de la forêt fit penser à l'empereur que les Anglais voulaient tenir cette position durant la nuit. Pour s'en assurer, il ordonna aux cuirassiers Milhaut de se déployer sous la protection de quatre batteries d'artillerie légère et de faire mine de charger. A cette vue, l'ennemi démasqua cinquante ou soixante pièces de canon fortement appuyées. Tous les doutes cessè-

---

(1) *Mémoires de Napoléon*, dictés à Sainte-Hélène,

rent : l'armée anglaise tout entière était arrêtée devant Napoléon qui renonça à l'attaquer. Cette résolution était regrettable : les Prussiens n'auraient pu intervenir, la victoire était certaine. *Il aurait fallu deux heures de jour de plus*, a dit l'empereur. L'armée prit position en avant de Planchenoit, village dans les terres, à quelques centaines de pas sur la droite de la route ; le quartier impérial fut établi un peu en arrière, sur la chaussée, à la ferme du Caillou.

Malgré les lenteurs du maréchal Ney, les troupes, conduites par Napoléon, n'avaient pas quitté l'armée anglaise et s'étaient avancées de six lieues. *L'aile droite* fut loin de faire le même chemin.

Les trois corps de Ziéthen, de Pirch et de Thielmann, nous l'avons dit, avaient pu se rallier, la veille au soir, derrière les 36,000 hommes de Bulow arrivés à Gembloux dans la nuit, et après la bataille. Malgré ce renfort, le désordre s'était mis dans un grand nombre de régimens prussiens. Les troupes saxonnes, westphaliennes, entr'autres, comptaient un nombre considérable de déserteurs. Des bandes de fuyards, où les nouvelles levées de landwehr prussienne étaient en majorité, couvraient tous les chemins, pillant les villages, maltraitant les habitans, et répandant partout la nouvelle de la défaite de Ligny, ainsi que le bruit de la retraite de leur armée derrière le Rhin. Cette retraite, dans la journée du 17, était attendue à Namur, à Liége et dans toutes les villes assises sur la rive droite de la Meuse. Sur toutes les routes on voyait de longues files de bagages qui se portaient précipitamment dans la direction de Maëstricht. Si l'inutile apparition du comte d'Erlon, à la gauche de l'armée, en suspendant le mouvement de la garde sur Ligny, n'avait pas obligé l'empereur de retarder sa victoire jusqu'à l'entrée de la nuit, quel n'aurait donc pas été le résultat d'une poursuite de plusieurs heures, au milieu de ces troupes démoralisées !

Les Prussiens avaient eu toute la nuit du 16 au 17 et toute la matinée du lendemain pour opérer leur retraite ; le maréchal Grouchy devait leur laisser tout le reste de la journée et la nuit suivante pour se reformer. A la vérité, lorsqu'à midi ce maréchal avait reçu l'ordre de se mettre à la poursuite de Blücher, les soldats, placés sous son commandement et qui avaient soutenu tout le poids de la veille, n'étaient plus prêts à marcher. Inactifs depuis le matin, mécontens de ce long repos dont leur impatience ne voyait pas le terme, les fantassins avaient démonté leurs fusils pour les nettoyer, une partie des cavaliers avaient dessellé leurs chevaux pour alléger leur fatigue. Il fallut du temps pour s'apprêter de nouveau. L'empereur n'était plus là, d'ailleurs, pour imprimer à toutes choses et à tous, le mouvement et l'activité. Toutes les dispositions, tous les mouvemens se firent donc avec une extrême lenteur. Les régimens, les premiers partis, n'arrivèrent à Gembloux qu'à quatre heures du soir ; les autres suivirent, mais à de si longs intervalles, qu'il était nuit close lorsque les derniers détachemens entrèrent dans cette ville. On comprendrait mal, au reste, la lenteur de certains régimens, si on ne tenait compte d'une pluie affreuse qui, défonçant tous les chemins, ralentit les mouvemens d'une partie de l'infanterie, en même temps qu'elle paralysa l'action de la cavalerie chargée de suivre ou d'observer l'ennemi. Ainsi retardé dans la marche de ses troupes, incertain de la direction précise que Blücher avait pu suivre, le maréchal Grouchy s'arrêta à Gembloux sur les positions occupées la nuit précédente par les Prussiens. Il avait fait moins de deux lieues.

Cette journée du 17 ne devait profiter qu'à l'ennemi ;

elle fut pour notre armée une journée complètement perdue.

Journée du 18. — BATAILLE DE WATERLOO. — L'empereur, le soir du 17, ne croyait pas à une bataille pour le lendemain ; il supposait que Blücher aurait passé la Dyle à Wavres, et que Wellington ainsi que le feld-maréchal prussien profiteraient de la nuit pour traverser la forêt de Soignes et se réunir devant Bruxelles. Cependant il consacra les dernières heures de la soirée à dicter tous les ordres nécessaires pour un engagement général, s'il devait avoir lieu. La position et l'intervention possible de son *aile droite* fut une de ses préoccupations. A dix heures du soir il expédia au maréchal Grouchy, qu'il croyait arrivé à Wavres (1), un officier chargé de lui faire connaître : « qu'une grande bataille se livrerait probablement le lendemain ; que l'armée anglo-hollandaise était en position en avant de la forêt de Soignes, sa gauche appuyée au hameau de La Haye ; qu'il lui ordonnait de détacher avant le jour *de son camp de Wavres* une division de sept mille hommes de toutes armes et seize pièces de canon sur Saint-Lambert, pour se joindre à la droite de la grande armée et opérer avec elle ; qu'aussitôt qu'il serait assuré que le maréchal Blücher aurait évacué Wavres, soit pour continuer sa route sur Bruxelles, soit pour se porter dans toute autre direction, il devait marcher avec la majorité de ces troupes pour appuyer le détachement qu'il aurait fait sur Saint-Lambert (2). »

---

(1) A trois lieues au delà de Gembloux, à moins de cinq lieues du champ de bataille de Ligny.

(2) Les défilés de Saint-Lambert commandent toutes les communications entre Wavres et Waterloo. Leur occupation par une division de 7,000 hommes de toutes armes avait un double but : relier les deux armées françaises, et rendre impossible la jonction des Prussiens avec les Anglais sur les positions occupées par ceux-ci.

Une heure après le départ de cet officier pour *Wavres*, à onze heures, on recevait au quartier-impérial un rapport du maréchal Grouchy, daté de *cinq heures du soir*, et qui annonçait la halte de son armée *à Gembloux*, ainsi que l'ignorance où il était de la direction prise par Blücher. Avant de transmettre de nouveaux ordres au chef de son *aile droite*, Napoléon voulut s'assurer si Wellington était décidé à recevoir la bataille sur le terrain où bivouaquait son armée.

« ..... A une heure du matin, l'empereur sortit à pied, accompagné seulement de son grand maréchal (le général Bertrand). Son dessein était de suivre l'armée anglaise dans sa retraite et de tâcher de l'entamer, malgré l'obscurité de la nuit, aussitôt qu'elle serait en marche. Il parcourut la ligne des grandes gardes. La forêt de Soignes apparaissait comme un incendie; l'horizon entre cette forêt, Braine-Laleud, les fermes de la Belle-Alliance et de la Haie-Sainte, était resplendissant du feu des bivouacs; le plus profond silence régnait. L'armée anglo-hollandaise était ensevelie dans un profond sommeil, suite des fatigues qu'elle avait éprouvées les jours précédens. Arrivé près du bois du château d'Hougoumont, il entendit le bruit d'une colonne en marche : il était deux heures et demie. Or, à cette heure, l'arrière-garde devait commencer à quitter ses positions si l'ennemi était en retraite ; mais cette illusion fut courte, le bruit cessa. La pluie tombait par torrens. Divers officiers envoyés en reconnaissance et des affidés, de retour à trois heures et demie, confirmèrent que les Anglo-Hollandais ne faisaient aucun mouvement. A quatre heures, des courreurs lui amenèrent un paysan qui avait servi de guide à une brigade de cavalerie anglaise allant prendre position sur l'extrême gauche, au village d'Ohain. Deux déserteurs belges, qui venaient de quitter leur régiment, lui rapportèrent que leur armée se préparait à la bataille, et qu'aucun mouvement rétrograde n'avait eu lieu.

» Le général ennemi ne pouvait rien faire de plus contraire aux intérêts de son parti et de sa nation, à l'esprit général de cette campagne et même aux règles les plus simples de la guerre, que de rester dans la position qu'il occupait ; il avait derrière lui les défilés de la forêt de Soignes ; s'il était battu, toute retraite lui était impossible.

» Les troupes françaises étaient bivouaquées au milieu de la boue ; les officiers tenaient pour impossible de livrer la bataille dans ce jour : l'artillerie et la cavalerie ne pouvaient manœuvrer dans les terres tant elles étaient détrempées ; ils estimaient qu'il faudrait douze heures de beau temps pour les étancher. Le jour commençait à poindre. L'empereur rentra à son quartier-général plein de satisfaction de la grande faute que faisait le général ennemi et fort inquiet que le mauvais temps ne l'empêchât d'en profiter. Mais déjà l'atmosphère s'éclaircissait ; vers cinq heures il aperçut quelques faibles rayons de ce soleil qui devait, avant de se coucher, éclairer la perte de l'armée anglaise... (1). »

Un second officier fut immédiatement dépêché au maréchal Grouchy pour lui renouveler l'ordre transmis sept heures auparavant. Une heure après le départ de cet envoyé,

---

(1) NAPOLÉON.—*Mémoires* dictés à Sainte-Hélène.—Nous avons cru, pour la relation de la bataille de Waterloo, pouvoir emprunter différens passages au récit dicté par l'Empereur. Ce récit, dans les *Mémoires* de Napoléon, ne se compose pour ainsi dire que d'une *exposition* ; il explique mieux que ne saurait le faire aucun écrivain, aucun homme, les dispositions et les premiers mouvemens de l'Empereur ; mais Napoléon devient très bref, il s'arrête, en quelque sorte, quand il arrive aux détails de la lutte. Nous indiquerons religieusement par des guillemets et par des notes, chacun de nos emprunts à ses *Mémoires*.

l'empereur reçut du chef de *l'aile droite* un nouveau rapport daté de Gembloux, *dix heures du soir*, et qui était ainsi conçu :

« Sire,

» J'ai l'honneur de vous rendre compte que j'occupe Gembloux et que ma cavalerie est à Sauvenières. L'ennemi, fort d'environ 50,000 hommes, continue son mouvement de retraite; on lui a saisi ici un parc de 400 bêtes à cornes, des magasins et des bagages.

» Il paraît, d'après tous les rapports, qu'arrivés à Sauvenières, les Prussiens se sont divisés en deux colonnes : l'une a dû prendre la route de Wavres, en passant par Sart à Walhain ; l'autre colonne paraît s'être dirigée sur Perwès.

» On peut peut-être *en inférer qu'une portion va rejoindre Wellington*, et que le centre, qui est l'armée de Blücher, se retire sur Liége. Une autre colonne avec de l'artillerie ayant fait son mouvement de retraite sur Namur, le général Excelmans a ordre de pousser ce soir six escadrons sur Sart à Walhain et trois escadrons sur Perwès. D'après leur rapport, si la masse des Prussiens *se retire sur Wavres, je la suivrai dans cette direction, afin* qu'ils ne puissent gagner Bruxelles *et de les séparer de Wellington.*

» Si, au contraire, mes renseignemens prouvent que la principale force prussienne a marché par Perwès, je me dirigerai, par cette ville, à la poursuite de l'ennemi.

» Les généraux Thielmann et Borstell faisaient partie de l'armée que V. M. a battue hier ; ils étaient encore ce matin à 10 heures ici, et ont annoncé que 20,000 des leurs avaient été mis hors de combat. Ils ont demandé en partant les distances de Wavres, Perwès et Hannut. Blücher a été blessé au bras, ce qui ne l'a pas empêché de commander après s'être fait panser. Il n'a point passé par Gembloux.

» Je suis avec respect,

» De votre majesté,
» Sire,
» Le fidèle sujet,
» Le maréchal comte de GROUCHY. »

Cette dépêche était de nature à dissiper toutes les inquiétudes de l'empereur sur la manière dont le maréchal Grouchy saurait remplir sa mission ; il devait croire que ce maréchal, en exprimant lui-même l'opinion qu'une partie des troupes prussiennes se dirigeait vers Wellington pour le soutenir, ne perdrait pas Blücher de vue ; que ses efforts tendraient à empêcher cette jonction, et que son armée, dans tous les cas, viendrait paralyser les effets de cette réunion si elle devait s'opérer. Aussi, Napoléon écouta-t-il, plein de confiance, les rapports de plusieurs officiers exercés qui rentraient et qui venaient de reconnaître l'armée anglaise. Ils évaluaient sa force, en y comprenant les corps de flanqueurs, à *quatre-vingt-dix mille hommes*, chiffre qui s'accordait avec les renseignemens généraux. L'armée française, on l'a vu, ne comptait que *soixante-cinq mille combattans*. Elle n'avait pas seulement le désavantage du nombre, la pluie battante de la veille avait continué durant toute la nuit, et les soldats, bivouaqués au milieu de la boue, comme le dit l'empereur, n'avaient pu goûter un seul moment de repos. Il y a plus : les convois de vivres, arrêtés ou retardés par la tourmente et par le mauvais état des chemins, ne purent arriver dans la matinée. Une partie de nos régimens, lorsqu'ils quittèrent leur campement pour se porter sur leurs positions de bataille, n'avaient pris aucune nourriture. Pas une plainte, pas un murmure ne sortirent des rangs : quelques plaisanteries, la promesse de se venger sur les Anglais de ces privations, voilà tout ce que l'on entendit.

Vers huit heures Napoléon dit aux généraux qui l'entouraient : « L'armée ennemie est supérieure à la nôtre de près
» d'un tiers ; nous n'en avons pas moins quatre-vingt-dix
» chances pour nous et pas dix contre. — Sans doute, dit le
» maréchal Ney qui entrait, si Wellington était assez simple
» pour attendre Votre Majesté ; mais je viens lui annoncer

» que déjà ses colonnes sont en pleine retraite ; elles dispa-
» raissent dans la forêt. — Vous avez mal vu, lui répondit
» l'empereur ; il n'est plus temps, il s'exposerait à une perte
» certaine : il a jeté les dés, et ils sont à nous. »

Dans ce moment des officiers d'artillerie qui avaient parcouru la plaine, annoncèrent que l'on pourrait manœuvrer les pièces avec quelques difficultés, sans doute ; mais dans une heure, ajoutaient-ils, les obstacles seraient notablement diminués.

« ....Aussitôt l'empereur monta à cheval ; il se porta aux tirailleurs, vis-à-vis la Haie-Sainte, reconnut de nouveau la ligne ennemie et chargea le général de génie Haxo, officier de confiance, de s'en approcher davantage pour s'assurer *s'il avait été élevé quelques redoutes ou retranchemens.* Ce général revint promptement rendre compte qu'il n'avait aperçu aucune trace de fortifications. L'empereur réfléchit un quart d'heure, puis dicta l'ordre de bataille que deux généraux écrivaient assis par terre. Les aides-de-camp le portèrent aux divers corps d'armée qui étaient sous les armes, pleins d'impatience et d'ardeur. L'armée s'ébranla et se mit en marche sur onze colonnes.

» A neuf heures les têtes des quatre colonnes formant la première ligne arrivèrent où elles devaient se déployer. En même temps on aperçut plus ou moins loin, les sept autres colonnes qui débouchaient des hauteurs ; elles étaient en marche ; les trompettes et les tambours sonnaient aux champs ; la musique retentissait des airs qui retraçaient aux soldats le souvenir de cent victoires. La terre paraissait orgueilleuse de porter tant de braves. Ce spectacle était magnifique ; et l'ennemi qui était placé de manière à découvrir jusqu'au dernier homme, dut en être frappé ; l'armée dut lui paraître double en nombre de ce qu'elle était réellement.

» Ces onze colonnes se développèrent avec tant de précision qu'il n'y eut aucune confusion, et chacun occupa la place qui lui était désignée dans la pensée du chef; jamais de si grandes masses ne se remuèrent avec tant de facilité. A dix heures et demie, ce qui paraît incroyable, tout le mouvement était achevé, toutes les troupes étaient à leur position ; le plus profond silence régnait sur le champ de bataille. L'armée se trouva rangée sur six lignes formant la figure de six V.

» L'empereur parcourut les rangs. Il serait difficile d'exprimer l'enthousiasme qui animait tous les soldats : l'infanterie légère avait ses shakos au bout des baïonnettes ; les cuirassiers, les dragons et la cavalerie légère leurs casques ou shakos au bout de leurs sabres. La victoire paraissait certaine ; les vieux soldats qui avaient assisté à tant de combats, admirèrent ce nouvel ordre de bataille ; ils cherchaient à pénétrer les vues ultérieures de leur général ; ils discutaient le point et la manière dont l'attaque devait avoir lieu. Pendant ce temps, l'empereur donna ses derniers ordres et se porta à la tête de sa garde, au sommet des six V, sur les hauteurs de Rossomme. Il mit pied à terre....

» Une bataille est une action dramatique qui a son commencement, son milieu et sa fin. L'ordre de bataille que prennent les deux armées, les premiers mouvemens pour en venir aux mains sont l'exposition ; les contre-mouvemens que fait l'armée attaquée forment le nœud, ce qui oblige à de nouvelles dispositions et amène la crise d'où naît le résultat ou le dénoûment. Aussitôt que l'attaque du centre de l'armée française aurait été démasquée, le général ennemi ferait ses contre-mouvemens, soit par ses ailes, soit derrière sa ligne pour faire diversion ou accourir au secours du point attaqué ; aucun de ces mouvemens ne pouvait échapper à l'œil exercé de Napoléon dans la position centrale où il s'était placé, et il avait dans sa main toutes ses réserves pour les porter à volonté où l'urgence des circonstances exigerait leur présence... » (1).

Les hauteurs de Rossomme, où l'empereur venait de se porter, sont un long plateau assez fortement ondulé, et sur lequel court la chaussée de Charleroi à Bruxelles ; elles prennent naissance à la ferme du Caillou, où Napoléon avait passé la nuit, et s'arrêtent à quelques pas au delà de la ferme de la Belle-Alliance. La chaussée, quand elle a dépassé cette dernière ferme, descend dans un vallon ou ravin assez profond pour remonter ensuite, en longeant les clôtures de la Haie-Sainte, sur une terrasse, alors fort élevée, et dont le front, parallèle aux hauteurs occupées par nos troupes, s'étendait, à gauche, jusqu'à peu de distance du château d'Hougoumont, et à droite, vers les hameaux de Papelotte, La Haie et Smouhen. A quatre cents pas environ au delà du point où elle arrivait sur le sommet de ce dernier plateau, la route traversait Mont-Saint-Jean, hameau d'une trentaine de maisons, puis à trois quarts de lieue plus loin, dans la forêt de Soignes, elle rencontrait le village de Waterloo.

Les pentes du ravin, séparation des deux armées, sont assez faciles quand on descend de la Belle-Alliance. En revanche, le bord opposé, à quelques toises au dessus de la Haie-Sainte, avait toute la force d'un retranchement véritable. Le sol s'élevait d'abord graduellement ; puis, à quelques pas de la sommité du plateau, le niveau de la pente se trouvait brusquement interrompu par une large coupure parallèle au ravin et formant la voie de l'un des chemins qui conduisent de Wavres, par les défilés de St-Lambert et par

---

(1) *Mémoires de Napoléon*, déjà cités.

Ohain, à la chaussée de Nivelles. Ce chemin, profondément encaissé, coupait la route de Charleroi et longeait toute la crête du plateau; il faisait fossé, et son escarpement, du côté de Mont-Saint-Jean, n'avait pas moins de sept à huit pieds d'élévation. En d'autres termes, une immense terrasse avec fossé et glacis en talus et qui, adossée à la forêt de Soignes, était défendue sur son front par la ferme de la Haie-Sainte, véritable ouvrage avancé; à son extrême droite, par le château d'Hougoumont dont les murs avaient été crénelés dans la nuit; à son extrême gauche, par les hameaux de Papelotte, Smouhen et La Haie, voilà quelle était la position choisie par Wellington pour accepter la bataille. L'œil exercé de Napoléon ne se trompait donc pas lorsqu'il envoyait le général Haxo s'assurer si des redoutes et des retranchemens ne défendaient pas le front de l'ennemi; ce général, d'un autre côté, avait dit vrai en affirmant que les Anglais n'avaient élevé aucun ouvrage d'art. Ils étaient protégés par un rempart naturel. Une forte barricade fermant la tranchée ouverte dans la terrasse pour le passage de la route, était leur seul ouvrage de fortification (1).

---

(1) Cette terrasse a été en grande partie nivelée entre Mont-St-Jean et la Haie-Sainte. Le chemin qui en suivait la crête existe toujours, mais il n'est plus encaissé; ses deux escarpes ont disparu, et les terres qui les formaient ont été enlevées pour construire la montagne artificielle, — immense cône haut de plus de cent cinquante pieds et recouvert de gazon, — qui supporte le ridicule lion belge placé là par l'ancien gouvernement des Pays-Bas comme monument de la victoire anglo-prussienne du 18 juin. Le sol, à la sommité du plateau de Mont-Saint-Jean, a été baissé de près de dix pieds. L'aspect général du terrain est donc complètement changé. Lord Wellington, quelques années après 1815, faisant les honneurs des champs de Mont-Saint-Jean à nous ne savons quelle Altesse impériale ou royale, se montra fort mécontent de cet immense déblais. « Je ne reconnais plus mon champ de bataille! » s'écria-t-il.

Le point des hauteurs de Rossomme choisi par Napoléon comme observatoire, et sur lequel il resta depuis onze heures jusqu'à trois, était un tertre placé sur le côté gauche de la route, en face d'une maison isolée appelée la *maison d'Ecosse*, à cent pas environ en arrière de la ferme de la Belle-Alliance (1). De là ses regards pouvaient embrasser tout le champ de bataille ; en face de lui était le plateau de Mont-Saint-Jean ; à sa gauche le château d'Hougoumont et son bois couvrant la droite de l'ennemi ; à sa droite les hameaux sur lesquels Wellington appuyait sa gauche, ainsi que le chemin qui de Wavres arrive à Planchenoit, après avoir traversé les défilés de La-Chapelle-Saint-Lambert et le village de Lasnes. Planchenoit se trouvait derrière lui, dans les terres, à peu de distance sur la droite de la route. C'était par ce chemin qu'il attendait Grouchy.

Deux tertres qui, de chaque côté de la route, à quelques pas au dessus de la Haie-Sainte, supportent les monumens élevés au colonel anglais Gordon, aide-de-camp de Wellington, et aux officiers de la légion germanique tués dans la bataille, donnent la position et le relief exacts de l'ancien plateau. Construits avant le nivellement, sur le bord de la terrasse, ces tombeaux ont gardé leur ancienne base ; il faut de la route monter douze ou quinze marches pour arriver à celui du colonel Gordon : c'est sur le point de la chaussée qui les sépare, qu'était construite la barricade dont nous venons de parler.

(2) L'empereur, depuis quelque temps, était en proie à de cruelles douleurs physiques qui lui rendaient fort pénible l'usage du cheval ; il souffrait d'une affection hémorroïdale, résultat de sa vie de guerre et de campagnes, et dont les fatigues des derniers jours avaient singulièrement augmenté la violence. Le tertre dont nous venons de parler et dont la surface, comme celle de toutes les terres voisines, se trouvait transformée en une boue liquide par les affreuses pluies de la veille et de la nuit, fut recouvert d'un lit de paille, sur lequel on plaça une chaise et une table grossières que fournirent les habitans de la *Maison d'Ecosse*.

1815.

A dix heures, pendant que les onze colonnes impériales s'avançaient pour prendre leur position de combat, l'empereur avait ordonné de transmettre à ce maréchal le nouvel ordre suivant :

« En avant de la ferme du Caillou, le 18 juin,
dix heures du matin.

» Monsieur le maréchal, l'empereur a reçu votre dernier rapport daté de Gembloux; vous ne parlez à S. M. que de deux colonnes prussiennes qui ont passé à Sauvenières et à Sart-à-Walhain; cependant des rapports disent qu'une troisième colonne qui était assez forte, a passé à Géry et à Gentines, se dirigeant sur Wavres.

» L'empereur me charge de vous prévenir qu'en ce moment S. M. va faire attaquer l'armée anglaise qui a pris position à Waterloo, près de la forêt de Soignes ; ainsi S. M. désire *que vous dirigiez vos mouvemens sur Wavres*, AFIN *de vous rapprocher de nous*, de vous mettre *en rapport d'opérations* et *lier les communications*, poussant devant vous les corps de l'armée prussienne qui ont pris cette direction, et qui ont pu s'arrêter à Wavres où vous devez arriver le plus tôt possible. Vous ferez suivre les colonnes ennemies qui ont pris votre droite par quelques corps légers, afin d'observer leurs mouvemens et ramasser leurs traînards. Instruisez-moi immédiatement de vos dispositions et de votre marche ainsi que des nouvelles que vous avez sur les ennemis, et *ne négligez pas de lier vos communications avec nous*; l'empereur désire avoir très souvent de vos nouvelles. »

Une heure après l'envoi de cette dépêche, les tirailleurs se répandaient sur tout le front de l'armée, et les divisions composant le 2e corps (Reille) commençaient, à la gauche, l'attaque du bois et du château d'Hougoumont. Cette attaque, faite la première et de bonne heure, était destinée à tromper le général ennemi. L'empereur avait le projet de porter son principal effort sur le centre de la ligne anglaise; il voulait le percer en l'abordant par la chaussée, s'emparer de Mont-Saint-Jean, et se rendre ainsi maître du principal débouché de la forêt de Soignes. Le succès de cette attaque devait séparer les deux ailes de Wellington, leur rendre toute retraite impossible et entraîner la destruction de l'armée anglaise. Avant d'ébranler ses troupes, Napoléon voulait obliger le général ennemi de dégarnir cette partie de sa ligne pour renforcer sa droite. Ce mouvement, comme il le prévoyait, eut lieu; le duc ne tarda pas à diriger sur Hougoumont ses meilleures troupes. L'attaque sur Mont-Saint-Jean, si difficile en raison de l'escarpement du plateau, obstacle que l'empereur entrevoyait, nous l'avons dit, sans en bien connaître la force (1), devait, en outre, se trouver protégée par le feu d'environ quatre-vingts bouches à feu, au nombre desquelles étaient trente pièces de 12, formant l'artillerie de réserve des 1er, 2e et 6e corps. Ces quatre-vingts pièces, malgré le feu des canons anglais déjà en position sur le bord de la rampe, ne tardèrent pas à se trouver en batterie.

---

(1) Lorsqu'on approche d'une position fortifiée, le regard, embrassant seulement des surfaces, ne peut distinguer les escarpes ni les fossés; le sommet des remparts et celui des glacis ne font qu'un; il faut entrer dans les ouvrages pour en apercevoir les détails. Il en fut de même pour l'empereur à l'occasion du plateau de Mont-Saint-Jean. Napoléon, des hauteurs où il était placé, devait croire que la pente opposée à celle de la Sainte-Alliance était *continue*. Les épaisses récoltes qui couvraient la terre servaient à augmenter l'illusion. S'il eût connu l'existence du chemin faisant fossé et sa profondeur, son point d'attaque aurait été probablement changé, et l'on doit croire qu'il aurait porté son principal effort sur la gauche de Wellington. L'encaissement du chemin sur cette partie du champ de bataille était bien moins prononcé; les pentes étaient beaucoup plus douces. La force défensive de la position occupée par les Anglais se trouvait principalement au centre de leur ligne, vis-à-vis de la Haye-Sainte, puis à la droite de cette ferme, jusque vers le château d'Hougoumont. Si le terrain se fût trouvé tel qu'il est aujourd'hui, la bataille n'eût pas duré trois heures.

[1815. 495

«.... Le maréchal Ney obtint l'honneur de commander cette grande attaque du centre; elle ne pouvait être confiée à un homme plus brave et plus accoutumé à ce genre d'affaires. Il envoya un de ses aides-de-camp prévenir que tout était prêt et qu'il n'attendait plus que le signal. Avant de le donner, l'empereur voulut jeter un dernier regard sur le champ de bataille et aperçut dans la direction de Saint-Lambert un nuage qui lui parut être des troupes. Il dit à son major-général : « Maréchal, que voyez-vous sur Saint-Lambert? — » J'y crois voir cinq à six mille hommes; c'est probablement » un détachement de Grouchy. » Toutes les lunettes de l'état-major furent fixées sur ce point. Le temps était assez brumeux. Les uns soutenaient, comme il arrive en pareille occasion, qu'il n'y avait point de troupes, que c'étaient des arbres; d'autres que c'étaient des colonnes en position; quelques uns que c'étaient des troupes en marche (1). Dans cette incertitude, sans plus délibérer, il fit appeler le lieutenant-général Domont et lui ordonna de se porter avec sa division de cavalerie légère et celle du général Subervic pour éclairer sa droite, communiquer promptement avec les troupes qui arrivaient sur Saint-Lambert, opérer la réunion si elles appartenaient au maréchal Grouchy, les contenir si elles étaient ennemies. Ces 3,000 hommes de cavalerie n'eurent à faire qu'un à droite par quatre pour être hors des lignes de l'armée; ils se portèrent rapidement et sans con-

---

(1) Les hommes et les arbres devaient se confondre. Le bois de Lasne, indiqué sur un grand nombre de cartes sous le nom de *Bois de Paris*, occupe le sommet des hauteurs où débouche le chemin de Wavres à Planchenoit, et derrière lesquelles se trouvent le village de Lasnes, celui de La Chapelle-Saint-Lambert, ainsi que ses gorges et ses défilés.

fusion à trois mille toises et s'y rangèrent en bataille, en potence sur toute la droite de l'armée.

» Un quart d'heure après, un officier de chasseurs amena un chasseur noir prussien qui venait d'être fait prisonnier par les coureurs d'une colonne volante de trois cents chasseurs qui battaient l'estrade entre Wavres et Planchenoit. Ce hussard était porteur d'une lettre; il était fort intelligent et donna de vive voix tous les renseignemens que l'on put désirer. La colonne que l'on apercevait vers Saint-Lambert était l'avant-garde du général Bulow qui arrivait avec plus de 30,000 hommes; c'était le quatrième corps prussien qui n'avait pas donné à Ligny. La lettre était effectivement l'annonce de l'arrivée de ce corps; ce général demandait au duc de Wellington des ordres ultérieurs. Le hussard dit qu'il avait été le matin à Wavres, que les trois autres corps de l'armée prussienne y étaient campés et qu'ils y avaient passé la nuit du 17 au 18; qu'ils n'avaient aucun Français devant eux; qu'il supposait que les Français avaient marché sur Planchenoit; qu'une patrouille de son régiment avait été dans la nuit jusqu'à deux lieues de Wavres sans rencontrer aucun corps français. Le duc de Dalmatie expédia sur-le-champ un officier au maréchal Grouchy (1).... »

Cet officier était porteur du nouvel ordre suivant:

« Du champ de bataille du Waterloo, le 18 juin,
» à *une heure de l'après-midi.*

» Monsieur le Maréchal,

» Vous avez écrit ce matin, à deux heures, à l'empereur, que vous marchiez sur Sart-à-Wallain : donc, votre projet était de vous porter à Corbaix ou à Wavres. Ce dernier mouvement est conforme aux dispositions de S. M. qui vous ont été communiquées.

---

(1) *Mémoires de* NAPOLÉON déjà cités.

» Cependant l'empereur m'ordonne de vous dire que vous devez toujours *manœuvrer dans notre direction*. C'est à vous à voir le point où nous sommes pour vous régler en conséquence et pour *lier nos communications*, ainsi que pour être toujours en mesure de *tomber sur les troupes* ennemies qui *chercheraient à inquiéter notre droite*, et à les écraser. En ce moment, la bataille est engagée sur la ligne de Waterloo; ainsi, *manœuvrez pour joindre notre droite.*

» *P. S.* Une lettre qui vient d'être interceptée porte que le général Bulow doit attaquer notre flanc. Nous croyons apercevoir ce corps sur les hauteurs de Saint-Lambert; ainsi, ne perdez pas un instant pour vous rapprocher de nous et nous joindre, et pour écraser Bulow que vous prendrez en flagrant délit. »

L'empereur, après avoir raconté l'envoi de cette nouvelle dépêche au marquis de Grouchy, ajoute:

«.... Par les dernières nouvelles reçues de ce maréchal, on savait qu'il devait, à la pointe du jour, se porter sur Wavres. Or, de Gembloux à Wavres il n'y a que trois lieues; soit qu'il eût ou non reçu les ordres expédiés dans la nuit du quartier impérial, il devait être indubitablement engagé, à l'heure qu'il était, devant Wavres. Les lunettes dirigées sur ce point, n'apercevaient rien; on n'entendait aucun coup de canon. Peu après le général Domont envoya dire que quelques coureurs bien montés, qui le précédaient, avaient rencontré des patrouilles ennemies dans la direction de Saint-Lambert; qu'on pouvait tenir pour sûr, que les troupes que l'on y voyait étaient ennemies; qu'il avait envoyé dans plusieurs directions des patrouilles d'élite *pour communiquer avec le maréchal Grouchy* et lui porter des avis et des ordres (1).

---

(1) Nous avons souligné les derniers mots de cette phrase, parce qu'ils se rapportent à un détail assez important et fort ignoré de l'épisode Grouchy.

» L'empereur fit immédiatement ordonner au comte de Lobau de traverser la chaussée de Charleroi, par un changement de direction à droite par division, et de se porter, pour soutenir la cavalerie légère, dans la direction de St-Lambert; de choisir une bonne position intermédiaire où il pût, avec 10,000 hommes, en arrêter 30,000 si cela devenait nécessaire; d'attaquer vivement les Prussiens aussitôt qu'il entendrait les premiers coups de canon des troupes que le maréchal Grouchy avait détachées derière eux. Ces dispositions furent exécutées sur-le-champ. Il était de la plus haute importance que le mouvement du comte de Lobau se fît sans retard. Le maréchal Grouchy devait avoir, de Wavres, détaché 6 à 7,000 hommes sur St-Lambert, lesquels se trouveraient compromis puisque le corps du général Bulow était de 30,000 hommes; tout comme le corps du général Bulow serait compromis et perdu si, au moment qu'il serait attaqué en queue par 6 à 7,000 hommes, il était attaqué en tête par un homme du caractère du comte de Lobau. 17 à 18,000 Français disposés et commandés ainsi, étaient d'une valeur bien supérieure à 30,000 Prussiens. Mais ces événemens portèrent du changement dans le premier plan de l'empereur; il se trouva affaibli, sur le champ de bataille, de 10,000 hommes qu'il était obligé d'envoyer contre le général Bulow; ce n'était plus que 55,000 h. qu'il avait contre 90,000; ainsi, l'armée ennemie contre laquelle il avait à lutter venait d'être augmentée de 30,000 hommes déjà répandus sur le champ de bataille; elle était de 120,000 hommes contre 65,000; c'était un contre deux. « Nous avions ce matin quatre-vingt-
» dix chances pour nous, dit-il au duc de Dalmatie; l'arrivée
» de Bulow nous en fait perdre trente; mais nous en avons
» encore soixante contre quarante, et si Grouchy répare
» l'horrible faute qu'il a commise hier de s'amuser à Gem-

» bloux, et envoie son détachement avec rapidité, la victoire
» ne sera que plus décisive, car le corps de Bulow sera entiè-
» rement perdu (1).... »

Il était alors plus d'une heure. L'empereur envoya au maréchal Ney, qui, depuis midi, attendait le signal de l'attaque, l'ordre de faire ouvrir le feu de ses batteries, de s'emparer de la ferme de la Haie-Sainte, au pied du plateau, et de se porter sur Mont-Saint-Jean après avoir fait occuper le hameau de la Haie, à la gauche de l'ennemi, afin d'intercepter toute communication entre l'armée anglo-hollandaise et les troupes de Bulow. A peu de momens de là, d'effroyables décharges d'artillerie ébranlaient la terre ; quatre-vingts bouches à feu vomissaient la mort sur le centre et sur la gauche de l'ennemi.

L'action était engagée à la droite des Anglais, au château d'Hougoumont, lorsque commença cette attaque sur leur gauche et sur leur front. L'engagement sur le premier de ces points, simple diversion, on l'a vu, dans la pensée de l'empereur, ne fut qu'un épisode sans influence sur les résultats de la journée. Effort secondaire, l'attaque d'Hougoumont ne devait appeler l'attention de l'empereur qu'après plusieurs heures d'une lutte sanglante, indécise et mal dirigée.

Les deux côtés du château d'Hougoumont, faisant face au ravin de la Haie-Sainte et à notre ligne de bataille, étaient protégés par un bois que gardait la brigade des gardes anglaises ; les deux autres côtés étaient à découverts : ce fut le bois que les généraux du 2e corps ordonnèrent d'aborder. Nos soldats s'y élancèrent avec la plus grande bravoure. La résistance de l'ennemi fut énergique ; il disputa, pour ainsi dire,

---

(1) *Mémoires de* NAPOLÉON *déjà cités.*

chaque pied de terrain. A la fin, pourtant, repoussé d'arbre en arbre, il fut chassé du bois et rejeté sur les bâtimens. Une haie séparait encore nos soldats des premiers murs; ils la franchissent; mais à peine sont-ils de l'autre côté, qu'un épouvantable feu de mousqueterie tiré presque à bout portant, par d'invisibles mains, fait tomber les plus intrépides. Ces décharges partaient d'un haut et long mur de briques, percé de larges meurtrières dans toute son étendue, et qui servait de clôture au jardin et au verger du château. Les Anglais profitent du premier désordre pour essayer de reprendre le bois. Repoussés à leur tour, les Français ne tardent pas à revenir à la charge ; le bois est pris et repris ; mais chaque fois qu'elles approchent du château, nos troupes se voient accueillies par le terrible feu des fantassins anglais embusqués derrière le mur de briques. Vainement nos soldats, furieux de recevoir la mort sans pouvoir la donner, essaient chaque fois, dans un effort héroïque, de gravir le mur à l'aide même de ses meurtrières; ceux qui parviennent à le franchir et à se jeter au milieu de l'infanterie britannique dont le jardin est rempli, sont massacrés malgré les prières des officiers anglais qu'émeut un tel courage ; et chaque fois ceux qui n'ont pu les suivre sont obligés de se replier. Ces alternatives durèrent quatre heures. Il ne venait à la pensée d'aucun chef de chercher un autre point d'attaque et d'employer l'artillerie contre la partie des murs extérieurs que le bois ne protégeait pas. Vers trois heures, l'empereur étonné de l'immobilité de sa gauche, envoya aux renseignemens. On l'instruisit de ce qui se passait; il regarda une des cartes étendues devant lui et désignant du doigt un point assez rapproché du château, il s'écria : « Qu'on prenne du » canon, huit obusiers, et que tout cela finisse! » Une demi-heure après cet ordre, le château était en feu et sa grande porte, enfoncée à coups de canon, livrait passage à nos fantassins, qui se ruant au milieu de l'incendie, chassaient les gardes anglaises des cours et des jardins et s'établissaient dans la position (1).

A l'heure où les troupes de la gauche se logeaient dans le château d'Hougoumont, l'empereur, au centre de sa ligne, pouvait penser, pour la seconde fois, qu'il tenait la victoire. Les trente pièces de gros canon destinées à appuyer l'attaque de Ney sur la Haie-Sainte et sur Mont-Saint-Jean, placées à la droite de la chaussée, portaient en plein sur le plateau et enfilaient le principal débouché des Anglais dans la forêt de Soignes. Leur ravage était effroyable ; des files entières étaient emportées. En quelques instans la seconde ligne anglaise et les régimens de la réserve furent dans le plus affreux désordre. Ney, à ce moment, descendait les pentes de la Belle-Alliance en trois colonnes profondes commandées par les généraux de division Durutte, Marcognet et Donzelot. Durutte se portait vers les hameaux de Papelotte, de la Haie et de Smouhen, pour se placer entre la gauche des Anglais et le corps de Bulow ; Donzelot poussait droit à la Haie-Sainte ; Marcognet s'avançait au centre. Les hameaux de Smouhen, la Haie et Papelotte sont enlevés par Durutte ; une des brigades de la division belge Perponcher et la division anglaise Picton essaient d'arrêter Marcognet ; les Belges sont enfoncés, la première ligne des Anglais est culbutée, le général Picton est tué ; à son tour, Donzelot force une partie

---

(1) Le bois d'Hougoumont a été complètement défriché. En revanche, les bâtimens détruits par l'incendie n'ont pas été reconstruits ; leurs ruines, après trente ans, portent encore la trace du feu. La haie placée en avant du mur du verger existe toujours ; ce mur, avec ses larges et nombreuses meurtrières, reste également debout ; on le voit encore tel qu'il était le jour de la bataille.

des détachemens chargés de défendre la Haie-Sainte de s'enfermer dans l'intérieur de la ferme et rejette le reste sur les talus du plateau.

Le duc de Wellington, à cheval près d'un arbre, à moins de cent pas en arrière du bord de la terrasse (1), suivait attentivement la marche des trois colonnes de Ney. A la vue des divisions que brisent et culbutent les soldats de Marcognet, il fait donner à plusieurs régimens l'ordre d'aller soutenir les brigades de Picton et du général Perponcher. Dans ce moment plusieurs officiers accourent et lui montrent, en arrière de sa première ligne, au débouché de la forêt, plusieurs corps d'infanterie qui, écharpés par nos batteries de douze, quittaient le plateau et se retiraient par la route de Bruxelles. Tous les officiers rangés autour du duc courent aussitôt pour arrêter ces colonnes ; lui-même lance son cheval au milieu des fuyards.

Ce mouvement de retraite avait frappé le général d'artillerie Rutty, commandant les batteries. En voyant le général anglais et son état-major prendre au galop la même direction, le général Rutty laisse le commandement des pièces au colonel Chandon et court annoncer à l'empereur que les Anglais abandonnent leurs positions.

Les efforts de Wellington pour suspendre la marche rétrograde des régimens déjà engagés dans la forêt, auraient été probablement sans résultat si, par un hasard étrange, les terribles boulets devant lesquels se retiraient ses soldats, n'avaient cessé tout-à-coup de balayer les rangs. Le duc

---

(1) Cet arbre a joué une espèce de rôle dans la bataille ; il servait de point de reconnaissance à tous les officiers chargés des ordres de Wellington ou dépêchés vers lui. Le cultivateur auquel il appartenait l'a vendu pour un prix fort élevé à quelques amateurs anglais.

peut alors arrêter la retraite de ses troupes; il revient précipitamment à sa place de bataille. « Rien n'est perdu! » s'écrie-t-il après avoir jeté un rapide coup d'œil dans le ravin.

Ce qui venait de se passer sur le plateau n'avait point échappé au maréchal Ney. La pensée lui vint de précipiter la retraite de l'ennemi et de hâter sa défaite, en portant sa grosse artillerie sur les positions que Wellington semblait abandonner; tirant de plus près, cette artillerie devait tout écraser. Il envoya au colonel Chandon l'ordre de porter ses pièces sur le plateau du mont Saint-Jean; le colonel obéit; le feu des pièces de douze cessa; ces pièces furent relevées et les chevaux, lancés au galop, descendirent les pentes de la Belle-Alliance pour gravir le bord opposé. Au moment où Wellington jetait les yeux sur le fond du ravin, les chevaux des batteries de réserve avaient de la boue jusqu'aux genoux; les affûts y entraient jusqu'à l'essieu; malgré les efforts des canonniers, les canons comme leurs attelages restaient immobiles. Le duc envoya sur-le-champ à deux régimens de dragons en position à l'une des extrémités du ravin, l'ordre de se lancer à fond de train sur les batteries embourbées, de couper les traits, tuer les chevaux, sabrer les hommes sans s'inquiéter des pièces. Une distribution d'eau-de-vie est faite dans les rangs; on ordonne d'enlever les gourmettes de toutes les brides. Les dragons partent; tout dut céder au choc furieux de ces chevaux dont on ne pouvait plus maîtriser la course, de ces cavaliers à moitié ivres, qui, roides et immobiles, défilaient avec la rapidité d'une flèche à travers les batteries et sur le front de nos carrés (1). Quand

---

(1) « Ils passèrent en frisant nos carrés de si près que des hommes et des chevaux furent tués *à coups d'épée* par nos officiers d'infanterie. »

(Général G. DE VAUDONCOURT, *Campagnes de* 1814 *et de* 1815.)

ils furent passés, les batteries étaient disloquées et un grand nombre de canonniers hors de combat. Le colonel Chandon était tué. Ce succès fut payé cher. Ney lança les cuirassiers Milhaut contre les dragons anglais; ces deux régimens furent presque entièrement détruits : mais Wellington avait atteint son but; il conservait son champ de bataille, et la plus grande partie de notre artillerie de réserve se trouvait hors de service. Vainement, pour réparer cette perte, Napoléon fit porter sur les mêmes positions l'artillerie légère de sa garde; son feu ne pouvait remplacer celui de pièces trois fois plus fortes et d'une portée trois fois plus grande. Tous les corps anglais reprirent leurs positions, moins une partie des équipages et plusieurs détachemens qui continuèrent à fuir, et arrivèrent à Bruxelles, annonçant la retraite de l'armée anglaise.

La charge des cuirassiers Milhaut avait été le signal d'autres charges exécutées par les différens régimens de cavalerie placés sous les ordres du prince de la Moskowa. Ce maréchal, que sa grosse artillerie ne protégeait plus, ne continuait pas moins d'avancer sur le front de l'ennemi. Placé, de sa personne, sur la chaussée avec la division Donzelot, il envoie à la cavalerie légère de la garde et aux cuirassiers Milhaut, revenus de leur poursuite contre les dragons anglais, l'ordre de charger les Hanovriens, ainsi qu'une brigade d'infanterie anglaise et la légion allemande du général Omptéda, qui défendent la barricade et le pied du plateau. Les Hanovriens sont culbutés; deux bataillons de la légion allemande sont sabrés, les autres sont dispersés, ainsi qu'une partie de la brigade anglaise; le général Omptéda est tué. La brigade du major-général Ponsonby, composée des 1er, 2e et 3e régimens de dragons, accourt pour rétablir le combat; cette cavalerie est disloquée; un lancier de la garde tue Ponsonby. Ney, pendant ce temps, avance toujours; les bataillons anglais, en position sur la terrasse de Mont-Saint-Jean, lui jettent en vain tout le feu de leur mousqueterie; vainement leur nombreuse artillerie sème la mort dans ses rangs; rien ne l'ébranle; la ferme de la Haie-Sainte est emportée; il aborde la barricade ainsi que le chemin qui sert de fossé au plateau. Dans ce moment, infanterie et cavalerie, Français, Anglais, Allemands et Belges, tous les soldats, toutes les armes se mêlent. Les fantassins ennemis, arrêtés par l'escarpement de la terrasse, sont écharpés; deux des aides-de-camp de Napoléon, les généraux Dejean et Gourgaud, se trouvent dans la mêlée; le dernier, chargé de suivre cette attaque, tue de sa main quatre dragons anglais. Près de lui, le colonel du 1er de cuirassiers, Ordener, chargeant en tête de son régiment, a son cheval tué et tombe au pied du talus; il se relève, frappe encore, et parvient à sortir du chemin faisant fossé, en saisissant la queue du cheval de l'un de ses cuirassiers (1).

Ney va redoubler d'efforts; il fait avertir l'empereur; viennent quelques régimens de la réserve ou de la garde, et le plateau sera franchi, le centre des Anglais percé. « Ils sont à nous! je les tiens! » s'écrie Napoléon à ces nouvelles. Le maréchal Soult, les généraux qui entourent l'empereur partagent sa joie; pour tous la victoire est certaine.

En effet, le désordre s'était mis de nouveau dans l'armée anglaise. Tous les caissons, toutes les voitures de bagages, restés après la première panique, se précipitent sur l'unique route

---

(1) Le colonel du 1er de cuirassiers, à Waterloo, est le colonel qui commandait en 1814 le 30e dragons, et dont le nom se trouve si honorablement mêlé aux événemens racontés dans le précédent volume, chapitre VIII.

ouverte dans la forêt; les blessés accourent de tous les points du champ de bataille : soldats anglais, belges et allemands, tous ceux que notre cavalerie a sabrés, se jettent à leur tour sur la route de Bruxelles, répandant encore une fois la nouvelle de la défaite de Wellington. A cette seconde alerte, la petite capitale belge est en émoi; à six heures, ses autorités se préparent à recevoir l'armée française et son chef; de six à sept heures, les hôpitaux, les magasins militaires sont évacués; tout ce qui est Anglais s'enfuit. La route d'Anvers, où chacun se dirige, est bientôt couverte de caissons, de fourgons et de fuyards à cheval, en voiture, qui courent chercher un refuge sur les navires stationnés dans ce port. Des fonctionnaires attachés à l'administration de l'armée se sauvent dans de simples charrettes, abandonnant leurs caisses, leurs registres et leurs papiers (1). Le vieux prince de Condé, emporté par ce *sauve qui peut*, court jusqu'à Malines. De Bruxelles le bruit de notre approche gagne les villes voisines. Le duc de Berry, avec les 3 à 4,000 gardes-du-corps ou volontaires composant l'armée de la cour exilée, campait à Alost, à mi-chemin entre Bruxelles et Gand, dont il gardait les approches; cet étrange général, à la fausse nouvelle du triomphe des armes impériales, abandonne précipitamment Alost, puis, au lieu de se replier sur Gand, il quitte la route qu'il doit couvrir, emmène ses troupes à travers champs dans la direction d'Anvers et ne s'arrête qu'après avoir fait quatre lieues. Louis XVIII lui-même, dans sa capitale improvisée, ordonne les préparatifs de son départ et n'attend qu'un dernier avis de ses commissaires à Bruxelles pour gagner Ostende.

Lorsque l'officier dépêché par Ney avait abordé Napoléon,

---

(1) Tous ces faits sont rigoureusement exacts; ils ont eu la ville entière de Bruxelles pour témoin.

ce dernier venait de visiter une partie du champ de bataille, et de voir emporter près de lui, par un boulet, un des généraux qui l'accompagnaient, officier de la plus haute distinction, le général Devaux, commandant de l'artillerie de la garde. Il était alors quatre heures. L'ordre d'avancer et d'aller au plateau est immédiatement donné à la garde : les colonnes se forment ; elles s'ébranlent pour achever la défaite de l'armée anglaise ; elles se mettent en marche. Dans ce moment, de fortes décharges d'artillerie se font entendre sur nos derrières. C'étaient Bulow et ses trente mille Prussiens qui opéraient leur puissante diversion. La garde dut soudainement s'arrêter.

Nous avons dit la marche du maréchal Grouchy durant la journée précédente. Blücher avait donc eu toute cette journée et la nuit du 17 au 18 pour réorganiser son armée. Ses communications avec Wellington n'avaient jamais été complètement interrompues. La veille, dans la soirée, il avait envoyé son chef d'état-major, le général Gneizenau, au général anglais pour concerter leurs mouvemens du lendemain. Il avait été convenu que celui des deux généraux qui serait attaqué par Napoléon, soutiendrait le choc et recevrait la bataille *à outrance*, tandis que l'autre manœuvrerait pour tomber sur le flanc de l'armée impériale. Blücher connut dans la nuit la position prise par les Anglais à l'entrée de la forêt de Soignes, ainsi que la présence de l'empereur et de ses principales forces en avant du plateau de Mont-Saint-Jean. Il fit immédiatement annoncer à Wellington qu'il arriverait à son secours. Le corps de Bulow était le moins fatigué ; il n'avait pas encore combattu. Ce corps, *dès la pointe du jour* (1), reçut l'ordre de se porter sur le champ de bataille de

---

(1) Rapport de Blücher sur les deux journées des 16 et 18 juin.

Waterloo, et, dans le cas où la bataille serait engagée lorsqu'il arriverait, d'attaquer notre flanc droit. Bulow, on l'a vu, déboucha du bois de Lasne vers onze heures. Il avait mis près de six heures pour faire deux lieues; encore n'était-il arrivé qu'avec des têtes de colonnes. A la vérité, les chemins de traverse qu'il avait eu à franchir sont affreux. Pendant plus d'une lieue, la voie, à peine assez large pour le passage d'une charrette, gravit ou descend des pentes tellement rapides, qu'il y a danger pour les chevaux ou les voitures qui osent s'y hasarder. La nature du sol augmente encore les obstacles ; quand on n'enfonce pas dans le sable on glisse sur la marne (1). Ce sont ces pentes et ces gorges, appelées les *défilés de la Chapelle-Saint-Lambert*, du nom du village dispersé sur les hauteurs et dans les fonds où passe le chemin, que l'empereur avait ordonné au maréchal Grouchy de faire occuper par une division de sept mille hommes de toutes armes. Il n'était pas besoin d'une force aussi considérable pour les garder ; quelques centaines d'hommes résolus pouvaient y arrêter toute une armée.

L'infanterie de Bulow avait pu le suivre. Son artillerie et sa cavalerie se firent attendre. Il était plus de deux heures lorsque tout le corps d'armée se trouva rassemblé. A trois heures, Bulow descendit vers Planchenoit ; à quatre heures son artillerie et ses trente mille soldats en vinrent aux prises avec l'artillerie et les dix mille combattans du comte de Lobau.

De tous nos généraux, le comte de Lobau était le plus ferme, le plus inébranlable sur une position. Choisi par l'em-

---

(1) La rapidité de ces pentes en certains endroits a obligé les habitans de placer, de distance en distance, en travers du chemin, des troncs d'arbres, espèces d'escaliers qui servent de points d'ar-

pereur pour arrêter les Prussiens en avant de Planchenoit, il justifia sa réputation. Une première brigade prussienne se présente; Lobau la repousse et la culbute; une seconde brigade accourt; elle est également mise en déroute. Bulow, à son tour, donne avec le gros de ses forces. Nos soldats, bien que se battant un contre trois, tinrent ferme long-temps. Obligés à la fin de céder au nombre, refoulés jusque sur l'église et sur le cimetière de Planchenoit, les régimens du 6² corps, durant près d'une heure, brisèrent tous les efforts des Prussiens contre cette position. Mais si Bulow ne gagnait pas de terrain, son artillerie s'étendait, et, débordant la droite du comte de Lobau dont la ligne était établie parallèlement à la route, à moins de trois cents toises au delà de la *maison d'Écosse*, ses canons et ses obusiers prolongeaient leur feu sur nos derrières. Les boulets Prussiens, balayant alors la chaussée, arrivaient jusque dans le groupe où était l'empereur. Cette chaussée n'était pas seulement notre unique route de retraite, elle servait à tous les mouvemens de l'armée. Napoléon, pour ne pas se laisser tourner, dut se résoudre à envoyer au comte de Lobau la division de jeune garde faisant partie des régimens qui, une heure auparavant, s'étaient ébranlés, puis arrêtés au moment même où ils allaient porter au prince de la Moskowa le renfort qui lui aurait donné la victoire.

Ney, quand Bulow avait tiré ses premiers coups de canon à Planchenoit, se maintenait au pied du plateau, attendant, pour un décisif et dernier effort, les troupes de la réserve qu'il avait fait demander. A quelques pas de lui, Wellington,

---

rêt ou de repos aux voitures. Le voyageur qui passe à la Chapelle-Saint-Lambert a besoin de l'affirmation de tous les vieux habitans, pour croire qu'une armée, composée d'infanterie, de cavalerie et d'artillerie, a pu traverser le territoire de cette commune.

impassible et debout sous son arbre, dépêchait officiers sur officiers dans la direction de St-Lambert, et s'efforçait vainement, à travers les nuages de fumée que la poudre répandait sur le champ de bataille, de saisir un indice de l'arrivée si positivement promise et si impatiemment attendue des soldats Prussiens. Rien ne paraissait. Tout fuyait en désordre, on se le rappelle, sur les derrières de son armée. La route de Bruxelles, encombrée de blessés et de bagages, rendait, en outre, la retraite impossible; et, cependant, une seconde fois il voyait venir la défaite. Tout-à-coup, au loin, sur la droite et en arrière de notre champ de bataille, éclate l'artillerie de Bulow. De sa position élevée sur le plateau, le duc bientôt peut même saisir la vive lueur des canons prussiens : la nouvelle court dans tous ses régimens; la confiance renaît, les rangs se raffermissent, les différens carrés se rapprochent du bord du plateau ; sur toute la ligne les Anglais reprennent l'offensive.

Lorsque l'empereur, au bruit du canon de Bulow, avait arrêté la marche de sa garde, il avait fait dire au maréchal Ney que, ne pouvant disposer de sa réserve avant de connaître le résultat de l'intervention de ce nouvel adversaire, il lui recommandait de se borner à garder la Haie-Sainte, de la créneler et de suspendre toute opération offensive jusqu'à ce que l'effort du général prussien fût décidé. Ney obéit ; mais Wellington, nous venons de le dire, rassuré par l'arrivée de Bulow, venait de passer de la défense à l'attaque. Le premier résultat de ce mouvement fut une tentative violente contre la Haie-Sainte. Les régimens anglais chargés de reprendre cette position, vigoureusement repoussés par notre infanterie, eurent en outre à supporter les coups des cuirassiers Milhaut, de la cavalerie légère de la garde, lanciers et chasseurs, que Ney lança successivement contre eux. Ces braves cavaliers, que leurs efforts précédens auraient dû lasser et qui se battaient au milieu de boues épaisses, visqueuses, sur un terrain couvert de récoltes dont la hauteur atteignait le poitrail de leurs chevaux, étaient partis aux cris de *vive l'empereur !* Leur élan les avait portés au bord du plateau. Une fois là, ils ne veulent pas s'arrêter ; dans un effort furieux ils franchissent le talus, s'élancent sur les batteries qui couvrent le front de la ligne anglaise, sabrent les canonniers et chargent les carrés d'infanterie destinés à protéger ceux-ci. Ney n'a pu voir sans être ému la brillante charge de sa cavalerie ; son ardeur l'emporte ; il oublie les ordres de l'empereur, et se jetant sur la trace des chasseurs et des lanciers de la garde et des cuirassiers, lui-même monte à l'assaut de ce rempart jusqu'alors infranchissable, le gravit et paraît sur la crête, salué par les applaudissemens de tous ses soldats. Il fait annoncer ce succès à l'empereur et sollicite de rechef l'envoi de quelques régimens de la réserve. L'ennemi, disait-il, pliait sur tous les points ; une partie de ses carrés semblaient se retirer du champ de bataille. Napoléon, quand cette nouvelle demande de renforts lui arriva, venait d'envoyer au comte de Lobau l'infanterie de la garde dont il pouvait disposer. C'était la seconde fois depuis moins d'une heure que l'intervention des trente mille Prussiens de Bulow, en arrière de notre flanc droit, empêchait l'empereur de lancer contre l'armée anglaise ébranlée, les forces qui devaient achever sa défaite. Dans un autre moment, il aurait applaudi au brillant fait d'armes de Ney ; ce coup hardi le mécontenta ; il dit au major-général : « Voilà un mouvement prématuré qui pourra » avoir des résultats funestes sur cette journée. » Le duc de Dalmatie s'emporta contre son collègue : « Votre Majesté » a raison, répondit-il ; il nous compromet comme à Iéna. »

Cependant les cuirassiers Milhaut et la cavalerie légère de la garde désunis par l'énergie même de leur attaque, privés du soutien que Ney attendait, et chargés à leur tour par la cavalerie ennemie, n'avaient pas tardé à se voir repoussés du plateau ainsi que le maréchal, et forcés de se replier derrière notre première ligne. Informé de ce mouvement rétrograde, Napoléon voulut maintenir du moins celle-ci ; il fit partir, à défaut d'infanterie, les deux divisions des cuirassiers Kellermann. Lorsque ces quatre brigades, parvenues à la hauteur de la Haie-Sainte, se rangèrent pour charger les cuirassiers Milhaut, les chasseurs et les lanciers de la garde, impatiens de porter de nouveaux coups, vinrent prendre place à côté d'eux. Tous s'ébranlèrent bientôt aux cris de *vive l'empereur!* Les grenadiers à cheval et les dragons de la garde, sous les ordres du général Guyot, se trouvaient en arrière. C'étaient les seuls régimens qui restaient à l'empereur de cette réserve de grosse cavalerie qui, bien employée, lui avait donné tant de fois la victoire. Ils ne surent pas résister à l'entraînement de l'exemple, à ce besoin de combattre qui animait toute cette armée. En voyant leurs camarades de la garde et de la ligne qui s'avançaient, ils s'avancèrent. Vainement Napoléon, averti de ce mouvement intempestif, essaie de l'arrêter ; les ordres des officiers qu'il envoie, étouffés sous les cris de *vive l'empereur!* qui sortent de toutes les bouches, ne sont pas entendus. Cuirassiers Kellermann et Milhaut, lanciers, dragons, chasseurs et grenadiers à cheval de la garde, tous s'élancent droit à la cime du fatal plateau. Ils étaient sept mille chevaux. La cime du plateau est une seconde fois franchie. Cette masse de cavaliers d'élite, dont le galop ébranle la terre, tombe avec la fureur de l'ouragan sur de longues files de cavalerie qui semblent les attendre et qu'ils voient rangées devant eux. Celles-ci se replient à droite et à gauche et démasquent une batterie de soixante pièces qui vomit la mort sur nos soldats. Ces braves gens n'en sont point ébranlés; ils se précipitent sur les canons, renversent, tuent les canonniers, et continuant leur course intrépide, se lancent sur les carrés d'infanterie formés en arrière des batteries qu'ils viennent d'emporter. Les carrés tiennent ferme; nos escadrons tourbillonnent autour d'eux; quelques uns dans leur élan traversent la seconde ligne anglaise et viennent jeter le désordre dans les réserves. En ce moment, nos sept mille cavaliers parcourent en maîtres toute la surface du plateau; ils le sillonnent dans tous les sens du pied de leurs chevaux, à travers les espaces libres qui séparent chaque carré. Ils chargent partout, sur tous, sans pouvoir cependant briser la passive résistance de l'infanterie britannique. Après chaque charge, le carré qu'ils quittent se déploie et les accable de son feu; nos cavaliers reviennent, le carré se reforme : onze fois la brigade du major-général Hackett répéta cette manœuvre; elle fut chargée onze fois. Cette brigade était composée des 69°, 30°, 33° et 73° régimens. Après la onzième charge pourtant, le 69° était taillé en pièces : les deux tiers des soldats composant les trois autres régimens étaient couchés par terre. Sur certains points de la seconde ligne, des escadrons français, anglais, hollandais, chargeant les uns contre les autres, se trouvèrent mêlés. Cette effroyable lutte, dont l'histoire n'offre peut-être pas d'exemple, dura près de deux heures (1). Au milieu de cette mêlée,

---

(1) « Le duc de Wellington m'a assuré lui-même, au congrès de Vérone, qu'il n'avait jamais rien vu de plus admirable à la guerre que les charges réitérées des cuirassiers français sur ses troupes de toutes les armes. »

(Note du général JOMINI. — *Campagne de 1815.*)

Wellington, lord Hill, le prince d'Orange, courant d'un carré à l'autre, et s'y tenant alternativement renfermés, encouragent leurs soldats, leur rappellent la présence des Prussiens sur nos derrières et leur annoncent l'arrivée de nouveaux secours. « Tenez fermes, *my boys* (1), s'écriait » Wellington ; si nous quittons d'ici, que dira-t-on de nous en » Angleterre ? » Les fantassins anglais doublent et triplent leurs rangs, mais à chaque instant de nouvelles charges les entament. Wellington voudrait vainement abandonner le champ de bataille ; non seulement son unique route de retraite à travers la forêt est fermée par les voitures de blessés, par les fourgons et par les chariots qui l'encombrent, mais la présence de notre cavalerie au milieu de ses régimens qu'elle atteint par des charges sans relâche, le met dans l'impossibilité de faire la moindre disposition, d'ordonner le moindre mouvement. « Mon Dieu ! » s'écrie t-il avec désespoir, « me » faudra-t-il donc voir tailler en pièces tous ces braves » gens 2) ! » Un aide-de-camp lui annonce que la 5ᵉ division, réduite de quatre mille hommes à quatre cents, ne peut plus tenir ses positions. « Il faut pourtant qu'elle reste » avec moi sur le terrain jusqu'au dernier homme, répond » le duc ; il n'y a que la nuit ou Blücher qui puissent nous » tirer d'ici. » La ténacité de ses soldats répond, au reste, à la sienne ; ils semblent cloués à la terre. A ce moment, toutefois, le moindre effort décidait la victoire ; mais, par une fatalité déplorable, notre réserve de cavalerie tourbillonnait alors sur le plateau, et les soldats du comte de Lobau, ainsi que les régimens de la garde, formant notre réserve

---

(1) Mes enfans, mes garçons.
(2) *La cavalerie française nous entourait comme si c'eût été la nôtre* (Lettre de lord Wellington à lord Beresford. — *Recueil des dépêches et ordres du jour*, déjà cité, n° 972.)

d'infanterie, combattaient en arrière de notre ligne de bataille, à Planchenoit. Ils venaient d'y écraser les Prussiens.

D'abord la marche offensive de ces derniers s'était arrêtée; puis leur feu était demeuré stationnaire; bientôt les boulets de l'artillerie prussienne n'arrivèrent plus sur la chaussée; une demi-heure après, Bulow, abordé à la baïonnette par la division de jeune garde que conduisait le général Duhesme, et par les fantassins du 6ᵉ corps que soutenaient des charges fournies par la cavalerie des généraux Domont, Jacquinot et Subervie, se voyait chassé de Planchenoit. Au bout d'une heure le lieutenant de Blücher, repoussé par Lobau au delà de ses premières positions, se retirait en désordre. Le rôle actif de cette seconde armée ennemie, sur le champ de bataille, venait de cesser.

Napoléon connut la retraite de Bulow en même temps que les premiers résultats de l'irruption de notre grosse cavalerie sur le plateau de Mont-Saint-Jean. Ce plateau formidable était enfin dans nos mains; nos cavaliers le parcouraient dans tous les sens, librement et en maîtres; et six drapeaux, gage de leur triomphe, venaient d'être présentés à l'empereur en face de la Belle-Alliance par trois chasseurs de la garde et par trois cuirassiers. Cette fois la victoire paraissait certaine. Une armée prussienne qui, de toute la campagne, n'avait pas tiré un coup de fusil, venait de nous attaquer lorsque nous étions en plein combat contre des forces anglaises presque doubles des nôtres, et pourtant nous l'avions emporté sur ces deux adversaires, nous avions vaincu deux armées sur le même champ de bataille. Soixante-cinq mille Français, privés la plupart de nourriture depuis la veille et luttant au milieu de la boue, avaient battu cent vingt mille hommes. La joie, autour de Napoléon, était sur toutes les figures, l'espoir dans tous les cœurs. Cette joie devait être courte.

La charge de nos sept mille cavaliers sur le plateau, mieux dirigée, convenablement conduite, aurait décidé de la journée. Faute d'un chef, elle devait rester stérile. Si Murat, par exemple, se fût trouvé à la tête de cette masse de cavalerie, pas un bataillon anglais ne serait resté debout (1). Malheureusement, aucun des généraux mêlés à cet effort n'avait l'autorité morale suffisante ni la main assez forte pour maîtriser tous ces régimens. Il y eut un entraînement commun ; mais nul ensemble. Les coups restaient pour ainsi dire isolés ; chaque régiment, chaque escadron chargeait en

---

(1) On sait que Murat, le 11 janvier 1814, avait fait alliance avec la coalition, au moment où son secours était le plus utile à la cause impériale. Au mois d'avril 1815, il avait attaqué l'Autriche, lorsque l'empereur avait un puissant intérêt à ce que son beau-frère se réservât pour une diversion qui pût coïncider avec la nouvelle lutte que la France allait engager contre l'Europe. Sa défection, comme sa levée de boucliers prématurée, furent également fatales à Napoléon. Battu par les Autrichiens à Tolentino le 4 mai, forcé de quitter Naples le 20, Murat débarqua le 25 sur la plage de Cannes, et fit demander à Napoléon la permission de se rendre à Paris. L'empereur lui fit défendre de se présenter devant lui, et lui assigna le département du Var pour résidence. La double faute de Murat était sans excuse, sans doute ; mais il l'aurait probablement rachetée comme soldat sur le champ de bataille de Waterloo. Son absence fut regrettée. Napoléon disait à Sainte-Hélène : « Je l'eusse emmené à Waterloo (Murat) ; mais il y avait dans l'armée française tant de moralité et de patriotisme, qu'il est douteux qu'elle eût voulu supporter le dégoût qu'avait inspiré celui qu'elle disait avoir trahi, perdu la France. Je ne me crus pas assez puissant pour l'y maintenir, et pourtant il nous eût valu peut-être la victoire. Jamais à la tête de la cavalerie on ne vit personne de plus déterminé, de plus brave, d'aussi brillant... Deux fois en proie aux plus étranges vertiges, il fut la cause de nos malheurs : en 1814, en se déclarant contre la France ; en 1815, en se déclarant contre l'Autriche. »

quelque sorte pour son propre compte. D'un autre côté, l'élan de la cavalerie la plus brave a ses limites ; les bras les plus robustes se fatiguent à frapper. Il arriva donc que, privés de direction, désunis par leurs mouvemens autour de chaque carré, décimés par le terrible feu de l'infanterie anglaise, lassés, épuisés, nos héroïques cavaliers, attaqués à leur tour par la cavalerie britannique restée inactive durant la plus grande partie de cette lutte, se virent, au bout de deux heures de charges sans relâche, ramenés au pied de la position. Ils s'y arrêtèrent, les cuirassiers en première ligne, et bravant avec la plus incroyable audace, sans bouger, le feu des pièces qu'ils avaient prises et qui tiraient maintenant contre eux; le feu de l'infanterie qu'ils avaient si long-temps sabrée et qui s'avançait à demi-portée de fusil sur le bord de la rampe qu'elle n'osait pourtant dépasser (1). Il était alors sept heures. L'empereur averti du mouvement offensif de la cavalerie anglaise, s'était empressé, quelques instans auparavant, de donner à quatre bataillons de moyenne garde, les premiers revenus de Planchenoit, l'ordre d'aller maintenir notre grosse cavalerie sur les positions qu'elle avait conquises, et que, dans sa pensée, elle devait encore occuper sur le plateau. Lui-même, maintenant que l'intervention de Bulow sur nos derrières se trouvait annulée, résolut de se placer à la tête du reste des troupes pour accomplir ce que l'effort de toute notre cavalerie n'avait pas obtenu, pour achever la destruction de l'armée anglaise. Pendant qu'il faisait

---

(1) Lorsque les cuirassiers qui avaient combattu à Waterloo rentrèrent en France, après cette fatale et courte campagne, on remarquait avec étonnement que presque tous étaient blessés au bras gauche : c'était le côté du corps que, dans la position prise par eux après cette charge, ils présentaient à l'artillerie et à la mousqueterie anglaises.

ses dispositions dans ce but, les quatre bataillons de moyenne garde avançaient. L'apparition de cette nouvelle colonne dont tous les soldats portaient de hauts bonnets à poil et qui marchait silencieuse et compacte, frappa Wellington revenu, à ce moment, à sa place de bataille. Opposer des hommes à ces hommes d'élite, c'était courir la chance d'un échec presque certain ; le duc ordonna de briser la colonne à coups de canon ; une batterie qui ne devait tirer qu'à mitraille, vint immédiatement s'établir dans la direction des quatre bataillons. Au moment du choc, le général anglais et son état-major devinrent attentifs ; la mousqueterie autour d'eux cessa.

La tête de la colonne ne tarda pas à se trouver à portée ; les soldats qui la composaient montaient lentement les pentes du plateau ; ils marchaient de front, alignés et calmes comme en un jour de revue ; tous avaient l'arme au bras. Les canons anglais tonnent. Wellington et les officiers qui l'entourent regardent : la forêt de bonnets à poil qu'ils ont devant eux subit alors, dans sa partie la plus rapprochée, ce mouvement d'ondulation qu'imprime un fort coup de vent aux hauts épis d'un champ de blé. Le balancement s'affaiblit et s'efface. La colonne se remet en marche ; elle semble moins profonde, mais le pas des soldats est toujours aussi ferme et aussi lent, les fusils sont aussi droits, les files aussi égales, aussi serrées ; on n'entend pas un coup de feu, pas le moindre cri. Une seconde décharge éclate : on a tiré de plus près. L'oscillation, à la surface des premiers rangs, est plus prononcée que la première fois ; comme la première fois, les bonnets et les fusils, après s'être lentement penchés à plusieurs reprises de la gauche à la droite et de la droite à la gauche, se redressent. La colonne se meut de nouveau ; elle avance toujours lente, toujours silencieuse ;

son front, toujours aligné comme un mur, ne présente aucun vide; seulement la masse semble considérablement réduite. La lueur des canons anglais brille une troisième fois. L'état-major ennemi, quand la fumée est dissipée, interroge avidement le terrain : la colonne apparut encore à la même place, ont dit des témoins oculaires; mais les soldats, restés debout, demeuraient immobiles; bientôt on les vit s'éloigner; deux bataillons venaient d'être presque entièrement détruits; les deux autres se retiraient en frémissant.

Pendant ce temps, l'empereur appelait à lui les troupes de Reille restées à Hougoumont ainsi que les régimens de la garde détachés à Planchenoit et que la retraite des Prussiens avait rendus disponibles, et il préparait ces infatigables soldats pour l'attaque qui devait donner le coup de grâce à l'armée anglaise (1).

Le jour baissait; il était plus de huit heures. Dans le même moment, Wellington, comprenant que l'effort qui se préparait devait être le dernier, disposait sa défense en général qui sait que le secours lui arrive, que son salut tient à une résistance de courte durée, tandis que s'il faiblit, pas un canon, pas un homme de son armée ne peuvent échapper. Tous les détachemens encore debout autour de lui, les soldats d'artillerie que nos cavaliers n'avaient pu atteindre, les pièces qu'ils ont enlevées sans pouvoir les emmener (2), tout ce qui lui reste de forces, en un mot, est concentré sur le bord du plateau. Le calme du duc pourtant l'abandonne;

---

(1) Les troupes du comte de Lobau furent seules laissées à Planchenoit.

(2) Deux fois nos troupes étaient parvenues sur le plateau. Chaque fois, à l'approche de nos soldats, les artilleurs anglais, avec les avant-trains des pièces et les chevaux, se retiraient dans l'intérieur des carrés d'infanterie.

il est visiblement alarmé. A chaque instant il interroge sa montre; de minute en minute il envoie des officiers en découverte dans la direction d'Ohain.

L'abandon du plateau par notre cavalerie, mais surtout le mouvement rétrograde des quatre bataillons de moyenne garde que l'artillerie anglaise venait de repousser, avaient ébranlé l'infanterie du prince de la Moskowa. L'empereur, averti, prend les devants sur sa garde et arrive près de la Haie-Sainte au moment où plusieurs régimens du maréchal se mettaient en pleine retraite. Sa présence les ranime; il leur parle, les exalte. Bientôt quatre nouveaux bataillons de la moyenne garde paraissent; les soldats de Reille arrivent à leur tour. Napoléon forme de toutes ces troupes plusieurs colonnes d'attaque et va se placer à la gauche de la Haie-Sainte, au fond du ravin, pour présider à leur défiler. Puis, tandis que l'artillerie des deux armées, tonnant sur les deux hauteurs de Mont-Saint-Jean et de la Belle-Alliance, forme sur sa tête une voûte de feu, il jette à chaque régiment quelques paroles ardentes, et répond aux cris d'enthousiasme des soldats en leur montrant de la main la formidable position qu'ils doivent enlever (1). Tous semblent animés d'une vigueur et d'une énergie nouvelles. Des blessés en grand nombre, le visage ensanglanté ou meurtri, sont mêlés dans les rangs, décidés à se battre tant qu'ils se tiendront

---

(1) La profondeur du ravin tenait surtout à l'exhaussement du plateau de Mont-Saint-Jean. Depuis le nivellement, ce n'est plus qu'un simple pli de terrain. Ainsi la Haie-Sainte, malgré sa position entre les deux armées, ne fut pour ainsi dire pas atteinte par les boulets tirés d'un plateau à l'autre; ses cheminées, ses toits furent à peine endommagés. Aujourd'hui, des batteries, occupant les mêmes positions, raseraient toute la partie supérieure des bâtimens.

debout, impatiens de concourir à la victoire, résultat certain, pour eux, du dernier effort ordonné par leur chef. Les officiers agitent leurs épées, les fantassins leurs fusils, les cavaliers leurs sabres. L'exaltation est dans toutes les âmes ; tous jurent de vaincre ; Ney les conduit.

Dans ce moment, une vive fusillade éclate à notre extrême droite. Des officiers accourent ; ils annoncent que les corps allemands et belges formant l'extrême gauche de l'armée anglaise, attaqués et pris à dos par des troupes venant dans la direction de Wavres, sont chassés à coups de canon et à coups de fusil des positions qu'ils défendent contre nous et se replient dans le plus affreux désordre sur le centre de Wellington. « C'est Grouchy ! » s'écrie Napoléon. Labédoyère court à la tête des colonnes ; il annonce la nouvelle ; des cris de *vive l'empereur!* lui répondent ; puis on entend ces mots sortir de toutes les bouches : *en avant ! en avant !*

Napoléon, durant toute la bataille de Ligny, avait vainement appelé les 47,000 hommes de son *aile gauche*. Durant toute la bataille de Waterloo, il devait attendre non moins vainement les 35,000 hommes de son *aile droite*.

Les instructions données par l'empereur au maréchal Grouchy, la veille 17, sur le champ de bataille de Ligny, étaient ainsi conçues : « Mettez-vous à la poursuite des Prus-
» siens, complétez leur défaite en les attaquant dès que
» vous les aurez joints, et ne les perdez jamais de vue. Je
» vais réunir au corps du maréchal Ney les troupes que j'em-
» mène ; marcher aux Anglais et les combattre s'ils tiennent
» de ce côté-ci de la forêt de Soignes ; vous correspondrez
» avec moi par la route pavée qui mène aux Quatre-
» Bras (1). » Le chef de l'*aile droite*, on le sait, s'était ar-

---

(1) Ces instructions étaient verbales ; nous les donnons *telles*

rêté le soir du 17 à Gembloux, après avoir fait moins de deux lieues. La fâcheuse lenteur de cette marche, résultat, nous l'avons dit, de retards indépendans de la volonté du maréchal, devait et pouvait se trouver réparée le lendemain. En admettant même que M. de Grouchy n'eût pas reçu, ainsi qu'il l'a constamment affirmé, les deux ordres verbaux qui lui furent expédiés par l'empereur dans la nuit du 17 au 18 (1), ordres dont il a même nié la réalité et qui auraient été composés, a-t-il dit, dans les loisirs de Sainte-Hélène, toujours est-il que, détaché à la poursuite d'un ennemi battu, dont il avait perdu la trace, et qui avait sur lui l'avance d'une journée, l'intelligence la plus vulgaire de sa position et de ses devoirs lui imposait l'obligation de se mettre en marche *dès la pointe du jour*. Or, des documens irrécusables que nous avons sous les yeux, constatent que le 18, entre sept et huit heures du matin, à une époque de l'année où le jour commence à trois heures, le maréchal était encore de sa personne à Gembloux, et que ce fut seulement à la même heure que le 4ᵉ corps (Gérard) reçut son ordre de mouvement. « Nous perdons un temps bien précieux, » disait le général Gérard, sur les sept heures, à l'inspecteur aux revues Denniée ; « je ne puis pas provoquer les ordres du ma-
» réchal, je ne le veux pas; mais vous, qui le connaissez,
» allez le voir et tâchez de savoir ce qu'il veut faire. »

Dans son rapport, daté de Gembloux, *dix heures du soir* (2), le maréchal Grouchy disait à l'empereur : « Le général Excelmans a ordre de pousser ce soir six escadrons sur

---

que M. de Grouchy lui-même les a reproduites dans les nombreux écrits qu'il a publiés sur son rôle dans la journée du 18.

(1) Voir ces deux ordres, pages 483 et 485.
(2) Voir ce rapport, page 486.

Sart-à-Walhain.... D'après leur rapport, si la masse des Prussiens se retire sur Wavres, je la suivrai dans cette direction afin qu'ils ne puissent gagner Bruxelles et *de les séparer de Wellington.* » Dans la soirée, le général Excelmans, qui suivait les Prussiens pas à pas, malgré le mauvais temps, et bien qu'il fût sans un seul peloton de cavalerie légère, avait effectivement fait dire au maréchal « que les Prussiens se retiraient sur Wavres *pour se rapprocher de l'armée anglaise.* » Le lendemain de bonne heure, Excelmans lui avait encore envoyé le chef d'escadron d'Estourmel pour lui répéter « que l'armée prussienne avait *continué son passage à Wavres,* pendant une partie de la nuit et de la matinée, *pour se rapprocher des Anglais.* » Ces informations, que confirmaient, au reste, tous les renseignemens donnés par les gens du pays (1), décidèrent le maréchal à se porter sur Wavres. Cette direction était pour ainsi dire parallèle à la route suivie la veille par l'empereur depuis les Quatre-Bras; la distance entre ces deux lignes variait de trois à quatre lieues; la Dyle coulait entre elles deux.

Nous venons de dire combien les ordres de mouvement avaient été tardifs; ils furent, en outre, si négligemment donnés, que le quatrième corps se vit obligé de faire halte au sortir de Gembloux, pour laisser défiler le troisième (Vandamme) qui devait marcher avant lui, et que le général Gérard ne put se mettre définitivement en route qu'à neuf heures (2). Enfin, les principaux corps de cette armée, par une

---

(1) « Les domestiques même de son hôte, M. Delrue, que les Prussiens avaient pris pour guides, vinrent rendre compte de la direction qu'ils avaient prise (Wavres). »
(Général G. de VAUDONCOURT, *Campagnes de 1814 et de 1815*).
(2) Tous ces détails, ainsi que ceux qui précèdent, comme ceux qui vont suivre, sont textuellement reproduits de documens originaux que nous avons sous les yeux.

disposition passablement étrange, marchaient sur une seule colonne.

On compte environ trois lieues et demie de Gembloux à Wavres. A onze heures, le corps de Gérard avait parcouru le tiers à peu près de cette distance et se trouvait à la hauteur des deux villages de Walhain et de Sart-à-Walhain, distans l'un de l'autre de moins d'un quart de lieue. Le général Gérard, apprenant que le maréchal était arrêté dans ce dernier village, vint trouver le général en chef. Le maréchal, quand Gérard arriva, était à table (1). Des officiers, en grand nombre, remplissaient la maison ou se promenaient dans le jardin; l'un de ceux-ci, le colonel Simon-Lorrière, faisant les fonctions de chef d'état-major du quatrième corps, en remplacement du général Saint-Rémy, grièvement blessé l'avant-veille, crut entendre des détonations d'artillerie sur la gauche, dans la direction qu'avait dû suivre l'armée conduite par l'empereur. Le bruit était sourd; il tombait une pluie très fine. Les détonations se répétèrent. Le colonel courut avertir le chef du quatrième corps. Ce dernier et le maréchal sortirent immédiatement et allèrent se placer au centre du jardin, dans un kiosque où se trouvaient déjà plusieurs généraux ainsi qu'un assez bon nombre d'officiers d'état-major, tous attentifs au bruit. Plusieurs de ces derniers, M. de Rumigny, aide-de-camp du général Gérard, entr'autres, étaient couchés, l'oreille contre terre, pour mieux saisir la direction des décharges ; tous déclaraient qu'elles venaient de la gauche. La pluie bientôt cessa; les nuages s'élevèrent; les coups alors se firent plus distinctement entendre ; la canonnade resta quelque temps stationnaire ; puis elle augmenta et devint enfin si

---

(1) « Je le trouvai mangeant des fraises. » (Maréchal GÉRARD.— *Quelques documens sur la bataille de Waterloo.*)

forte, qu'au dire de tous les témoins de cette scène, la terre en tremblait. « C'est une seconde bataille Wagram ! » s'écria le maréchal Grouchy lui-même.

On fit appeler le maître de la maison, un notaire nommé Hollaert. Le maréchal lui demanda quel était le lieu d'où ces décharges effroyables semblaient venir. M. Hollaert indiqua la forêt de Soignes, distante d'environ trois lieues et demie. « Il faut marcher sur-le-champ au canon, M. le ma-
» réchal, dit le général Gérard ; il faut nous mettre promp-
» tement en rapport d'opérations avec l'empereur. » Le maréchal objecta ses ordres. Il devait, disait-il, suivre l'ennemi et ne pas le quitter. « Eh bien! répliqua Gérard, per-
» mettez-moi d'exécuter le mouvement avec mon seul corps
» et la division de cavalerie du général Valin ; vous suivrez les
» Prussiens avec le reste des troupes. Ce que vous avez de-
» vant vous ne saurait vous inquiéter puisque le général Ex-
» celmans vous a informé que Blücher a franchi la Dyle dans
» la nuit avec la majeure partie de ses troupes ; dans tous les
» cas, la jonction de mon corps avec l'armée de l'empereur
» ne peut qu'être utile à vous et à S. M. »

Dans ce moment un groupe d'officiers, parmi lesquels se trouvait le général de génie Valazé, fit irruption dans le jardin ; tous accouraient étendant la main vers la gauche et s'écriant : « Voilà la bataille ! c'est là qu'est la bataille ! » Le général Valazé était accompagné d'un guide sorti de la garde impériale et qui avait revêtu son ancien uniforme. « Où est
» le feu ? lui demanda le général. — Vers Mont-Saint-Jean,
» répondit le guide, et dans trois heures nous pouvons être
» là où on se bat (1). » M. Hollaert, consulté une seconde fois,

---

(1) « La distance exacte de Sart-à-Walhain à Frischermont (entre Lasne et Planchenoit), n'est pas de plus de quatre heures, d'après les renseignemens pris sur les lieux mêmes, et qui constatent

confirma cette déclaration. « Il faut marcher au canon ! » dit encore le général Gérard avec une chaleureuse insistance. « Au canon ! » répétaient le général Valazé et tous les officiers groupés autour du kiosque. « Au canon ! au canon ! » criaient également les dragons du colonel Bricqueville (20e régiment) ainsi qu'une foule d'officiers et de soldats de toutes armes, qui émus, eux aussi, par le bruit de l'artillerie, se tenaient debout tout à l'entour du jardin, et suivaient avec une attention inquiète chacun des détails de l'espèce de conseil réuni sous leurs yeux dans l'intérieur ouvert du kiosque. Les dragons étaient les plus animés ; montrant de la main de légers nuages suspendus à l'extrémité la plus reculée de l'horizon, ils y voyaient la fumée du champ de bataille ; quelques uns même affirmaient distinguer la lueur des obus.

On continuait cependant à discuter. Le maréchal, s'appuyant de l'autorité du général d'artillerie Baltus, faisait observer que par suite du mauvais état des chemins que les pluies de la veille et de la nuit avaient détrempés, les voitures de l'artillerie ne pourraient suivre les troupes. « J'ai » trois compagnies de sapeurs, répliquait le général Valazé ; » elles me suffiront pour aplanir les difficultés principales. » — « Dans tous les cas, ajoutait le général Gérard, je réponds » d'arriver avec les pièces et leurs coffrets. » Instances vaines ! Il n'était pas une heure, le maréchal pouvait paraître sur le champ de bataille de Waterloo avant même l'attaque de Bulow à Planchenoit. Il donna l'ordre de continuer la marche sur Wavres.

---

qu'elle peut être facilement parcourue, à pied, en trois heures et demie. De plus, il existe un pont pour les voitures à Ottignies, village qui touche à Moustiers. »

(Maréchal GÉRARD. — *Dernières observations sur la bataille de Waterloo.*)

Le hasard faillit cependant de triompher des hésitations du marquis de Grouchy.

On a vu que le général Domont, détaché par Napoléon sur les onze heures, vers les positions où s'étaient montrés les premiers détachemens de Bulow, avait envoyé dans différentes directions des patrouilles d'élite *pour communiquer avec le maréchal Grouchy et lui porter des avis et des ordres* (1). Quelques unes de ces patrouilles, appartenant à un régiment de hussards commandé par le colonel Marbot, avaient poussé jusqu'à Dyle et s'étaient arrêtées sur les ponts de Moustiers et d'Ottignies. Tandis que ces reconnaissances se portaient ainsi à la rencontre des troupes de *l'aile droite* par la rive gauche de la Dyle, le général Excelmans avec son corps de dragons s'avançait dans la même direction par la rive droite. Ce général averti, lui aussi, par le canon de Waterloo, voulait passer la rivière. Il porta sa brigade de gauche commandée par le général Vincent, vers Moustiers. Les bords de la Dyle, en cet endroit, sont couverts de bouquets de bois et de broussailles épaisses. Excelmans avait besoin de quelques détachemens d'infanterie pour appuyer son mouvement. Il les fit demander au maréchal et attendit leur arrivée pour donner à sa brigade de gauche alors arrêtée à la ferme de la *Paquerie*, l'ordre de se porter sur l'autre rive. Le maréchal lui fit répondre qu'il allait se rendre près de lui et lui donner des ordres. A quelques instans de là, Excelmans aperçut la brigade qui se repliait ; étonné de ce mouvement, il courut au général Vincent. Ce dernier, lui montrant le maréchal qui s'éloignait, dit qu'il venait d'en recevoir l'injonction de quitter les approches de la rivière et de rejoindre la droite.

---

(1) Voir plus haut, page 497.

Vainement Excelmans se récria contre ce mouvement étrange qui réunissait les troupes de toutes armes sur une seule ligne, et les éloignait du point où le canon se faisait entendre, la brigade Vincent dut poursuivre son changement de direction. Encore quelques pas, pourtant, et les dragons de ce général donnaient la main aux hussards du colonel Marbot. Ces hussards, qui communiquaient par une série de petits postes à l'armée de Waterloo, restèrent plusieurs heures sur les ponts de Moustiers et d'Ottignies, ne se doutant pas que les trente-cinq mille hommes dont ils attendaient des nouvelles, défilaient à quelques centaines de toises de là, sans que le chef qui conduisait cette armée prît la précaution de faire éclairer par une seule patrouille les bords de la rivière dont il descendait le cours, sans que la pensée lui vînt d'envoyer une seule reconnaissance sur les ponts que dans sa marche il laissait ouverts derrière lui. Ces oublis des plus simples règles de la guerre sont d'autant plus inconcevables que les décharges d'artillerie, cause d'émotion si profonde pour les simples soldats comme pour les généraux de son armée, n'étaient pas les seuls avertissemens qui lui fussent transmis.

Le général Berthezène, commandant l'une des divisions (11e) du corps de Vandamme, était arrivé sur les deux heures à *la Barraque*, à une lieue environ en avant de Wavres. Le plateau sur ce point est assez élevé et domine une partie du bassin de la Dyle. Depuis midi les régimens de ce général, comme tous les autres corps de l'armée, marchaient poursuivis par le bruit du canon de Waterloo. Parvenus sur les hauteurs, officiers et soldats interrogèrent avidement du regard la partie de l'horizon d'où partaient ces lointaines décharges d'artillerie. Les objets restèrent d'abord fort confus; mais bientôt ils purent apercevoir, assez près d'eux, sur les

plateaux régnant de l'autre côté de la Dyle, plusieurs corps de troupes en mouvement. Le général Berthezène dépêcha sur-le-champ au maréchal un officier chargé de lui annoncer que, de sa position, il *voyait très distinctement les Prussiens qui marchaient dans la direction du feu.* « Dites au général,
» répondit le maréchal Grouchy, qu'il soit tranquille ; nous
» sommes sur la bonne route ; nous avons des nouvelles de
» l'empereur, et il nous ordonne de marcher sur Wavres. »

Le maréchal devançait les faits : à ce moment de la journée il n'avait encore reçu aucune nouvelle de Napoléon. Ce ne fut que long-temps après ce nouvel avertissement, à *quatre heures du soir*, lorsqu'il était arrivé déjà devant Wavres que le chef de *l'aile droite* reçut par l'adjudant-commandant Zenowich la première dépêche *écrite* de l'empereur, celle datée de la ferme du Caillou, *dix heures du matin* (1). Au lieu de couper au plus court et de se porter directement sur la route de Gembloux à Wavres, soit par les ponts de Moustiers ou d'Ottignies, où se trouvaient des détachemens de nos troupes, soit par les ponts jetés sur la Dyle entre ces deux points et Genape, trajet de trois ou quatre lieues au plus, l'adjudant Zenowich, prenant un immense et inutile détour, était revenu à Genape et aux Quatre-Bras, puis gagnant Sombref, Gembloux et Sart-à-Walhain, il avait enfin rejoint le maréchal Grouchy à moins d'une demi-lieue de Wavres. Il venait de faire onze lieues et de mettre six heures pour franchir cette distance. L'arrivée de la seconde dépêche *écrite*, datée du champ de bataille de Waterloo à *une heure après midi*, ne devait pas être moins tardive; elle ne parvint au maréchal Grouchy qu'à

---

(1) L'heure à laquelle cette dépêche lui est arrivée a été fixée par le maréchal lui-même dans ses nombreux écrits; il est d'accord, à cet égard, avec les principaux officiers de son armée.

sept heures du soir. La première dépêche aurait dû lui arriver avant midi ; la seconde avant trois heures. Etrange fatalité ! Deux ordres contenant le salut de toute une armée, de tout un empire, sont l'un et l'autre confiés, en *un seul* original, à *un seul* officier, lorsque le moindre accident, un simple faux pas, une chute, suffisent pour annuler cette double mission. Et comme si ce n'était pas assez, chaque officier, au lieu de trois lieues, en fait onze, au lieu d'une heure, reste six heures en chemin. Jamais, nous le croyons, il n'y eut exemple, en des circonstances aussi graves, d'une pareille incurie. Le nombre fut considérable, au reste, durant cette guerre de quatre jours, des ordres mal envoyés, reçus tardivement ou perdus. Il n'en était pas ainsi dans les précédentes guerres. Berthier, les jours de bataille, au lieu d'un ordre et d'un officier, faisaient partir dix officiers et dix ordres, et ne cessait de s'inquiéter d'une mission que lorsqu'elle était accomplie. Bien des fautes qui furent faites n'auraient pas eu lieu, si le prince de Neufchâtel eût occupé son ancienne place dans l'état-major impérial ; son absence et la nomination du maréchal Soult furent une des fatalités qui pesèrent sur Napoléon dans la campagne de 1815.

Le maréchal Grouchy, même à quatre heures du soir, pouvait encore intervenir utilement sur le champ de bataille de Waterloo. La dépêche qu'il venait de recevoir contenait ces passages : « S. M. désire que vous dirigiez vos mouvemens sur Wavres, AFIN *de vous rapprocher de nous, vous mettre en rapport d'opérations et lier vos communications... S. M. va faire attaquer l'armée anglaise. Ne négligez pas de lier vos communications.* » L'empereur ne pouvait pas dire plus ; il n'était pas avec sa droite ; il ne savait pas ce qui se passait devant elle ; il ignorait même le point précis où elle se trouvait. D'ailleurs, le rapport des opérations et la liaison des communications étaient évidemment le *but* des mouvemens indiqués au maréchal : ce but, bien que très clairement désigné, lui échappa ; il ne vit que l'indication d'un mouvement sur Wavres. Or, sa cavalerie légère, dans ce moment-là même, était devant cette ville, tiraillant avec les Prussiens. Les ordres de l'empereur pour le maréchal se trouvaient dès lors remplis.

Les 3e et 4e corps, au milieu de tous les incidens que nous venons de raconter, avaient continué leur marche. Celui de Vandamme (3e) arriva devant Wavres vers quatre heures. Un de ses bataillons fut chargé d'enlever, au dessus de la ville, un passage défendu par un moulin dépendant du village de Bierge. Cette attaque fut long-temps sans résultat. Le maréchal, apprenant l'arrivée du 4e corps, accourut au devant du général Gérard et lui donna l'ordre de faire relever, par un de ses bataillons, celui qui essayait vainement d'emporter la position du moulin. Gérard fit observer au maréchal que ce remplacement, opéré au milieu d'une attaque et devant l'ennemi, aurait le double inconvénient de faire perdre un temps précieux et de rehausser la confiance des Prussiens en diminuant celle de nos troupes. Au lieu de retirer le bataillon engagé, mieux vaudrait, disait-il, le faire soutenir ; et il proposait d'envoyer sur-le-champ aux soldats de Vandamme tous les renforts dont ils auraient besoin. Le maréchal Grouchy ne voulut rien entendre et s'éloigna en exigeant l'exécution absolue de son ordre. Le général Gérard, se tournant alors vers un de ses aides-de-camp, M. de Rumigny, lui dit : « Quand un homme de cœur est le té-
» moin impuissant de tout ce qui se passe depuis ce matin,
» quand il reçoit des ordres pareils à ceux-ci et que le de-
» voir le force d'y obéir, il ne lui reste qu'à se faire tuer. »

Appelant aussitôt à lui un des bataillons de la division Hulot, il en prend le commandement, met l'épée à la main et se porte rapidement sur la position. A quelques instants de là, le général Gérard tombait frappé d'une balle en pleine poitrine (1).

Quatre ordres avaient été expédiés au chef de l'*aile droite* depuis son départ du champ de bataille de Ligny : deux ordres *verbaux* dans la nuit du 17 au 18, deux ordres *écrits* dans la première moitié de la journée du 18. Le premier ordre *verbal* ne dut point lui parvenir ; il était adressé à Wavres, que les Prussiens occupaient, et lorsque le maréchal était encore à Gembloux. Il est également possible que le second ne lui ait pas été remis. D'un autre côté, le premier ordre *écrit*, en lui venant à quatre heures du soir et lorsque ses troupes étaient déjà engagées, lui arrivait peut-être bien tard. Enfin, à sept heures, lorsqu'il reçut le second, toute intervention était matériellement impossible. La responsabilité de ces retards inexplicables, et dont on citerait difficilement un second exemple dans l'histoire d'aucune guerre, ne saurait peser sur lui ; elle appartient tout entière au maréchal Soult.

En revanche, une accusation qu'il ne peut repousser, c'est l'inintelligence dont il a fait preuve à l'occasion de l'ordre verbal que lui donna l'empereur sur le champ de bataille de Ligny : « Mettez-vous à la poursuite des Prussiens ; complétez leur défaite, ne les perdez pas de vue, » lui avait dit Napoléon. Le maréchal eut le triste destin de croire qu'il remplissait sa mission en suivant l'arrière-garde prussienne

---

(1) On désespéra de la vie du général Gérard durant toute la soirée et une partie de la nuit ; ce fut seulement le lendemain matin que l'on put trouver et extraire la balle. Le général, rentré en France, fut encore assez long-temps en danger.

à grande distance et en marchant derrière elle par les mêmes chemins. Ce que l'histoire doit hautement lui reprocher surtout, c'est de n'avoir mis ses troupes en mouvement, le 18, qu'entre huit et neuf heures du matin, au lieu de leur faire prendre les armes cinq ou six heures plus tôt, *dès la pointe du jour*; c'est de n'avoir point tenu ses communications *constamment liées* avec l'empereur; c'est d'être demeuré inerte au bruit de l'épouvantable canonnade de Mont-Saint-Jean; d'être resté sourd aux conseils, aux avertissemens de ses généraux et au cri inspiré de toute son armée. Avec plus de décision et d'activité, avec une intelligence plus haute de la guerre et de sa position de chef d'armée, le maréchal Grouchy pouvait changer le désastre de Waterloo en un éclatant triomphe. Il dépendait de lui de le faire; il ne le fit pas; sa lenteur et son inaction furent la principale cause de la défaite : voilà la faute, ou, si l'on aime mieux, voilà le malheur, dont nulle justification ne peut le relever et qui suivra éternellement sa mémoire (1).

Les troupes qui disputaient les approches de Wavres aux soldats de Gérard et de Vandamme, se composaient du seul corps prussien de Thielmann. Le corps de Bulow, on l'a vu, avait quitté cette ville à la pointe du jour; ceux de Pirch

---

(1) « Quelle est l'influence qui a pu décider le maréchal Grouchy à fermer l'oreille aux conseils salutaires qu'il avait reçus? La voix commune en accuse le commandant du 3e corps (Vandamme). Cette opinion a passé jusque chez nos ennemis, et on a été jusqu'à y faire entrer des vues de jalousie contre le commandant de l'aile droite (le maréchal). Nous aimons à croire, pour l'honneur de tous les deux, qu'il n'en est rien. Le maréchal Grouchy paraît s'être effrayé d'une responsabilité dont il s'est exagéré les conséquences. »
(G. DE VAUDONCOURT, *Campagnes de 1814 et de 1815*.)
Tous les renseignemens que nous avons pu recueillir tendent à confirmer cette opinion.

et de Ziethen, partis dans la journée, se trouvaient dans les défilés de Saint-Lambert, lorsque le maréchal Grouchy avait commencé son attaque. C'étaient les régimens composant ces deux corps que, sur les deux heures, le général Berthezène et ses officiers avaient aperçus des hauteurs de La Barraque, marchant dans la direction du canon. Une fois engagés dans les défilés de Saint-Lambert, les soldats de Ziethen et de Pirch, laissant à leur gauche le village de Lasne, son bois et le chemin de Planchenoit, s'étaient portés sur Ohain. Leur chiffre dépassait 35,000 hommes; Blücher les conduisait en personne. Ce général sortait des défilés lorsqu'il entendit les premiers coups de canon tirés par Grouchy devant Wavres. A peu de temps de là, un officier, expédié de cette ville, vint lui annoncer « que le général Thielmann » était attaqué par un corps très considérable, et que déjà » l'on se disputait la possession de la ville (1). » Blücher se trouvait dans une position analogue à celle où était, l'avant-veille, le général Drouet-d'Erlon. Devait-il aller au secours de son lieutenant, ou persister à rejoindre son allié? Blücher n'écouta que son audace; il prit une résolution qui, dans une nature plus élevée, eût été une inspiration du génie. «Le feld-» maréchal, ajoute le rapport que nous venons de citer, ne » fut pas inquiet de la nouvelle. C'était sur le lieu où il se » trouvait, et non pas ailleurs, que l'affaire devait se déci-» der; et si on pouvait l'emporter sur ce point, tout revers » du côté de Wavres était de peu de conséquence. C'est » pourquoi les colonnes continuèrent leur mouvement. » Il était alors près de huit heures du soir. Une demi-heure après, Blücher débouchait sur le champ de bataille par les hameaux de La Haie, Smouhen et Papelotte.

---

(1) Rapport du général Gneizenau, chef d'état-major de Blücher, sur les journées des 16 et 18 juin 1815.

Ces positions, nous l'avons dit, étaient défendues par le prince Bernard de Saxe-Weimar ayant avec lui plusieurs brigades allemandes et belges dont les soldats avaient encore les habits qu'ils portaient quand ils combattaient dans les rangs de l'ancienne armée impériale. Trompé par la vue de leurs uniformes, le feld-maréchal prussien tomba sur eux. Ils voulurent vainement résister : Blücher, emporté par son impétuosité aveugle, les écrasa ; leurs débris se retirèrent en désordre sur le centre de la ligne anglaise (1). Les Prussiens alors se trouvèrent en face de nos troupes ; ils chargèrent sur elles. C'était leur mousqueterie que l'on avait entendue à notre extrême droite, lorsque les colonnes formées par Napoléon et conduites par Ney s'apprêtaient à un dernier effort contre les positions de Wellington.

Au moment où cette nouvelle armée, la *troisième* que nous devions avoir à combattre, entrait à son tour en ligne à l'extrême droite de notre champ de bataille, les colonnes de Ney gravissaient les pentes du plateau de Mont-Saint-Jean malgré le feu de toute l'infanterie britannique ; l'affreux ravage que cette mousqueterie causait dans leurs rangs ne peut les arrêter : arrivés au pied de la terrasse, ils gravissent le talus sous une grêle de balles ; ils le franchissent, Ney à leur tête. Une nombreuse artillerie fait alors de larges trouées dans leurs rangs. Ney, que les boulets fatiguent et

---

(1) « .... La victoire était encore douteuse, quand les Prussiens arrivèrent sur notre flanc gauche.... Malheureusement ils prirent pour des Français mes Nassaus, qui ont encore l'uniforme français, quoique leurs cœurs soient bien allemands, et firent un feu terrible contre eux. Ils furent chassés de leur position (les Nassaus), et je les ralliai à un quart de lieue du champ de bataille. Mon général de division, dont *la première brigade a été totalement détruite*, est à présent avec moi. » (*Lettre du prince Bernard de Saxe-Weimar à son père.*)

irritent, ordonne d'emporter les batteries à la baïonnette. Ses régimens se précipitent sur les canons, les enlèvent et forcent les canonniers à se réfugier encore une fois dans l'intérieur des carrés chargés de soutenir les pièces. Ceux-ci sont abordés à leur tour; deux ou trois sont écrasés; d'autres, bien qu'enfoncés, se reforment et portent ou reçoivent de nouveaux coups. Le sol se couvre de morts et de mourans. L'intrépide général Michel, de la garde, est tué; le général Friant est blessé; Ney est renversé de cheval. Ce maréchal, le plus brave, le plus grand des soldats au milieu du feu, se relève, et l'épée à la main continue à commander, à guider nos soldats. L'infanterie, la cavalerie, toutes les armes ne tardent pas à se mêler. Sur tous les points de cet étroit champ de bataille, les rangs sont pressés, presque confondus; les efforts sont communs, mais les mouvemens n'ont plus d'ensemble. La lutte devient pour ainsi dire individuelle. Nos soldats ne combattent pas, ils tuent; partout des coups furieux, partout la mort. « Tout » le monde se croyait perdu, a dit l'un des aides-de-camp de » Wellington, le général espagnol D. Ricardo de Alava; lord » Hill s'approcha du duc et lui demanda ce qu'il ordonnait. » — Rien, répondit-il. — Mais vous pouvez être tué, et il est » important que celui qui vous remplacera connaisse votre » pensée.—Je n'en ai pas d'autre que de tenir ici tant que je » pourrai! » répliqua le duc.—« L'armée anglaise n'avait plus » un homme disponible, ajoute à son tour le général Jo» mini; tout était ébranlé, abîmé; si une troupe fraîche se » présentait, la bataille pouvait être gagnée. » Encore quelques instans, et cette troupe fraîche allait intervenir. La vieille garde avançait.

Les huit bataillons de grenadiers composant ce corps d'élite, et que Napoléon lui-même avait formés, après avoir fait défiler les colonnes de Ney, marchaient ainsi disposés : un bataillon en bataille, ayant sur chaque flanc un bataillon en colonne serrée. Cette formation réunissait les avantages de l'ordre mince et de l'ordre profond. Deux brigades ainsi formées et marchant à distance de bataillon, composaient une première ligne derrière laquelle la troisième brigade était en réserve. L'artillerie occupait les intervalles. Mais pendant que cette redoutable colonne avançait sur le centre de l'ennemi ; lorsque le général Friant, obligé par sa blessure de quitter la terrasse de Mont-Saint-Jean, disait à l'empereur à cheval dans le ravin, « que tout allait bien sur le plateau, et qu'à l'arrivée de la vieille garde on aurait tout le champ de bataille, » à ce moment l'intervention de Blücher, à l'extrême droite de notre ligne, devait renverser encore une fois les calculs de Napoléon.

Ceux de nos régimens qui tenaient cette partie du champ de bataille, avaient d'abord attribué à l'intervention toujours attendue de Grouchy, l'attaque subie par les brigades allemandes et belges qui leur étaient opposées ; trompés par les coups échangés entre ces troupes et les nouveaux assaillans, ils se livraient à la joie et s'apprêtaient à donner la main à des frères d'armes, lorsque Blücher et la nouvelle armée qu'il conduisait, loin de fraterniser, tombèrent brusquement sur eux. Ne comprenant rien à l'attaque si soudaine, si furieuse de ces ennemis ignorés, nos soldats se crurent trahis. Au lieu de tenir ou de se replier en résistant, ils se retirèrent en désordre. Leurs files rompues vinrent donner dans les huit bataillons de vieille garde qui traversaient alors le ravin pour monter au plateau. Ces bataillons, à la vue de ce mouvement rétrograde, au bruit du feu roulant de mousqueterie qui poussait sur eux les fuyards, suspendirent leur marche. Bientôt, appuyant sur la droite et se formant en carrés, ils barrèrent cette partie du champ de bataille. L'infanterie de Blücher immédiatement s'arrêta.

Wellington, depuis le commencement de la bataille, tenait en réserve, en arrière de son extrême gauche, vers Ohain, deux brigades de cavalerie, fortes de six régimens, et destinées à garder ses communications avec les troupes qu'il attendait de Wavres. Ces deux brigades comptaient trois mille chevaux. L'arrivée de Blücher les rendait disponibles ; les cavaliers n'avaient pas donné un coup de sabre de la journée ; leurs montures étaient restées au repos. Ces six régimens, chargés d'appuyer la nouvelle armée prussienne, entrèrent en ligne dès qu'ils virent celle-ci s'arrêter. N'osant attaquer de front les carrés de la garde, ni se hasarder dans les intervalles, cette cavalerie les tourna, et, se jetant entre la Haie-Sainte et les carrés, sur la chaussée, elle acheva de porter la désorganisation parmi les détachemens que Blücher venait de rompre, et dont les rangs désunis étaient alors traversés par les nombreux blessés descendant du plateau. La grosse cavalerie de la garde, si elle était restée sous la main de l'empereur, aurait eu facilement raison de cette irruption audacieuse au centre de notre ligne ; et nos troupes, abritées par ces deux mille quatre cents cavaliers d'élite et par l'infanterie de la vieille garde, auraient encore pu se rallier derrière ce double rideau. Mais les grenadiers à cheval et les dragons de la garde, engagés, on l'a vu, malgré les ordres et les efforts de l'empereur, n'avaient pas quitté les autres corps de cavalerie, et, mêlés à nos immortels cuirassiers, ils prenaient alors leur part des coups portés sur le plateau. — Napoléon n'avait près de lui que ses quatre escadrons de service ; il les lança contre les deux brigades anglaises ; ces quatre escadrons se trouvèrent trop faibles, ils furent culbutés.

Pendant ce temps, les troupes engagées sur le plateau, croyant achever la victoire, épuisaient leurs efforts et brûlaient leurs dernières cartouches. La fusillade qu'elles avaient entendue sur leur droite, au commencement de l'attaque, bien qu'elle devînt plus vive et ne cessât de se rapprocher, ne les alarmait pas. C'était le feu des troupes de Grouchy, avait dit l'empereur. Cependant des exclamations confuses, parties du bas du plateau, ne tardent pas à tenir leur attention en éveil. Bientôt quelques cris de *sauve qui peut! nous sommes trahis!* arrivent jusque sur la hauteur. Ces cris émeuvent nos soldats. D'un autre côté, les décharges que les carrés de la garde font en ce moment derrière eux, les inquiètent. Dominés par ces fatals soupçons de trahison que les faux mouvemens des deux derniers jours ont encore augmentés, les régimens de Ney à la fin hésitent, puis faiblissent. Il était plus de neuf heures; la nuit commençait. Wellington s'aperçoit de l'incertitude et du flottement de nos troupes; la mousqueterie de Blücher, dont il suit attentivement les progrès, l'enhardit ; il juge le moment venu d'un dernier effort. Des officiers dépêchés sur tous les points du champ de bataille, portent aux détachemens de toutes armes l'ordre de se concentrer et de se porter en avant. L'infanterie britannique, jusqu'alors immobile, double, redouble ses rangs et s'apprête, pour la première fois de la journée, à descendre en masse du fatal plateau ; elle s'ébranle, la cavalerie et l'artillerie l'imitent ; tout se met en marche, tout s'avance. Ces 70 à 75,000 combattans, auparavant rompus, disloqués, maintenant réunis, refoulent lentement sur notre ligne de retraite, par le seul effort de leur poids, les troupes épuisées qui tiennent encore sur le plateau. Les 60,000 Prussiens de Bulow et de Blücher, de leur côté, étendant leurs lignes parallèlement à la route, ne tardent pas à repousser sur la chaussée, que descendent en ce moment les soldats de Wellington, tous les régimens engagés sur notre flanc droit. Toutes les positions occupées par nos soldats sont successivement abandonnées; le découragement et le désordre gagnent tous les rangs; la masse d'hommes que le mouvement concentrique des *trois* armées ennemies rejette ainsi des points les plus éloignés du champ de bataille, dans une direction commune, encombre bientôt la route; toutes les armes se pelotonnent et se mêlent; en quelques instans, la moitié de l'armée ne présente plus qu'une masse confuse qu'il est impossible de rallier.

L'empereur, à la vue de cette désorganisation dont la véritable cause lui échappe, est frappé de stupeur. Ses troupes se débandaient! Il demeure immobile, son visage pâlit, ses lèvres deviennent tremblantes, de grosses larmes coulent lentement de ses yeux. Ses aides-de-camp courent de tous côtés pour arrêter ce mouvement incompréhensible; lui-même se jette au milieu de la foule; ses ordres, ses paroles, ses prières ne sont point entendues. Les détonations de l'artillerie alliée qui continue à tirer, le tumulte causé par le passage des chevaux et des voitures qui font retraite, par le bruit des imprécations de cette masse d'hommes qui se heurtent, se poussent sur la chaussée, couvrent tous les commandemens; la nuit déjà épaisse ne permet plus de voir les chefs. Une préoccupation, d'ailleurs, domine tous les esprits: l'artillerie de Bulow, revenu sur Planchenoit, tonne sur nos derrières; la retraite, si on ne se hâte, sera coupée.

Vainement les bataillons de la vieille garde, formés en carrés au fond du ravin, essayent d'arrêter Blücher et Wellington. Assaillis, foudroyés par un ennemi trente fois plus nombreux, leurs premiers rangs se fondent, pour ainsi dire, sous la pluie de balles et de mitraille que l'infanterie ainsi que l'artillerie anglaise et prussienne vomissent sur eux. Cinq carrés sont successivement détruits. Les Anglais et les Prussiens avancent toujours, mais lentement ; eux aussi, les premiers surtout, sont harassés. Ils arrivent devant deux autres carrés de la garde commandés par les généraux Petit et Pelet de Morvan. La résistance de ces deux bataillons est vaincue à son tour ; le flot des assaillans les emporte ; leurs débris vont se mêler au torrent de soldats désorganisés qui s'écoule vers Génape, Marchiennes et Charleroi. Un dernier carré commandé par Cambronne, se maintient encore sur la hauteur entre la ferme de la Belle-Alliance et la *Maison d'Ecosse*, à quelques pas du mamelon où l'empereur était demeuré une partie du jour. Seuls de toute l'armée, ces soldats restent immobiles et gardent encore leurs rangs. L'infanterie britannique et l'infanterie prussienne continuent à s'avancer, précédées par une ligne épaisse de cavalerie anglaise, marchant au pas, et poussant devant elle un groupe composé de quelques cavaliers français qui ne se retiraient qu'avec une extrême lenteur. L'empereur était dans ce groupe ; et comme s'il ne pouvait s'arracher de ce champ de bataille où il laissait sa fortune, il semblait ne suivre qu'avec peine ses compagnons ; il marchait le dernier. Un peloton, en se détachant du premier rang de la cavalerie anglaise, pouvait s'emparer de sa personne ; l'obscurité, heureusement, le protégeait. Refoulé pas à pas jusque sur le bataillon de Cambronne, ayant près de lui le maréchal Soult, les généraux Bertrand, Drouot, de Flahaut, Gourgaud et Labédoyère, qui l'entourent l'épée à la main, il s'arrête et se range, face à l'ennemi, près des premières files du carré. Cependant la cavalerie alliée approche toujours. Napoléon, jusque là, était resté absorbé et silencieux ; il aperçoit quelques pièces à demi abandonnées : « Gourgaud ! s'écrie-t-il en se tournant vers ce général, faites tirer ! » Les pièces sont mises sur-le-champ en batterie ; elles font feu ; un de leurs boulets emporte la jambe gauche de lord Uxbridge. Le général Gourgaud venait de tirer les derniers coups de canon de la bataille.

Les cavaliers anglais, arrêtés un instant par cette décharge, reprennent bientôt leur marche ; quand ils ne sont plus qu'à quelques pas, l'empereur prend la direction du bataillon, commande le feu et ordonne d'ouvrir le carré. Décidé à mourir, il pousse son cheval pour le faire entrer dans les rangs. « Ah ! Sire, s'écrie le maréchal Soult en saisissant la bride, les ennemis ne sont-ils pas déjà assez heureux ! » Napoléon résiste, le maréchal et les généraux redoublent d'efforts et parviennent à l'entraîner sur la route de Genape. Mais Cambronne et ses soldats restent ; ils veulent donner à leur général le temps de s'éloigner. Entourés, attaqués sur toutes les faces, aucun coup ne les entame ; leurs rangs, incessamment diminués, se resserrent ; on leur crie de se rendre ; Cambronne refuse : ni ses soldats ni lui ne veulent survivre à leur défaite. La mort, bientôt, leur semble trop lente à venir. La charge est ordonnée ; les grenadiers croisent la baïonnette, et poussant un dernier cri de *vive l'empereur !* ils se précipitent tête baissée sur les rangs les plus épais de l'ennemi. Le choc fut terrible ; tout plia d'abord devant cette héroïque phalange. Sa course, toutefois, ne pouvait être longue : étouffé, écrasé sous le nombre, le bataillon fut anéanti (**1**).

---

(1) Quelques hommes de ce bataillon, laissés pour morts sur le champ de bataille et recueillis le lendemain par les habitans du pays, furent sauvés. Cambronne se trouva du nombre ; on a pu l'in-

Dans ce moment, les TROIS armées alliées s'avançant en deux lignes immenses formant équerre, l'une droit aux hauteurs de la Belle-Alliance, les deux autres parallèlement à la chaussée, opéraient leur jonction. Les deux généraux en chef se rencontrèrent devant la ferme; ils descendirent de cheval et se jetèrent dans les bras l'un de l'autre, échangeant de vives félicitations sur cette victoire, caprice inespéré de la fortune. Il importait de la compléter en rendant toute tentative de ralliement impossible. La cavalerie prussienne n'avait essuyé aucune fatigue, elle n'avait pas donné de la journée : Blücher lui ordonna de poursuivre nos troupes, à outrance, durant toute la nuit, tant que les chevaux pourraient marcher. « Il était neuf heures et demie du soir, » a dit le feld-maréchal prussien dans son rapport sur cette » journée; tous les officiers supérieurs furent réunis et eu- » rent ordre d'employer jusqu'au dernier cavalier. » Alors commença une poursuite active, acharnée, qui fut fatale à nos malheureux soldats : brisés par les fatigues d'une lutte de dix heures, et toujours inégale; affaiblis par le besoin, sans chaussures, la plupart avaient jeté leurs armes comme un poids trop lourd pour leurs forces épuisées (1). En se jetant à travers cette masse d'hommes sans défense, qui marchaient au hasard, la nuit, sur une route couverte d'armes

---

terroger. Les mots : « la garde meurt et ne se rend pas, » mis à cette occasion dans sa bouche, reproduisent le sens exact de son énergique réponse aux sommations des officiers anglais.

(1) La boue, sur la partie du champ de bataille où combattirent nos troupes, était si profonde et si tenace que, le lendemain, on pouvait reconnaître la position occupée par chaque carré et suivre la trace des principales charges de cavalerie, à l'aide des empreintes marquées dans le sol par les pieds des hommes et des chevaux. Un grand nombre de nos fantassins y laissèrent leurs chaussures.

et de canons abandonnés, de caissons et de chariots renversés, les cavaliers prussiens n'avaient qu'à frapper. «Ceux de
» l'ennemi qui voulaient se reposer, a dit encore Blücher,
» furent successivement repoussés de plus de neuf bivouacs.
» Le clair de lune favorisait beaucoup la poursuite, qui n'é-
» tait qu'une véritable chasse, soit dans les champs, soit dans
» les maisons. » Un grand nombre d'officiers et de soldats
se dérobèrent par une mort volontaire aux coups furieux de
cette cavalerie. « Ils n'auront ni mon cheval ni moi, » dit un
officier de cuirassiers, en voyant arriver l'ennemi; d'un
coup de pistolet il renverse son cheval, d'un autre il se tue.
Vingt pas plus loin, un colonel se brûle la cervelle. « Où
donc allez-vous? dit un aide-de-camp à un général de brigade qui tournait la tête de son cheval du côté des Prussiens. — Me faire tuer ! » répond le général en enfonçant
les éperons dans le flanc de sa monture et en se jetant tête
baissée sur l'ennemi. Des soldats, que l'épuisement ou leurs
blessures empêchaient de marcher, décidés à mourir plutôt
que de se rendre, se fusillèrent, assure-t-on, entr'eux. La
cavalerie prussienne courut et sabra jusqu'au jour; elle
acheva la déroute. Les débris de nos régimens ne purent
s'arrêter qu'au delà de la frontière.

Les Anglais, après le combat, ramassèrent sur le champ
de bataille et sur la route six à sept mille prisonniers; le
comte de Lobau, resté le dernier sur ses positions de Planchenoit, se trouva du nombre. Ces prisonniers furent à peu
près les seuls de la campagne. Nos soldats n'en firent pas.;
les Prussiens n'accordaient aucun quartier ; ils tuaient tout
ce qu'ils pouvaient atteindre. Le général Duhesme, entre
autres, fut massacré par eux dans la poursuite, à l'entrée de
Genape, à près de deux lieues du champ de bataille. Il
consentait à se rendre. L'officier auquel il présentait son

épée s'en empara et lui passa la sienne au travers du corps (1).

Effort héroïque de la révolution armée, la bataille de Waterloo, malgré ses résultats, fut digne de la lutte sainte engagée vingt-trois ans auparavant par la France révolutionnaire contre l'Europe coalisée. Bien que formées à la hâte, et composées, pour moitié, de conscrits ou de volontaires enrégimentés depuis quelques semaines, les troupes qui livrèrent ce combat suprême se montrèrent les égales des plus vaillantes légions de la république et de l'empire : elles comptaient *cinquante-neuf mille* combattans à Ligny ; à Waterloo *soixante-cinq mille* ; les alliés perdirent près de SOIXANTE MILLE HOMMES. Jamais armée française, on le voit, ne porta des coups plus terribles (2). Fantassins, cava-

---

(1) La furie qui animait les soldats de Blücher et les nôtres, durant les quatre jours de cette campagne, survécut à la bataille du 18. Le jour suivant et le surlendemain les blessés des deux nations, retirés dans les villages ou dans les fermes voisines du champ de bataille, luttaient encore sur les lits et sur la paille où ils étaien gisans ; à défaut d'armes, ils se déchiraient avec les mains. Le 20, un habitant de Planchenoit rentre dans sa maison qu'il avait abandonnée dans l'après-midi du 18. Son lit était occupé par deux moribonds restés sans soins depuis deux jours ; il s'approche et leur demande ce dont ils ont le plus besoin. L'un d'eux, blessé français, rassemble ce qu'il avait de forces, et répond : « Je voudrais un pistolet pour casser la tête de ce Prussien. »

(2) Nous étions 59,000 à Ligny ; les Prussiens y avaient au delà de 90,000 combattans. A Waterloo, nos troupes se battirent au nombre de 65,000 h., contre trois armées fortes ensemble de près de 160,000 soldats. Voici le chiffre des pertes des deux partis, les 16 et 18 juin, en tués ou blessés :

Français : A Ligny, 6,950 ; aux Quatre-Bras, 3,400 ; à Waterloo, 18,500 ; total, 28,850. Nous eûmes, en outre, à cette dernière bataille, 7,008 prisonniers.

Alliés : Anglais, 10,981, et Hanovriens, 2,757 (rapport de Wel-

liers, artilleurs de la ligne et de la garde, tous les soldats furent admirables; eux seuls, jusqu'à la dernière heure, ne commirent aucune faute. Le plus grand nombre des officiers de troupe, les généraux encore jeunes se montrèrent dignes de commander à de tels gens (1). Mais les hauts chefs! mais Ney, le général Drouet-d'Erlon, le maréchal Grouchy, le maréchal Soult, dans ses fonctions de major-général! Leurs fautes, durant ces quatre jours, furent si lourdes que Napoléon a pu dire : « Tout a été fatal dans cette campagne » et prend la teinte d'une *absurdité.* »

Etrange bizarrerie des événemens humains! La catastrophe de Waterloo, malgré l'impéritie de plusieurs généraux et la torpeur de quelques autres, aurait cependant été changée en une éclatante victoire, sans un orage et sans une faute énorme du duc de Wellington. Si le sol avait été

---

lington); légion allemande, 1,900; troupes de Brunswick, 2,000; troupes de Nassau, 3,100; Hollando-Belges, 4,136 (rapport du prince d'Orange); Prussiens, 33,132 (rapport du général Gneizenau). Total, 58,006. Ces troupes n'eurent point de prisonniers.

(1) Si, le premier jour de la campagne, un lieutenant-général et plusieurs officiers supérieurs avaient passé à l'ennemi, par un contraste qui caractérise le moment et les hommes, pas un seul des 115,000 sous-officiers et soldats qui franchirent la frontière ne déserta. Un rapport, que nous avons sous les yeux, constate que dans le 4ᵉ corps (15,000 h.), il n'y eut pas *une seule faute de désobéissance* à réprimer durant toute la campagne. Ce rapport ajoute que le 16, à Ligny, tous les officiers montés de l'ancienne division Bourmont, eurent leurs chevaux tués sous eux ; et qu'il serait impossible de désigner aucun des officiers supérieurs ou autres, comme s'étant particulièrement distingué, parce qu'il faudrait les citer tous. « Le seul reproche à faire aux soldats, dit le rapport, serait de s'être jetés sur l'ennemi avec trop de fureur et d'abandon ; plus de calme aurait épargné bien des braves gens. » Cette division, forte de 4,000 h., eut 1,200 h. hors de combat. Il en fut de même pour la plupart des autres divisions de l'armée.

moins détrempé par les pluies, la bataille, commencée plusieurs heures plus tôt, aurait été gagnée avant l'arrivée de Bulow à Planchenoit; alors, l'intervention successive, isolée des généraux prussiens, au lieu de sauver deux fois leur allié, aurait amené la complète destruction de leurs propres troupes. D'un autre côté, la position de Mont-Saint-Jean, malgré sa force défensive, était on ne peut plus mal choisie. La première condition, pour un champ de bataille, est de n'avoir point de défilés sur les derrières, et Wellington s'était adossé à une forêt. Trois fois dans cette journée l'armée anglaise aurait opéré sa retraite, si la retraite lui eût été possible. Ce qui devait la perdre, finit par la sauver. «Journée incompréhensible! concours de fatalités inouïes! a dit encore Napoléon. Y a-t-il eu trahison? N'y a-t-il eu que du malheur? Et pourtant tout ce qui tenait à l'habileté avait été accompli! Singulière campagne, où j'ai vu trois fois s'échapper de mes mains le triomphe assuré de la France! Sans la désertion d'un traître, j'anéantissais mes ennemis en ouvrant la campagne; je les écrasais à Ligny si la gauche eût fait son devoir; je les écrasais à Waterloo si ma droite ne m'eût pas manqué. Singulière défaite où, malgré la plus horrible catastrophe, la gloire du vaincu n'a point souffert, ni celle du vainqueur augmenté. La mémoire de l'un survivra à sa destruction; la mémoire de l'autre s'ensevelira peut-être dans son triomphe!»

FIN DU SECOND VOLUME.

TABLE ANALYTIQUE
DES
MATIÈRES CONTENUES DANS LE SECOND VOLUME.

CHAPITRE PREMIER.
1814.

1ᵉʳ avril 1814; le Sénat; composition et réunion de la commission de constitution; délibération des 3, 4 et 5 avril; adoption de la constitution dite *sénatoriale*; son article 2.— Le Sénat et l'opinion; dépêches de l'abbé de Montesquiou à Louis XVIII. — Alexandre, son influence. — Organisation et personnel du gouvernement provisoire. — Adhésions des généraux et des corps constitués. — Actes du gouvernement provisoire. — Arrêté du 9 avril; enlèvement du trésor particulier de Napoléon, à Orléans; affaire Maubreuil; projet d'assassinat contre l'empereur; arrestation de la princesse Catherine de Wurtemberg à Fossard; vol de ses diamans; Maubreuil est arrêté. — Lettre de M. de Talleyrand au comte d'Artois; séjour de ce prince à Nancy; son arrivée aux portes de Paris; négociations avec le gouvernement provisoire et le Sénat; entrée du prince le 12 avril; discours; défilé; nouvelles négociations. — Intervention d'Alexandre; acceptation de la lieutenance générale et de la constitution du 6 avril, par le comte d'Artois; il prend le gouvernement. — Substitution de la cocarde blanche à la cocarde tricolore; envois de commissaires extraordinaires dans les départemens; lois financières. — Convention d'armistice du 23 avril; la France réduite à ses frontières de 1792; ses pertes; rôle de M. de Talleyrand. — Louis XVIII quitte Hartwell; sa réponse au prince régent; il débarque à Calais. . . . . Page 1.

CHAPITRE II.

Départ de Louis XVIII de Calais; son arrivée à Compiègne; notes de M. de Talleyrand; séjour du roi à Compiègne; réceptions; présentation des maréchaux; discours du prince de Neufchatel et du président du Corps-Législatif; réponses du roi. — Attitude du Sénat; sa résistance; arrivée de l'empereur Alexandre à Compiègne; son entrevue avec le roi; ils conviennent d'une *déclaration* de droits. — Départ de Bernadotte de Paris. — Arrivée de Louis XVIII à Saint-Ouen. — Projet de déclaration apporté par M. de Talleyrand; discussions; nouvelle intervention d'Alexandre; *déclaration de Saint-Ouen*; le roi reçoit le Sénat. — Entrée de Louis XVIII à Paris; cortège; défilé; l'ex garde impériale. — Composition du ministère. —Premiers embarras; essais de reconstruction d'ancien régime; les solliciteurs. — Ordonnance sur la marine; nombreuses créations d'officiers-généraux et d'officiers supérieurs. — Réorganisation de l'armée. — Commission de rédaction pour la *Charte*; ses délibérations les 22, 23, 24, 26 et 27 juin;

enfantement de l'acte constitutionnel. — Traité de paix du 30 mai ; articles additionnels et secrets ; encore M. de Talleyrand. — Ouverture des chambres ; séance royale ; discours de Louis XVIII et de M. Dambray ; lecture de la Charte ; composition de la nouvelle pairie ; l'ancien Sénat. . . . . Page 56.

CHAPITRE III.

1814.

Situation politique le lendemain de la promulgation de la Charte. — Ordonnances du directeur général de la police sur l'observation des dimanches et la Fête-Dieu. — Présentation d'un projet de loi sur la censure ; discussion. — Présentation du budget ; situation financière de la France ; l'arriéré ; plan financier de quelques royalistes. — Proposition pour le paiement des dettes contractées par la famille royale à l'étranger. — Projet de loi pour la restitution des biens nationaux non vendus ; exposé de motifs de M. Ferrand ; secousse causée par ce discours ; les journaux ; brochure de M. de Châteaubriand ; paroles du roi. — Procession du vœu de Louis XIII ; les orphelines de la Légion-d'Honneur ; les Invalides ; écoles militaires destinées à la *noblesse ;* brochure de Carnot. — Discussion du projet sur les biens nationaux non vendus. — Proposition du maréchal Macdonald. — Pétition d'un maire de village à la Chambre des députés. — Modification ministérielle ; M. Beugnot, ministre de la marine ; destitution du général Dupont, ministre de la guerre ; il est remplacé par le maréchal Soult ; rôle de ce maréchal depuis la chute de l'Empire ; société bretonne ; monument de Quiberon ; affaire du général Excelmans ; pétition à la Chambre des députés. — Clôture de la session. . . . . Page 101.

CHAPITRE IV.

1815.

1815. — Cérémonies expiatoires ; exhumation des restes de Louis XVI et de Marie-Antoinette ; funérailles de mademoiselle Raucourt. — Les acquéreurs de biens nationaux et les anciens propriétaires. — La famille royale : Louis XVIII, le comte d'Artois, le duc et la duchesse d'Angoulême, le duc de Berry, les deux Condés ; le duc d'Orléans. — Le gouvernement : le comte de Blacas ; trafics de places, de titres et de décorations ; les ministres. — *Congrès de Vienne :* premiers protocoles, composition du congrès ; les questions de Pologne et de Saxe ; notes échangées entre les quatre grandes cours ; protestation du roi de Saxe ; ce royaume est occupé par la Prusse ; menaces de rupture ; nouvelles notes ; M. de Talleyrand et sa politique rétrospective ; traité *secret* du 3 janvier entre l'Autriche, l'Angleterre et la France ; reconstitution de l'Allemagne ; encore M. de Talleyrand ; sa correspondance privée avec Louis XVIII ; le colonel Alexis de Noailles ; la Saxe est démembrée ; fêtes du Congrès ; nouvelle arrivée d'Italie pendant un bal chez M. de Metternich. . . . . Page 142.

CHAPITRE V.

1815.

Les trois conjurations ; Fouché. — Proclamation de Louis XVIII annonçant

TABLE ANALYTIQUE.

le retour de Napoléon ; ordonnance du 6 mars. — Murat ; mouvemens en Italie ; propositions faites au congrès de Vienne pour déporter Napoléon à Malte ou à Sainte-Hélène ; avis transmis à l'empereur ; son projet de quitter l'île d'Elbe ; motifs de cette résolution ; arrivée de M. Fleury de Chaboulon à Porto-Ferrajo ; ses deux entrevues avec l'empereur ; il part pour Naples. — Napoléon s'embarque pour la France ; traversée ; incidens ; débarquement au golfe Juan le 1er mars ; proclamation *à l'armée*. — L'empereur traverse le département du Var ; son arrivée à Digne.— Proclamation *au peuple Français*. — Arrivée de l'empereur à Gap et à La Mure ; rencontre de 700 hommes de troupes royales aux lacs de Laffray ; ce détachement se joint à Napoléon ; Vizille ; entrée de l'empereur à Grenoble ; sa marche sur Lyon. — Le roi et les ministres lors de la nouvelle du débarquement de l'île d'Elbe ; premières mesures ; départ du comte d'Artois et du duc d'Orléans pour Lyon ; proclamation du maréchal Soult ; les princes à Lyon ; entrée de l'empereur dans cette ville ; décrets impériaux ; départ de Lyon ; arrivée à Mâcon et à Auxerre ; ordre au général Girard ; entrevue entre Napoléon et le maréchal Ney ; communications du gouvernement royal aux Chambres. — Tentative insurrectionnelle des généraux Drouet-d'Erlon, Lefebvre-Desnouettes et Lallemand. — Le roi se présente devant les Chambres ; sermens de fidélité à la Charte ; conseils chez M. de Blacas ; Louis XVIII se décide à quitter Paris ; son départ ; journée du 20 mars ; arrivée de Napoléon aux Tuileries............... Page 189.

CHAPITRE VI.
1815.

Mot de Napoléon sur son retour de l'île d'Elbe ; rôle du peuple et de l'armée dans cet évènement ; attitude des généraux ; les royalistes constitutionnels ; M. de Lafayette en 1792, en mars 1814 et 1815 ; réunions chez M. Lainé ; les royalistes exclusifs. — Louis XVIII à Abbeville et à Lille ; sa retraite en Belgique ; son arrivée à Gand ; le comte d'Artois et le duc de Berry le rejoignent. — Effort royaliste dans les départemens ; le duc de Bourbon à Angers et à Beaupréau ; Augereau ; la duchesse d'Angoulême à Bordeaux ; M. de Vitrolles à Toulouse. — Le duc d'Angoulême à Marseille ; sa campagne du Midi.— Lettre de Napoléon au général Grouchy. — MM. Lainé, Ferrand et Guizot ; l'ancien Sénat. — Formation du ministère impérial le 21 mars ; réceptions aux Tuileries ; adresse du conseil d'Etat ; réponse de l'empereur. — Entretien de Napoléon avec Benjamin Constant. — Le congrès de Vienne : déclaration du 13 mars ; traité du 25 ; convention militaire du 31 ; déclarations spéciales du plénipotentiaire anglais et de la cour d'Autriche ; traité de subsides. — Ouvertures pacifiques du gouvernement impérial ; lettre de l'empereur aux souverains ; blocus politique de la France ; rapport du duc de Vicence à l'empereur. — Elan de la nation ; fédérations provinciales et parisienne ; adresse des fédérés parisiens ; réponse de l'empereur ; les classes moyennes ; l'aristocratie bourgeoise ; son hostilité ; le duc d'Orléans. — Discussions au conseil d'Etat à l'occasion de l'acte additionnel ; publication de cet acte ; effet qu'il produit ; son acceptation ; assemblée du *Champ-de-Mai*................................. Page 285.

CHAPITRE VII.
1815.

Etat militaire de la France au 20 mars 1815 ; réorganisation des troupes et

452   TABLE ANALYTIQUE.

de tous les services de l'armée; situation du trésor; nos forces au 1ᵉʳ juin. — Formation de sept corps d'armée et de cinq corps d'observation. — Conseils de généraux aux Tuileries; systèmes de guerre proposés plan adopté par l'empereur; ses motifs. — Louis XVIII à Gand; le *Journal universel*; démenti à l'occasion du duc d'Orléans; lettre de ce prince en quittant la France; sa famille et Napoléon. — Les journaux *libéraux* de Paris. — Intrigues autour de Louis XVIII; *rapport* de M. de Châteaubriand; tous les ministres de Louis XVIII offrent leur démission. — Intrigues royalistes avec Paris. — Fouché; ses entrevues avec le roi et le comte d'Artois, avant le 20 mars; il reçoit un agent de M. de Metternich; conférences à Bâle entre M. Fleury de Chaboulon et le baron de Werner; proposition pour l'établissement d'une régence au nom du roi de Rome. — Mot de Napoléon; instances auprès de l'empereur pour une seconde abdication. — Marie-Louise. — Déclaration du baron de Gagern; proclamation de Justus Grünner. — Ouverture des deux Chambres à Paris; premières séances; proposition pour refuser le serment. — Séance impériale; discours de Napoléon. — Adresses des deux Chambres; réponses de l'empereur. — Formation d'un conseil du gouvernement. — Napoléon part pour l'armée.................... Page 367.

CHAPITRE VIII.

1815.

CAMPAGNE DE 1815. — 14 *juin* : Concentration de l'armée entre Maubeuge et Philippeville; sa force et sa composition. Proclamation de l'empereur. Esprit des troupes; les généraux et les soldats. Position des deux armées anglo-hollandaise et prussienne. Plan de l'empereur. — *Journée du* 15 : L'armée franchit la frontière. Désertion du général Bourmont et de cinq officiers. Passage de la Sambre. L'empereur entre à Charleroi. Arrivée du maréchal Ney. Combat de Gilly. — *Journée du* 16 : L'empereur quitte Charleroi; il marche vers Bruxelles. Lettre et ordres au maréchal Ney. Napoléon est arrêté au delà de Fleurus par l'armée prussienne. Nouvelles dispositions. Bataille de Ligny contre les Prussiens. Affaire des Quatre-Bras contre les Anglais. Double mouvement de contre-marche du premier corps (Drouet d'Erlon). Incidens. — *Journée du* 17 : L'empereur marche contre les Anglais; il s'arrête en avant de Mont-Saint-Jean. Le maréchal Grouchy est détaché à la poursuite des Prussiens; il s'arrête à Gembloux. — *Journée du* 18 : Premières dispositions. Ordres envoyés au maréchal Grouchy. Apparition d'une tête de colonne prussienne à la droite de l'armée; nouvelles dispositions. Attaque d'Hougoumont. Grande attaque sur le centre des Anglais; panique dans leurs réserves. Intervention d'une première armée prussienne (Bulow) sur les derrières de l'armée, à Planchenoit. Nouvelle attaque sur le centre des Anglais. Prise de la Haie-Sainte; occupation d'une partie du plateau de Mont-Saint-Jean. Seconde panique dans l'armée anglaise. Charge de 7,000 cavaliers sur le plateau. Les Prussiens sont battus à Planchenoit; ils se retirent. La garde impériale se porte contre les Anglais. — Le maréchal Grouchy et son corps d'armée; sa marche sur Wavres: incidens. — Intervention d'une deuxième armée prussienne (Blücher) sur le champ de bataille de l'empereur. Désordre; défaite...... Page 417.

FIN DE LA TABLE DU SECOND VOLUME.

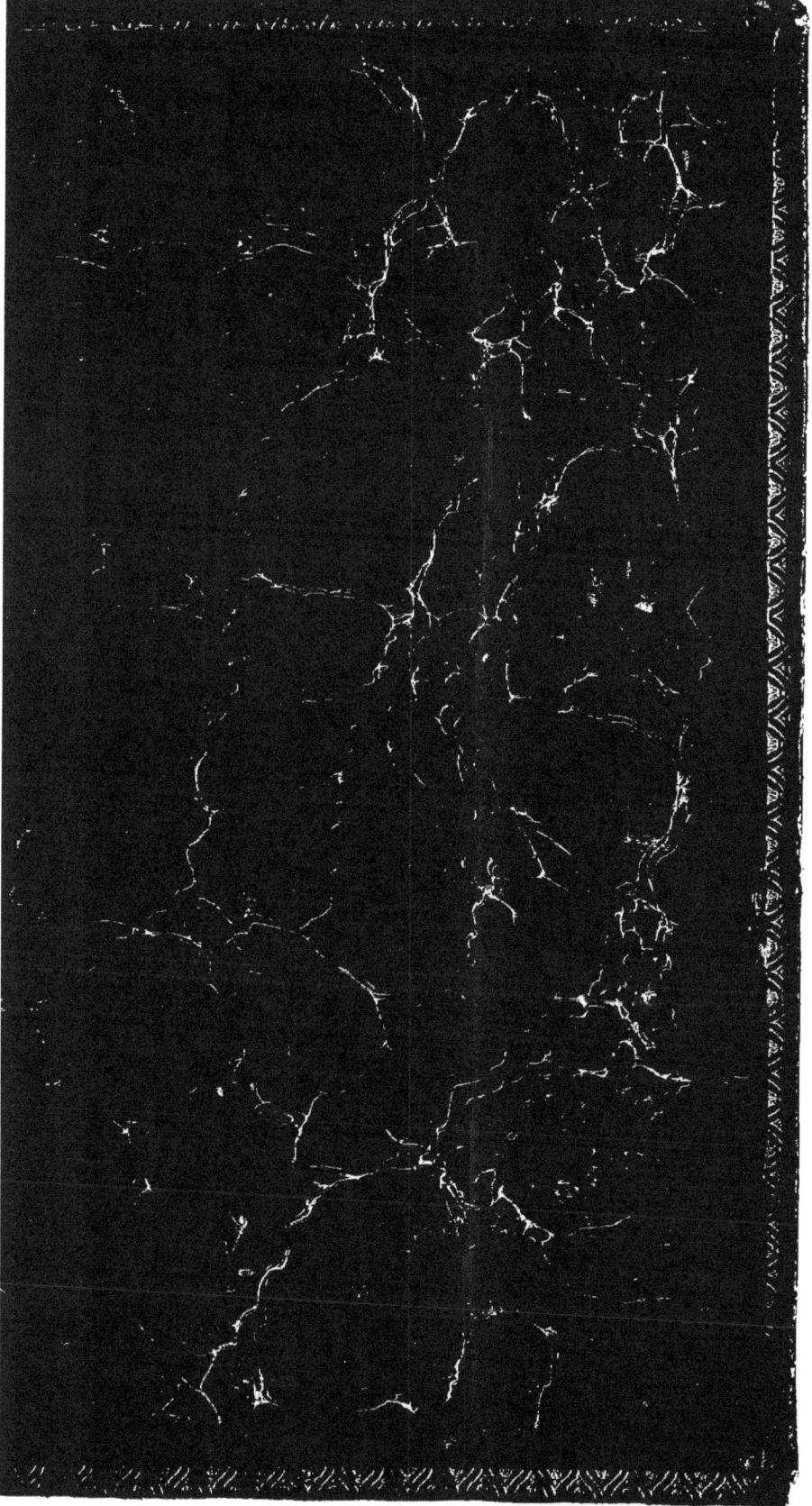

www.ingramcontent.com/pod-product-compliance
Lightning Source LLC
Chambersburg PA
CBHW072019240426
43667CB00044B/1489